「お詫びと訂正」

「特別区主任昇任試験 職員ハンドブック〔2025年版〕完全対応問題集」の設問と解答・解説に誤りがありました。お詫びし、訂正いたします。

〔問題編〕
【No.002】 23区の人口と推移の記述として、妥当な組合せはどれか。

【誤】
B 23区の〔人口の推移〕を国勢調査でみると、昭和40年の889万人をピークに減少に転じた後、増減を繰り返し、令和2年には100万人を切っている。

【正】
B 23区の〔人口の推移〕を国勢調査でみると、昭和40年の889万人を記録しその後、減少に転じた後、増減を繰り返し、令和2年には973万人となっている。

【No.124】 市と町村の制度上の差異の下表の記述として、妥当なのはどれか。

【誤】

制度上の差異	市	町村
1 廃置分合の総務大臣への協議	協議は必要である	協議は不要である
2 議会に代えて総会の設置	設置できる	設置できない
3 出納員の設置	設置は任意	設置は義務
4 福祉事務所の設置	必ず置く	設置は可能
5 複合的一部事務組合の設置	設置できない	設置できる

【正】
問題の「肢4」の市の箇所を「設置できる」、町村の箇所を「設置できないと」訂正いたします。

制度上の差異	市	町村
1 廃置分合の総務大臣への協議	協議は必要である	協議は不要である
2 議会に代えて総会の設置	設置できる	設置できない
3 出納員の設置	設置は任意	設置は義務
4 福祉事務所の設置	設置できる	設置できない
5 複合的一部事務組合の設置	設置できない	設置できる

【No.127】 の問題の中で、次の「選択肢」が抜けておりました。

1 AB　　2 AC　　3 AD　　4 BC　　5 BD

〔解答編〕
P358 No.114
項目の始めに正解5と表記がありますが、正しくは正解2です。
【誤】 正解 5
【正】 正解 2

特別区
主任昇任試験
職員ハンドブック
[2025年版]
完全対応問題集

昇任・昇格試験アドバイス会

公人の友社

はしがき

　特別区の主任試験は、各区ともおおむね同じかと調べてみると、大きな違いがあることが分かった。

　出題範囲でみると、職員ハンドブック全般とする区は半分に満たない。それ以外の区では、自治法、地公法、財務管理の法律分野を職員ハンドブックの範囲とする区もあれば、同じ範囲でも、職員ハンドブックのレベル以上の内容を出題する区もある。また、法律以外の分野でも、事務系は職員ハンドブックの財務、福祉系は社会福祉、建築土木系はまちづくり、医療系は健康福祉からを出題範囲とする区がある一方、職員ハンドブック以外の分野で、資料解釈や社会事情ものから出題する区もある。

　だが、それぞれ違いはあるものの、総じて、職員ハンドブックからと言える。

　したがって、主任試験への挑戦には、職員ハンドブックをマスターしなければならない。

　でも、職員ハンドブックを一読し、ポイントをマスターできる人は多くない。

　多くの人は、どのようにマスターするかで悩むのである。

　そこで、そんな悩みを持つ人のために、この「問題集」を編集した。

　この問題集は、問題を解くという点と同時に、職員ハンドブックの内容整理という点にも力点を置いて編集してある。必要なところでは図表も入れ、また651問の問題に当たるときには、疲れや飽きがくることから、問題の構成には、さまざまな変化をつけ、飽きが来ないように配慮してある。

　加えて、職員ハンドブックと問題集を併行して利用できるように、問題の頭に職員ハンドブックのページを載せてある。

　では、早速、始めることとする。

　まず、問題集の問題の上に書かれている職員ハンドブックのページを確認する。次に職員ハンドブックの当該ページを読み込む。問題の範囲の部分を読み終えたら、すぐに、この問題集に挑戦する。

　最初は時間がかかるため、毎日20問程度を解く進行計画を立てる。2か月程かけて問題に当たり、一通り終えたら、2回目は1回目に正解できなかった個所の問題を確認していく。そんな繰り返しが記憶力を増し、知識の整理も進むものと思う。

　なお、この問題集は、職員ハンドブックに沿って、かつ前回発行の問題集の8割について、角度を変えて編集してある。

　また職員ハンドブックの内容を図解し、要点を整理した「図解・要点整理」も発行している。職員ハンドブックの記述が理解できずに悩む人には、「図解・要点整理」の購入を勧める。

　この問題集が、受験の皆さんの一助となれれば幸いである。

昇任・昇格試験アドバイス会

目　次

〔問題編〕

第Ⅰ編　特別区と区政

第1章　23区のすがた（問題省略）

第2章　23区の現況
- No.001　23区の位置と形状　……………［職員ハンドブック P050］　026
- No.002　23区の人口と推移　……………［職員ハンドブック P051］　026
- No.003　23区の土地面積の
　　　　　　　推移と地価の動向……［職員ハンドブック P054］　027

第3章　区民のくらしと区政
- No.004　地震の危険性が高い東京　………［職員ハンドブック P057］　028
- No.005　首都直下地震等の東京の被害想定　…［職員ハンドブック P058］　028
- No.006　国の首都直下地震対策　…………［職員ハンドブック P061］　028
- No.007　災害に対する法整備　……………［職員ハンドブック P062］　029
- No.008　災害対策基本法　…………………［職員ハンドブック P062］　029
- No.009　国・地方公共団体の責務と組織　……［職員ハンドブック P063］　030
- No.010　災害対策　…………………………［職員ハンドブック P065］　030
- No.011　防災をめぐる今後の課題　………［職員ハンドブック P070］　031
- No.012　災害対応能力の向上
　　　　　　　と区職員の心構え……［職員ハンドブック P076］　031
- No.013　治安の現況　………………………［職員ハンドブック P080］　032
- No.014　割れ窓理論　………………………［職員ハンドブック P084］　032
- No.015　国民保護法　………………………［職員ハンドブック P087］　033
- No.016　少子化の進行　……………………［職員ハンドブック P090］　033
- No.017　人口減少時代の到来と
　　　　　　　23区の人口予測………［職員ハンドブック P097］　034
- No.018　区部の人口予測　…………………［職員ハンドブック P101］　034
- No.019　高齢化の進行　……………………［職員ハンドブック P103］　035
- No.020　高齢化率　…………………………［職員ハンドブック P104］　035
- No.021　日本の将来推計人口　……………［職員ハンドブック P104］　036
- No.022　都と区部の高齢化の動向　………［職員ハンドブック P106］　036
- No.023　一人暮らし高齢者の動向　………［職員ハンドブック P108］　037
- No.024　東京都世帯数の予測　……………［職員ハンドブック P109］　037
- No.025　これまでの主な高齢社会対策　……［職員ハンドブック P111］　038

No. 026	少子化対策のプラン等	……………	[職員ハンドブック P112]	038
No. 027	子ども・子育て支援新制度等	………	[職員ハンドブック P113]	039
No. 028	子ども・子育て支援制度	…………	[職員ハンドブック P113]	039
No. 029	保健衛生	…………………	[職員ハンドブック P115]	040
No. 030	健康日本２１	………………	[職員ハンドブック P115]	040
No. 031	少子高齢化の進展と健康寿命	………	[職員ハンドブック P116]	041
No. 032	生活習慣病	…………………	[職員ハンドブック P116]	041
No. 033	地域保健法	…………………	[職員ハンドブック P117]	042
No. 034	疾病予防・管理	……………	[職員ハンドブック P119]	042
No. 035	成人保健	…………………	[職員ハンドブック P120]	042
No. 036	精神保健・環境保健・歯科保健	……	[職員ハンドブック P122]	043
No. 037	生活衛生対策	………………	[職員ハンドブック P123]	043
No. 038	医療対策	…………………	[職員ハンドブック P126]	044
No. 039	社会福祉	…………………	[職員ハンドブック P128]	044
No. 040	主な高齢者福祉施策	……………	[職員ハンドブック P132]	045
No. 041	障害者の権利擁護への動き	………	[職員ハンドブック P136]	045
No. 042	障害者施策をめぐる現状と課題	……	[職員ハンドブック P138]	046
No. 043	児童福祉政策の変遷	……………	[職員ハンドブック P140]	046
No. 044	子どもの権利条約	……………	[職員ハンドブック P141]	046
No. 045	保育事業	…………………	[職員ハンドブック P142]	047
No. 046	学童クラブ	…………………	[職員ハンドブック P143]	047
No. 047	特別区の主な児童福祉施策	………	[職員ハンドブック P143]	047
No. 048	生活保護制度の原理と原則	………	[職員ハンドブック P146]	048
No. 049	生活保護制度	………………	[職員ハンドブック P146]	048
No. 050	生活保護制度	………………	[職員ハンドブック P146]	049
No. 051	路上生活者対策	……………	[職員ハンドブック P152]	049
No. 052	公的年金制度の創設	……………	[職員ハンドブック P156]	050
No. 053	公的年金制度の体系	……………	[職員ハンドブック P156]	050
No. 054	公的年金の特徴	……………	[職員ハンドブック P156]	051
No. 055	国民健康保険制度	……………	[職員ハンドブック P159]	051
No. 056	特別区統一保険料方式	……………	[職員ハンドブック P162]	052
No. 057	介護保険制度の仕組み	……………	[職員ハンドブック P163]	052
No. 058	要介護・要支援認定	……………	[職員ハンドブック P164]	053
No. 059	介護保険制度改正の概要	…………	[職員ハンドブック P165]	053
No. 060	特別区の介護保険事業	……………	[職員ハンドブック P167]	054
No. 061	後期高齢者医療制度の仕組み	………	[職員ハンドブック P170]	054
No. 062	後期高齢者医療の保険料	…………	[職員ハンドブック P170]	055
No. 063	産業・経済の動向	……………	[職員ハンドブック P174]	055
No. 064	国家戦略特別区域制度	……………	[職員ハンドブック P177]	056

No.	項目	参照	頁
No.065	２３区の産業・経済の現状	［職員ハンドブック P180］	056
No.066	２３区の産業	［職員ハンドブック P181］	057
No.067	産業振興施策の展開	［職員ハンドブック P185］	057
No.068	就労の状況	［職員ハンドブック P187］	057
No.069	消費者行政	［職員ハンドブック P190］	058
No.070	公害対策から地球環境問題へ	［職員ハンドブック P195］	058
No.071	複雑化する環境問題	［職員ハンドブック P195］	059
No.072	地球温暖化問題	［職員ハンドブック P196］	059
No.073	地球温暖化の国際・国・都・区の取組み	［職員ハンドブック P199］	060
No.074	生物多様性	［職員ハンドブック P200］	060
No.075	公害問題	［職員ハンドブック P202］	061
No.076	循環型社会形成推進基本法	［職員ハンドブック P207］	061
No.077	リサイクル関係法の整備	［職員ハンドブック P209］	061
No.078	２３区のリサイクルの取組み	［職員ハンドブック P212］	062
No.079	２３区の清掃事業の現状と課題	［職員ハンドブック P213］	062
No.080	２３区の清掃事業	［職員ハンドブック P218］	063
No.081	清掃事業の負担の公平・役割分担	［職員ハンドブック P221］	063
No.082	都市計画の理念と定義	［職員ハンドブック P227］	064
No.083	都市計画の体系	［職員ハンドブック P227］	064
No.084	都市計画	［職員ハンドブック P229］	065
No.085	都市計画マスタープラン	［職員ハンドブック P230］	065
No.086	都市計画の内容	［職員ハンドブック P231］	066
No.087	都市計画の内容	［職員ハンドブック P231］	066
No.088	地区計画等	［職員ハンドブック P233］	067
No.089	都市計画の決定	［職員ハンドブック P235］	067
No.090	都市計画制限・開発許可制度	［職員ハンドブック P235］	068
No.091	都市計画事業の実施	［職員ハンドブック P236］	068
No.092	２３区の都市計画	［職員ハンドブック P237］	068
No.093	建築行政	［職員ハンドブック P239］	069
No.094	建築基準法の中で使われる用語	［職員ハンドブック P239］	069
No.095	建築行政の動向	［職員ハンドブック P242］	070
No.096	２３区の住宅事情	［職員ハンドブック P246］	070
No.097	２３区の道路	［職員ハンドブック P253］	071
No.098	社会課題に対応した道路行政の推進	［職員ハンドブック P257］	071
No.099	河川区分	［職員ハンドブック P258］	072
No.100	河川行政	［職員ハンドブック P260］	072
No.101	公園緑地	［職員ハンドブック P263］	073

No.	項目	参照	頁
No. 102	放置自転車の発生と現況	［職員ハンドブック P270］	073
No. 103	自転車対策の歩み	［職員ハンドブック P270］	074
No. 104	生涯学習・社会教育	［職員ハンドブック P275］	075
No. 105	幼稚園教育	［職員ハンドブック P281］	075
No. 106	小・中学校における教育	［職員ハンドブック P282］	076
No. 107	地域に開かれた学校づくり	［職員ハンドブック P286］	076
No. 108	教育委員会の職務権限	［職員ハンドブック P287］	076
No. 109	教育改革	［職員ハンドブック P287］	077
No. 110	教育振興基本計画	［職員ハンドブック P290］	077

第4章　人権（問題省略）

第Ⅱ編　自治制度と特別区

第1章　地方自治制度

No.	項目	参照	頁
No. 111	憲法による地方自治の保障	［職員ハンドブック P325］	080
No. 112	地方自治の本旨	［職員ハンドブック P325］	080
No. 113	団体自治と住民自治	［職員ハンドブック P326］	080
No. 114	二元代表制	［職員ハンドブック P326］	081
No. 115	地方公共団体の権能（自治権）の保障	［職員ハンドブック P327］	081
No. 116	自治立法権	［職員ハンドブック P328］	082
No. 117	地方自治特別法の制定に係る住民の同意	［職員ハンドブック P328］	082
No. 118	地方自治の重要性	［職員ハンドブック P328］	082
No. 119	地方公共団体の構成3要素	［職員ハンドブック P329］	083
No. 120	地方公共団体の役割	［職員ハンドブック P329］	083
No. 121	地方公共団体の区分	［職員ハンドブック P330］	084
No. 122	普通地方公共団体	［職員ハンドブック P330］	084
No. 123	市町村の成立要件	［職員ハンドブック P330］	085
No. 124	市と町村の制度上の差異	［職員ハンドブック P330］	085
No. 125	大都市等に関する特例	［職員ハンドブック P331］	085
No. 126	特別地方公共団体	［職員ハンドブック P332］	086
No. 127	合併特例区	［職員ハンドブック P333］	086
No. 128	地方公共団体の名称	［職員ハンドブック P333］	086
No. 129	地方公共団体の事務所	［職員ハンドブック P333］	087
No. 130	東京以外の特別区	［職員ハンドブック P333］	087
No. 131	地方公共団体の区域	［職員ハンドブック P334］	088
No. 132	廃置分合の方法	［職員ハンドブック P334］	088

No.	項目	参照	頁
No. 133	都道府県の区域の変更	[職員ハンドブック P334]	089
No. 134	市町村の区域の変更	[職員ハンドブック P335]	089
No. 135	特別区の区域の変更	[職員ハンドブック P335]	090
No. 136	住民	[職員ハンドブック P335]	090
No. 137	個人番号の導入	[職員ハンドブック P336]	091
No. 138	住民の権利義務	[職員ハンドブック P336]	091
No. 139	選挙権及び被選挙権	[職員ハンドブック P337]	091
No. 140	選挙権・被選挙権の欠格事由	[職員ハンドブック P338]	092
No. 141	直接請求	[職員ハンドブック P338]	092
No. 142	条例の制定改廃の請求権	[職員ハンドブック P339]	093
No. 143	事務の監査請求権	[職員ハンドブック P339]	093
No. 144	議会の解散請求権	[職員ハンドブック P339]	094
No. 145	議員又は長の解職請求権	[職員ハンドブック P340]	094
No. 146	主要公務員の解職請求権	[職員ハンドブック P340]	094
No. 147	住民監査請求・住民訴訟	[職員ハンドブック P340]	095
No. 148	事務の監査請求と住民監査請求	[職員ハンドブック P341]	096
No. 149	住民投票	[職員ハンドブック P341]	096
No. 150	請願制度等	[職員ハンドブック P341]	096
No. 151	パブリック・コメント手続	[職員ハンドブック P341]	097
No. 152	国と地方公共団体との役割分担	[職員ハンドブック P342]	097
No. 153	地方公共団体の事務	[職員ハンドブック P342]	098
No. 154	自治事務と法定受託事務の比較	[職員ハンドブック P342]	098
No. 155	都道府県と市町村との事務分掌	[職員ハンドブック P343]	098
No. 156	条例による事務処理の特例	[職員ハンドブック P343]	099
No. 157	事務処理の原則	[職員ハンドブック P344]	099
No. 158	条例	[職員ハンドブック P345]	100
No. 159	条例で定める事項	[職員ハンドブック P345]	100
No. 160	規則	[職員ハンドブック P346]	101
No. 161	条例及び規則	[職員ハンドブック P346]	101
No. 162	条例及び規則の罰則	[職員ハンドブック P346]	101
No. 163	条例の制定手続	[職員ハンドブック P347]	102
No. 164	要綱	[職員ハンドブック P347]	102
No. 165	議事機関	[職員ハンドブック P348]	102
No. 166	議員の定数	[職員ハンドブック P348]	103
No. 167	議員の兼職・兼業の禁止	[職員ハンドブック P348]	103
No. 168	議員の任期・身分の喪失	[職員ハンドブック P348]	104
No. 169	議会の権限	[職員ハンドブック P349]	104
No. 170	議会の議決権	[職員ハンドブック P349]	104
No. 171	議会の議決事件	[職員ハンドブック P349]	105

No. 172	議会の選挙権	［職員ハンドブック P349］	105
No. 173	議会の検査権	［職員ハンドブック P349］	105
No. 174	議会の意見書提出権	［職員ハンドブック P350］	106
No. 175	議会の調査権	［職員ハンドブック P350］	106
No. 176	議会の請願受理権	［職員ハンドブック P350］	107
No. 177	議会の同意権及び諮問答申権	［職員ハンドブック P350］	107
No. 178	議会の種類	［職員ハンドブック P350］	107
No. 179	議会の招集及び会期	［職員ハンドブック P350］	108
No. 180	議会の委員会制度	［職員ハンドブック P351］	108
No. 181	議会の委員会制度	［職員ハンドブック P351］	109
No. 182	議会の常任・特別・議会運営の各委員会	［職員ハンドブック P351］	109
No. 183	議会の会議原則	［職員ハンドブック P352］	109
No. 184	議事の表決	［職員ハンドブック P352］	110
No. 185	会議の運営	［職員ハンドブック P352］	110
No. 186	議案の提出	［職員ハンドブック P353］	111
No. 187	議会における懲罰	［職員ハンドブック P353］	111
No. 188	議会の会議に関する事項	［職員ハンドブック P354］	112
No. 189	長と議会との関係	［職員ハンドブック P354］	112
No. 190	再議・再選挙	［職員ハンドブック P355］	113
No. 191	一般的拒否権	［職員ハンドブック P355］	113
No. 192	特別的拒否権の事由	［職員ハンドブック P355］	114
No. 193	特別的拒否権	［職員ハンドブック P355］	114
No. 194	不信任議決	［職員ハンドブック P355］	114
No. 195	議会の解散	［職員ハンドブック P355］	115
No. 196	専決処分	［職員ハンドブック P356］	115
No. 197	専決処分の要件	［職員ハンドブック P356］	116
No. 198	執行機関	［職員ハンドブック P356］	116
No. 199	長の地位	［職員ハンドブック P356］	117
No. 200	長の失職の事由	［職員ハンドブック P357］	117
No. 201	長の権限	［職員ハンドブック P357］	117
No. 202	長の担任事務	［職員ハンドブック P357］	118
No. 203	長の権限の代理・委任・補助執行	［職員ハンドブック P357］	118
No. 204	長の補助機関	［職員ハンドブック P358］	119
No. 205	副知事・副区長	［職員ハンドブック P358］	119
No. 206	会計管理者	［職員ハンドブック P358］	119
No. 207	専門委員	［職員ハンドブック P358］	120
No. 208	行政委員会の意義	［職員ハンドブック P359］	120
No. 209	行政委員会の種類	［職員ハンドブック P359］	120

No.	項目	参照	頁
No. 210	行政委員会の機能又は性質別の分類	[職員ハンドブック P359]	121
No. 211	行政委員会と長との関係	[職員ハンドブック P359]	121
No. 212	教育委員会	[職員ハンドブック P360]	121
No. 213	教育長	[職員ハンドブック P361]	122
No. 214	教育委員会の権限	[職員ハンドブック P361]	122
No. 215	総合教育会議	[職員ハンドブック P362]	122
No. 216	教育委員会と他の機関との関係	[職員ハンドブック P362]	123
No. 217	選挙管理委員会	[職員ハンドブック P363]	123
No. 218	監査委員	[職員ハンドブック P363]	124
No. 219	監査委員の定数	[職員ハンドブック P364]	124
No. 220	監査委員に関する事項	[職員ハンドブック P364]	125
No. 221	監査委員の権限	[職員ハンドブック P364]	125
No. 222	特別監査	[職員ハンドブック P365]	126
No. 223	監査結果の処置	[職員ハンドブック P366]	126
No. 224	附属機関	[職員ハンドブック P366]	126
No. 225	地域自治区	[職員ハンドブック P367]	127
No. 226	関与に関する原則	[職員ハンドブック P368]	127
No. 227	関与の基本的類型	[職員ハンドブック P368]	128
No. 228	関与と処理基準	[職員ハンドブック P369]	128
No. 229	国地方係争処理委員会	[職員ハンドブック P369]	129
No. 230	国地方係争処理委員会の権限及び手続	[職員ハンドブック P369]	129
No. 231	国地方係争処理委員会の手続	[職員ハンドブック P369]	130
No. 232	自治紛争処理委員	[職員ハンドブック P370]	130
No. 233	区市町村の不作為の都道府県の訴えの提起	[職員ハンドブック P371]	131
No. 234	地方公共団体相互の協力関係	[職員ハンドブック P372]	131
No. 235	地方公共団体の組合	[職員ハンドブック P373]	132
No. 236	地方公共団体の組合	[職員ハンドブック P373]	132
No. 237	一部事務組合の設立	[職員ハンドブック P373]	133
No. 238	一部事務組合の組織	[職員ハンドブック P373]	133
No. 239	広域連合	[職員ハンドブック P375]	134
No. 240	特別区の位置づけ	[職員ハンドブック P376]	134
No. 241	特別区の処理する事務	[職員ハンドブック P376]	134
No. 242	特別区の処理する事務	[職員ハンドブック P376]	135
No. 243	特別区優先の原則	[職員ハンドブック P377]	136
No. 244	都と特別区及び特別区相互間の調整	[職員ハンドブック P377]	136

No.	項目	参照	頁
No. 245	特別区財政調整交付金	［職員ハンドブック P378］	136
No. 246	都区協議会	［職員ハンドブック P378］	137
No. 247	特別区人事・厚生事務組合	［職員ハンドブック P378］	137
No. 248	特別区の共同処理と根拠法令	［職員ハンドブック P378］	138
No. 249	特別区における共同処理	［職員ハンドブック P378］	138
No. 250	特別区競馬組合	［職員ハンドブック P379］	138
No. 251	東京二十三区清掃一部事務組合	［職員ハンドブック P381］	139
No. 252	東京二十三区清掃協議会	［職員ハンドブック P383］	139
No. 253	東京都後期高齢者医療広域連合	［職員ハンドブック P384］	139
No. 254	特別区協議会	［職員ハンドブック P386］	140

第2章　地方税財政制度

No.	項目	参照	頁
No. 255	財政の意義と役割	［職員ハンドブック P389］	141
No. 256	財政の機能	［職員ハンドブック P389］	141
No. 257	財政の3機能	［職員ハンドブック P389］	142
No. 258	財政自主権	［職員ハンドブック P389］	142
No. 259	国と地方の財政関係	［職員ハンドブック P390］	142
No. 260	地方税財政の地方分権改革の動向	［職員ハンドブック P391］	143
No. 261	地方財政の収入構造	［職員ハンドブック P397］	143
No. 262	租税原則	［職員ハンドブック P399］	144
No. 263	租税原則	［職員ハンドブック P399］	144
No. 264	地方税の体系図	［職員ハンドブック P400］	145
No. 265	地方税	［職員ハンドブック P400］	145
No. 266	普通税と目的税	［職員ハンドブック P400］	145
No. 267	法定税と法定外税	［職員ハンドブック P400］	146
No. 268	道府県税及び市町村税の概要	［職員ハンドブック P401］	146
No. 269	地方税の特色等	［職員ハンドブック P401］	147
No. 270	国税と比較した地方税の特徴	［職員ハンドブック P401］	147
No. 271	地方譲与税	［職員ハンドブック P402］	147
No. 272	交付金	［職員ハンドブック P402］	148
No. 273	地方交付税	［職員ハンドブック P403］	148
No. 274	地方交付税の算定方法	［職員ハンドブック P404］	148
No. 275	国庫支出金	［職員ハンドブック P406］	149
No. 276	国庫支出金の機能と課題	［職員ハンドブック P408］	149
No. 277	地方債	［職員ハンドブック P411］	150
No. 278	地方債の協議制・許可制・届出制	［職員ハンドブック P411］	150
No. 279	地方債資金の種類	［職員ハンドブック P411］	151
No. 280	地方債依存度	［職員ハンドブック P413］	151
No. 281	地方経費の目的別歳出	［職員ハンドブック P414］	152

No.	項目	参照	頁
No. 282	地方経費の性質別歳出	［職員ハンドブック P414］	152
No. 283	財政構造の弾力性	［職員ハンドブック P415］	152
No. 284	経常収支比率	［職員ハンドブック P415］	153
No. 285	実質公債費比率	［職員ハンドブック P416］	153
No. 286	地方財政の健全性の指標の整備と公表	［職員ハンドブック P418］	154
No. 287	健全化判断比率の各指標と算定対象	［職員ハンドブック P418］	154
No. 288	財政の早期健全化と財政の再生	［職員ハンドブック P419］	155
No. 289	地方公会計の整備	［職員ハンドブック P420］	155
No. 290	特別区の地方税の課税権等	［職員ハンドブック P423］	156
No. 291	特別区の地方税の課税権等	［職員ハンドブック P423］	156
No. 292	市町村税の都区配分	［職員ハンドブック P424］	157
No. 293	地方交付税の都区合算規定	［職員ハンドブック P425］	158
No. 294	都区財政調整制度	［職員ハンドブック P425］	158
No. 295	特別区の地方債	［職員ハンドブック P426］	158
No. 296	特別区財政調整交付金算定の仕組み	［職員ハンドブック P427］	159
No. 297	特別区財政調整交付金の種類	［職員ハンドブック P428］	160
No. 298	普通交付金の算定方法	［職員ハンドブック P429］	160
No. 299	特別交付金の算定方法	［職員ハンドブック P436］	161
No. 300	地方交付税と都区財政調整との比較	［職員ハンドブック P436］	161
No. 301	都区財政調整「主要5課題」	［職員ハンドブック P439］	161
No. 302	特別区の財政規模と収支	［職員ハンドブック P444］	162
No. 303	特別区全体の財務収支	［職員ハンドブック P445］	163
No. 304	財政収支表	［職員ハンドブック P445］	163
No. 305	特別区全体の歳入	［職員ハンドブック P446］	164
No. 306	特別区税	［職員ハンドブック P448］	164
No. 307	特別区全体の歳入	［職員ハンドブック P449］	165
No. 308	主な歳入項目の割合の推移	［職員ハンドブック P449］	165
No. 309	特別区全体の歳出	［職員ハンドブック P451］	166

第3章　地方分権

No.	項目	参照	頁
No. 310	戦後の地方制度	［職員ハンドブック P458］	167
No. 311	地方の時代と地方行政改革	［職員ハンドブック P460］	167
No. 312	第1次地方分権改革	［職員ハンドブック P462］	168
No. 313	三位一体改革と第2次地方分権改革	［職員ハンドブック P468］	168

No.314	非平時に着目した 地方制度のあり方	……………	［職員ハンドブック P473］	169

第4章　特別区制度の沿革

No.315	東京の区の変遷	…………	［職員ハンドブック P477］	170
No.316	特別区の運動と変革	…………	［職員ハンドブック P482］	170
No.317	特別区の運動と変革	…………	［職員ハンドブック P482］	171
No.318	特別区の運動と変革	…………	［職員ハンドブック P482］	171

第Ⅲ編　組織と仕事

第1章　組織と職員

No.319	自治体における組織原則	………	［職員ハンドブック P515］	174
No.320	組織	………………	［職員ハンドブック P515］	174
No.321	組織の3要素	…………	［職員ハンドブック P515］	174
No.322	職務・権限・責任	…………	［職員ハンドブック P516］	175
No.323	職務・権限・責任	…………	［職員ハンドブック P516］	175
No.324	組織原則	………………	［職員ハンドブック P516］	176
No.325	命令一元化の原則	…………	［職員ハンドブック P516］	176
No.326	権限委譲の原則	……………	［職員ハンドブック P516］	177
No.327	権限と責任の原則	…………	［職員ハンドブック P517］	177
No.328	監督範囲適正化の原則	………	［職員ハンドブック P517］	177
No.329	階層短縮平準化の原則	………	［職員ハンドブック P517］	178
No.330	組織形態	………………	［職員ハンドブック P517］	178
No.331	組織形態	………………	［職員ハンドブック P517］	179
No.332	ライン組織	……………	［職員ハンドブック P517］	179
No.333	ファンクショナル組織	…………	［職員ハンドブック P517］	180
No.334	ファンクショナル組織	…………	［職員ハンドブック P517］	181
No.335	ライン・アンド・スタッフ組織	……	［職員ハンドブック P518］	181
No.336	ライン・アンド・スタッフ組織	……	［職員ハンドブック P518］	182
No.337	事業部門別組織	……………	［職員ハンドブック P519］	182
No.338	カンパニー制組織	…………	［職員ハンドブック P519］	182
No.339	マトリックス組織	…………	［職員ハンドブック P519］	183
No.340	マトリックス組織	…………	［職員ハンドブック P519］	183
No.341	プロジェクトチーム	………	［職員ハンドブック P520］	184
No.342	フラット組織	……………	［職員ハンドブック P520］	184
No.343	メイヨーの組織論	…………	［職員ハンドブック P520］	185
No.344	フォーマル組織	……………	［職員ハンドブック P520］	185
No.345	インフォーマル組織の特徴	………	［職員ハンドブック P520］	186

No.	項目	参照	頁
No. 346	コミュニケーション	［職員ハンドブック P521］	186
No. 347	コミュニケーション	［職員ハンドブック P521］	186
No. 348	組織の中のコミュニケーション	［職員ハンドブック P521］	187
No. 349	コミュニケーションを豊かにするために	［職員ハンドブック P523］	187
No. 350	仕事の進め方	［職員ハンドブック P523］	188
No. 351	ＰＤＣＡ	［職員ハンドブック P526］	188
No. 352	問題解決のプロセス	［職員ハンドブック P527］	189
No. 353	問題解決のプロセス	［職員ハンドブック P527］	189
No. 354	問題解決のプロセス	［職員ハンドブック P527］	190
No. 355	問題解決技法	［職員ハンドブック P530］	190
No. 356	問題解決技法	［職員ハンドブック P530］	190
No. 357	ブレーン・ストーミングの４原則	［職員ハンドブック P531］	191
No. 358	ブレーン・ストーミング	［職員ハンドブック P531］	191
No. 359	ＫＪ法	［職員ハンドブック P531］	192
No. 360	特性要因図	［職員ハンドブック P531］	192
No. 361	特性要因図	［職員ハンドブック P531］	193
No. 362	チェックリスト法	［職員ハンドブック P532］	193
No. 363	ロジカルシンキング	［職員ハンドブック P532］	193
No. 364	ロジック・ツリー	［職員ハンドブック P533］	194
No. 365	事務改善とは	［職員ハンドブック P535］	194
No. 366	事務改善の手順	［職員ハンドブック P535］	195
No. 367	接遇	［職員ハンドブック P539］	195
No. 368	電話応対	［職員ハンドブック P540］	195
No. 369	クレーム対応	［職員ハンドブック P542］	196

第2章　区政運営

No.	項目	参照	頁
No. 370	行政広報	［職員ハンドブック P544］	197
No. 371	地方分権と説明責任（アカウンタビリティ）	［職員ハンドブック P544］	197
No. 372	広報の方法	［職員ハンドブック P545］	197
No. 373	一般広報の実施内容	［職員ハンドブック P545］	198
No. 374	自主広報	［職員ハンドブック P546］	198
No. 375	自主広報	［職員ハンドブック P546］	199
No. 376	パブリシティ	［職員ハンドブック P549］	199
No. 377	広聴の現状と課題	［職員ハンドブック P549］	199
No. 378	広聴の種類	［職員ハンドブック P550］	200
No. 379	広聴の方法	［職員ハンドブック P550］	200
No. 380	アクセス権を保障する制度	［職員ハンドブック P552］	201

№	項目	参照	頁
No. 381	情報公開制度の意義	[職員ハンドブック P553]	201
No. 382	情報公開の3要素	[職員ハンドブック P553]	201
No. 383	情報公開法の概要	[職員ハンドブック P555]	201
No. 384	特別区における情報公開制度	[職員ハンドブック P555]	202
No. 385	救済手続	[職員ハンドブック P556]	202
No. 386	特別区の公開しないことができる情報	[職員ハンドブック P556]	203
No. 387	情報公開と情報提供	[職員ハンドブック P558]	203
No. 388	プライバシーの危機とプライバシー権	[職員ハンドブック P559]	203
No. 389	OECD8原則	[職員ハンドブック P560]	204
No. 390	個人情報保護制度	[職員ハンドブック P562]	204
No. 391	個人情報の漏えい	[職員ハンドブック P562]	205
No. 392	行政手続の意義	[職員ハンドブック P563]	205
No. 393	行政手続法と行政手続条例の関係	[職員ハンドブック P565]	206
No. 394	行政手続法の適用除外とならないもの	[職員ハンドブック P566]	206
No. 395	申請に対する処分	[職員ハンドブック P567]	206
No. 396	不利益処分	[職員ハンドブック P568]	207
No. 397	聴聞	[職員ハンドブック P568]	207
No. 398	聴聞	[職員ハンドブック P568]	208
No. 399	弁明の機会の付与	[職員ハンドブック P569]	208
No. 400	行政指導	[職員ハンドブック P569]	208
No. 401	行政指導の中止等及び処分等の求め	[職員ハンドブック P570]	209
No. 402	届出	[職員ハンドブック P570]	209
No. 403	意見公募手続	[職員ハンドブック P571]	210
No. 404	地方分権と住民自治	[職員ハンドブック P572]	210
No. 405	地域コミュニティ	[職員ハンドブック P573]	211
No. 406	ソーシャル・キャピタル	[職員ハンドブック P574]	211
No. 407	協働の意義	[職員ハンドブック P576]	211
No. 408	協働の仕組みづくり	[職員ハンドブック P576]	212
No. 409	自治基本条例	[職員ハンドブック P576]	212
No. 410	NPO活動の拡大	[職員ハンドブック P577]	213
No. 411	自治体経営	[職員ハンドブック P582]	213
No. 412	NPM	[職員ハンドブック P584]	213
No. 413	PPP	[職員ハンドブック P585]	214
No. 414	PFI	[職員ハンドブック P586]	215
No. 415	指定管理者制度	[職員ハンドブック P589]	215

No.	項目	参照	頁
No. 416	市場化テスト	[職員ハンドブック P590]	216
No. 417	ファシリティ・マネジメント	[職員ハンドブック P591]	216
No. 418	行政評価	[職員ハンドブック P591]	217
No. 419	特区制度と規制改革等	[職員ハンドブック P592]	217
No. 420	シティ・プロモーション事業	[職員ハンドブック P593]	218
No. 421	政策形成	[職員ハンドブック P594]	218
No. 422	政策法務	[職員ハンドブック P594]	219
No. 423	戦略的思考による企画立案	[職員ハンドブック P595]	219
No. 424	国家戦略としての電子行政	[職員ハンドブック P597]	220
No. 425	総務省の取組み	[職員ハンドブック P599]	221
No. 426	特別区における情報化施策の経緯	[職員ハンドブック P600]	221
No. 427	電子自治体の現状	[職員ハンドブック P601]	222
No. 428	電子自治体の現状	[職員ハンドブック P601]	222
No. 429	マイナンバー制度	[職員ハンドブック P604]	223
No. 430	情報セキュリティ対策	[職員ハンドブック P606]	223
No. 431	電子自治体推進に関する用語	[職員ハンドブック P606]	224
No. 432	リスクとは何か	[職員ハンドブック P610]	224
No. 433	リスクマネジメントの手順	[職員ハンドブック P610]	225
No. 434	リスク対策の用語	[職員ハンドブック P614]	225
No. 435	リスクマネジメントの組織	[職員ハンドブック P616]	226

第3章　人事

No.	項目	参照	頁
No. 436	地方公務員制度の理念	[職員ハンドブック P619]	227
No. 437	地方公務員の範囲	[職員ハンドブック P620]	227
No. 438	地方公務員の種類	[職員ハンドブック P620]	228
No. 439	一般職	[職員ハンドブック P620]	228
No. 440	特別職	[職員ハンドブック P621]	228
No. 441	特別職の種類	[職員ハンドブック P621]	229
No. 442	人事機関	[職員ハンドブック P622]	229
No. 443	任命権者とその職員	[職員ハンドブック P622]	229
No. 444	人事委員会	[職員ハンドブック P622]	230
No. 445	人事委員会及び公平委員会の設置	[職員ハンドブック P622]	230
No. 446	人事委員会の権限	[職員ハンドブック P622]	231
No. 447	人事委員会の行政権限	[職員ハンドブック P623]	231
No. 448	任用の根本基準	[職員ハンドブック P623]	231
No. 449	任用の定義	[職員ハンドブック P624]	232
No. 450	標準職務遂行能力	[職員ハンドブック P624]	232
No. 451	欠格条項	[職員ハンドブック P624]	233
No. 452	欠格条項	[職員ハンドブック P624]	233

No. 453	職員の任命の方法	［職員ハンドブック P625］	233
No. 454	職員の任用の運用	［職員ハンドブック P625］	234
No. 455	採用	［職員ハンドブック P626］	235
No. 456	採用、昇任、降任及び転任の方法	［職員ハンドブック P626］	235
No. 457	選考による採用	［職員ハンドブック P627］	236
No. 458	条件付採用	［職員ハンドブック P627］	236
No. 459	臨時的任用	［職員ハンドブック P628］	236
No. 460	特別法による任期付職員任用	［職員ハンドブック P628］	237
No. 461	特別区職員の任用制度	［職員ハンドブック P629］	238
No. 462	特別区職員の採用及び昇任	［職員ハンドブック P630］	238
No. 463	職員の離職	［職員ハンドブック P632］	238
No. 464	職員の離職	［職員ハンドブック P632］	239
No. 465	定年制	［職員ハンドブック P633］	240
No. 466	管理監督職勤務上限年齢制	［職員ハンドブック P634］	240
No. 467	会計年度任用職員	［職員ハンドブック P634］	241
No. 468	勤務条件の意義	［職員ハンドブック P635］	241
No. 469	勤務条件の分類	［職員ハンドブック P635］	242
No. 470	条例主義の原則	［職員ハンドブック P635］	242
No. 471	平等取扱いの原則	［職員ハンドブック P636］	242
No. 472	情勢適応の原則	［職員ハンドブック P636］	243
No. 473	給与の意義	［職員ハンドブック P636］	243
No. 474	給与に関する諸原則	［職員ハンドブック P637］	244
No. 475	給与の支払いの三原則	［職員ハンドブック P637］	244
No. 476	労働基準法の適用	［職員ハンドブック P638］	245
No. 477	給与に関する条例	［職員ハンドブック P638］	245
No. 478	給料決定方法	［職員ハンドブック P638］	246
No. 479	昇給	［職員ハンドブック P639］	246
No. 480	職員の諸手当	［職員ハンドブック P640］	246
No. 481	職員の諸手当	［職員ハンドブック P640］	247
No. 482	超過勤務手当	［職員ハンドブック P642］	247
No. 483	期末手当と勤勉手当	［職員ハンドブック P643］	248
No. 484	退職手当	［職員ハンドブック P644］	248
No. 485	給与の支給方法	［職員ハンドブック P646］	248
No. 486	休職者等の給与	［職員ハンドブック P647］	249
No. 487	定年前再任用短時間勤務職員の給与	［職員ハンドブック P647］	249
No. 488	幼稚園教育職員の給与	［職員ハンドブック P647］	249
No. 489	旅費	［職員ハンドブック P648］	250
No. 490	旅費	［職員ハンドブック P648］	250

No.	項目	参照	頁
No. 491	職員の勤務時間	［職員ハンドブック P651］	251
No. 492	休憩時間	［職員ハンドブック P652］	251
No. 493	週休日	［職員ハンドブック P653］	252
No. 494	休日	［職員ハンドブック P653］	252
No. 495	休暇	［職員ハンドブック P654］	252
No. 496	年次有給休暇	［職員ハンドブック P654］	253
No. 497	特別休暇	［職員ハンドブック P654］	253
No. 498	特別休暇	［職員ハンドブック P654］	253
No. 499	休業等	［職員ハンドブック P655］	254
No. 500	育児休業	［職員ハンドブック P656］	254
No. 501	分限処分	［職員ハンドブック P657］	255
No. 502	分限処分の事由	［職員ハンドブック P658］	255
No. 503	分限処分	［職員ハンドブック P658］	255
No. 504	懲戒処分	［職員ハンドブック P658］	256
No. 505	懲戒処分の種類と事由	［職員ハンドブック P659］	256
No. 506	懲戒処分	［職員ハンドブック P659］	257
No. 507	地方公務員の賠償責任	［職員ハンドブック P660］	258
No. 508	自治法の賠償責任	［職員ハンドブック P660］	258
No. 509	国家賠償法第1条の賠償責任	［職員ハンドブック P660］	259
No. 510	服務	［職員ハンドブック P660］	259
No. 511	服務の根本基準	［職員ハンドブック P661］	259
No. 512	職務上の義務と身分上の義務	［職員ハンドブック P661］	260
No. 513	服務の宣誓	［職員ハンドブック P661］	260
No. 514	法令等に従う義務	［職員ハンドブック P661］	260
No. 515	上司の職務上の命令に従う義務	［職員ハンドブック P661］	261
No. 516	職務命令の有効と無効	［職員ハンドブック P661］	261
No. 517	職務に専念する義務	［職員ハンドブック P662］	262
No. 518	信用失墜行為の禁止	［職員ハンドブック P662］	262
No. 519	秘密を守る義務	［職員ハンドブック P662］	262
No. 520	政治的行為の制限	［職員ハンドブック P663］	263
No. 521	政治的行為の禁止される区域	［職員ハンドブック P663］	263
No. 522	争議行為等の禁止規定	［職員ハンドブック P664］	264
No. 523	営利企業への従事等の制限	［職員ハンドブック P664］	264
No. 524	公務員倫理	［職員ハンドブック P664］	265
No. 525	退職管理の適正の確保	［職員ハンドブック P667］	265
No. 526	退職管理の適正の確保	［職員ハンドブック P667］	265
No. 527	働きかけ規制違反に関する監視	［職員ハンドブック P668］	266
No. 528	研修	［職員ハンドブック P669］	266
No. 529	人事考課制度	［職員ハンドブック P670］	267

No. 530	職員の権利・利益の保護	［職員ハンドブック P671］	267
No. 531	勤務条件の措置要求	［職員ハンドブック P671］	268
No. 532	勤務条件の措置要求者	［職員ハンドブック P671］	268
No. 533	勤務条件の措置要求事項	［職員ハンドブック P671］	269
No. 534	手続及び判定の結果執るべき措置	［職員ハンドブック P671］	269
No. 535	不利益処分の審査請求	［職員ハンドブック P671］	270
No. 536	不利益処分の審査請求ができる者	［職員ハンドブック P673］	270
No. 537	不利益処分の審査請求の対象	［職員ハンドブック P673］	270
No. 538	手続及び審査の結果執るべき措置	［職員ハンドブック P673］	271
No. 539	厚生福利制度	［職員ハンドブック P674］	271
No. 540	共済制度	［職員ハンドブック P674］	272
No. 541	公務災害補償制度	［職員ハンドブック P675］	272
No. 542	職員の労働基本権の態様	［職員ハンドブック P676］	273
No. 543	労働基本権の動向	［職員ハンドブック P676］	273
No. 544	職員団体等の結成	［職員ハンドブック P676］	274
No. 545	特別区の職員団体等の現状	［職員ハンドブック P677］	274
No. 546	登録職員団体	［職員ハンドブック P677］	275
No. 547	職員団体等との交渉	［職員ハンドブック P677］	275
No. 548	職員団体の交渉事項	［職員ハンドブック P678］	275
No. 549	職員団体の交渉の当事者	［職員ハンドブック P678］	276
No. 550	交渉のルール	［職員ハンドブック P679］	276
No. 551	書面による協定	［職員ハンドブック P679］	276
No. 552	特別区における労務交渉	［職員ハンドブック P679］	277
No. 553	労務交渉の共通基準の範囲	［職員ハンドブック P680］	277
No. 554	時間内組合活動（ながら条例）	［職員ハンドブック P682］	278
No. 555	在籍専従制度	［職員ハンドブック P683］	278

第4章　財務

No. 556	会計の意義と会計法規	［職員ハンドブック P685］	279
No. 557	財務会計組織	［職員ハンドブック P685］	279
No. 558	官庁会計と企業会計	［職員ハンドブック P686］	280
No. 559	バランス・シート	［職員ハンドブック P687］	280
No. 560	地方公会計制度	［職員ハンドブック P687］	281
No. 561	事務の監査請求と住民監査請求	［職員ハンドブック P687］	281
No. 562	財政運営と予算	［職員ハンドブック P688］	281
No. 563	予算の原則	［職員ハンドブック P688］	282
No. 564	予算の原則とその例外	［職員ハンドブック P688］	282
No. 565	予算の種類	［職員ハンドブック P689］	282
No. 566	特別会計	［職員ハンドブック P689］	283

No.	項目	参照	ページ
No. 567	補正予算	［職員ハンドブック P689］	283
No. 568	暫定予算	［職員ハンドブック P690］	283
No. 569	予算の内容	［職員ハンドブック P690］	284
No. 570	予算の内容	［職員ハンドブック P690］	284
No. 571	継続費	［職員ハンドブック P690］	285
No. 572	繰越明許費	［職員ハンドブック P690］	285
No. 573	債務負担行為	［職員ハンドブック P691］	285
No. 574	長期継続契約	［職員ハンドブック P691］	286
No. 575	地方債	［職員ハンドブック P691］	286
No. 576	地方債	［職員ハンドブック P691］	287
No. 577	一時借入金	［職員ハンドブック P691］	287
No. 578	歳出予算の各項の経費の金額の流用	［職員ハンドブック P692］	288
No. 579	予算編成	［職員ハンドブック P692］	288
No. 580	予算科目	［職員ハンドブック P693］	288
No. 581	予算の議決	［職員ハンドブック P693］	289
No. 582	予算の執行管理	［職員ハンドブック P694］	289
No. 583	予算の流用	［職員ハンドブック P694］	290
No. 584	予備費の充当	［職員ハンドブック P694］	290
No. 585	予算科目の新設	［職員ハンドブック P695］	290
No. 586	決算	［職員ハンドブック P695］	291
No. 587	決算	［職員ハンドブック P695］	292
No. 588	決算の認定	［職員ハンドブック P696］	292
No. 589	出納整理期間	［職員ハンドブック P696］	293
No. 590	財政の健全化法	［職員ハンドブック P697］	293
No. 591	金銭会計とその事務組織	［職員ハンドブック P697］	294
No. 592	出納機関	［職員ハンドブック P698］	294
No. 593	指定金融機関	［職員ハンドブック P698］	294
No. 594	収入事務	［職員ハンドブック P698］	295
No. 595	歳入の調定	［職員ハンドブック P699］	295
No. 596	督促	［職員ハンドブック P699］	296
No. 597	時効及び不納欠損	［職員ハンドブック P700］	296
No. 598	私人の公金取扱い	［職員ハンドブック P700］	297
No. 599	支出事務	［職員ハンドブック P700］	297
No. 600	支出負担行為	［職員ハンドブック P701］	297
No. 601	支出命令及び審査	［職員ハンドブック P701］	298
No. 602	歳計現金の保管	［職員ハンドブック P701］	298
No. 603	歳入歳出外現金の出納及び保管	［職員ハンドブック P702］	299
No. 604	有価証券の出納及び保管	［職員ハンドブック P702］	299

No. 605	物品の出納及び保管	［職員ハンドブック P702］	299
No. 606	例月出納検査	［職員ハンドブック P703］	300
No. 607	契約の意義	［職員ハンドブック P703］	300
No. 608	契約の原則	［職員ハンドブック P703］	300
No. 609	契約の方法	［職員ハンドブック P704］	301
No. 610	一般競争入札	［職員ハンドブック P704］	301
No. 611	一般競争入札及びその例外等	［職員ハンドブック P704］	302
No. 612	低入札価格調査制度	［職員ハンドブック P705］	302
No. 613	最低制限価格制度	［職員ハンドブック P705］	303
No. 614	総合評価競争入札制度	［職員ハンドブック P705］	303
No. 615	指名競争入札	［職員ハンドブック P705］	304
No. 616	随意契約	［職員ハンドブック P706］	304
No. 617	せり売り	［職員ハンドブック P706］	304
No. 618	契約の締結	［職員ハンドブック P706］	305
No. 619	財産	［職員ハンドブック P707］	305
No. 620	財産の意義	［職員ハンドブック P707］	306
No. 621	財産管理の原則	［職員ハンドブック P708］	306
No. 622	公有財産の範囲	［職員ハンドブック P708］	307
No. 623	公有財産の管理	［職員ハンドブック P708］	307
No. 624	行政財産の管理	［職員ハンドブック P709］	308
No. 625	普通財産の管理	［職員ハンドブック P709］	308
No. 626	物品	［職員ハンドブック P710］	309
No. 627	債権	［職員ハンドブック P710］	309
No. 628	基金	［職員ハンドブック P710］	310
No. 629	賠償責任	［職員ハンドブック P711］	310

第5章　文書

No. 630	文書の概念	［職員ハンドブック P712］	311
No. 631	文書の要件	［職員ハンドブック P712］	311
No. 632	文書の特性	［職員ハンドブック P713］	312
No. 633	文書の特性	［職員ハンドブック P713］	312
No. 634	公文書と私文書	［職員ハンドブック P714］	312
No. 635	公法上の文書と私法上の文書	［職員ハンドブック P714］	313
No. 636	公用文書又は私用文書	［職員ハンドブック P714］	313
No. 637	原本、謄本、抄本、正本、副本	［職員ハンドブック P714］	313
No. 638	原本、謄本、抄本、正本、副本	［職員ハンドブック P714］	314
No. 639	文書事務	［職員ハンドブック P716］	314
No. 640	文書の管理方式	［職員ハンドブック P718］	315
No. 641	文書処理の基本原則	［職員ハンドブック P719］	315

No. 642　文書取扱い上の一般的留意事項　……［職員ハンドブック P720］　316
No. 643　文書の収受及び発送　……………［職員ハンドブック P721］　316
No. 644　公文書作成上の基準　……………［職員ハンドブック P721］　316
No. 645　基準の優先順位　…………………［職員ハンドブック P723］　317
No. 646　公文の文体、構成、表現等　……［職員ハンドブック P723］　317
No. 647　公文の用語　………………………［職員ハンドブック P724］　317
No. 648　公文の用字　………………………［職員ハンドブック P725］　318
No. 649　公文の数字　………………………［職員ハンドブック P725］　318
No. 650　公文の配字位置　…………………［職員ハンドブック P725］　319
No. 651　公文書管理法の概要　……………［職員ハンドブック P727］　319

〔解答・解説編〕………………………………………………………………　321

　　解答一覧　………………………………………………………………　528

〔問題編〕

第Ⅰ編　特別区と区政

第1章　２３区のすがた（問題省略）

第2章　２３区の現況

【職員ハンドブック P050】□□□□□
【No. 001】　２３区の位置と形状の記述として、妥当なのはどれか。

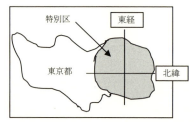 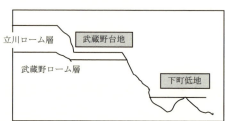

1　23区は、東京湾奥の関東平野の中心にあり、握りこぶし状の地形を成し、皇居を起点として半径約15kmの円状に広がっている。
2　23区の地形は、東京湾に向かってなだらかに下り、その面積は約627km²であり、東京都全体の3分の1以上を占めている。
3　23区の地形は、洪積層と沖積層から成り立ち、下町低地は硬い洪積層であり、山の手台地は軟弱な地盤である沖積層である。
4　23区の地形は、青梅から始まる標高約180mの武蔵野台地が広がり、杉並区の西端あたりでは、標高が約90mとなっている。
5　23区の下町は、海抜約1m以下の低地部であり、隅田川の東から江戸川の西までの荒川放水路周辺は、海抜0mのデルタ地帯である。

【職員ハンドブック P051】□□□□□
【No. 002】　２３区の人口と推移の記述として、妥当な組合せはどれか。

A　23区の〔総人口と人口密度〕をみると、令和6年1月の総人口は約964万人であり、人口密度は市部に比べて3倍を超えている。
B　23区の〔人口の推移〕を国勢調査でみると、昭和40年の889万人をピークに減少に転じた後、増減を繰り返し、令和2年には100万人を切っている。
C　23区の〔世帯状況〕をみると、一般世帯数は増え続け、1世帯当たりの人員は、平成22年に3人を割り込み、令和2年には約2人となっている。
D　23区の〔単独世帯〕をみると、世帯の小規模化を反映して増加傾向にあり、

また65歳上の単独世帯、いわゆる一人暮らし世帯も増加している。
E　23区の〔外国人数〕をみると、令和6年1月現在、約54万人であり、その割合は、都全域に住む外国人の約70%を占めている。

1　AB　　2　AD　　3　BD　　4　CE　　5　DE

【職員ハンドブック P054】□□□□□
【№ 003】　２３区の土地面積の推移と地価の動向の記述として、妥当なのはどれか。

1　23区内の固定資産税の課税対象となる〔土地面積〕は、約3万3千haであり、都全体の約50%を占めている。
2　23区の〔地目別土地面積〕をみると、その割合は、宅地が一番大きいが、宅地は昭和50年から令和5年の間に、約1千ha余り増加している。
3　23区の〔宅地の用途別内訳〕では、宅地地区が89.1%、商業地域が6.4%、工業地区が4.5%の順であり、宅地地区が80%以上を占める区が10区ある。
4　23区の中で〔商業地区〕の比率が高い区は、千代田区、中央区、新宿区の3区であり、〔工業地区〕の比率が最も高い区は、大田区である。
5　23区の〔地価動向〕をみると、住宅地、商業地ともに、リーマンショック以降上昇傾向であったが、令和3年の新型コロナ感染症の影響で下落したものの、翌年以降再び上昇している。

《問題編》

第3章　区民のくらしと区政

第1節　安全・安心

【職員ハンドブック P057】□□□□□
【No. 004】　**地震の危険性が高い東京**の記述として、妥当なのはどれか。

1　世界の地震の約3割は日本列島で起こるといわれており、東京は地震の危険性が高い。
2　日本列島には、陸側、北米、太平洋、フィリピン海の4枚のプレートがある。
3　地球は、地球の構造と動きに関連する、主に20数枚のプレート岩盤からなる。
4　プレートは、太平洋側が年間約8cm、フィリピン海側が年間5cm浮き上がる。
5　海のプレートの沈みにより、陸のプレートが反発するのは直下型地震である。

【職員ハンドブック P058】□□□□□
【No. 005】　**首都直下地震等の東京の被害想定（令和4年）**の記述として、妥当なのはどれか。

1　都の〔想定地震〕では、都心南部直下地震、多摩東部直下地震、立川断層帯地震、南海トラフ巨大地震の4パターンを想定している。
2　都の〔被害想定〕では、発生時間帯を、夏時、朝時、夕方の東京都の平均風速を複数想定して算定している。
3　都の〔被害の最大地震〕としては、『都心南部直下地震』を想定し、今後30年以内の発生確率を、90％以上としている。
4　都の〔海溝型地震〕としては、『南海トラフ巨大地震』を想定し、地震源が遠いため、都内では震度6以上の揺れは発生しないとしている。
5　都の〔活断層地震〕としては、『多摩東部直下地震』を想定し、震度6強の面積は多摩地域に限定され、発生確率もあまり高くないとしている。

【職員ハンドブック P061】□□□□□
【No. 006】　**国の首都直下地震対策**の記述として、妥当なのはどれか。

1　国の中央防災会議は、切迫性の高いM8クラスの首都直下地震を想定し、19のパターンの地震被害について想定している。
2　首都直下地震の被害想定では、建物の全壊・火災延焼棟数は最大約61万棟、死者数は最大約10万人、経済的被害額を約95兆円と想定している。

《問題編》

3　首都直下地震対策特別措置法は、国に対しては、緊急対策推進基本計画の作成を義務づけ、地方自治体に対しては、地方緊急対策実施計画の作成を義務づけている。
4　首都直下地震の緊急対策を推進する必要がある区域としては、被災履歴等を配慮して、9県309市町村を指定しているが、東京都は除かれている。
5　首都直下地震対策特別措置法に基づき、国は、首都中枢機能の維持と滞在者の安全確保の地区として、千代田区、中央区、港区、新宿区を指定している。

【職員ハンドブックP062】□□□□□
【№007】　災害に対する法整備の記述の法律名として、妥当なのはどれか。

　A　の法律は〔災害発生「前」対策法〕である。
　この法律は、昭和34年の伊勢湾台風を契機に災害対策を内容として誕生し、その後、阪神淡路大地震や東日本大震災などの教訓を踏まえて改定されている。
　B　の法律は〔災害発生「時」対策法〕である。
　この法律は、災害に際して、国、地方公共団体、日本赤十字社などが、応急的に必要な救助を行う被災者の保護と、社会秩序の保全を図る法律である。
　C　の法律は〔災害発生「後」対策法〕である。
　この法律は、阪神淡路大震災をきっかけに制定され、自然災害への支援に道を開いた法律であり、生活基盤に著しい被害を受けた場合に、経済的な理由などにより自立生活の再建が困難な者に対し、再建支援金を支給する法律である。

	A	B	C
1	災害対策基本法	被災者生活再建支援法	災害救助法
2	災害対策基本法	災害救助法	被災者生活再建支援法
3	被災者生活再建支援法	災害対策基本法	災害救助法
4	災害救助法	災害対策基本法	被災者生活再建支援法
5	災害救助法	被災者生活再建支援法	災害対策基本法

【職員ハンドブックP062】□□□□□
【№008】　災害対策基本法の記述として、妥当なのはどれか。

1　災害対策基本法では、災害時避難行動要支援者名簿に基づく「個別避難計画」について、区市町村に作成の努力義務を課している。
2　災害対策基本法では、災害時における円滑かつ迅速な避難の確保を図るため、行政による避難情報を「避難勧告」と「避難指示」に分けている。

《問題編》

3 災害対策基本法では、甚大な被害のため、各区市町村での対応に限界があるときは、各区市町村から「国」に対し自衛隊の災害派遣を要望できるとしている。
4 災害対策基本法では、「地域防災会議の委員」は、自治体の長を会長とし、指定公共機関の代表者と当該議会の議員で構成される。
5 災害対策基本法では、一定期間滞在する「避難所」は、学校のほか、安全性の一定基準を満たす施設や場所を、緊急時の避難所にできるとしている。

【職員ハンドブックP063】□□□□□
【№.009】 国・地方公共団体の責務と組織の記述として、妥当なのはどれか。

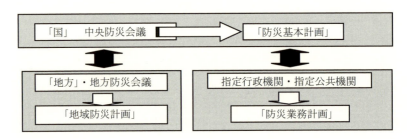

1 国には、法律に基づき「中央防災会議」が設置され、地方公共団体には、規則に基づき「地方防災会議」が設置されている。
2 国の「中央防災会議」は、内閣総理大臣を会長とし、防災担当大臣と全閣僚で構成され、地方の「地方防災会議」は、地方公共団体の首長を会長とし、議員で構成される。
3 「国の責務」としては、災害の発生時に、特定災害対策本部、非常災害対策本部又は緊急災害対策本部を設置する責務がある。
4 防災計画には3種類があり、このうち「防災基本計画」と「防災業務計画」は国が作成し、「地域防災計画」は地方公共団体が作成する。
5 「防災業務計画」とは、地方公共団体が地域の実情に即して、その地域の防災機関が防災のために処理すべき業務などを具体的に定める計画である。

【職員ハンドブックP065】□□□□□
【№.010】 災害対策の記述として、妥当なのはどれか。

1 〔土砂災害防止法〕では、土砂災害の危険性がある土地の調査と結果を公表し、かつ土砂災害警戒区域等を指定することは、市町村の責務としている。
2 〔水防法〕に基づき、東京都は、荒川水系荒川における想定最大規模降雨による洪水浸水想定区域を指定し、これを公表している。

3 〔水防法〕では、各地での豪雨を受けて、要配慮者利用施設における避難確保計画の作成及び避難訓練の実施を、義務としている。
4 〔災害対策基本法〕に基づく「地域防災計画」は、防災会議に諮って作成し、この計画の修正を行った特別区は、国土交通大臣に報告しなければならない。
5 〔緊急地震速報〕は、震度5弱以上の強い揺れが予想される場合に発信され、特別警報と位置づけられている。

【職員ハンドブックP070】□□□□□
【№.011】 防災をめぐる今後の課題の記述として、妥当なのはどれか。

1 特別区における「避難場所」は、各区が5年ごとに見直しており、令和4年現在300か所を超えている。
2 阪神淡路大地震の教訓を踏まえて「耐震改修促進法」が制定され、この法律に基づき特別区の「耐震改修促進計画」の策定が義務づけられている。
3 大規模災害等が発生した場合に対応するための「業務継続計画」は、行政サービスの継続提供計画であり、一部の特別区で策定されている。
4 特別区の災害時に、高齢者や障害者などの避難を支援する「避難行動支援全体計画」の策定は、災害救助法に基づいている。
5 特別区の「防災市民組織」は、社会全体で減災を目指す地域組織であり、令和4年4月現在4,732組織で、9割を超える組織は町会・自治会で組織されている。

【職員ハンドブックP076】□□□□□
【№.012】 災害対応能力の向上と区職員の心構えの記述として、妥当な組合せはどれか。

A 〔東日本大地震〕は、M9という我が国の観測史上の最大地震であり、特別区は復興支援に自治体業務として職員を派遣している。なお、この大震災により、区部は初めて地震による災害救助法の適用を受けた。
B 〔熊本地震〕は、M7であり、これまで震度7以上の地震は東日本大地震と能登半島地震の2件があるが、同一地震で震度7以上が2度記録されたのは初めてであった。
C 〔能登半島地震〕は、M7.6と、熊本地震を超える被害が発生し、特別区は復興支援として専門職員などを派遣した。
D 〔災害救助法〕では、当該地域及び当該住民の生命、身体及び財産を被災から保護するため、地域防災計画を作成し、これを実施することを区市町村の任務と規定している。

《問題編》

1　AB　　2　AC　　3　AD　　4　BC　　5　CD

【職員ハンドブックP080】□□□□□
【№.013】　治安の現況の記述として、妥当なのはどれか。

1　〔刑法犯の認知件数〕は、令和5年は、全国は約70万件と2年連続で増となり、また、都内の刑法犯の認知件数は約8万件で、同様に増加傾向にある。
2　〔来日外国人の犯罪件数〕は、令和5年中、検挙件数と検挙人数は増加傾向にあり、特に中国とベトナムの2か国で、外国人全体の約8割を占めている。
3　〔都内の少年非行事犯〕は、令和5年中でみると、「刑法犯少年」が一番多く、次いで「ぐ犯少年」、「特別法犯少年」の順となっている。
4　〔子どもが被害者となる被害件数〕は、令和5年は、前年度より増加しており、多い罪種でみると、「暴行」が最も多く、次いで「傷害」の順となっている。
5　〔特殊詐欺〕は、令和5年中の全国の認知件数は約1万9千件であり、前年に比べ増加し、都の認知件数は約2,900件で、同様に、前年に比べて増加している。

【職員ハンドブックP084】□□□□□
【№.014】　割れ窓理論の記述として、妥当なのはどれか。

1　割れ窓理論は、ジョージ・ケリングの理論で、割れ窓をそのままにしておくと人の目が及ばないと思われ、軽犯罪が凶悪犯罪に発展し、地域全体が荒れるとする理論である。
2　割れ窓理論は、ショージ・ポリシーの理論で、割れ窓をそのままにしておくと犯罪を誘発することになるため、地域全体で割れ窓を修理する必要があるとする理論である。
3　割れ窓理論は、ジョージ・ケリングの理論で、割れ窓をそのままにしておくと他の家にも被害が拡大するため、早急に割れ窓を修理する必要があるとする理論である。
4　割れ窓理論は、ジョージ・ハリソンの理論で、割れ窓をそのままにしておくと犯罪者が当該行為を無視されたと思い込み、より凶悪な犯罪を誘発するとする理論である。
5　割れ窓理論は、ショージ・ポリシーの理論で、割れ窓をそのままにしておくと、地域住民の環境に対する意識が軽薄となり、次第に地域全体が荒れるとする理論である。

《問題編》

【職員ハンドブック P087】□□□□□
【№.015】 **国民保護法**の記述として、妥当なのはどれか。

1 「国民保護法」は、外国から弾道ミサイル攻撃などの武力攻撃を受けたときの対処法であるが、大規模テロが発生したなどの場合には、この国民保護法の対象とならない。
2 「国」は、武力攻撃事態等に備えて基本指針を定め、「区市町村」は、国の指示に基づいて国民保護対策本部を設置するとともに、住民の避難誘導、救援活動や武力攻撃災害への対処などの措置を行う責務を有する。
3 「知事」は、国の指針に基づき国民保護計画を策定しなければならず、また「区市町村長」は、「国の基本指針」と「国の国民保護計画」等に基づき、「区市町村国民保護計画」を作成しなければならない。
4 国民保護法には、区市町村長を会長とした「国民保護協議会」の設置規定があり、この機関は、住民の意見聴取の機関であり、施策の推進を目的とする機関ではない。
5 武力攻撃の事態が発生した場合に、国は警報を発令し、その内容を知事に通知し、知事はこれを区市町村に通知しなければならないが、正確迅速に伝達するために、総務大臣は、「全国瞬時警報システム（J－ALERT）」を整備している。

第2節　少子高齢社会

【職員ハンドブック P090】□□□□□
【№.016】 **少子化の進行**の記述として、妥当なのはどれか。

1 全国の令和5年の「出生数」は、約72万人で前年より減少し、そのうち特別区は約6万人で、特別区の傾向をみると、平成18年から増加傾向にある。
2 全国の令和5年の「合計特殊出生率」は1.20で、前年に引き続き低下する一方、特別区の令和4年は1.04で、平成29年より前年を上回る傾向にある。
3 都の「子供・子育て支援総合計画」によると、少子化の直接の要因は、「未婚化・晩婚化」、「初産年齢の上昇」、「夫婦の出生力の低下」など、複合的であるとしている。
4 全国の「将来人口の推計」では、令和27年には1億人を割り込み、その年の平均寿命は、男性は84歳を超え、女性は90歳を超えると推計されている。
5 全国の「将来人口推計」から「生産年齢人口の推移」をみると、生産年齢人口は減少を続け、構成比も、令和2年の59.5%から令和23年には、50%を割ると推計されている。

【職員ハンドブック P097】□□□□□
【№.017】 **人口減少時代の到来と23区の人口予測**として、妥当なのはどれか。

1 日本の総人口は、19世紀半ば以降、急増したが、平成20年の約1億2,808万人をピークに減少局面に入り、令和2年の国勢調査では約1億2,709万人となっている。
2 国の人口動態統計(令和5年)によると、出生数は約72万人で、出生数と死亡数の差はプラスとなるが、数・率ともに17年連続で減少かつ低下している。
3 都の令和6年1月現在の総人口は約1,410万人で、人口増減は、1年間で増加となっており、この変動要因は、自然増加が一番の要因となっている。
4 特別区の人口は、令和6年1月現在約979万人であり、前年に比べ約7万人の減少で、この人口の減少傾向は、平成8年から令和3年を除き続いている。
5 特別区の令和6年1月における前年の区別の人口増の上位の地域は、江東区、大田区、台東区の順となっており、この地域は、人口増減率の増においても同じ順となっている。

【職員ハンドブック P101】□□□□□
【№.018】 **区部の人口予測**の記述として、妥当なのはどれか。

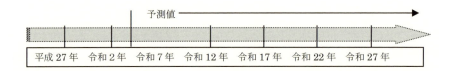

1 都の総人口は、令和27年に1,424万人でピークを迎え、それ以降は団塊の世代の加齢に伴い自然減が強まり減少過程に入る見込みである。
2 特別区の総人口は、令和2年の973万人から、令和27年の999万人まで増加し、以後は減少過程に入る見込みである。
3 特別区の総人口は、増加を続けているが、区別でみると平成27年から令和2年の5年間でみると、人口が減少した区は1区あった。
4 特別区の総人口は、令和12年までに全体の8割強の区が人口減少となり、令和22年から令和27年には、全ての区において人口が減少する見込みである。
5 特別区の老年人口は、令和2年の209万人から増加傾向で推移し、令和27年には264万人、率にして26.8%となる見込みである。

《問題編》

【職員ハンドブックP103】□□□□□
【№.019】 **高齢化の進行**の記述として、「妥当でない」のはどれか。

1　令和2年の国勢調査では、「我が国の総人口」は、約1億2,614万人であり、前回の調査時より94万人、0.7％の減となっている。
2　令和2年の国勢調査から「総人口を男女別」でみると、女性が男性より約344万人多く、性比では、94.7となっている。
3　令和2年の国勢調査から「65歳以上の高齢者人口」をみると、過去最高となっており、高齢化率は28.6％となっている。
4　高齢社会白書（令和4年版）では、「65歳以上の高齢化率」は28.9％となっており、このうち前期高齢者人口は約1,754万人であり、総人口の割合でみると15.0％を超えている。
5　高齢社会白書（令和4年版）でみると、「後期高齢者」は「前期高齢者」より100万人程多いが、男女別でみると、「後期高齢者」は、圧倒的に女性の方が長生きである。

【職員ハンドブックP104】□□□□□
【№.020】 **高齢化率**の記述の空欄の数値等として、妥当なのはどれか。

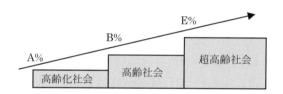

　我が国の「65歳以上」の高齢者人口は、昭和25年に総人口の5％に満たなかったが、昭和45年に　A　を超えた。
　一般に高齢化率が「A」を超えた社会を『**高齢化社会**』といい、平成6年には　B　を超えた。「B」超えた社会を『**高齢社会**』という。
　そして令和3年10月現在、　C　に達し、本格的な高齢社会となっている。
　諸外国との比較でみると、我が国の高齢化率は世界一であり、次に　D　が続いている。　E　を超えた社会を『**超高齢社会**』と呼ぶ場合がある。

	A	B	C	D	E
1	7％	12％	27.9％	フランス	20％
2	7％	14％	28.9％	ドイツ	21％
3	7％	14％	28.9％	イタリア	21％

《問題編》

4	8％	12％	27.9％	イタリア	25％
5	8％	14％	28.9％	アメリカ	25％

【職員ハンドブックP104】□□□□□
【№ 021】 **日本の将来推計人口**の記述として、妥当なのはどれか。

1　日本の「高齢化率」は、令和2年の28.6％で3.5人に1人を上回る状態から、50年後の令和52年には、2人に1人が老年人口になると予測されている。
2　全国の「高齢者人口」は、令和32年のピークまで増加し、それ以降は減少すると予測されている。
3　令和2年の「65歳以上の人口の値」を100としたとき、令和32年の指数が100未満となるのは26都道府県にのぼるが、東京都に限り一貫して増加すると予測されている。
4　都道府県別の「高齢化率」は、30％を超える都道府県は令和2年には30道県であったが、これが令和22年までには、全ての都道府県が30％を超えると予測されている。
5　都道府県別の「後期高齢者」の人口は、令和12年まで全都道府県で増加し、その後は減少傾向に転じると予測されている。

【職員ハンドブックP106】□□□□□
【№ 022】 **都と区部の高齢化の動向**（令和5年基準）の記述として、「妥当でない」のはどれか。

1　都の65歳以上の高齢者人口は、約311万人となり、前年と比べ増加し、高齢化率も23.5％と前年より上昇している。
2　都の高齢者人口を男女別でみると、女性が男性の1.3倍、75歳以上では女性は男性の1.5倍となっている。
3　都の高齢者人口を地域別でみると、区部の高齢者人口は約202万人で、市町村部の約109万人に比べ区部の方が多く、また高齢化率でも区部が市町村部を上回っている。
4　区部の高齢化率を令和6年1月の住民基本台帳で比較すると、高齢化率が最も高いのは足立区であり、逆に最も低いのが中央区となっている。
5　区部の高齢者人口の将来予測では、令和12年に区部全体で高齢化率は21.6％となり、そのうち75歳以上の高齢者の割合は対人口比で12.1％になると予測されている。

《問題編》

【職員ハンドブック P108】□□□□□
【№ 023】 一人暮らし高齢者の動向（令和２年国勢調査）の記述として、妥当な組合せはどれか。

A 〔日本の総世帯数〕は、令和２年の国勢調査では約 5,570 万世帯であり、前回の調査より増加しており、世帯人員別では１人世帯が最も多く、一般世帯の 38.1％を占める。
B 〔一人暮らしの高齢者〕は、令和２年の国勢調査と前回とを比較すると、約 78 万人増の約 671 万人で、男女別でみると、女性の方が男性の２倍弱という数値になっている。
C 〔高齢者人口に占める一人暮らし高齢者の割合〕は、男性が約 15.0％、女性が約 22.1％で、男性の約 10 人に１人が、女性の約５人に１人が、一人暮らし高齢者である。
D 〔世帯規模の縮小〕は、都市部で顕著であり、１世帯当たりの人員は、全国平均は 2.21 人が、東京都では 1.92 人であり、全国で二番目に低い値となっている。

1　AB　　2　AC　　3　AD　　4　BC　　5　BD

【職員ハンドブック P109】□□□□□
【№ 024】 東京都世帯数の予測（令和６年）の記述として、妥当な組合せはどれか。

A 65 歳以上の「世帯主の世帯数」の予測では、令和２年に対し 15 年後は、都全体では 13.2％の増加に対し、区部は都全体以上に増加すると予測されている。
B 65 歳以上の「単独世帯数」の予測では、令和２年に対し 15 年後は、都全体では 65 歳以上の世帯総数の 45.7％を占めるのに対し、区部では、都全体の数値以上を占めると予測されている。
C 65 歳以上の「単独世帯の男女別」の予測では、令和２年に対し 15 年後は、都全体では女性は男性の 1.6 倍に対し、区部では、都全体の倍率以上になると予測されている。
D 65 歳以上の単独世帯の「男女別の増加率」の予測では、令和２年に対し 15 年後は、東京都全体では男性が 28.5％、女性が 14.0％であるが、区部でも、同様に男性の単独世帯の増加率が高いと予測されている。

1　AB　　2　AC　　3　AD　　4　BC　　5　BD

《問題編》

【職員ハンドブックP111】□□□□□
【No.025】 これまでの主な高齢社会対策の記述の空欄の語句として、妥当なのはどれか。

　　我が国の高齢社会対策の基本的枠組みは　A　による。
　　この法律の基本理念に基づき　B　に対し「高齢社会対策計画」を策定し、実施する責務を課している。
　　また同法に基づき、内閣府に　C　を会長とし、委員を関係閣僚とする「高齢社会対策会議」が設置されている。
　　高齢社会対策の最初の大綱は、平成8年に誕生し、平成30年の大綱では、①　D　を目指す、②高齢期の暮らしを描ける地域コミュニティを作る、③技術革新の成果を可能にする高齢社会対策を志向するとしている。

	A	B	C	D
1	高齢社会対策基本法	国	厚生労働大臣	アゼェンダ社会
2	高齢社会対策基本法	国及び地方	内閣総理大臣	エイジレス社会
3	高齢社会対策基本法	国及び地方	厚生労働大臣	エイジレス社会
4	老人福祉法	国	内閣総理大臣	アゼェンダ社会
5	老人福祉法	国及び地方	内閣総理大臣	エイジレス社会

【職員ハンドブックP112】□□□□□
【No.026】 少子化対策のプラン等の関係図A～Dとその説明ア～エの組合せとして、妥当なのはどれか。

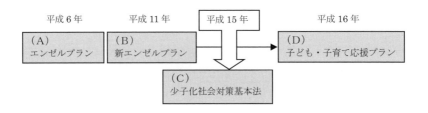

ア：これに基づき、地方公共団体や一定規模の企業に対し、次世代育成支援行動計画の策定を義務づけている。
イ：これに基づき、保育関係だけではなく、雇用、母子保健、相談、教育などの事業も、加わることとなる。
ウ：これに基づき、10年間の基本的な方向性と重点政策が定められ、これを実施するために、緊急保育事業等5か年事業が策定され、保育サービスの充実

が図られる。
エ：これに基づき、少子化施策が総合化され、3つの視点と4つの重点課題、28の具体的行動が提示される。

1　A－ア　　B－イ　　C－ウ　　D－エ
2　A－イ　　B－エ　　C－ウ　　D－ア
3　A－イ　　B－ア　　C－エ　　D－ウ
4　A－ウ　　B－イ　　C－エ　　D－ア
5　A－ウ　　B－エ　　C－ア　　D－イ

【職員ハンドブックP113】□□□□□
【No. 027】　子ども・子育て支援新制度等の記述として、妥当なのはどれか。

1　子ども・子育て支援新制度では、事業実施のために、消費税率引上分の一部を財源とし、また一般事業主から徴収する拠出金率の上限も引上げている。
2　子ども・子育て支援新制度とは、幼児保育や地域の子ども・子育て支援を総合的に推進する制度であり、この支援には、幼児期の学校教育は除かれている。
3　子ども・子育て支援新制度は、従来の共通の給付である地域型保育給付に、財政支援を一本化するとともに、新たに施設型給付を創設している。
4　子ども・子育て支援新制度では、子育てを行う家庭の経済的負担の軽減を図るため、全ての幼児教育や保育事業の無償化を実施している。
5　子ども・子育て支援新制度の充実策として、少子化社会対策大綱が決定され、希望出生率2.0の実現に向けた社会づくりを推進するとしている。

【職員ハンドブックP113】□□□□□
【No. 028】　子ども・子育て支援制度の記述の空欄の語句として、妥当なのはどれか。

　　令和5年4月に　A　が施行となり、「こども家庭庁」が設立された。
　　この年に「子ども大綱」が閣議決定され、大綱では、これまで別々に作成・推進されてきた少子化社会対策基本法などの法律に基づく　B　を一つに束ね、「こどもまんなか社会」の実現を目指している。
　　また、「こども未来戦略」が閣議決定され、未来戦略では、「日本のラストチャンス」　C　に向けて、次元の異なる少子化対策を進めるとしている。
　　特に、少子化の原因となっている若者・子育て世帯の　D　と「少子化対策」を両輪として進めていくために、今後3年間の具体的施策を　E　として明らかにしている。

《問題編》

	A	B	C	D	E
1	子育て基本法	5つの大綱	2035年	教育無償	ラストプラン
2	子育て基本法	3つの大綱	2030年	所得向上	加速化プラン
3	子ども基本法	5つの大綱	2035年	教育向上	ラストプラン
4	子ども基本法	5つの大綱	2030年	所得向上	加速化プラン
5	子ども基本法	3つの大綱	2030年	所得向上	加速化プラン

第3節　健康・福祉

【職員ハンドブック P115】□□□□□
【No.029】　**保健衛生**の記述として、妥当なのはどれか。

1 〔保健衛生行政〕とは、公衆衛生の向上及び増進を目的として、行政の主体である国及び地方公共団体が行う活動であり、この活動は憲法を根拠としていない。
2 〔公衆衛生〕とは、健康教育、疾病の早期診断と治療のための医療や、看護事業の組織化を図る概念であり、生活水準を保障する概念ではない。
3 〔WHO憲章の健康の定義〕では、『健康とは疾病がなく、虚弱でないだけでなく、身体的や精神的に完全によい状態にあること』と定義され、この定義が定着している。
4 〔WHO世界保健機関〕は、「全ての人に健康を」という基本目標を設定し、プライマリーヘルスケアを戦略として掲げている。
5 〔WHO世界保健機関〕は、オタワの国際会議で、ヘルスプロモーションを提唱したが、ここでのヘルスプロモーションは、健康増進を個人の生活習慣改善に限定している。

【職員ハンドブック P115】□□□□□
【No.030】　**健康日本21**の記述として、妥当なのはどれか。

1 〔健康日本21〕は、21世紀における第3次国民健康づくり対策として、平均寿命の延伸と健康格差の縮小を目的とする運動であり、現在第3次健康日本21が始動している。
2 〔健康日本21〕に法的基盤を付与する目的で、栄養改善法が改正され、新たに健康増進法が制定され、この法律に基づき、健康増進の基本的な方針が改定されている。
3 〔健康日本21〕では、健康状態を示す包括的指標として平均寿命の概念が提唱され、その延伸を求めて、健康格差の縮小の実現を目指している。
4 〔健康日本21〕では、区市町村の健康増進計画は法定化されていないが、

当該計画を策定し、生活習慣病に関する目標の設定と評価を求めている。
5 〔健康日本21〕の目標の一つに心の健康づくりがあるが、自殺対策基本法は〔健康日本21〕との関連性はない。

【職員ハンドブック P116】□□□□□
【No.031】 **少子高齢化の進展と健康寿命**の記述として、妥当な組合せはどれか。

A 我が国の出生数をみると、第1次ベビーブーム時代に200万人を超えた以降、低下を続け、令和元年には半分以下まで減少している。
B 我が国の合計特殊出生率をみると、昭和49年から人口再生産レベルの「2.1」を下回る傾向が続き、令和5年現在は1.26となっている。
C 国民の平均寿命をみると、終戦直後は、男性50歳、女性54歳で60歳に満たなかったが、令和5年には男性は81歳、女性は87歳を超え、いずれも過去最高を更新した。
D 我が国の総人口に占める65歳以上の高齢者の割合をみると、令和5年は29.1%であるが、都はこの全国より高い数値となっている。

1　A B　　2　A C　　3　A D　　4　B C　　5　B D

【職員ハンドブック P116】□□□□□
【No.032】 **生活習慣病**の記述の空欄の語句として、妥当なのはどれか。

　人口の高齢化や生活様式の欧米化に伴って、我が国の疾病構造は大きく変化し、主要要因も　A　から生活習慣病に移ってきている。東京都の調査では、昭和56年以降、死因順位の第1位は「悪性新生物」であり、第2位は　B　、第3位は　C　であったが、第3位については平成23年から　D　、平成29年には再び　C　、そして平成30年には　E　となっている。
　また要介護の原因をみると、主に　C　や骨関節疾患であり、生活習慣病が深く関わっていることがわかる。

	A	B	C	D	E
1	感染症	心疾患	脳血管疾患	肺炎	老衰
2	感染症	心疾患	脳血管疾患	肺炎	がん疾患
3	感染症	脳血管疾患	肺炎	心疾患	老衰
4	栄養失調	脳血管疾患	心疾患	肺炎	がん疾患
5	栄養失調	心疾患	肺炎	脳血管疾患	老衰

《問題編》

【職員ハンドブックP117】□□□□□
【No.033】 地域保健法の記述として、妥当なのはどれか。

1 〔保健衛生行政〕は、保健所法に基づき、保健所と市町村保健センターが、主体的に地域保健対策を担うこととされている。
2 〔23区〕は、保健所を設置する基礎自治体であり、公衆衛生機能と間接サービスの提供を併せ持ち、包括的に保健衛生行政を推進する立場にある。
3 〔保健所〕は、基礎自治体である23区が設置する行政機関であり、広域的、専門的、技術的拠点として位置づけられている。
4 〔地域保健対策〕では、地域に根差した信頼や社会規範、ネットワークといったソーシャル・キャピタルを活用した自助及び公助の支援が重視されている。
5 〔地域保健対策〕では、新型コロナへの対応を踏まえ、保健所の機能強化が地域保健の基軸事項として示されたが、人材育成は基軸とされていない。

【職員ハンドブックP119】□□□□□
【No.034】 疾病予防・管理の記述として、妥当なのはどれか。

1 〔母子保健〕は、子どもが健康に生まれ育つように、母子保健法に基づき、妊娠中から3歳までの期間に行われる包括的なサービスである。
2 〔成人保健〕は、生活習慣病などの予防に着目した健康増進法と、健康な人を対象に保健事業を推進する地域保健法との、2本立てで行われている。
3 〔感染症法〕の対象の一つである結核は、二類感染症に位置づけられており、特別区の結核罹患率は、全国平均と比較して低い。
4 〔予防接種法〕に基づく定期の予防接種には、ジフテリアや百日せきなどがあるが、高齢者肺炎球菌ワクチンは予防接種として指定されていない。
5 〔難病対策〕では、国は、難病法を制定して、令和6年に341疾病を指定し、そのほかに、都も8疾病を難病補助対象として、独自に医療費を助成している。

【職員ハンドブックP120】□□□□□
【No.035】 成人保健の記述として、妥当なのはどれか。

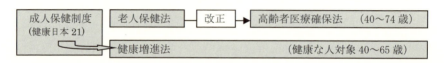

1 成人保健を推進するため、各特別区では、健康日本21(第1次)に基づき健

康増進計画を策定し、生活習慣病に関する目標の設定と評価を実施している。
2　成人保健制度として定着していた老人保健法は、高齢者医療確保法に改正されており、60歳以上に対する生活習慣病の予防が重点化されている。
3　成人保健制度を支える高齢者医療確保法では、特定健康診査や特定保健指導が実施できることになっている。
4　高齢者医療確保法では、全国共通の電子データ蓄積や、労働安全衛生法に基づく定期健診の対象者を階層化し、保健指導の目標達成度を数値化している。
5　健康増進法では、健康増進事業として、健康診査以外の保健事業を位置づけているが、この保健事業には、がん検診は含まれていない。

【職員ハンドブック P122】□□□□□
【№ 036】　**精神保健・環境保健・歯科保健**の記述として、妥当なのはどれか。

1　〔精神保健〕の対策は、精神保健福祉法に基づき都道府県の責務であるが、保健所では、通院医療費助成の申請受理や社会復帰支援などを行っている。
2　〔障害者総合支援法〕は、精神障害者も支援の対象に含め、身体障害者と精神障害者の自立支援を目的に、障害の種別なく、共通の福祉サービスが行われている。
3　〔歯科保健対策〕として、国が提唱する8020運動は、むし歯予防に加えて、乳幼児期の口腔機能の発達支援や、成人期の歯周病の予防対策に対する運動である。
4　〔公害健康被害者〕の認定更新事務は、公害健康被害補償法に基づき実施されており、特別区では、新たな健康被害者の認定申請の受理事務を行っている。
5　〔大気汚染に係る健康被害者対策〕として、東京都は、条例に基づき、自動車の排気ガスによる気管支ぜん息の疾病患者に限り、医療費の助成を行っている。

【職員ハンドブック P123】□□□□□
【№ 037】　**生活衛生対策**の記述として、妥当なのはどれか。

1　〔食品関係営業等の対応業務〕では、食品衛生監視計画の策定と公表が義務づけられており、この計画の策定時には、住民の意見を求めなければならない。
2　〔食中毒の対応業務〕では、食中毒の発生を探知した段階で、原因施設の営業停止の措置を行い、その上で、患者調査や食品関係施設等の調査に入っている。
3　〔衛生環境の確保業務〕では、特定用途の延床面積が5千㎡以上の建築物を対象に、ビル設計時の図面審査や、建築物の立入検査などを行っている。

4 〔医薬品等の対応業務〕では、許可事務を除き、薬局や医薬品販売業、医療機器販売等の施設に対する監視指導を中心に行っている。
5 〔レジオネラの対応業務〕では、浴槽を持つ施設や公衆浴場など、不特定多数の利用施設を持つ営業者及び管理者に対し、水質検査や定期的な監視指導を行っている。

【職員ハンドブックP126】□□□□□
【№.038】 **医療対策**の記述として、妥当なのはどれか。

1 〔地域保健医療計画〕は、地域保健法に基づき都道府県が策定する計画であり、東京都の保健医療計画は、医療提供体制の確保を基本方針としている。
2 〔救急医療〕は、入院を必要としない初期救急、入院を要する二次救急、重篤患者の三次救急の3本柱とし、これを基本に医療機関が構成されている。
3 〔医療体制〕は、サービスの一貫した提供と医療体制の連携を図る体制であり、一次保健医療圏は区市町村の区域、二次保健医療圏は東京都全域としている。
4 〔医療機能連携〕は、地域医療の連携であり、特別区全体では、一次保健医療圏ごとに脳卒中や糖尿病などの医療連携体制の構築に取り組んでいる。
5 〔医療安全支援センター〕は、医療相談や医療情報の提供などを担うセンターであり、都道府県や保健所を設置する区市の設置は、義務とされている。

【職員ハンドブックP128】□□□□□
【№.039】 **社会福祉**の記述として、妥当なのはどれか。

1 社会福祉は、社会保険、公的扶助、保健医療、公衆衛生を構成する要素とし、社会保障を要素から除いている。
2 社会福祉に関しては、憲法第25条第2項は、国は、社会福祉の向上及び増進を図らなければならないとして、義務規定を置いている。
3 国の社会福祉は、戦前の福祉三法を踏襲し、戦後の社会福祉事業法の成立により、社会福祉協議会や福祉事務所が設置されている。
4 平成になって社会福祉事業法が社会福祉法に改称され、福祉サービス利用の制度化を進める一方、その財政負担については、応益負担から応能負担としている。
5 改正社会福祉法に基づき厚生労働省は、地域共生社会の実現を掲げ、「我が事・丸ごと」の地域づくりの具体化に向けた改革を進めている。

《問題編》

【職員ハンドブック P132】□□□□□
【№040】 主な高齢者福祉施策の記述として、妥当なのはどれか。

1 〔高齢者の福祉計画〕には、老人福祉法に基づく老人福祉計画と、介護保険法に基づく介護保険事業計画があり、それぞれ分離して策定されている。
2 〔介護保険〕は、高齢者の介護ニーズに対し、高齢者福祉と高齢者保健の制度を再構築し、給付制度として施行されている制度である。
3 〔地域支援事業〕とは、高齢者の予防的な事業であり、この事業は、介護予防や日常生活支援総合事業、包括的支援事業、任意事業の３つで構成されている。
4 〔成年後見制度〕とは、判断能力が十分でない者に代わって、後見人等が契約や財産を管理する制度であり、任意後見制度のみが法定化されている。
5 〔高齢者虐待防止法〕では、高齢者虐待の防止、虐待を受けた高齢者保護、適切な養護者への支援の３点については、都道府県が第一義的に責任を持つとしている。

【職員ハンドブック P136】□□□□□
【№041】 障害者の権利擁護への動きの記述として、妥当なのはどれか。

1 〔改正障害者基本法〕では、障害の定義について、身体障害、知的障害、精神障害その他の心身の機能の障害がある者であって、障害及び社会的障壁により継続的に日常生活、社会生活に相当な制限を受ける状態にある者とされている。
2 〔障害者総合支援法〕は、裁判において、サービス支給量を制限し、応益負担を強いる障害者自立支援法は、違憲であるとの判決結果を受け、障害者自立支援法に代わる新たな法律として誕生している。
3 〔障害者虐待防止法〕は、国や地方公共団体の責務を定め、障害者福祉施設従事者や使用者による障害者虐待の防止のための措置、虐待を受けた障害者の発見者に対する通報義務を課しているが、これに対する国民の責務の規定はない。
4 〔改正障害者差別解消法〕は、不当な差別的取扱いの禁止と合理的配慮の提供を求めているが、合理的配慮の提供とは、障害者から社会的障壁の除去の意思表示がある場合に、合理的な配慮を求める規定であり、行政機関の配慮は義務、事業者の配慮は努力義務とされている。
5 〔障害者雇用促進法〕は、雇用の分野における差別禁止等を定めており、法定雇用率を令和６年から民間企業が2.8％、国や地方公共団体が2.5％へ引き上げ、この算定基礎には精神障害者を加えている。

《問題編》

【職員ハンドブックP138】□□□□□
【No.042】 障害者施策をめぐる現状と課題の記述として、妥当なのはどれか。

1 東京都の障害者の〔手帳交付数〕(令和4年)では、身体障害者手帳の交付が最も多く、次いで知的障害者愛の手帳、精神障害者保健福祉手帳の順である。
2 区市町村には、障害者総合支援法に基づく〔障害福祉計画〕の策定の義務があり、同法に基づく〔障害児福祉計画〕と併せて事業が展開されている。
3 区市町村が取り組む〔課題〕には、自立支援の観点から、施設入所者数を増加させながら、地域包括ケアシステムの構築や地域生活支援拠点を整備することなどがある。
4 全国の障害福祉サービスの〔利用者数〕(令和4年3月)は、約104万人であり、サービスの種別では、短期入所、共同生活援助、及び居宅訪問型児童発達支援が増加している。
5 〔児童発達支援センター〕は、地域支援体制の構築を目指すセンターであり、主に重症心身障害児を支援するセンターとして、設置されている。

【職員ハンドブックP140】□□□□□
【No.043】 児童福祉政策の変遷に関する記述として、妥当なのはどれか。

1 〔平成28年〕・・・子ども子育て支援法の改正により、特別区も児童相談所を設置できることとなり、法的権限を持って、子どもと家庭の課題解決を担うこととなっている。
2 〔令和元年〕・・・子ども・子育て支援新制度に基づいて、実施されてきた幼児教育や保育の無償化が、令和元年からは小学校就学前の3年間を無償としている。
3 〔令和2年〕・・・児童虐待防止法に規定された親権者等による体罰禁止が施行されたが、民法の「子の懲戒」規定は、現在も存続している。
4 〔令和4年〕・・・児童福祉法が改定され、妊産婦の支援、児童の意見聴取の仕組みの整備が規定されたが、児童を一時保護する司法の関与は見送られている。
5 〔令和5年〕・・・子ども基本法が施行され、これまで内閣府や厚生労働省が担ってきた子ども政策が一元化され、子ども家庭省が設置されている。

【職員ハンドブックP141】□□□□□
【No.044】 子どもの権利条約の4つの権利に「含まれない」のはどれか。

1 学ぶ権利　2 生きる権利　3 育つ権利　4 守られる権利

《問題編》

5 参加する権利

【職員ハンドブックP142】□□□□□
【№045】 保育事業の記述として、妥当なのはどれか。

1 保育所は、児童福祉法に基づき区市町村が運営する施設であり、平成27年の改正児童福祉法により、入所方式は、保育の必要性から保育に欠ける場合となっている。
2 都では、13時間以上の開所などの独自基準を設けた認可保育所を創設し、これまでの認証保育所では応えきれなかった保育ニーズに応えるとしている。
3 地域子育て支援拠点事業は、子育てひろば事業とも呼ばれ、子育ての孤立化や、社会からの疎外感を持つ在宅育児家庭を支援する事業で、特別区には680超の拠点がある。
4 児童福祉法に基づき、幼稚園、保育所、認定こども園等を利用する3歳～5歳児と住民税非課税世帯の0歳～2歳児の利用料は、無料となっている。
5 都では、「多様な他者との関わりの機会の創出事業」を開設し、都内の保育所等において、保護者の就労が無い家庭の0歳6か月から2歳児の預かり保育を開始した。

【職員ハンドブックP143】□□□□□
【№046】 学童クラブの記述として、妥当なのはどれか。

1 学童クラブは、学校教育法に基づき、制度化されている制度である。
2 学童クラブは、保護者が昼間家庭にいない児童生徒に対する事業である。
3 学童クラブは、適切な遊びや生活の場の確保であり、健全育成の場ではない。
4 学童クラブは、年々需要が伸びているが、特別区には、待機者はいない。
5 学童クラブと放課後子供教室とを一体化・連携する国の事業は終了している。

【職員ハンドブックP143】□□□□□
【№047】 特別区の主な児童福祉施策の記述として、妥当なのはどれか。

1 〔子ども家庭支援センター〕は、地域の関係機関とネットワークを構築しながら、子ども自身や子育て家庭からのあらゆる相談に応じる、総合支援センターである。
2 〔ひとり親家庭への支援〕には、各種給付のほか、自立促進のための支援を提供する生活支援施設があり、この施設は、母親のみが入所できる。
3 〔児童手当〕は、国からの手当であるが、令和5年の「こども未来戦略方針」

《問題編》

に基づき所得制限は撤廃されたが、給付の対象は中学生までとされている。
4 〔児童相談所〕は、児童に関する相談を本人や家族、関係機関や地域の方から受けて対応する機関であり、この相談には、母子保健やＤＶ対策は含まれない。
5 〔子どもの貧困解消対策推進法〕には、子どもの貧困を解消し、貧困による困難を、子ども達が強いられることがない社会をつくると明記され、支援の対象にヤングケアラーも含まれる。

【職員ハンドブックP146】□□□□□
【No.048】 **生活保護制度の原理と原則**の記述として、妥当なのはどれか。

1 〔無差別平等の原理〕とは、生活保護は、生活に困窮する全ての国民に対し、生活困窮に陥った原因を勘案して、保護が受けられるとする原理である。
2 〔最低生活保障の原理〕とは、生活保護は、健康で文化的、かつ標準的な生活水準を保障するとする原理であり、その自立を助長する原理でもある。
3 〔補足性の原理〕とは、生活保護は、生活困窮の状態にあれば、自己の資産の利用などを前提とせず、保護の対象とする原理である。
4 〔申請保護の原則〕とは、生活保護は、本人の申請を原則とするが、生死に係る急迫状況にあるときは、区長の判断で、保護ができるとする原則である。
5 〔必要即応の原則〕とは、生活保護は、個々の保護を必要とする個人の事情に合わせて行うことを原則とし、世帯を対象としないとする原則である。

【職員ハンドブックP146】□□□□□
【No.049】 **生活保護制度**の記述として、妥当なのはどれか。

1 生活保護の「要否」では、扶養義務者がいる場合の扶養の可否が判定に影響を与えるため、扶養義務者の履行が期待できない場合でも、扶養照会を必要としている。
2 生活保護の「種類」には、8つの種類があり、単独で給付又はいくつかの扶助を組合せて給付され、医療扶助や介護扶助の給付を含め、原則として現金で給付されている。
3 生活保護の「基準」は、要保護者の年齢別、世帯構成別、所在地域別等に分けて、都道府県知事が2年ごとに、改定を行っている。
4 生活保護の「決定及び実施」は、第一号法定受託事務として行われており、東京都の場合、区市又は都が福祉事務所を設置し、その所長に補助執行させている。
5 保護の実施に要する「費用」については、国が4分の3を、残りの4分の1を区市と東京都（町村や島しょ地域などの分）が負担している。

《問題編》

【職員ハンドブックP146】□□□□□
【№.050】 **生活保護制度**の記述として、妥当な組合せはどれか。

A 都内の生活保護の動向をみると、バブル崩壊後の平成25年をピークに、以後、微減で推移し、コロナ禍でも生活保護率は20.8‰と令和4年度の19.8‰と比較しても、極端な増加は見られなかった。
B 令和6年の生活保護法の改正では、子どもの貧困への対応として、進学・就職準備給付金の支給や子どもの進路選択支援事業の実施が盛り込まれている。
C 生活困窮者自立支援法では、生活困窮者からの相談に早期かつ包括的に応ずる相談窓口となり、課題の評価・分析を行うが、自立支援計画まで作成する必要はない。
D 生活困窮者自立支援法に基づく自立相談支援事業の実施や住居確保給付金の支給は、福祉事務所設置自治体にかかわらず、任意事業と位置づけられている。

1　A B　　2　A C　　3　A D　　4　B C　　5　B D

【職員ハンドブックP152】□□□□□
【№.051】 **路上生活者対策**の記述として、妥当なのはどれか。

1　路上生活者対策は、バブル経済崩壊に伴う路上生活者を救済するために、特別区の独自の対策として、冬期臨時宿泊事業などの対応が始まりである。
2　路上生活者の数は、特別区の区域内では、事業開始当初は5,600人を超えていたが、令和6年1月には、半分程度になっている。
3　路上生活者対策は、ホームレスの自立の支援等に関する特別措置法と、生活困窮者自立支援法との、2つの法律に基づき実施されている。
4　路上生活者対策として、各区は、生活者を一時的に保護し、社会復帰の支援を行う緊急一時保護センターや自立支援センターを、設置することとしている。
5　令和4年の路上生活者に対する全国調査でみると、目に見える路上生活者では、若年層が圧倒的に多く、しかも路上生活の期間が長い人が多いことが分かった。

《問題編》

50　第Ⅰ編　特別区と区政

【職員ハンドブック P156】□□□□□
【№.052】　**公的年金制度の創設**の記述の空欄の語句として、妥当なのはどれか。

　公的年金制度は、会社員や自営業者などの現役世代が保険料を支払い、その保険料を財源として高齢者世代に給付する　A　による世代間扶養の仕組みとなっている。
　以前は、私的な貯蓄で老後生活を送るのが一般的であったが、昭和に入って、　B　の労働者の老後不安を解消する目的で、昭和17年に「労働者年金保険法」が制定され、その後、昭和29年に　C　として、全面改正され、現在に至っている。
　一方、公的年金がなかった自営業者やその配偶者などに対して、昭和36年に　D　が施行され、国民皆保険が実現した。
　現在では、全人口の約　E　が公的年金を受給し、高齢者世帯の収入の6割を公的年金が占めている。

	A	B	C	D	E
1	賦課方式	第一次産業	国民年金法	厚生年金法	4割
2	賦課方式	第一次産業	厚生年金保険法	国民年金法	3割
3	賦課方式	第二次産業	厚生年金保険法	国民年金法	3割
4	積立方式	第一次産業	国民年金法	厚生年金法	4割
5	積立方式	第二次産業	厚生年金保険法	国民年金法	4割

【職員ハンドブック P156】□□□□□
【№.053】　**公的年金制度の体系**の記述の空欄の語句として、妥当なのはどれか。

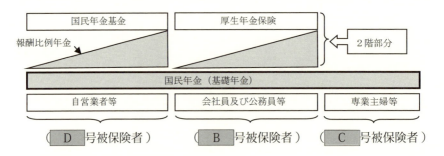

　公的年金制度は、「2階建て」の仕組みである。
　1階部分は、全国民が共通に加入する国民年金（基礎年金）である。1階部分のうち、会社員及び公務員などの被用者が「　A　被保険者」、その配偶

者で主として生計を維持する者が「　B　被保険者」、これらの者以外の者が「　C　被保険者」となる。
　２階部分には、会社員及び公務員などに対し「厚生年金保険による比例報酬年金」の上乗せ制度があり、自営業者などにも　D　の上乗せ制度として「国民年金基金」がある。

	A	B	C	D
1	第１号	第２号	第３号	任意加入
2	第１号	第３号	第２号	義務加入
3	第２号	第１号	第３号	任意加入
4	第２号	第３号	第１号	任意加入
5	第２号	第１号	第３号	義務加入

【職員ハンドブックP156】□□□□□
【№054】　公的年金の特徴の記述として、妥当なのはどれか。

1 〔国民皆年金〕は、国民全てが基礎年金を受ける制度であり、この基礎年金に必要な費用の２分の１は消費税で賄われている。
2 〔社会保険方式〕とは、加入者が保険料を出し、それに応じ年金を受ける方式であるが、無業者の保険料の免除や、40歳未満者には保険料納付猶予制度がある。
3 〔公的年金の種類〕には、老齢年金、障害年金、遺族年金及びその他の年金の４種類があり、納付期間が20年以上あれば、老齢年金の対象者となる。
4 〔年金生活者支援給付金〕は、所得額が一定の基準を下回る障害基礎年金受給者、及び遺族年金基礎年金受給者に限り、支給される給付金である。
5 〔特別区の国民年金事務〕は、第１号法定受託事務として行っているが、資格届出や保険料免除申請などの受理事務に限られており、審査事務は行っていない。

【職員ハンドブックP159】□□□□□
【№055】　国民健康保険制度の記述として、妥当なのはどれか。

1 国民健康保険の〔制度〕は、保険者である都道府県が賦課徴収する保険料と国庫負担金を財源とする医療保険制度であり、地域住民を対象とする地域保険である。
2 国民健康保険の〔被保険者〕は、区市町村内に住所を有する者であり、他の医療保険の適用者や本人の未加入意思のある者は、被保険者とならない。
3 国民健康保険の〔保険料〕は、国民健康保険事業費納付金の額や被保険者

の人数、所得水準により算定するため、各区市町村の保険料は同じである。
4　国民健康保険の〔給付〕は、国民健康保険法や関係法令による法定給付と、区市町村が任意で実施する付加給付があり、葬祭費は前者の法定給付である。
5　国民健康保険の〔事業〕には、40歳以上の被保険者に対し、生活習慣病予防の特定健康診査と特定保健指導があるが、この事業は、保険者の義務実施とされている。

【職員ハンドブックP162】□□□□□
【№056】　特別区統一保険料方式のa～e下線の記述として、妥当なのはどれか。

　　特別区の国民健康保険事業は、a.かつて、国民健康保険法に基づく東京都の「条例による事務処理の特例」の下に、各特別区が一体的に運営した経緯をもつ。
　　ところが、平成12年に、東京都の上記の条例が廃止されたため、各特別区で当該事業運営を行うこととなるも、保険料率や保険給付などは、従来どおり、各特別区が統一の水準で事業運営を行うこととなった。
　　新しい制度が開始される段階で、b.東京都は、医療水準や所得水準の差が大きい東京都においては、将来的には保険料水準の平準化を目指すものの、直ちには困難との見解を示した。
　　この見解を受けて、特別区長会は、今後のあり方を検討した結果、c.将来的な方向性に沿って段階的に移行すべく、「23区統一」で対応するとした。そして、この水準を参考にして各特別区が独自に対応することを可とした。
　　これにより、d.23区統一の保険料率は、東京都が算定する国民健康保険事業費納付金の額等を踏まえて算定し、将来の保険料給付や保険料の減免などの共通基準とともに、各特別区で条例を制定する際には、原則としてこの共通基準に合わせるという「新たな統一保険料方式」による運用を申し合わせた。
　　保険料率の算定に当たっては、各区における「法定外繰入」の費用の削減を考慮しつつ、急激な保険料の上昇を抑制する激変緩和措置がとられてきたが、e.この段階的な法定外繰入は令和6年で解消した。

1　abc　　2　ae　　3　bde　　4　cd　　5　ce

【職員ハンドブックP163】□□□□□
【№057】　介護保険制度の仕組みの記述として、妥当なのはどれか。

1　介護保険制度は、高齢者の介護を社会全体で支える仕組みであり、介護保険法に基づき、都道府県が保険者となっている。
2　介護保険制度は、65歳以上が第1号被保険者、40歳～64歳までの医療保

険加入者が第2号被保険者となり、いずれもサービスの利用要件は同じである。
3　介護保険制度は、半分を保険料、半分を公費で賄う仕組みであり、このうち公費で賄う部分は、国が25％、東京都と各特別区がそれぞれ12.5％を負担する。
4　介護保険制度は、条例に基づく保険料で運営され、その徴収額は、将来5か年度分の介護供給見込額を計画した上で、人数で割り返して決定される。
5　介護保険制度は、事業者が介護サービスを提供する仕組みであり、地域密着型サービス事業を含め、都道府県がその事業者の指定を行う。

【職員ハンドブックP164】□□□□□
【No. 058】　要介護・要支援認定の記述の空欄の語句として、妥当なのはどれか。

　要介護の認定は、サービス利用を希望する本人又は家族などの申請を受けて、各特別区が手続を開始する。
　①最初に、各特別区は　A　を家庭に訪問させ、心身の状態の調査を行う。
　②次に、訪問調査の結果と主治医の意見書の一部をもとに、　B　の判定システムにかけて、一次判定結果を出す。
　③さらに、　C　において審査を行い、「認定」又は「非該当」と判定する。認定の場合は、要介護と要支援に区分するが、　D　区市町村が行うサービスである。

	A	B	C	D
1	調査員	全国共通	介護認定審査会	後者は
2	調査員	都内共通	第二次判定会	いずれも
3	調査員	全国共通	医療認定審査会	後者は
4	専門医	都内共通	介護認定審査会	いずれも
5	専門医	全国共通	第二次判定会	後者は

【職員ハンドブックP165】□□□□□
【No. 059】　介護保険制度改正の概要の記述として、妥当なのはどれか。

1　〔地域支援事業〕は、予防重視型への転換事業であり、地域の包括的・継続的なマネジメント機能を強化する点から、都道府県が実施主体となっている。
2　〔介護医療院〕とは、医療と介護の連携をより推進する施設であり、介護療養型医療施設に代わる新たな介護保険施設である。
3　〔地域密着型サービス〕とは、健康な高齢者が、できる限り住み慣れた地域で生活が継続できるようにする事業であり、当該地方公共団体の住民のみが

利用可能である。
4 〔地域包括支援センター〕とは、要介護状態でも、地域で生活を継続できる支援の中核機関であり、運営主体は都道府県であるが、委託することも可能である。
5 〔地域包括ケアシステム〕とは、重度な要介護者の医療や介護の重点的・一体的な提供を行う体制であり、特養老人ホームの入所者については、要介護4以上としている。

【職員ハンドブックP167】□□□□□
【№060】 **特別区の介護保険事業（令和5年度末）**の記述として、妥当なのはどれか。

1 特別区の介護保険事業の「第1号被保険者数」をみると、200万人を超えており、前年度と比較して、約1千人増加している。
2 特別区の要介護と要支援の「認定者数」をみると、第1号被保険者と第2号被保険者を合わせて約44万人であり、前年度と比較して減少している。
3 特別区の要介護と要支援の「状態別」でみると、要介護では要介護5が最も多く、要支援では要支援2が最も多い。
4 特別区の事業費の「内訳」をみると、地域支援事業費が最も多く、次いで保険給付費である。
5 特別区の要介護と要支援の認定者を「年齢別」でみると、75歳未満が全体の12％を占めるのに対し、75歳以上は全体の88％を占めている。

【職員ハンドブックP170】□□□□□
【№061】 **後期高齢者医療制度の仕組み**の記述として、妥当なのはどれか。

1 〔運営主体〕は、都道府県単位であり、全ての区市町村が加入する広域連合が運営主体となるため、この広域連合は、知事の許可を得て設立される。
2 〔運営の財源〕は、医療費から患者の自己負担を除いた額の約5割を公費、残りを後期高齢者医療制度以外の各医療保険の被保険者からの支援金で賄われている。
3 〔被保険者〕は、広域連合の区域内に住所を有する75歳以上の者、又は40歳以上75歳未満の者のうち、一定の障害がある旨の認定を受けた者である。
4 〔役割分担〕は、広域連合は、保険料の決定及び徴収、資格の認定、医療給付などを行い、区市町村は、資格の取得喪失の受付、被保険者証の交付などを行う。
5 〔医療給付〕は、他の保険制度と同様に、現物給付のみとされているが、自己負担の年間合計額が高額な場合には、高額介護合算医療費制度の適用がある。

《問題編》

第3章　区民のくらしと区政

【職員ハンドブックP170】□□□□□
【№.062】　**後期高齢者医療の保険料**の記述として、妥当な組合せはどれか。

A　保険料の額は、「所得割額」と「均等割額」との合計額で計算されるが、保険料の所得割額と均等割額は、広域連合内では同一で、賦課限度額は80万円である。
B　保険料の額は、被保険者に均等に賦課される応益分としての「所得割額」と、保険料負担能力に応じて賦課される応能分としての「均等割額」との合計で算定される。
C　被保険者の医療機関窓口での医療費の一部負担金の「割合」は1割で、現役並み所得者は3割負担のほか、一定以上の所得のある者の2割負担がある。
D　保険料の徴収方法は、年金からの天引きによる「特別徴収」に限られており、その徴収方法は、介護保険の徴収の仕組みを踏襲している。
E　保険料の所得割額については、同一世帯内の後期高齢者医療制度の被保険者、及び世帯主の総所得金額などをもとに、軽減措置がある。

1　A B　　2　A C　　3　A E　　4　B C　　5　D E

第4節　産業・経済

【職員ハンドブックP174】□□□□□
【№.063】　**産業・経済の動向**の記述として、妥当なのはどれか。

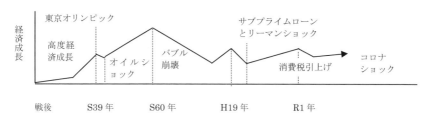

1　〔高度経済成長期〕は、昭和30年代が始まりで、東京タワーの完成、新幹線の開業、東京オリンピックの開催があり、日本のGNPは世界第3位となる。
2　〔オイルショック〕は、昭和48年の中東戦争を原因とする原油価格の高騰によるショックで、3度のオイルショックを経験するも、企業の合理化などで切り抜けた。
3　〔バブル崩壊〕は、過熱した経済を抑えるための公定歩合の引き下げや、不動産貸付の緩和を契機として、バブルが崩壊し、以後、景気低迷期に入る。

4 〔サブプライムローンとリーマンショック〕は、英国の住宅ローンと金融市場の混乱に伴う、世界的経済危機の発生であり、日本経済にも及んだ。
5 〔コロナショック〕は、コロナの流行により、需要と供給の両面の影響が相互に作用し、経済悪化が深刻化するショックであり、過去の経済危機とは異なる。

【職員ハンドブックP177】□□□□□
【No.064】 国家戦略特別区域制度の記述として、妥当な組合せはどれか。

A 国家戦略特区制度は、地方の申請によらず、国が主導し、国家戦略にふさわしいプロジェクトに対し、規制緩和を事前に用意した上で、地域を指定する制度である。
B 国家戦略特区制度は、世界で一番ビジネスのしやすい環境を整備し、世界から資金・人材・企業などを集める、国際的ビジネス拠点の形成を図る制度である。
C 国家戦略特区制度として、東京圏が指定されており、この東京圏としては、東京都と神奈川県が指定を受けている。
D 国家戦略特区制度には、住宅宿泊事業法に基づき、条例で民泊区域や営業期間を制限できる制度があり、この制度を活用して、全ての区で条例が制定されている。

1　A B　　2　A C　　3　A D　　4　B C　　5　B D

【職員ハンドブックP180】□□□□□
【No.065】 ２３区の産業・経済の現状（令和３年経済センサス調査）の記述として、妥当なのはどれか。

1 都道府県別の「民営事業所数と従業者数」をみると、都には、全国の民営事業所の約20％が存在し、全国の従業員の30％が存在している。
2 23区の「事業所数」は、令和3年6月現在、約50万4千所で、都全体の約60％を示し、平成28年と比較して約9千所の増となっている。
3 23区の「事業所数」で、最も多い区は港区であり、次いで千代田区、中央区の順となっている。
4 23区の「従業者数」は、約811万人であり、都全体の60％台を占め、従業者数が最も多い区は、港区、千代田区、中央区の順である。
5 都の企業は、平成28年の経済センサスの統計では、80％が中小企業となっている。

《問題編》

【職員ハンドブック P181】□□□□□
【№ 066】 ２３区の産業（令和３年）の記述として、妥当なのはどれか。

1　23区の〔製造業〕は、中小規模事業所が多く、都の従業者別の構成比でみると、１～３人が３割強、９人以下の事業所数でみると９割以上を占めている。
2　23区の〔卸売業〕は、都の卸売業の事業所数や従業員数を支えており、都は従業者数で全国の４分の１、年間商品販売額で全国の４割超を占めている。
3　23区の〔小売業〕は、区民の日々の暮らしに必要な商品やサービスを提供する業であり、23区には令和４年10月現在約1,000件の商店街がある。
4　23区の〔サービス業〕には、「生活支援サービス」と「ビジネス支援サービス」とがあり、前者は、都心部を中心に集積している。
5　23区の〔医療・福祉〕の事業所数は、約３万所であり、都における医療・福祉の民営の事業所は増加傾向にあり、一般診療所数や歯科診療所数は都道府県別で第１位である。

【職員ハンドブック P185】□□□□□
【№ 067】 産業振興施策の展開の記述として、妥当なのはどれか。

1　〔融資制度〕とは、中小企業の資金調達を支援する制度であり、各区と金融機関との２者の協議により成立している、間接的な融資制度である。
2　〔創業支援〕とは、各区が区の条例に基づき、既分野の産業に挑戦するための起業支援や、創業支援の充実を図るために行う事業である。
3　〔地域ブランド〕とは、各区が優れた製品や高い技術力を認定し、事業者のモチベーションを高め、販路拡大がねらいであり、イメージアップを図る政策ではない。
4　〔産学公連携〕とは、地域産業と大学等の研究機関とが連携を図りながら、中小企業の新環境を創出する方法であり、そのためコーディネーターを派遣する区もある。
5　〔商店街振興策〕では、地域の歴史などと関連づけたイベントや、一部の区では、国の補助を受けたプレミアム付き商品券の発行を実施している。

【職員ハンドブック P187】□□□□□
【№ 068】 就労の状況（令和５年）の記述として、妥当なのはどれか。

1　東京の労働力人口は、約859万人で、完全失業者は、近年は増加する傾向が続いており、当該年度においても、その増加傾向は変わらない。
2　東京の産業別就業者数でみると、「サービス業」が多く、次いで「情報通信業」、

《問題編》

「医療・福祉」の順に続いている。
3　東京の雇用状況をみると、正規雇用は約65.7%、非正規雇用は約34.3%となっており、非正規雇用は、令和時代に入り常に増加傾向にある。
4　若年者の雇用情勢は、近年大きく改善し、「売り手市場」といわれるが、離職率でみると、高卒者の4割、大卒者の3割は、5年以内に離職している。
5　障害者の雇用は、令和6年から事業主の範囲が従業員43.5人以上から40人以上に拡大され、法定雇用率も民間企業では2.3%から2.5%に引き上げられている。

【職員ハンドブックP190】□□□□□
【No.069】　消費者行政の記述として、妥当なのはどれか。

1　〔クーリング・オフ制度〕は、消費者の被害を防止するため、割賦販売に適用される制度であり、訪問販売の場合には適用されない。
2　〔製造物責任法（PL法）〕とは、欠陥製品や不当な契約によって受けた被害を、消費者が自力で被害の回復を図る法律である。
3　〔消費者基本法〕は、消費者の自立支援を消費者政策の基本とする法律ではなく、行政に保護される消費者の位置づけを基本とする法律である。
4　〔消費者教育推進法〕に基づき、地方公共団体には、消費者教育推進計画の策定や消費者教育推進地域協議会の設置が、義務づけられている。
5　〔消費生活センター〕には、相談事務の重要性から、消費生活相談員を置くとされているが、この相談員の設置は、消費生活センターを設置する際の要件ではない。

第5節　環境・清掃

【職員ハンドブックP195】□□□□□
【No.070】　公害対策から地球環境問題への記述の空欄の語句として、妥当なのはどれか。

①昭和42年・・・・・・日本経済は高度経済成長期に入り、産業型公害や人口集中による都市型公害が社会問題となり、国は　A　を制定した。
②昭和47年・・・・・・国連は、地球環境問題に対する国際的な取り組みとして　B　を策定した。
③平成4年・・・・・・ブラジルで　C　が開催され、リオ宣言とその行動計画であるアジェンダ21が採択された。
④平成5年・・・・・・我が国では、地球規模の環境問題への対策を講じるべく　D　を施行した。

《問題編》

	A	B	C	D
1	公害対策基本法	国連環境計画	地球サミット	環境基本法
2	環境対策基本法	国連環境計画	地球サミット	公害基本法
3	環境基本法	地球環境計画	国連人間環境会議	公害対策基本法
4	環境基本法	国連環境計画	国連人間環境会議	公害対策基本法
5	公害対策基本法	地球環境計画	国連人間環境会議	環境基本法

【職員ハンドブックP195】□□□□□

【№071】 **複雑化する環境問題**の記述の語句として、妥当なのはどれか。

　地球温暖化の原因は、温室効果ガスの排出であり、世界の平均気温の上昇を1.5℃に抑えるためには、温室効果ガスを　A　にする必要がある。

　国の第6次環境基本計画では、「現在及び将来の国民一人ひとりのウェルビーイング／高い生活の質」を目標とし、それを実現するために　B　を掲げている。

　都の環境基本計画2022では、「未来を拓くグリーンでレジリエントな世界都市・東京」を実現するため、　C　により、各分野の環境問題を包括的に解決していくとしている。

	A	B	C
1	実質0	5つの重点戦略	3＋1の戦略
2	実質1	6つの重点戦略	4＋1の戦略
3	実質0	6つの重点戦略	3＋1の戦略
4	実質1	5つの重点戦略	4＋1の戦略
5	実質0	6つの重点戦略	3＋1の戦略

【職員ハンドブックP196】□□□□□

【№072】 **地球温暖化問題**の記述として、妥当なのはどれか。

1　地球温暖化の〔原因〕は、石炭や石油の化石燃料の大量消費が原因とされ、地球温暖化は、大気中の二酸化窒素が増加する現象と言われている。

2　地球温暖化の〔現状〕は、気候変動監視レポートでみると、令和5年の世界の平均気温は、統計開始以来、最高値を示したが、日本は最高値に達していない。

3　地球温暖化の〔影響〕は、海面水温に及び、世界の海面水温は上昇し、上昇率は100年当たり＋0.61℃で、日本の海面水温の上昇率は世界の海面水温より低い水温となっている。

《問題編》

4 地球温暖化の〔予測〕では、産業革命前と比べた世界の気温上昇は、令和3年から令和22年までに1.5℃上昇すると予測されている。
5 地球温暖化の〔対策〕には、温室効果ガスを抑制する適応策があり、その最大の対策でも気温上昇は避けられないため、緩和策も進める必要があるとしている。

【職員ハンドブックP199】□□□□□
【No.073】 **地球温暖化の国際・国・都・区の取組み**の記述として、妥当なのはどれか。

1 〔国際的〕な取組みのパリ協定では、世界共通の長期目標として、世界の平均気温上昇を産業革命前に比べ、2℃未満にする目標を掲げている。
2 〔国〕は、温室効果ガスを、令和12年度に、平成25年度比で20%削減の草案を国連に提出し、この目標を達成するため、政府は、地球温暖化対策計画を策定している。
3 〔東京都〕は、令和12年までに、温室効果ガスを平成12年比で30%を削減する目標を掲げ、また、同様に、都内温室効果ガス排出量を70%削減するカーボンハーフを表明している。
4 〔特別区〕のみどり東京・温暖化防止プロジェクト事業は、23区の共同事業として展開している。
5 〔特別区長会〕は、脱炭素社会の実現を図るため「2070年ゼロカーボンシティ特別区」の実現に向けた特別区長会共同宣言を行っている。

【職員ハンドブックP200】□□□□□
【No.074】 **生物多様性**に関する記述として、妥当なのはどれか。

1 生物多様性とは、〔地球〕の46億年の歴史の中の、3千万種の生きものの個性と生きもののつながりのことをいう。
2 生物多様性に迫る危機として、〔日本〕においても、多様な危機にさらされているが、日本では、過去に大量絶滅の危機が起きたことはない。
3 生物多様性の〔日本〕における危機の主な要因としては、自然状態の変化による影響が、一番大きいと言われている。
4 生物多様性の〔日本〕における危機でみると、日本の野生生物の5割にあたる3,772種が、絶滅の危機に瀕している。
5 生物多様性の絶滅のスピードでみると、〔地球〕では、1千年間に0.1～1種が絶滅すると推定されたが、現在では、1年間に10万種になると予測されている。

《問題編》

【職員ハンドブック P202】□□□□□
【№075】 **公害問題**の記述として、妥当なのはどれか。

1 〔大気汚染対策〕では、近年、東京都のディーゼル車走行規制などがあっても、都内の二酸化窒素や浮遊粒子状物質の環境基準適合率は、高い状態が続いている。
2 〔土壌汚染対策〕では、各特別区は、東京都の環境確保条例の汚染土壌の処理基準に基づき、汚染状況調査や拡散防止のための指導を行っている。
3 〔騒音・振動・悪臭対策〕については、法律や東京都環境確保条例に規制基準があり、各区の具体的指導があっても、騒音や振動の苦情は公害苦情の80％を占めている。
4 〔水環境対策〕としては、各区は、下水道の普及のほか、地下水汲み上げ量に関する指導や、雨水浸透施設設置などの促進も図っている。
5 〔アスベスト対策〕では、大気汚染防止法は、石綿を有する全ての物の製造や使用を禁止し、建築物の解体時のアスベスト飛散防止のため、事前報告を義務づけている。

【職員ハンドブック P207】□□□□□
【№076】 **循環型社会形成推進基本法**に基づく廃棄物リサイクルの優先順位として、妥当な並びはどれか。

A 「熱回収（サーマルリサイクル）」
B 「再使用（リユース）」
C 「発生抑制（リデュース）」
D 「再生利用（マテリアルリサイクル）」

1 A→B→C→D
2 A→C→D→B
3 B→D→C→A
4 C→A→B→D
5 C→B→D→A

【職員ハンドブック P209】□□□□□
【№077】 **リサイクル関係法の整備**の記述として、妥当なのはどれか。

1 〔容器包装リサイクル法〕は、容器包装廃棄物のリサイクル法であり、区市町村が分別収集し、費用が想定額を下回る場合には、事業者が区市町村に資

金を拠出するとされる。
2 〔家電リサイクル法〕は、区市町村等において再商品化が困難な家電を、小売業者が回収する法であり、テレビ、冷蔵庫、掃除機などがその対象となっている。
3 〔建設リサイクル法〕は、建設資材廃棄物のリサイクル法であり、これらの廃棄物は建設工事請負業者にリサイクルが義務づけられ、施主は何らの義務を負わない。
4 〔小型家電リサイクル法〕は、小型家電の有用金属の回収活用法であり、回収は区市町村が行うが、回収品目や回収方法については、都道府県が決定する。
5 〔プラスチック資源循環法〕は、プラスチック資源の抑制を推進する法律であり、プラスチック製品の廃棄物の処理部分のみを促進するとしている。

【職員ハンドブックP212】□□□□□
【No.078】 **23区のリサイクルの取組み**の記述の語句として、妥当なのはどれか。

23区の「令和5年度」の資源回収量は、「行政回収量」と町会など自主的に行う「集団回収量」とに分けられるが、前者は全体の A %で、後者は全体の B %であり、両者合わせて C トンである。
資源回収量を前年度比でみると、前者は2.3%の減少、後者は2.2%の D であり、全体としては2.3%の E であった。

	A	B	C	D	E
1	60	40	62万4千	増加	増加
2	62	38	52万4千	増加	減少
3	72	28	52万4千	減少	減少
4	72	28	62万4千	増加	減少
5	82	18	62万4千	減少	増加

【職員ハンドブックP213】□□□□□
【No.079】 **23区の清掃事業の現状と課題**の記述として、妥当なのはどれか。

1 23区の清掃事業には、一般廃棄物と産業廃棄物を適正に処理する責務があるが、事業系廃棄物は、事業者が自らの責任で処理することとしている。
2 23区のゴミ処理は、一般廃棄物の収集や運搬は各区が行い、中間処理は東京二十三区清掃一部事務組合が行い、最終処分は東京都に委託している。
3 23区のゴミの量は、平成元年度の490万トンをピークに、それ以降は横ばい又は増加が続いたが、令和5年度では200万トンを切るまで減少している。
4 23区のゴミは、可燃ごみ、不燃ごみ、粗大ごみの3種類に分別しており、

分別することで再生資源化し、ゴミの種類で異なる処理を行っている。
5　23区の粗大ゴミは、大型家具など、概ね50cm角を超える大きさのゴミが対象であり、家電リサイクル法や資源有効利用促進法に該当する物は、排出物から除かれている。

【職員ハンドブック P218】□□□□□
【No.080】　２３区の清掃事業の記述として、妥当なのはどれか。

1　23区で「清掃工場がない区」は、現在、中野区、新宿区、荒川区、文京区、台東区、千代田区、渋谷区の７区である。
2　23区のゴミの「収集運搬の方法」は、各区清掃事業所を中心に行っており、清掃車は、民間会社から運転手付き配車される雇上車であり、直営車はない。
3　23区の家庭系の汲み取り「し尿」は、無料で行っており、また事業系のし尿の収集についても、全て各区で行っている。
4　23区が収集した「可燃ゴミ」は、22施設の清掃工場で焼却され、不燃ゴミと粗大ゴミは、江東区海の森にある２施設で処理されている。
5　23区の「サーマルリサイクル」とは、廃プラスチック等を可燃ゴミとして焼却処理することで、最終処分場の延命と熱エネルギーの回収を図ることにある。

【職員ハンドブック P221】□□□□□
【No.081】　清掃事業の負担の公平・役割分担の記述として、妥当な組合せはどれか。

A　特別区の清掃事業の負担では、清掃工場の所在する17区を設定し、自区内に発生したごみ量に一定のごみ量を加算したものを各区の処理基準とし、その処理基準を超えたごみ量を金銭による負担としている。
B　特別区の清掃事業の負担では、平成20年に、一定の処理基準を超えて処理している清掃工場の所在区は、その超えた量に応じて負担の金銭対価を受ける方式が採用され、金銭対価は１トン当たり1,500円としている。
C　特別区の清掃事業の負担では、清掃工場が所在しない区は、自区内に発生したごみ量に応じて金銭を負担することとし、処理量が一定の処理基準に達しない工場の所在区には、金銭の負担は発生しないとしている。
D　特別区の清掃事業の負担では、清掃工場の建て替えやプラント更新中の区には、その期間中、金銭による負担調整の考え方によって、算出された負担金が、半額免除されるとしている。

1　A B　　2　A C　　3　A D　　4　B D　　5　C D

《問題編》

第6節　まちづくり

【職員ハンドブック P227】□□□□□
【No. 082】　**都市計画の理念と定義**の記述として、妥当なのはどれか。

1　都市計画は、土地利用、道路、公園、開発、住宅など、対象事項はきわめて広範囲であるが、防災、環境、及び景観は、その対象事項とならない。
2　都市計画は、都市の将来の姿を見通しながら決定する計画であり、土地に関する財産権には、制約を加えることができない計画である。
3　都市計画は、都市の健全な発展と秩序ある整備を図るための土地利用、都市施設の整備、及び市街地開発事業に関する計画である。
4　都市計画は、土地の合理的な利用計画を策定し、この計画に基づき、土地取引や開発行為に限定し、適切な規制や誘導を図る計画である。
5　都市計画は、人口や世帯の社会的条件、産業などの経済的条件、気候の自然的条件、都市沿革の歴史的条件を考慮した、ソフト面での整備誘導計画である。

【職員ハンドブック P227】□□□□□
【No. 083】　**都市計画の体系**の記述として、妥当な組合せはどれか。

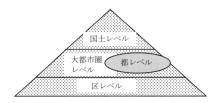

A　〔国土レベル〕では、国土の利用、整備及び保全を推進するための総合的かつ基本的な計画として、国土形成計画法に基づく国土形成計画を定めており、全国計画と8つの区域における広域地方計画から成り立っている。
B　〔大都市圏レベル〕では、大都市整備計画に基づき、一極集中型の首都圏から対流型首都圏に転換するため、首都圏の防災力を高め、確固たる安全安心を土台に、面的な対流を創出するなど、世界からあこがれる洗練された首都圏の構築を図るとしている。
C　〔東京都レベル〕には、都市、農業、森林、自然公園及び自然保全の5つの地域に区分した国土利用基本計画があり、その計画に基づき都市計画区域が定められ、特別区の区域は23区で一つの東京都市計画区域を形成するとしている。
D　〔区レベル〕では、各区ごとに市町村の都市計画に関する基本的な方針、い

わゆる都市計画マスタープランが都市計画法で定められており、各区は、この都市計画マスタープランに基づいて、地域の特性に応じて一体的な整備保全を図るとしている。

1　AB　　2　AC　　3　AD　　4　BC　　5　BD

【職員ハンドブックP229】□□□□□
【No.084】　**都市計画**の記述として、妥当なのはどれか。

1　都市計画の「目的」は、国土の発展と公共福祉であり、都市計画の内容や手続を定め、国や地方自治体、住民に対して、都市環境形成の責任を課している。
2　都市計画の「区域」には、都市計画区域と準都市計画区域があり、都市計画区域は、一定の行政区域を単位に、整備、開発、保全の区域を、国が指定している。
3　都市計画の「策定」では、地方公共団体の長が、あらかじめ関係区市町村の都市計画審議会の意見を聴くとともに、国土交通大臣に協議し、同意を得ることとされている。
4　都市計画の「区分」では、市街化区域は、すでに市街地を形成している区域と、概ね10年以内に優先的かつ計画的に市街化を抑制すべき区域とに、区分している。
5　都市計画の「指定」では、特別区の区域は、東京都の指定により、河川や海面を除き、その全区域が一体として、東京都市計画区域とされている。

【職員ハンドブックP230】□□□□□
【No.085】　**都市計画マスタープラン**の記述として、妥当なのはどれか。

1　都市計画マスタープランとは、線引きの都市計画「区域」プランであり、都道府県が都市計画区域の整備、開発及び保全の方針を定めるものである。
2　区市町村が「区市町村マスタープラン」を策定する場合には、法律上、都市計画「区域」マスタープランに即する必要がある。
3　都市計画「区域」マスタープランは、都市計画の目標と、市街化区域及び市街化調整区域の区分に関する決定方針の、2つを定めるものである。
4　都市計画「区域」マスタープランを策定する際には、法定の手続を経なければならないが、この手続に関係区市町村の意向を反映させる必要はない。
5　都市計画「区域」について、個別に定められる都市計画については、都市計画「区域」マスタープランに即する必要はない。

《問題編》

【職員ハンドブック P231】□□□□□
【№.086】 都市計画の内容の記述として、妥当な組合せはどれか。

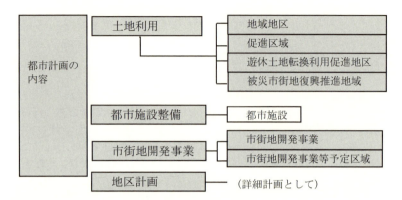

A 〔地区計画〕とは、都市計画区域内の土地を、その利用目的に応じて区分し、建築物や工作物などに、一定の誘導緩和を図るゾーニングである。
B 〔促進区域〕とは、土地所有者等に、一定期間内に土地の利用を実現することを義務づけ、土地にふさわしい土地利用を図る区域をいう。
C 〔遊休土地転換利用促進区域〕とは、概ね3千㎡以上の区域で、相当の期間、利用されない土地の有効、かつ適切な利用の促進を図る区域をいう。
D 〔被災市街地復興推進地域〕とは、当該都市計画区域について必要がある場合に、被災市街地復興特別措置法に基づき、復興の推進を図る区域をいう。

1 AB 2 AC 3 AD 4 BC 5 BD

【職員ハンドブック P231】□□□□□
【№.087】 都市計画の内容の記述として、妥当なのはどれか。

1 〔地区計画〕とは、従来の街づくりが、都市計画法と建築基準法に基づき行われた結果、両方の中間領域を埋めるために創設された計画である。
2 〔都市施設〕は、都市生活の基盤をなすものであることから、少なくても都市計画法が示す都市施設は、全て都市計画で定める必要がある。
3 〔市街地開発事業〕は、線的な開発整備の方法によって、良好な市街地を積極的に造成していくための都市計画であり、この事業には3種類がある。
4 〔市街地開発事業等予定区域〕は、大規模な面開発事業の計画が最終決定された段階で、都市計画を定め、予定地を確保する区域である。
5 〔遊休土地転換利用促進事業〕とは、公共施設、宅地の利用促進、建築物の

整備を一体的、かつ総合的に進める事業をいう。

【職員ハンドブックP233】□□□□□
【№.088】 **地区計画等**の記述として、妥当なのはどれか。

1 地区計画は、マクロな視点からの国土利用計画法と、ミクロな視点での都市計画法との、中間領域を埋めるための計画として、位置づけされている。
2 地区計画は、小範囲の地区を対象に、その街区内の居住者が利用する、道路や公園などの公共施設の整備や、建築行為の土地利用を緩和する計画である。
3 地区計画は、基本的な使い方と特別な使い方に分類できるが、前者には、一般的な地区計画があり、後者には、再開発等促進区を定める地区計画がある。
4 地区計画は、地区にふさわしい良好な市街地の形成や維持を図る計画であり、地区計画の種類には、地区計画や防災街区整備地区計画などの5種類がある。
5 地区計画は、区市町村主導の、地域住民の生活環境を整備保全する都市計画であるが、規制の程度に幅がなく、柔軟に対応できる範囲は限られている。

【職員ハンドブックP235】□□□□□
【№.089】 **都市計画の決定**の記述として、妥当なのはどれか。

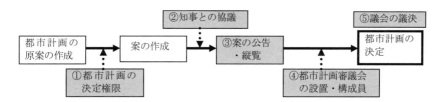

1 都市計画の決定は、区市町村が主体となるべきであり、都道府県の都市計画の決定は、市町村の区域を超える広域的な都市計画に限定される。
2 特別区の都市計画の決定は、都市の将来を決定することから、各区の都市計画審議会の議を経て、都知事に協議し、同意を得た後で決定できる。
3 都市計画の立案には、住民の理解を得るため説明会や、公聴会等を開催するとともに、都市計画決定後、すみやかに公告縦覧を行う必要がある。
4 都市計画審議会は、都市計画法に基づき、都及び各区は、ともに義務設置とされており、構成員には、当該議会の議員を含めることはできない。
5 都市計画の決定は、住民生活に多大な影響を与えることから、都市計画上、住民の代表機関である議会の議決を必要とする。

《問題編》

【職員ハンドブック P235】□□□□□
【№.090】 都市計画制限・開発許可制度の記述として、妥当なのはどれか。

1 〔都市計画施設の区域や市街地開発事業の施行区域内〕では、建築物の建築が制限されており、移転や除却が容易な行為であっても、許可されない。
2 〔市街化区域〕は、原則として500㎡以上であり、主として建築物の建築などの目的で、土地の区画形質の変更を行う開発については、届出制としている。
3 〔市街化区域〕の開発行為は、開発審査会に関する事務を除いて委任することができ、東京都の特例条例に基づき、各特別区が委任事務を処理している。
4 〔市街化調整区域〕では、全ての開発行為が制限されており、そのため、都市計画により制限される私権には、調整上から、固定資産税の軽減措置や買取り制度がある。
5 開発行為に〔違反〕した場合には、是正措置が執られるが、許可を受けないで開発行為を行った場合でも、罰金は科せられない。

【職員ハンドブック P236】□□□□□
【№.091】 都市計画事業の実施の記述として、妥当なのはどれか。

1 〔都市計画事業〕は、原則として、区市町村が知事の認可を受けて実施することとなっており、一部事務組合や公社などは、事業の実施主体となれない。
2 〔市街地再開発事業〕は、市街地整備の中核事業で、建築物と公共施設の整備を一体として行う事業であり、用地買収方式のほか、権利変換方式がある。
3 〔土地区画整理事業〕は、都市計画区域内の土地について、一定の区域を施行地区に定め、宅地と公共施設の土地の区画形質を変えない、線的事業である。
4 〔都市計画以外の任意事業〕は、要綱に基づき実施されており、この任意事業には、不燃化促進事業などがあるが、住民の自主的なまちづくり支援事業は、対象外である。
5 〔都市防災対策事業〕の一つとして、23区は、独自事業として、木造住宅密集地域整備事業や都市防災不燃化促進事業を実施している。

【職員ハンドブック P237】□□□□□
【№.092】 ２３区の都市計画の記述の語句として、妥当なのはどれか。

都市計画における東京都と各特別区の役割分担が明確化されたのは、 A の都区制度の改正による。以前、地区計画制度については、各特別区に決定権が B 。
当時の都市計画法では、都市計画のマスタープランの策定は、 C 地方公

共団体とされていたが、各特別区独自の地区計画などの策定も増えていた。　D　の都市計画法の改正で、各特別区による都市計画のマスタープランの策定が明文化され、本格的な街づくりが始まる。

加えて、平成 14 年に住民による都市計画の　E　が創設された。

また同年に、都市再生特別措置法が制定され、既存の用途地域等に捉われない自由度の高い都市再生特別区域の創設が可能となり、この都市再生特別区域は、　F　が決定することになる。

	A	B	C	D	E	F
1	昭和 49 年	なかった	広域	平成 4 年	提案制度	特別区
2	昭和 49 年	あった	基礎	平成 10 年	訴訟制度	東京都
3	平成 12 年	あった	広域	平成 10 年	訴訟制度	東京都
4	平成 12 年	あった	広域	平成 4 年	提案制度	東京都
5	平成 12 年	なかった	基礎	平成 4 年	提案制度	特別区

【職員ハンドブック P239】　□□□□□

【No. 093】　**建築行政**の記述として、妥当なのはどれか。

1　建築行政は、建築基準行政と資格業務行政に大別され、このうち、建築物の質の向上を図り、都市計画に対応した建築物の指導監督に当たるのは、後者である。
2　建築基準法では、建築物の安全性に係る構造基準や防火基準などを定める集団規定と、建築物の用途制限や高さ制限を定める単体規定がある。
3　建築基準法に基づき、建築主事は、建築確認又は禁止事項の許可の行政処分を行う権限を有するが、指定確認検査機関は、これらの権限を有しない。
4　建築や大規模修繕の場合には、事前に、建築主事又は指定確認機関の確認を受ける必要があるが、中間検査を受ける必要はない。
5　一定規模以上の多数の者が利用する建築物は、安全性を確保するため、定期的に、専門の技術者が検査し、その結果を、特定行政庁に報告する義務がある。

【職員ハンドブック P239】　□□□□□

【No. 094】　**建築基準法の中で使われる用語**の記述として、妥当な組合せはどれか。

A　〔特定行政庁〕とは、建築基準法に基づき、原則的に禁止されている事項の許可や、違反建築物に対する是正措置を行う、知事及び区市町村長をいう。
B　〔建築監視員〕とは、建築行政に関する実務経験等のある職員の中から、特

定行政庁が任命する者であり、違反建築物の監視指導に当たるが、違法建築物の使用禁止や工事の施行停止権を持たない。
C 〔建築主事〕とは、建築確認の処分を行う区市町村に置かれる独立の行政機関であり、建築基準適合判定資格者検定に合格し、登録を受けた者の中から、区市町村長が任命する者である。
D 〔指定確認検査機関〕とは、建築確認や検査を行う機関であり、国土交通大臣や都道府県知事から指定を受けた行政の機関である。

1　A B　　2　A C　　3　A D　　4　B C　　5　B D

【職員ハンドブックP242】□□□□□
【№095】　建築行政の動向の記述として、妥当なのはどれか。

1　建築物の〔バリアフリー化〕が求められ、高齢者や障害者の円滑な移動等に配慮した建築設計が進められているが、トイレや駐車場のバリアフリー化の動きはない。
2　建築物の〔省エネルギー化〕が求められ、建築物分野の省エネルギー性能の向上を図るため建築物省エネ法が制定されているが、この省エネ基準の適合は大規模建築物に限られている。
3　建築物の〔木材利用〕が求められ、木材利用促進法が制定されているが、木材の利用促進は公共建築物から民間建築物に拡大され、木材をそのまま見せる構造方法も可能となっている。
4　建築分野にも〔脱炭素化〕が求められ、エネルギー消費量の約5割を占める建築分野での省エネ対策として、全ての新築住宅や非住宅において、省エネ基準の適合が義務化されている。
5　建築行政の〔デジタル化〕が求められ、デジタル行政推進法が施行されており、国は、令和7年度末までに建築確認手続のオンライン利用率を70％とする達成目標を掲げている。

【職員ハンドブックP246】□□□□□
【№096】　23区の住宅事情の記述として、妥当なのはどれか。

1　23区では、山手線や中央線沿線で木造住宅密集地が多いため、都は、不燃化や耐震化の重点整備地区を定め、不燃領域率の目標を80％以上に設定している。
2　23区は、昭和49年の自治法改正で、公営住宅の供給が可能となり、各区で住宅マスタープランが策定され、直接の住宅供給による住まいづくりを推進するとしている。
3　23区は、都営住宅を抱え、活用が乏しい状況の中で、公営住宅法の入居者

資格等の法改正があっても、各区独自で、入居基準を条例化することはできない。
4　23区では、住宅セーフティネット法に基づき、住宅確保要配慮者が民間賃貸住宅に入居できる環境を整備するために、全区で居住支援協議会を設置している。
5　23区の住宅総数は、令和5年は約592万戸で、令和2年の国勢調査による区部の世帯数は約522万世帯であり、住宅数が世帯数を上回り、量的には充足している。

【職員ハンドブックP253】□□□□□
【№.097】　２３区の道路の記述として、「妥当でない」のはどれか。

1　23区の骨格的な道路網としては、23区の範囲を一つの計画区域とした道路法に基づく東京都市計画に定められた東京都市計画道路がある。
2　23区には、約12,000kmに及ぶ道路があり、そのうち23区が管理する特別区道は延長10,700km、都全体の約9割を占めている。
3　23区の道路の平均幅員は、国道が32.9m、都道は24.3mであるのに対して、特別区道は6.6mである。
4　道路の機能には、交通機能と空間機能があり、交通機能には人の移動や自動車の移動などがあり、空間機能には、避難路、消防活動などがある。
5　23区の道路率と平均幅員をみると、復興事業が行われた区は道路率が高く、平均幅員も広い特徴がある。

【職員ハンドブックP257】□□□□□
【№.098】　社会課題に対応した道路行政の推進の記述として、妥当なのはどれか。

1　23区の道路行政の重点化に道路の維持管理があり、道路管理者は道路法に基づき道路を安全な状態に保つことが義務づけられており、笹子トンネル事故以降、施工重点型管理への転換が図られている。
2　23区では、道路のバリアフリー化を推進しており、その中でもバリアフリー法に基づき、移動等が特に必要な鉄道と公共施設等をつなぎ、高齢者や障害者が移動しやすい一般道路の整備を図っている。
3　23区では、交通安全対策に取り組んでいるが、交通事故の死者の約半数が歩行中又は自転車の事故で、このうち半数が自宅から500m以内であることから、この生活道路の安全対策にも努めている。
4　23区内の特別区道上には、約45万本の電柱が設置されているが、都は、都市の景観をより促進するために、無電柱化を加速化するとしている。

《問題編》

5 23区全体の都市計画道路の整備率は、完成区間と既成区間を併せて7割強に達しているが、それでも約320kmの未整備区間が残されている。

【職員ハンドブック P258】□□□□□
【№.099】 河川区分の記述の空欄の語句として、妥当なのはどれか。

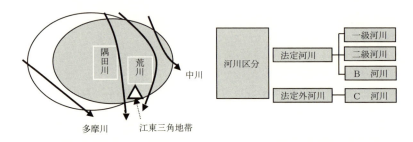

都内の河川は、大きく分けて〔法定河川〕と〔法定外河川〕があり、さらに〔法定河川〕には、国土交通大臣が指定する一級河川として　A　、荒川水系、多摩川水系がある。
一級河川以外の河川としては、都知事が指定する二級河川があり、一級河川及び二級河川以外で区市町村長が指定する　B　がある。
一方、〔法定外河川〕には、　C　がある。
また、国の河川管理の権限を都知事に委任する場合、これを一級河川の　D　という。

	A	B	C	D
1	江戸川水系	三級河川	特別河川	管理区間
2	江戸川水系	準用河川	普通河川	指定区間
3	利根川水系	三級河川	普通河川	管理区間
4	利根川水系	準用河川	普通河川	指定区間
5	利根川水系	準用河川	特別河川	指定区間

【職員ハンドブック P260】□□□□□
【№.100】 河川行政の記述として、妥当な組合せはどれか。

A 一級河川には、利根川水系、荒川水系及び多摩川水系があるが、江戸川や中川は荒川水系に属し、隅田川は荒川水系に属している。
B 一級河川は、国土交通大臣の権限であるが、一級河川の神田川の管理の一部委任を都知事が受け、都知事がその委任の一部をさらに都の「事務処理の特例に関する条例」に基づき、区長に委任している。

C 河川法の目的に河川環境の整備と保全があり、各河川における河川整備計画の策定時には、地方自治体の意見を反映させることとされ、流域連絡会などが発足しているが、地域住民の意見を反映させるとはしていない。
D 低地河川の対策としては、都が、隅田川以東に広がる東部低地帯を室戸台風級の高潮から守る対策や、荒川と隅田川に囲まれた江東三角地帯では護岸損壊に伴う水害から守る対策を進めている。

1　AB　　2　AC　　3　AD　　4　BC　　5　BD

【職員ハンドブックP263】□□□□□
【No.101】　公園緑地の記述として、妥当なのはどれか。

1　公園緑地の効果には、一般に存在効果と利用効果があり、前者の効果にはヒートアイランドの緩和効果などがあり、後者の効果には都市景観などがある。
2　都市公園・緑地を、計画的かつ効果的に整備することを目的として、東京都と区市町村は、合同で、都市計画公園・緑地の整備方針を策定している。
3　特別区における区民一人当たりの公園面積は、約4.35㎡（令和6年4月現在）であり、この数値は、東京都や全国平均を超えている。
4　都市公園法の改正により、都市公園の配置や規模に関する技術的基準については、全国一律の技術的基準とするために、法律で定めることになっている。
5　各特別区が整備する面積10ha未満の公園には、都市計画交付金などの財源保障が見込まれず、地価の高い特別区の事情に鑑みた、財源確保が課題となっている。

【職員ハンドブックP270】□□□□□
【No.102】　放置自転車の発生と現況（令和5年調査）の記述として、妥当なのはどれか。

1　放置自転車とは、一般的な自転車の放置自転車を指し、原付・自動二輪車はこれに含まれない。
2　23区の放置自転車がある451駅を調査すると、100～499台の駅が最も多く、次いで1～99台の駅であり、1千台以上の駅は存在していない。
3　23区の駅周辺の自転車の乗り入れ台数と放置台数から平均放置率をみると、10％台となり、前年調査より0.4％減っている。
4　23区は、これまで自転車等の駐輪場の整備を図ってきた結果、令和5年8月末の駐輪場は公設と民設を併せて1,898か所であるが、駐輪可能台数は50万台に達しない。

5　23区の放置自転車の撤去台数は、令和4年度は18万台で、そのうち返還された自転車の返還率は約65%で、撤去台数、返還率は低下傾向にある。

【職員ハンドブック P270】□□□□□
【No. 103】　**自転車対策の歩み**の次の図の空所のA～Eと「対策の歩み」のア～オを組み合わせるとき、妥当なのはどれか。

　昭和40年～50年代にかけて駅前の放置自転車が社会問題となったが、鉄道事業者の取組みは消極的であった。また、自治体や警察も、既存の法律では対応が困難な状況下にあった。このような状況を背景に、昭和55年に、「自転車法が成立」したが、その後も法的な課題が山積した。

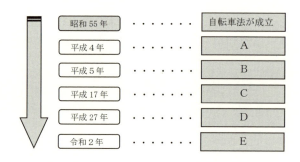

【対策の歩み】
ア　道路法施行令の改正により、駐輪場が「道路付属物」に追加された。
イ　放置自転車問題を解決すべく「全国自転車問題自治体連絡協議会」が設立された。
ウ　自転車法の改正により、放置自転車等の等の中に「50cc以下の原付」も含まれた。
エ　東京都の条例で、自転車利用者に損害保険の加入が義務づけられた。
オ　道路交通法の改正により、「自転車運転者講習」が義務づけられた。

```
1　A―ア　　B―イ　　C―ウ　　D―エ　　E―オ
2　A―ア　　B―イ　　C―エ　　D―ウ　　E―オ
3　A―イ　　B―ウ　　C―ア　　D―オ　　E―エ
4　A―イ　　B―ア　　C―オ　　D―エ　　E―ウ
5　A―ウ　　B―ア　　C―イ　　D―オ　　E―エ
```

《問題編》

第7節　教育

【職員ハンドブックP275】□□□□□
【No.104】　**生涯学習・社会教育**の記述として、妥当なのはどれか。

1　〔生涯学習〕とは、人生の各段階での課題や必要に応じて、学習者が自発的に行う学習を意味しており、この概念には、社会参画や地域貢献活動なるものは含まれない。
2　〔ウェルビーイング〕とは、個人の権利や自己実現が保障される状態を意味し、その実現には、生涯学習を通じた個人の成長と、社会教育が不可分であるとされる。
3　東京都は、〔青少年教育振興〕の視点を、これまでのユニバーサル・アプローチから、困難を抱える青少年を対象としたターゲット・アプローチを重視するとしている。
4　東京都における〔地域教育〕とは、社会教育法第13条の趣旨を踏まえてのものであり、地域の特性に応じて、多様な教育活動を振興する視点を持っている。
5　〔社会教育法〕は、国民の教育を受ける権利を学校教育以外の分野において保障し、これを支援する責務は、国にあるとしている。

【職員ハンドブックP281】□□□□□
【No.105】　**幼稚園教育**の記述として、妥当なのはどれか。

1　幼稚園は、生活を通して行う教育を基本とし、幼児の主体的活動を促し、幼児にとって重要な学習である遊びを通しての指導に、重点が置かれている。
2　幼稚園教育要領とは、全国的に一定の教育水準を確保し、実質的な教育の機会均等を保障するために、国が、学校教育法に基づき定める基準である。
3　特別区にある幼稚園は、令和5年5月現在700園を超えるが、このうち公立の幼稚園は155園で、公立以外は全て私立の幼稚園であり、国立の幼稚園は存在しない。
4　幼稚園などを補完する認定こども園は、共働きなどの保護者の就労で、保育に欠ける子を受け入れる施設であり、都知事が都条例に基づき施設を認定する。
5　東京都の認定こども園には、幼保連携型、幼稚園型、保育園型、地域裁量型の4種類があり、幼保連携型は、単一認可で、東京都の認定こども園の件数では、一番多い型である。

【職員ハンドブック P282】□□□□□
【№ 106】 小・中学校における教育の記述として、妥当なのはどれか。

1 〔憲法第26条〕は、全て国民は、法律の定めるところにより、その保護する子どもが、普通教育を受ける義務を負うと定めている。
2 〔学習指導要領〕とは、どこでも、一定の水準の教育を受けられるための教育課程の基準であり、各地方公共団体の教育委員会が公示する要領である。
3 〔小中一貫教育〕には、同一設置者の下に義務教育学校に準じた、中学校併設型小学校と小学校併設型中学校とがあり、設置者が異なる場合の設置は認められない。
4 〔学級編制〕は、義務教育水準の維持向上を図るため、「義務標準法」に定める標準に従うが、小学校の学級編制の標準は、35人に引き下げられている。
5 〔インクルーシブ教育システム〕とは、障害児たちが異なる場で学ぶことを追求し、かつ個別の教育ニーズに的確に応える指導が提供できる仕組づくりをいう。

【職員ハンドブック P286】□□□□□
【№ 107】 地域に開かれた学校づくりの記述として、妥当なのはどれか。

1 〔学校評価〕は、各学校が目標を設定し、評価することで、学校の改善を図る目的を持ち、制度としての自己評価と公表は、義務とされている。
2 〔学校評議員制度〕は、地域住民の学校運営への参画の仕組みであり、法律の定めるところにより、学校評議員は、各学校に置かなければならない制度である。
3 〔学校評議委員〕は、校長が教育委員会に適任者を推薦し、推薦された者を教育委員会が学校評議員として委嘱する手続が採られる。
4 〔コミュニティ・スクール〕は、学校運営協議会とも言われ、学校と地域住民などが学校運営に取り組む制度であり、学校長の判断で設置することができる。
5 〔コミュニティ・スクールの委員〕は、学校運営の基本方針や学校運営に関し、校長に対して意見を述べることができるが、教育委員会に対して意見を述べることはできない。

【職員ハンドブック P287】□□□□□
【№ 108】 教育委員会の職務権限の記述として、妥当なのはどれか。

1 大学や私立学校に関すること

《問題編》

2　学校備品に関し契約の締結を行うこと
3　教育委員会の予算を執行すること
4　教育財産を取得・管理・処分すること
5　学校給食を運営すること

【職員ハンドブックP287】□□□□□
【No.109】　**教育改革**の記述として、妥当なのはどれか。

1　〔特別区の教育改革〕では、教職員の任用その他身分の取扱いのほか、教育課程及び教科書その他の教材の事務は、東京都の教育委員会に留保されている。
2　〔改正学校教育法〕では、学校の組織運営体制や指導体制の確立を図るため、副校長、主幹教諭、指導教諭の職を置くことができるとしている。
3　〔改正地教行法〕では、教育行政の責任の明確化として、教育長と教育委員長を一本化した新教育長を置き、教育委員会が新教育長を任命するとしている。
4　〔教育機会確保法〕では、不登校児童生徒の教育機会の確保や、夜間学校の教育機会の確保等を総合的に推進すると規定し、その責務は、国にあるとしている。
5　〔GIGAスクール構想〕とは、Society5.0時代を生きる児童生徒が、ICT技術を習得できるように、集団最適化された創造性教育の実現を図る構想である。

【職員ハンドブックP290】□□□□□
【No.110】　**教育振興基本計画**の記述として、妥当なのはどれか。

1　教育振興基本計画は、国に策定を義務づけ、教育の目的や理念などを具体化するための計画と位置づけており、そのねらいは教育予算の確保にある。
2　教育振興基本計画は、地方教育行政の組織及び運営に関する法律（地教行法）に基づき作成される計画である。
3　教育振興基本計画は、国の計画であるが、地方公共団体に対しては、国の教育振興基本計画を参酌し、地域の実情に応じた教育振興基本計画の策定を義務づけている。
4　教育振興基本計画は、教育の振興の施策に関する施策についての基本的な方針、及び講ずべき施策の基本的な計画であり、10年単位での計画である。
5　教育振興基本計画は、全ての特別区において、すでに、教育ビジョンの策定や改定等を通じて、基本計画を策定している。

《問題編》

第Ⅱ編　自治制度と特別区

第Ⅱ編　自治制度と特別区

第1章　地方自治制度

【職員ハンドブックP325】□□□□□
【No.111】　**憲法による地方自治の保障**の記述として、妥当なのはどれか。

1　憲法は、地方自治を保障するため、独立の章（第8章）として5つの条文からなる章を設け、基本原則を規定している。
2　憲法は、地方自治の基本原則を定めているが、この基本原則の規定は旧憲法の地方自治に関する精神を受け継いだものである。
3　憲法は、地方公共団体の組織及び運営に関する事項については、地方自治の本旨に基づいて、法律のみならず、条例によって定めるとしている。
4　憲法は、地方公共団体に関する基本事項については、地方自治の本旨に基づき運営されると規定しているが、これは、国の立法に対する制約を課したものではない。
5　憲法は、地方自治を保障するが、この地方自治は、憲法を頂点とする法源によって構築された法体系に基づいて、運営されるとしている。

【職員ハンドブックP325】□□□□□
【No.112】　**地方自治の本旨**の記述として、妥当なのはどれか。

1　地方自治の本旨とは、地方自治のあり方を規定する重要な概念であることから、憲法では何を意味するかについて説明している。
2　地方自治の本旨とは、住民自治と団体自治の2つの原理から成り立つとされているが、この2つの原理は、制度的に保障された機能とされていない。
3　地方自治の本旨の1つである団体自治とは、地方の政治や行政がそれぞれの地方の住民の意思に基づいて行われることをいう。
4　地方自治の本旨である住民自治とは、地域の政治や行政を住民自らの意思と責任で行う民主主義的性格を有し、団体自治とは、権力の分散を図り国の関与を排除する点では自由主義的性格を有する。
5　地方自治の本旨である住民自治は、主としてドイツにおいて発達した概念であり、団体自治は、主としてイギリスにおいて発達した概念である。

【職員ハンドブックP326】□□□□□
【No.113】　地方自治の本旨は「**団体自治と住民自治**」の原理から成り立つが、次の記述のうち、「**団体自治**」に関する組合せはどれか。

A　地方公共団体の自主的な意思決定により地方事務の権限と責任を持つ。

《問題編》

B　国から独立した地域団体の存在を認め国の関与をできるだけ排除する。
C　国からの指揮監督権を最小限度にとどめ、地方の創意と責任に任せる。
D　住民が自ら代表を選び、あるいは住民自らが直接、意思を反映させる。
E　地方の政治及び行政については、住民自らの意思と責任で運営させる。

1　ABC　　2　ABE　　3　ACD　　4　BCD　　5　CDE

【職員ハンドブックP326】□□□□□
【No.114】　二元代表制の記述として、妥当なのはどれか。

1　憲法は、二元代表制として、地方公共団体に議事機関として議会を置くとともに執行機関を置くと規定し、議員と長を直接選挙によるとしている。
2　憲法の二元代表制の採用理由は、民主的な政治・行政を期待し、相互の抑制、均衡を通じ民意を反映することが、地方自治の運営に望ましいからである。
3　憲法は、二元代表制として、議事機関として議会を設置しなければならないと規定しているが、これは議決機関と執行機関を対立させるものではない。
4　憲法は、二元代表制の枠組みとして、地方公共団体の組織は首長制（大統領制）に基づくとしているが、首長を議会の指名制にする方法も可能である。
5　憲法の二元代表制は、住民の意思を反映させる制度であり、長と議会の議員を直接選挙としているが、吏員については、憲法上、直接選挙にできないとしている。

【職員ハンドブックP327】□□□□□
【No.115】　地方公共団体の権能（自治権）の保障の記述として、妥当なのはどれか。

1　〔自治権〕は、憲法第94条の住民自治の原則に基づき保障されており、この自治権には、自治行政権、自治組織権、自治財政権及び自治立法権が包含される。
2　〔自治組織権〕とは、地方公共団体が自らの組織を編成する権能をいい、憲法では基礎的な組織機構は条例及び規則で定めるとしている。
3　〔自治行政権〕とは、地方公共団体が自らの事務を執行する権能をいい、管理的作用である「事務の処理」と、権利的作用の「行政の執行」との2つに大別される。
4　〔自治財政権〕とは、地方公共団体が自らの資金を調達し運用する権能をいい、憲法に定めがある場合に限り、自治立法権や自治行政権を財政面から裏付ける。
5　〔自治立法権〕とは、地方公共団体が条例を制定する権能をいい、法令の規

制を上回る横出し条例や、法令の対象外を規制の対象とする上乗せ条例も認められている。

【職員ハンドブックP328】□□□□□
【No.116】 **自治立法権**の記述として、妥当なのはどれか。

1　自治立法権とは自主法の制定権であり、これは条例を指し規則は除かれる。
2　自治立法権に基づく条例は、法律の授権を要せず議会の議決で制定できる。
3　自治立法権に基づく条例は、法律の範囲にかかわらず、自由に制定できる。
4　自治立法権に基づく条例で、義務を課し、権利を制限することはできない。
5　自治立法権に基づく条例が、法律違反か否かは、両者の文言で対比される。

【職員ハンドブックP328】□□□□□
【No.117】 **地方自治特別法の制定に係る住民の同意**の記述として、妥当な組合せはどれか。

A　地方自治特別法は、地方公共団体に適用される法律であり、法律の定めるところにより、その成立には住民投票を要件とする。
B　地方自治特別法は、立法の手続に国会以外の機関が参与できないとする憲法上の例外であり、住民の投票においてその過半数の同意を必要とする。
C　地方自治特別法は、その法律案は国会で可決したときに法律となる例外であり、住民の直接参加という直接民主主義に基づく方法を採用している。
D　地方自治特別法は、制定に際して国会の議決のみならず、住民の同意を必要とする法律であり、過去に特別法に基づいて制定された法律は存在しない。

1　AB　　2　AC　　3　AD　　4　BC　　5　BD

【職員ハンドブックP328】□□□□□
【No.118】 **地方自治の重要性**の記述として、妥当なのはどれか。

1　地域住民は、成熟社会の多様化する個人の価値観に対応して、自らの判断と行動において、地域の諸課題に積極的に取り組むことが求められる。
2　現在の少子高齢化と人口減少などに対応し地域的な課題を解決するには、中央政府の関与が不可欠であり、各機関が介在してこそ効率性が高められる。
3　地方公共団体は、地域の公共的活動及び民間的活動に包括的な責任を持つ団体であり、地域行政を総合的に把握し、総体として向上させる責務を有する。
4　地方公共団体は、中央政府の縦割り行政の弊害を排除し、画一的な行政を推進するために、他の地方公共団体、民間団体との事業調整が必要となって

第１章　地方自治制度　83

　　いる。
　5　地方分権改革は、平成11年の地方分権一括法（第一次）の成立に始まり、第２次一括法は平成23年に成立し、令和５年の第13次一括法の制定により、地方自治が推進されている。

【職員ハンドブック P329】　□□□□□
【No.119】　**地方公共団体の構成3要素**の記述として、妥当な組合せはどれか。

A　構成3要素には、場所的要件としての「区域」がある。
B　構成3要素には、議決的要件としての「議会」がある。
C　構成3要素には、行政的要件としての「財源」がある。
D　構成3要素には、人的な要件としての「住民」がある。
E　構成3要素には、法的要件としての「自治権」がある。

1　ABC　　2　ADE　　3　BCD　　4　BDE　　5　CDE

【職員ハンドブック P329】　□□□□□
【No.120】　**地方公共団体の役割**の記述の空欄の語句として、妥当なのはどれか。

　　地方公共団体は、国と｜ A ｜の独立した法人格を持つ公共団体であり、地方行政を担当する。
　　このような役割を担う地方公共団体の組織及び運営は、憲法第92条において｜ B ｜に基づき自治法で定められている。
　　平成11年に地方分権一括法により自治法が改正され、地方公共団体に対する国の役割は、｜ C ｜される一方、地方公共団体は、｜ D ｜を図ることを基本とし、地域における行政を｜ E ｜に実施する役割を広く担うものとされている。

	A	B	C	D	E
1	同一	地方自治の本旨	限定	住民の福祉の増進	自主的かつ総合的
2	同一	地方自治の理念	拡大	地域の課題の解決	民主的かつ自律的
3	別個	地方自治の本旨	限定	住民の福祉の増進	自主的かつ総合的
4	別個	地方自治の理念	限定	地域の課題の解決	民主的かつ自立的
5	別個	地方自治の本旨	拡大	住民の福祉の増進	自主的かつ自立的

《問題編》

【職員ハンドブック P330】□□□□□
【№121】 地方公共団体の区分の空所の語句として、妥当なのはどれか。

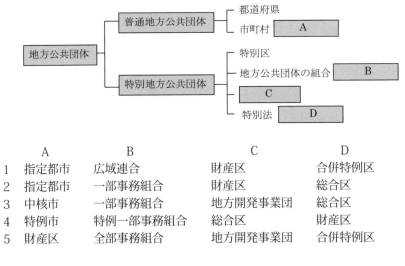

	A	B	C	D
1	指定都市	広域連合	財産区	合併特例区
2	指定都市	一部事務組合	財産区	総合区
3	中核市	一部事務組合	地方開発事業団	総合区
4	特例市	特例一部事務組合	総合区	財産区
5	財産区	全部事務組合	地方開発事業団	合併特例区

【職員ハンドブック P330】□□□□□
【№122】 普通地方公共団体の記述として、妥当なのはどれか。

1 普通地方公共団体とは、地方公共団体のうちで、目的や権能や組織が一般的かつ特殊的な性格を有する団体をいう。
2 普通地方公共団体の事務は、まず市町村が処理し、市町村が処理できないものや、処理が適当でないものを、都道府県が処理するとする役割分担となっている。
3 普通地方公共団体の制度は、都道府県と市町村との2層7種類に区分されており、この両者の間においては、上下関係や監督被監督の関係が存在する。
4 普通地方公共団体の都道府県と市町村は、広域的と基礎的な性格の違いのほかに、都道府県が市町村に対して一般的に優越な地位にあることを挙げることができる。
5 普通地方公共団体のうち、市町村は、住民に最も身近な基礎的な地方公共団体として位置づけられており、この点では特別区と性格を異にする。

【職員ハンドブックP330】□□□□□
【№123】 市町村の成立要件の記述として、妥当なのはどれか。

1 〔市〕が成立するには、自治法で定める人口3万人以上であることの要件がある。
2 〔市〕が成立するには、自治法で定める中心商業地の戸数が全戸数の6割以上であることの要件がある。
3 〔市〕が成立するには、自治法で定める都市的業態の従事者世帯の人口が全体の6割以上であることの要件がある。
4 〔町〕が成立するには、自治法に定める人口1万人以上であることの要件がある。
5 〔村〕が成立するには、都道府県条例で定める村の要件を具えることがある。

【職員ハンドブックP330】□□□□□
【№124】 市と町村の制度上の差異の下表の記述として、妥当なのはどれか。

	制度上の差異	市	町村
1	廃置分合の総務大臣への協議	協議は必要である	協議は不要である
2	議会に代えて総会の設置	設置できる	設置できない
3	出納員の設置	設置は任意	設置は義務
4	福祉事務所の設置	必ず置く	設置は可能
5	複合的一部事務組合の設置	設置できない	設置できる

【職員ハンドブックP331】□□□□□
【№125】 大都市等に関する特例の記述として、妥当なのはどれか。

1 指定都市は、政令で指定する人口100万人以上かつ面積が100平方km以上を有する市であることが要件とされている。
2 中核市は、政令で指定する人口30万人以上を有する市であることが要件とされているが、面積要件はない。
3 指定都市を申請する市は、事前に当該市議会の議決を経て、さらに都道府県の同意を得る必要があり、同意があれば総務大臣に申し出ることができる。
4 指定都市には、各大臣の関与等をなくし、あるいは各大臣の関与等に代えて都道府県知事の関与等を受けるなどの、関与の特例が設けられている。
5 指定都市には、組織として行政区を設ける義務があり、その行政区に事務所を設け、区長、区会計管理者、選挙管理委員会を置かなければならない。

《問題編》

【職員ハンドブック P332】□□□□□
【No.126】 **特別地方公共団体**の記述として、妥当なのはどれか。

1 〔特別地方公共団体〕とは、地方公共団体のうち、特定の存立目的のために設けられたものであり、立法技術的な見地から設けられた団体ではない。
2 〔特別区〕とは、都の区をいい、東京以外に特別区が設置されることはなく、特別区は基礎的な地方公共団体として位置づけられている。
3 〔地方公共団体の組合〕は、地方公共団体の事務の全部又は一部を共同処理する法人格を有する団体で、一部事務組合と広域連合の2種類がある。
4 〔新しい特別区〕の設置は、自治法に基づき、都内にある市町村が都知事に申請し、都知事が都議会の議決を経て定め、総務大臣に届け出る必要がある。
5 〔財産区〕とは、2つ以上の市町村にまたがって、当該市町村から独立して財産や公の施設を所有し、その管理、処分や廃止を行う特別地方公共団体である。

【職員ハンドブック P333】□□□□□
【No.127】 **合併特例区**の記述として、妥当な組合せはどれか。

A 合併特例区は、合併に際し、合併前の地域を単位に事務を処理するために設置され、効果的な事務処理、住民生活の利便性の向上を図る制度である。
B 合併特例区は、合併に際し、市町村の合併の特例等に関する法律に基づき、5年以内で、規約で定める期間を特例措置の期間として設置される。
C 合併特例区は、市町村の合併を促進し、市町村の規模の適正化を図るため設置されるが、合併関係の市町村の協議には、関係議会の議決を必要としない。
D 合併特例区は、合併市町村の区域の全部又は一部の区域に、1又は2以上の合併関係市町村の区域を、その区域として設置される普通地方公共団体である。

【職員ハンドブック P333】□□□□□
【No.128】 **地方公共団体の名称**の記述として、妥当なのはどれか。

1 地方公共団体は、それぞれ固有の名称を持っているが、それらの名称は、地方自治法施行時に、新たに定められた名称である。
2 都道府県の名称を変更するときは、法律で定める必要があり、この法律は、憲法第95条の地方自治特別法に該当し、制定には住民投票が必要である。
3 市町村及び特別区の名称を変更するときは、条例で定める必要があり、その際、あらかじめ知事の許可を受けなければならない。

《問題編》

4 地方公共団体の組合及び合併特例区の名称を変更するときは、それぞれの団体の規則で定めなければならない。
 5 財産区の名称を変更するときは、あらかじめ知事に協議し、規約で定めなければならない。

【職員ハンドブックP333】□□□□□
【No. 129】 **地方公共団体の事務所**の記述として、妥当なのはどれか。

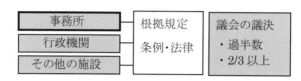

 1 普通地方公共団体の「事務所」の位置は、住民の利用に最も便利であるように、交通事情などに配慮して設置する必要があるが、他の官庁との関係に配慮する必要はない。
 2 都道府県の「事務所」の位置を定め、又は変更しようとするときは、「法律」に基づかなければならないため、当該法律の改正には住民投票が必要である。
 3 市町村及び特別区の「事務所」の位置を定め又は変更しようとするときは、「条例」で定め、当該議会で出席議員の「過半数」の同意が必要である。
 4 保健所、警察署などの「行政機関」の位置を定める場合には、「法律」で、その設置が根拠づけられているときはもとより、「条例」で設置することができる。
 5 普通地方公共団体の「その他の施設」として、都道府県に支所及び地方事務所、区市町村に支庁及び出張所の位置を定める場合には、「条例」で定める必要がある。

【職員ハンドブックP333】□□□□□
【No. 130】 **東京以外の特別区**の記述として、妥当なのはどれか。

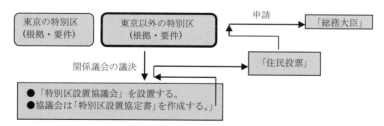

 1 東京都には、自治法に基づき新たな特別区を設置できるし、また、東京都以外の自治体も自治法に基づき特別区を設置することができる。

《問題編》

2　東京都以外に特別区を設置するときは、指定都市単独、又は指定都市と隣接する市の区域に限り、その地域の総人口が200万以上であれば可能である。
3　東京都以外に特別区を設置するときは、同一の道府県内の関係市町村の総人口が200万以上の指定都市などにおいて設置できる。
4　東京都以外に特別区を設置するときには、特別区設置協議会を設置しなければならないが、この協議会の設置には関係議会の議決を必要としない。
5　東京都以外の特別区の設置には、関係住民の投票が必要であり、住民投票で3分の2以上の賛成があったときに、総務大臣に対し設置を申請できる。

【職員ハンドブックP334】□□□□□
【№.131】　**地方公共団体の区域**の記述として、妥当なのはどれか。

1　区域は、地方公共団体の基本的な構成要素の一つであるが、地方公共団体の成立基盤である住民及び自治権の及ぶ範囲を確定する要素ではない。
2　区域は、陸地だけではなく、その区域内にある水面及び陸地に接する海面を含むが、上空や地下などは含まれない。
3　区域は、地方公共団体の成立のための基盤であるが、市町村の区域が、そっくりそのまま都道府県の区域になるとは限らない。
4　区域を変更する場合としては、廃置分合及び境界変更の2つの方法に限られており、所属未定地域の編入は含まれない。
5　区域を変更する場合の廃置分合とは、地方公共団体の設置又は廃止による、法人格の変動を伴う区域の変更のことをいう。

【職員ハンドブックP334】□□□□□
【№.132】　**廃置分合の方法**の記述として、妥当な組合せはどれか。

A　ある地方公共団体を廃止し、その区域を既存のほかの地方公共団体の区域に加えることをいう。
B　一の地方公共団体を廃止し、その区域を分けて数個の地方公共団体を置くことをいう。
C　二つ以上の地方公共団体を廃止して、その区域をもって一の地方公共団体を置くことをいう。
D　一の地方公共団体の区域の一部を分けて、その区域をもって新たな地方公共団体を置くことをいう。

1　A－編入　　B－分割　　C－合体　　D－分立
2　A－編入　　B－分割　　C－分立　　D－合体
3　A－分割　　B－分立　　C－合体　　D－編入

《問題編》

| 4 | A－分割 | B－編入 | C－合体 | D－分立 |
| 5 | A－分立 | B－合体 | C－分立 | D－編入 |

【職員ハンドブック P334】□□□□□
【№133】 **都道府県の区域の変更**の記述として、妥当な組合せはどれか。

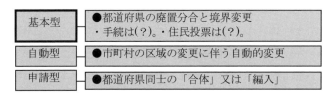

A　都道府県の廃置分合及び境界変更は、地域行政に重大な影響を与えることから、条例で定めることとされている。
B　都道府県の廃置分合及び境界変更に関する条例には、憲法第95条に規定する住民投票による過半数の同意を必要とする。
C　都道府県が議会の議決を経て合併（合体又は編入）を申請する場合には、この合併は、内閣が国会の承認を得て定める。
D　都道府県の境界にわたる市町村の境界変更があるときは、都道府県の境界も自動的に変更される。

1　A B　　2　A C　　3　B C　　4　B D　　5　C D

【職員ハンドブック P335】□□□□□
【№134】 **市町村の区域の変更**の関係図の記述として、妥当なのはどれか。

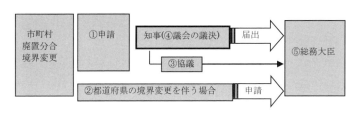

1　市町村の廃置分合及び境界変更については、関係市町村の一致した内容に基づき知事に申請しなければならず、この①申請には住民投票が必要である。
2　市町村の廃置分合又は境界変更が②都道府県の境界変更を伴うときには、知事は、関係市町村からの申請に基づき、一定の手続を行う決定権を有する。
3　市町村の廃置分合及び境界変更は、国の立場からの検討も必要であるため、事前に③総務大臣に協議し、その同意を得なければならない。
4　市町村の廃置分合及び境界変更は、知事に申請し、④知事は当該都道府県議

会の議決を経て判断し、当該議会の承認後に、その旨を総務大臣に届け出る。
5　市町村の廃置分合及び境界変更は、所定の手続を得て、⑤知事は直ちに総務大臣に届け出るとともに、告示し、国の関係機関の長に通知する義務を有する。

【職員ハンドブックP335】□□□□□
【№.135】　**特別区の区域の変更**の関係図の記述として、妥当なのはどれか。

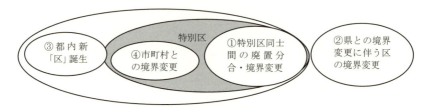

1　特別区の廃置分合又は境界変更については、自治法第7条の規定が適用されるため、その手続は、市町村と同じである。
2　特別区の区域の変更では、図①の特別区同士間の廃置分合又は境界変更は認められるが、特別区の存する区域の法人格の変動を伴う縮小は認められない。
3　特別区の区域の変更では、法人格の変動を伴う区域の変更は認められないため、図②の都と県との境界にわたる特別区の境界変更も認められない。
4　図③の新たな特別区の誕生は、都内の市町村の区域の全部の場合に限り認められ、市町村の区域の一部の場合には、特別区の設置は認められない。
5　特別区の区域の変更では、図④の都内の市町村の廃置分合又は境界変更を伴う特別区の境界変更において、市町村の設置を伴う場合でも、境界変更は認められる。

【職員ハンドブックP335】□□□□□
【№.136】　**住民**の記述として、妥当なのはどれか。

1　住民の「意義」は、住民こそ地方公共団体を構成する基本であるとともに、地方公共団体の存立目的も住民福祉の増進にあり、自治運営の主体は住民に他ならない。
2　住民の「範囲」は、住所を有する、すなわち、住んでいれば住民となり、自然人であれば、性別や年齢を問わず、外国人も含まれるが、法人は含まれない。
3　住民の「所属」は、本人の意思にかかわらない。当然に、その住所のある市町村の住民となるが、その市町村を包括する都道府県の住民とはならない。
4　住民の「住所」は、住民の生活の根拠地をいい、その認定は、その地に常

住する客観的事実を基礎として決定され、居住者の主観的な居住意思によらない。
5 住民の「記録」は、都道府県が住民基本台帳を整備する義務を負い、住民登録により、居住関係の公証、選挙人名簿の登録、児童手当などの対象となる。

【職員ハンドブックP336】□□□□□
【№ 137】 **個人番号の導入**の記述として、妥当な組合せはどれか。

A 個人番号とは、住民票コードを変換して得られる番号であり、当該住民票コードが記載された住民票に係る者を識別するために指定される。
B 個人番号は、社会保障、税、災害対策の三分野について、個人の特定を確実かつ迅速に行うために利用するとし、この三分野以外の利用を認めていない。
C 個人番号は、住民票を有する者に付与されるため、外国人は、住民基本台帳に登録されず、住民票を有しないため、個人番号は付与されない。
D 個人番号カードには、個人番号と基本4情報(氏名、住所、生年月日、性別)が登録されており、本人確認を可能とする。

1　A B　　2　A C　　3　A D　　4　B C　　5　B D

【職員ハンドブックP336】□□□□□
【№ 138】 **住民の権利義務**の記述として、妥当なのはどれか。

1 住民は、条例の定めるところにより、その属する地方公共団体の役務の提供を等しく受ける権利を有し、経費を負担する義務を有する。
2 住民の義務に負担があり、この負担とは地方税を指し、地方公共団体が課するものであっても、分担金、使用料、手数料などは含まれない。
3 住民の権利として、当該地方公共団体に住所を有する一定の要件を具備する者は、地方公共団体の長及び議会の議員を直接選挙する権能を有する。
4 住民の権利に住民監査請求があり、当該地方公共団体の住民であれば、住民監査請求を行うことができるが、法人は住民監査請求ができない。
5 住民の権利に請願権があり、地方公共団体の機関に請願する権利は憲法第16条により、利害関係がなくても、住民に限らず、誰にも保障されている。

【職員ハンドブックP337】□□□□□
【№ 139】 **選挙権及び被選挙権**の記述の語句として、妥当なのはどれか。

　　A　たる年齢満18歳以上の者で引き続き　B　以上区市町村の区域内に住所を有する者は、その属する地方公共団体の議会の議員及び長の選挙権を

有する。その選挙権を有する者で年齢 C 以上の者は議員の被選挙権を有する。
　また A たる年齢 D 以上の者は、区市町村長の被選挙権を、年齢 E 以上の者は都道府県知事の被選挙権を有する。

	A	B	C	D	E
1	自然人	3か月	満25年	満20年	満25年
2	自然人	6か月	満25年	満25年	満30年
3	日本国民	3か月	満20年	満25年	満30年
4	日本国民	3か月	満25年	満25年	満30年
5	日本国民	6か月	満20年	満20年	満25年

【職員ハンドブックP338】□□□□□
【No.140】 **選挙権・被選挙権の欠格事由**に該当する者として、妥当な組合せはどれか。

A　公職選挙法に基づく成年被後見人
B　公職選挙法により拘禁刑以上の刑に処せられ、その執行を終わるまでの者
C　公職選挙法により公職にある間に収賄などの罪で刑に処せられ、執行猶予中の者
D　公職選挙法に基づく被保佐人
E　政治資金規正法により罰金に処せられ、裁判の確定日から3年間を経過しない者

1　A B　　2　A E　　3　B C　　4　B D　　5　C E

【職員ハンドブックP338】□□□□□
【No.141】 **直接請求**の関係表の空所の記述として、妥当なのはどれか。

直接請求の種類	選挙権者数	請求先
条例の制定改廃請求	A	C
事務の監査請求		D
議会の解散請求	B	E
議員・長の解職請求		
主要公務員の解職請求		F

1　Aの選挙権者数は、有権者の3分の1以上であり、Cの条例の制定改廃の請求先及びDの事務監査の請求先は、いずれも地方公共団体の長である。

2　Aの選挙権者数は、有権者の50分の1以上であり、Cの条例の制定改廃の請求先は地方公共団体の長であるが、使用料条例の制定改廃は請求できない。
3　Aの選挙権者数は、有権者の50分の1以上であり、50分の1以上の場合で、選挙権者数が40万人又は80万人を超えるときには、例外規定がある。
4　Bの選挙権者数は、有権者の3分の1以上であり、Eの議会解散の請求先は当該議会の議長であり、この請求は、一般選挙があった日から6か月間はできない。
5　Bの選挙権者数は、有権者の3分の1以上であり、Fの主要公務員の解職の請求先は地方公共団体の長であるが、この主要公務員には教育委員や人事委員も含まれる。

【職員ハンドブックP339】□□□□□
【No.142】　**条例の制定改廃の請求権**の記述として、妥当なのはどれか。

1　条例の制定改廃の請求権は、既存の施策が適切でないなど、民意を反映していないとして住民が条例案を直接発案し、議会の議決を請求する権利である。
2　条例の制定改廃の請求権は、選挙権者の総数の3分の1以上の者の連署をもって、その代表者から地方公共団体の長に対し条例の制定改廃を請求する権利である。
3　条例の制定改廃の請求権は、選挙権者に与えられており、地方公共団体の長はこの請求権に基づく請求があるときは、直ちに請求の要旨を公表しなければならない。
4　条例の制定改廃の請求権の行使があるときは、地方公共団体の長は意見を付してこの請求に係る条例案を議会に付議しなければならないが、付議する期間の制限はない。
5　条例の制定改廃の請求権は、当該地方公共団体の全ての条例に行い得るため、地方税の賦課徴収のほか、使用料や手数料の徴収条例も請求の対象となる。

【職員ハンドブックP339】□□□□□
【No.143】　**事務の監査請求権**の記述として、妥当なのはどれか。

1　事務の監査請求は、行政の実態を明らかにするため、広く当該地方公共団体の事務の執行全般に及び、監査委員に対する特定事務の監査請求権である。
2　事務の監査請求は、選挙権者の3分の1以上の者の連署をもって、その代表者が当該地方公共団体の事務の執行について、監査を求める請求である。
3　監査委員が事務の監査請求を受理したときには、直ちに当該地方公共団体の長にその請求の要旨を送付し、長が請求の要旨を公表する。

《問題編》

4　事務の監査請求は、外部監査人の監査ができる条例を持つ地方公共団体では、特例として請求者は、監査委員の監査ではなく、包括外部監査の請求ができる。
5　事務の監査請求の監査結果に不服がある場合には、住民監査請求と同様に、請求者は、裁判所に対し訴訟を提起することができる。

【職員ハンドブックP339】□□□□□
【№.144】　**議会の解散請求権**の記述として、妥当なのはどれか。

1　議会の解散請求は、議会が民意に反する場合に解散を請求する制度であり、当該地方公共団体に住民票のある3分の1以上の者の連署を必要とする。
2　議会の解散請求は、当該地方公共団体の議会の議長に対して請求でき、解散の請求があったときは、直ちに議会が解散される。
3　議会の解散請求は、請求に基づく住民投票において、選挙権を有する者の総数の過半数の同意があったときに成立する。
4　議会の解散請求は、一般選挙があった日又は解散請求の投票日から6か月間は、解散請求をすることができない制限がある。
5　議会の解散請求は、必要署名が40万を超え80万以下の部分については、超える数の6分の1の加算となる。

【職員ハンドブックP340】□□□□□
【№.145】　**議員又は長の解職請求権**の記述として、妥当なのはどれか。

1　議員又は長の解職の請求は、公務員の選定罷免が国民固有の権利であるとの憲法第15条の規定に基づき、自治法に請求規定が置かれている。
2　議員又は長の解職請求は、選挙権を有する者の50分の1以上の者の連署をもって、その代表者から選挙管理委員会に対して請求できる。
3　議員又は長の解職の請求があったときは、選挙管理委員会は、選挙人の投票に付さなければならないが、請求の要旨を公表する必要はない。
4　議員又は長の解職の請求があったときは、選挙管理委員会は投票人の投票に付さなければならず、その投票において半数の同意があれば、失職となる。
5　議員又は長の就任の日又は解職の投票があった日から1年間は、制度の濫用を防止する法の趣旨から、解職の請求を絶対することができない。

【職員ハンドブックP340】□□□□□
【№.146】　**主要公務員の解職請求権**の記述として、妥当なのはどれか。

1　主要公務員の解職請求は、副知事及び副区長、教育長及び委員、選挙管理

委員、監査委員、公安委員及び人事委員が、自治法に基づき対象となる。
2 　主要公務員の解職請求は、就任の日や議会の解職請求の議決日から、副区長や教育長は１年間、選挙管理委員や教育委員は６か月間、請求できないとされる。
3 　主要公務員の解職請求は、選挙権者の総数の３分の１以上の連署で地方公共団体の長に請求できるが、総数が40万を超え80万以下の場合と80万を超える場合の例外規定の適用はない。
4 　主要公務員の解職請求があるときは、地方公共団体の長はこの請求を議会に付議しなければならないが、いつまでに付議しなければならないとする期限はない。
5 　地方公共団体の長が付議した主要公務員の解職請求を議会が議決するときは、議員定数の３分の２以上の者が出席し、その４分の３以上の者の同意を必要とする。

【職員ハンドブックP340】□□□□□
【№147】　住民監査請求・住民訴訟の関係図のＡ～Ｅの記述として、妥当なのはどれか。

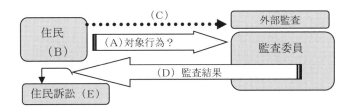

1 　住民監査請求の対象行為（Ａ）は、住民に損害をもたらす当該長、職員の違法な行為を制限し、禁止すべき行為を限定しており、不当な行為は対象としていない。
2 　住民監査請求の請求者（Ｂ）は、住民が１人でも請求者となれるが、監査委員への請求内容は、その防止と是正の２つに限られている。
3 　住民監査請求の請求者で、監査委員の監査を望む者は監査委員に、それ以外の者は、理由を付し包括外部監査（Ｃ）に基づく監査の、いずれかを選択できる。
4 　住民監査請求の監査結果（Ｄ）で、請求に理由があると認めるときは、監査委員は、関係機関に必要な措置を講ずることを勧告できるが、命令はできない。
5 　住民監査請求の監査結果に不服がある者は、住民監査請求を行った者に限らず、違法及び不当な行為について、住民訴訟（Ｅ）を提起することもできる。

【職員ハンドブック P341】 □□□□□
【№.148】 事務の監査請求（Ａ）と住民監査請求（Ｂ）の記述として、妥当なのはどれか。

		事務の監査請求（A）	住民監査請求（B）
1	請求の目的・・	地方財政運営の健全化	責任の所在の明白化
2	請求の対象・・	事務全般	違法不当公金支出（予測含まぬ）
3	請求権者数・・	有権者の50分の1	日本人なら1人でも可
4	監査の結果・・	執行機関などに勧告	執行機関などに報告
5	訴訟の提起・・	訴訟は不可	訴訟は一定の要件のもとに可

【職員ハンドブック P341】 □□□□□
【№.149】 住民投票を行う「必要がないもの」は、次のどれか。

1　直接請求の議会の解散請求に基づく投票
2　市町村の合併の賛否を問う投票
3　直接請求の議員及び長の解職請求に基づく投票
4　都道府県の廃置分合又は境界変更に関する投票
5　都道府県の名称変更に関する投票

【職員ハンドブック P341】 □□□□□
【№.150】 請願制度等の記述として、妥当なのはどれか。

1　請願の一般法として請願法があり、何人も、この請願法に基づき、地方議会に対して請願することができる。
2　請願は、本質的には陳情と同じ内容であるが、地方議会に陳情する場合には、議員一人以上の紹介により陳情書を提出しなければならない。
3　憲法は、「何人も……平穏に請願する権利を有し…」と規定している。この何人には、外国人も含まれ、外国人も請願することができる。
4　議会の傍聴は、住民参政権の一つであり、会議公開の原則に基づく制度であるため、この議会の傍聴は、本会議のみならず委員会にも適用される。
5　議会の傍聴及び地方公共団体への請願は、住民の地方行政に参与する権利として明文化されていることから、住民はこの参政権を行使することができる。

《問題編》

【職員ハンドブック P341】 □□□□□
【№151】 パブリック・コメント手続（意見公募手続）の記述として、妥当な組合せはどれか。

A　パブリック・コメント手続は、広く一般の意見を求めるために採用される行政手続法に基づく制度である。
B　パブリック・コメント手続は、行政機関が、法律などを定める場合に行われる手続に関する制度である。
C　パブリック・コメント手続は、意見を聴く案及び関連する資料をあらかじめ公示し、意見の提出先及び提出期間を定めて、広く意見を求める制度である。
D　パブリック・コメント手続は、地方公共団体の機関がパブリック・コメントを行う場合にも適用され、行政手続法に基づいて必要な措置を行うことができる制度である。

1　A B　　2　A C　　3　A D　　4　B C　　5　B D

【職員ハンドブック P342】 □□□□□
【№152】 国と地方公共団体との役割分担の記述の空欄の語句として、妥当なのはどれか。

　　地方公共団体は、住民の　A　を図ることを基本とし、地域における行政を　B　に実施する役割を担う。
　　この趣旨を達成するために、国と地方公共団体との間で役割分担をするとともに、地方公共団体に関する制度の策定及び施策の実施に当たっては、地方公共団体の　C　が発揮されるようにしなければならないとされている。
　　なお、国は、国際社会における国家としての存立に関わる事務、　D　、及び全国的な規模及び視点に立つ事務を分担するとしている。

	A	B	C	D
1	福祉の増進	自主的かつ総合的	自主性及び自立性	準則事務
2	福祉の増進	自主的かつ計画的	主体性及び総合性	統一事務
3	住民の参加	自立的かつ組織的	自主性及び自立性	財政事務
4	地域の事務	計画的かつ総合的	独立性及び協調性	準則事務
5	地域の事務	組織的かつ総合的	主体性及び総合性	財政事務

《問題編》

【職員ハンドブック P342】 □□□□□
【No.153】 **地方公共団体の事務**の記述として、妥当なのはどれか。

1 地方公共団体は、地域における事務を処理するが、地域における事務に該当しない事務、例えば、法律又はこれに基づく政令による事務は処理できない。
2 地方公共団体の事務は、自治事務と法定受託事務に大別されるが、法定受託事務は、地方公共団体が処理する事務のうち、自治事務以外の事務をいう。
3 法定受託事務のうち第一号法定受託事務は、都道府県が本来果たすべき事務であり、第二号法定受託事務は、国が本来果たすべき事務である。
4 自治事務は、地方公共団体の事務の基本となる事務であり、法定受託事務は、法律又は政令に基づく事務である。いずれも地方公共団体の事務である。
5 第一号法定受託事務は、都道府県が処理すべきとされる事務であり、第二号法定受託事務は、市町村及び特別区が処理すべきとされる事務である。

【職員ハンドブック P342】 □□□□□
【No.154】 **自治事務と法定受託事務の比較**の表中の記述として、妥当なのはどれか。

		自治事務	法定受託事務
1	条例制定権	法令に反しない限り可	法令に根拠があるとき可
2	議会の権限	全ての権限が及ぶ	原則として権限が及ぶ
3	監査の権限	労働委員会の権限以外に及ぶ	国の安全と個人秘密以外に及ぶ
4	行政不服審査	国への審査請求は原則可	国への審査請求は原則不可
5	代執行	原則として不可	一定の手続を経た上で可

【職員ハンドブック P343】 □□□□□
【No.155】 **都道府県と市町村との事務分担**の記述として、妥当なのはどれか。

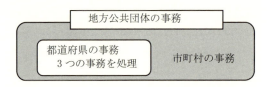

1 地方公共団体が処理すべき事務は、都道府県と市町村とが分担することとされており、相互に競合してはならないとされている。
2 都道府県は、地方公共団体の事務のうち、市町村が処理する事務を除いた事務を処理するとされている。

《問題編》

第1章　地方自治制度　99

3　都道府県は、広域の地方公共団体として、広域事務、統一事務及び一般の市町村が処理することが適当でない規模又は性質の事務の3つの事務を処理する。
4　市町村が処理する事務は、地域における事務に限られ、その他の事務で法律又はこれに基づく政令による事務は除かれている。
5　市町村は、都道府県が処理するものを除き、処理することができ、都道府県の事務で、一般の市町村が処理することが適当でない規模又は性質の事務についても、市町村の規模や能力に応じて処理できる。

【職員ハンドブックP343】□□□□□
【No.156】　条例による事務処理の特例の関係図①～⑤の記述として、妥当なのはどれか。

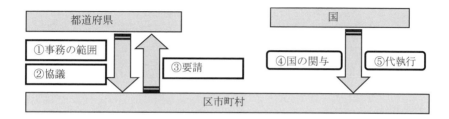

1　図①の「事務の範囲」は、自治法の規定に基づき、知事の権限に属する事務の一部のほか、教育委員会の権限に属する事務の一部も含まれる。
2　図②の「協議」とは、知事が区市町村に事務移譲を行う場合の協議であり、あらかじめ協議すれば足り、個々の区市町村の同意まで必要としない。
3　図③の「要請」とは、区市町村長が、知事に対し知事が処理する事務の一部を処理できるように行う要請であり、この要請には議会の議決を要しない。
4　図④の「国の関与」とは、国の行政機関が区市町村に対して行う助言、是正の要求等を指し、国の行政機関は直接、区市町村に対し行うことができる。
5　図⑤の「代執行」は、事務移譲のうち自治事務に係る区市町村の違法な事務処理又は不作為があれば、国（各大臣）は直接、代執行をすることができる。

【職員ハンドブックP344】□□□□□
【No.157】　事務処理の原則の記述として、妥当なのはどれか。

1　〔法令適合の原則〕に基づき、区市町村は、法令又は都道府県条例に違反して事務を処理してはならず、これに違反した場合、無効ではないが取消の対象となる。
2　〔能率化の原則〕に基づき、地方公共団体は、能率的かつ効率的に事務を処

理し、最少の経費で最大の効果を挙げなければならない。
3 〔住民福祉の原則〕に基づき、区市町村は、住民の福祉の増進に努めなければならないが、この原則の趣旨は、都道府県にも及ぶ。
4 〔合理化の原則〕に基づき 都道府県の間又は区市町村の間で、その事務を処理するに当たっては、相互に競合しないようにしなければならない。
5 〔総合性・計画性の原則〕に基づき、区市町村は、地域の総合的かつ計画的な行政運営を図るため、議会の議決を経て基本構想を定めなければならない。

【職員ハンドブックP345】 □□□□□
【№158】 条例の記述として、妥当なのはどれか。

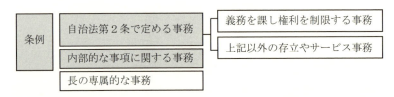

1 条例は、法令に違反しない限りにおいて、自治法第2条第2項に規定する地方公共団体の事務に関して、法律の範囲内において制定することができる。
2 地方公共団体が、住民に義務を課し、又は権利を制限する場合は、法令に定めがある場合を除き、条例で定めることができない。
3 条例は、自治事務、法定受託事務の別にかかわらず、議会の議決により制定できるが、法定受託事務の場合には、個別の法律の授権が必要である。
4 長の専属的な事務、及び地方公共団体の内部的事項に関する事務は、長の権限事務であり、これを条例で定めることはできない。
5 条例は、自治法の規定に基づき制定することができるのであって、地教行法、地公法など、その他の法律に基づいて制定することはできない。

【職員ハンドブックP345】 □□□□□
【№159】 条例で定める事項とされている記述として、妥当な組合せはどれか。

A 普通地方公共団体の名称変更に関する事項
B 条例、規則等の公布に関する事項
C 公の施設の設置（管理を除く）に関する事項
D 議員の報酬及び職員の給料の支給方法に関する事項

1 AB   2 AC   3 BC   4 BD   5 CD

《問題編》

第1章　地方自治制度　101

【職員ハンドブックP346】□□□□□
【№160】　規則の記述として、妥当なのはどれか。

1　規則は、法令に違反しない限りにおいて、その権限に属する事務に関して制定できるが、自治立法の一つではない。
2　規則は、自治事務について制定されるものであり、法定受託事務については、長の権限に属する事項であっても、規則を制定することはできない。
3　議会は、議会の運営に関し会議規則を定めることができるし、また、議会の議長は傍聴人規則等を定めることができる。
4　地方公共団体の長の制定する規則は、当該地方公共団体の規則として制定することができるため、他の執行機関の権限に属する事項に関しても制定することができる。
5　行政委員会は、法令、条例及び地方公共団体の長の規則に違反しない限りにおいて、その権限に属する事務に関し、規則を定めることができる。

【職員ハンドブックP346】□□□□□
【№161】　条例と規則の記述として、妥当なのはどれか。

1　（優劣）――条例と規則は、それぞれ所管を異にしているため効力に優劣はなく、競合する場合においても、条例が規則に優先することはない。
2　（効力）――条例と規則の効力が及ぶ範囲は、当該地方公共団体の区域内に限られ、いかなる場合においても、効力が区域外に及ぶことはない。
3　（議決）――条例と規則は、憲法に規定されている自治立法権に基づき、当該地方公共団体の議会の議決を経て定める自主法である。
4　（罰則）――条例と規則は、違反した者に対して法規としての実効性を担保するために、刑罰を科する規定を設けることができる。
5　（施行）――条例と規則は、特別の定めがある場合を除き、公布の日から起算して10日を経過した日から施行される。

【職員ハンドブックP346】□□□□□
【№162】　条例及び規則の罰則の記述として、妥当なのはどれか。

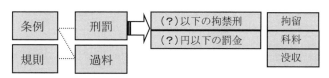

1　罰則は、地方公共団体の法規である条例及び規則の実効性を担保するもの

《問題編》

であり、いずれの場合も、刑罰規定を定めることができる。
2　刑罰は、条例の所管事項とされているが、条例で定める刑罰の種類は、刑法に刑名のある拘禁刑、罰金、拘留、科料、没収刑に限られない。
3　刑罰は、条例に違反した場合に科することができ、3年以下の拘禁刑を科すことができるし、また50万円以下の罰金を科すこともできる。
4　刑罰は、裁判所の管轄となるが、過料は、行政上の秩序罰であり刑罰ではないため、当該地方公共団体の長が科する。
5　過料は、条例又は規則に違反したときに科することができるが、その過料の上限の金額については、条例と規則では異なる。

【職員ハンドブックP347】☐☐☐☐☐
【№163】　**条例の制定手続**の記述として、妥当なのはどれか。

1　条例の制定改廃の「発案」は、議会の委員会及び議員、地方公共団体の長のほか、住民にも直接請求による発案権があるが、それぞれに専属する条例はない。
2　条例の「成立」には、専決処分を除き議会の議決が必要であり、その条例に対する議決は、全て出席議員の過半数の賛成により成立する。
3　条例の議決書の「送付」は、議会の議決のあった日から3日以内とされ、議長から地方公共団体の長に送付しなければならない。
4　条例の「公布」は、条例の議決書の送付の受理後に行われ、再議の措置を講じたときであっても、受理日から10日以内に公布手続を執る必要がある。
5　条例の「施行」は、条例に特別の定めがあればそれに基づくが、条例に特別の定めがなければ、公布の日から起算して20日を経過した日から施行される。

【職員ハンドブックP347】☐☐☐☐☐
【№164】　**要綱**の記述として、妥当なのはどれか。

1　要綱は、事務の取扱方針や基準で、これらに基づいて行政運営が行われる。
2　要綱は、法律等の不備及び欠陥を補う役割を持つため、法令の性格を持つ。
3　要綱は、その範囲は、内部管理的な分野及び給付行政的な分野に限られる。
4　要綱は、内部的な規定でありながら、住民などに対して法的拘束力を持つ。
5　要綱は、議会の議決を必要とするため、議会機能を補完する役割も有する。

【職員ハンドブックP348】☐☐☐☐☐
【№165】　**議事機関**の記述として、妥当なのはどれか。

1　地方公共団体には、住民の意思を代表する議事機関として議会を設置する

《問題編》

と規定している法的根拠は、地方自治法である。
2　地方議会が、立法機関ではなく、議事機関と呼ばれる理由は、議会は条例を制定するのみならず、幅広い権能を有するためである。
3　議会政治は、間接民主主義政治を意味し、議事機関である議会は、住民が直接選挙又は間接選挙とする議員で構成されるとしている。
4　議事機関の議会は、予算及び重要な契約の締結に関する議決権など、行政作用に参与し、決定する権能を有しているが、監視権や統制権は有しない。
5　議事機関の議会は、都道府県及び区市町村に設置しなければならない機関であり、地方公共団体の組合や財産区には設置する必要がない。

【職員ハンドブックP348】□□□□□
【№.166】　**議員の定数**の記述として、妥当な組合せはどれか。

A　議員の定数は、自治法で定める人口区分の上限の範囲内において、当該地方公共団体の実情に応じて、条例で定めるとされている。
B　議員の定数は、都道府県議会は法律で定める定数とされ、市町村議会は都道府県条例で定める定数とされている。
C　議員の定数のうち、特別区の議員の定数については、自治法の規定に基づき、市に関する規定が適用され、条例で定められる。
D　議員の定数は、法令定数方式から条例定数方式に変更されており、この議員の定数の変更については、原則として一般選挙の場合でなければ行うことができない。

1　A B　　2　A C　　3　A D　　4　B C　　5　C D

【職員ハンドブックP348】□□□□□
【№.167】　**議員の兼職・兼業の禁止**の記述として、妥当なのはどれか。

1　議員は、衆議院議員や参議院議員と兼職できないが、他の地方公共団体の議会の議員と兼職することはできる。
2　議員は、選挙管理委員会の委員など、当該地方公共団体の行政委員会の全ての委員と兼職することができない。
3　議員は、当該地方公共団体に対し請負をする者と兼業できないし、当該地方公共団体に対し請負をする法人の無限責任社員とも兼業することができない。
4　議員は、地方公共団体の常勤の職員と兼職できないが、非常勤の職員とは兼職することができる。
5　議員は、当該地方公共団体の構成員となっている一部事務組合や、組織している広域連合の議会の議員とも兼職することができない。

《問題編》

【職員ハンドブックP348】□□□□□
【No. 168】 **議員の任期、身分の喪失**の記述として、妥当なのはどれか。

1　議員の任期は、一般選挙の日の翌日から4年である。
2　議員の辞職理由で、一身上の都合による場合は議会の許可を必要としない。
3　議員の身分は、議員の解職請求がある時点で喪失する。
4　議員の身分は、兼業禁止職へ就職した場合に喪失するが、該当するかは議会が決める。
5　議員の身分は、任期の満了で喪失するが、被選挙権の有無では喪失しない。

【職員ハンドブックP349】□□□□□
【No. 169】 **議会の権限**の関係図の①～⑧の記述として、妥当なものは何個あるか。

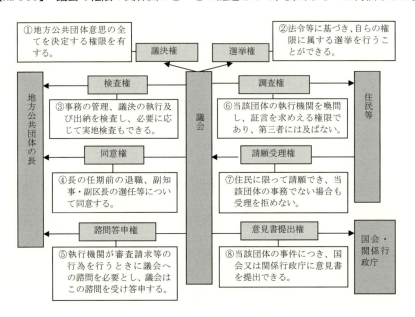

1　1個　　2　2個　　3　3個　　4　4個　　5　5個

【職員ハンドブックP349】□□□□□
【No. 170】 **議会の議決権**の記述として、妥当な組合せはどれか。

A　議決権は、地方公共団体の団体意思を決定する本質的な権限であり、議会における機関意思の決定には、議会の議決権は及ばない。

B　議決権は、自治法において議決事項が概括列挙されているが、条例で議決事項を拡大できる。しかし拡大できる議決事項は自治事務に限られている。
C　議決権は、自治法第96条に列挙されている事項に限られず、区市町村の廃置分合及び境界変更なども、議決事項として別個に定められている。
D　議決権は、主に団体意思を決定する権限であるが、法令が明瞭に長その他の執行機関の権限と規定している事項には、議決権が及ばない。

1　AB　　2　AD　　3　BC　　4　BD　　5　CD

【職員ハンドブックP349】□□□□□
【№171】　**議会の議決事件**の記述として、妥当なのはどれか。

1　議決事件には、「条例を設け又は改廃する場合」があり、この条例の提案権の場合は、原則として地方公共団体の長及び議員（委員会）にある。
2　議決事件には、「財産の取得又は処分をする場合」があり、この場合は、議会の議決を経ずに行うことはできない。
3　議決事件には、「契約を締結する場合」があり、この場合は、議会の議決を経ずに行うことはできない。
4　議決事件には、「寄附又は贈与を受ける場合」があり、この場合は、議会の議決を経ずに受け取ることはできない。
5　議決事件には、「条例で定める議決事件を議決する場合」があり、この場合は、当該地方公共団体が処理する法定受託事務の全てに関して議決することができる。

【職員ハンドブックP349】□□□□□
【№172】　**議会の選挙権**の記述として、妥当なのはどれか。

1　議会の選挙権は、法律又は条例で与えられた議会の権限の一つである。
2　議会の選挙権は、自らの権限に属する選挙を行うことができる権限である。
3　議会の選挙権は、議会の議長や副議長に及ぶが、仮議長の選出には及ばない。
4　議会の選挙権は、議会の権限であるが、原則として公職選挙法が適用される。
5　議会の選挙権は、全て単記無記名投票とされ、指名推選の方法は認められない。

【職員ハンドブックP349】□□□□□
【№173】　**議会の検査権**の記述として、妥当なのはどれか。

1　議会の検査権は、地方公共団体の事務の管理及び出納などの検査に及ぶが、議会が議決したものが執行されたか否かについては及ばない。

2　議会の検査権は、当該地方公共団体の事務全般が対象となり、その目的は当該地方公共団体の事務処理の適正化を図ることにある。
3　議会の検査権には、実地検査の権限はなく、実地検査が必要なときには、監査委員に対して監査を求め、監査の結果報告を請求できるに止まる。
4　議会の検査権は、議会の執行機関に対するチェック権能の一つであることから、この権限の行使には議会の議決を必要とせず、与えられた検査権の活動能力を有する。
5　議会の検査権は、地方公共団体の長及び行政委員会の執行機関が対象となり、これらの機関が正当な理由がない限り検査を拒むことはできず、拒めば罰則の適用もある。

【職員ハンドブックP350】□□□□□
【№174】　**議会の意見書提出権**の記述として、妥当な組合せはどれか。

A　議会の意見書提出権は、地方公共団体に関する事件であれば、公益の有無にかかわらず提出することができる。
B　議会の意見書提出権は、議会自身の権限であるが、その意見書を提出するに当たっては、議会の議決が必要である。
C　議会の意見書提出権に基づく意見書は、国会（衆議院議長及び参議院議長）又は関係行政庁に提出することができる。
D　議会の意見書提出権は、議会自身の権限であり、相手先は、意見書の受理義務が発生し、当該意見書に対しすみやかに回答する義務が発生する。

1　A B　　2　A C　　3　A D　　4　B C　　5　B D

【職員ハンドブックP350】□□□□□
【№175】　**議会の調査権**の記述として、妥当なのはどれか。

1　議会には、条例制定権及び予算議決権などの権限を有効・適切に行使する権限が付与されていることから、議会の議決を経ずに調査権を発動できる。
2　議会は、当該地方公共団体の事務全般について調査権を有することから、自治事務のみならず法定受託事務の全ての事務を調査することができる。
3　議会は、監視機能の一つとして調査権を有するが、この調査権には実地調査は含まれておらず、検査権と同様に、監査委員に対して行わせる必要がある。
4　議会は、真実を究明し、調査の実効性を上げるために、関係人を証人として喚問することができるが、証言を拒んでも罰則による強制力はない。
5　議会は、特に調査の必要があると認めるときに、当該地方公共団体の執行機関だけでなく、第三者である選挙人などに対しても、出頭の請求や証言の

《問題編》

請求ができる。

【職員ハンドブック P350】　□□□□□
【№ 176】　**議会の請願受理権**の記述として、妥当なのはどれか。

1　請願書は、形式や手続が整っていれば、議会は必ず受理しなければならない。
2　請願者は、請願法に基づいて、議会に請願書を提出することができる。
3　請願書は、形式が整っていれば、議員の紹介を必要としない。
4　請願者は、当該地方公共団体の住民でなければならない制限がある。
5　採択請願の措置は、執行機関に任され、議会は、処理結果を請求できない。

【職員ハンドブック P350】　□□□□□
【№ 177】　**議会の同意権及び諮問答申権**の記述として、妥当な組合せはどれか。

A　議会の同意権は、議会の権限の一つであり、議会の関与を認めることにより、妥当な行政運営を図ろうとする権限である。
B　議会の同意権は、執行機関の行為についての議会の関与であり、例として、副区長や会計管理者に対する選任の同意がある。
C　議会の諮問答申権は、執行機関が行う行為において、議会への諮問を義務づけている場合に、その諮問に対して答申を行う権限である。
D　議会の諮問答申権に基づく答申については、これを諮問した執行機関を法的に拘束する効果をもたらすことになる。

1　A B　　2　A C　　3　A D　　4　B C　　5　B D

【職員ハンドブック P350】　□□□□□
【№ 178】　**議会の種類**の記述として、妥当なのはどれか。

1　〔議会の種類〕としては、定例会と臨時会、通年の会期（通年議会）のほか、これ以外の議会の形も想定されている。
2　〔定例会〕は、一般的な議会の方式であり、毎年度を単位として、法律で定める回数を定例的に招集される議会である。
3　〔臨時会〕は、必要がある場合に、かつ告示された案件を処理する議会であるが、緊急を要する事件については、告示にない事件についても審議できる。
4　〔臨時会〕は、必要があるときに地方公共団体の長が招集する議会であり、議員や議長が臨時会を招集請求することはできない。
5　〔通年議会〕は、法律に定めるところにより、定例会や臨時会とせず、通年の会期とする議会の方式である。

【職員ハンドブック P350】□□□□□
【No. 179】 **議会の招集及び会期**の記述として、妥当なのはどれか。

	招集行為	会期
定例会	○長に専属する。	○議会が決める。
臨時会	○長による臨時会・・・長が招集 ○議員請求の臨時会・・長が招集（例外あり） ○議長請求の臨時会・・長が招集（例外あり）	
通年議会	○条例の定例日が招集日とみなされる。	○条例で定める日から当該日の前日までを会期とする。

1 議会の「招集」とは、議会活動の前提として議員を一定の期日に一定の場所に集合させる行為であり、招集権は地方公共団体の長に属するが、議長が招集できる場合もある。
2 議会の「招集」は、定例会の場合は、都道府県及び区市にあっては開会の日前7日までに告示しなければならないが、臨時会の場合はこの限りでない。
3 議会の「招集」には、議員定数の4分の1以上の者から又は議長から議会運営委員会の議決を経て請求され、招集される臨時会があるが、この場合、地方公共団体の長は10日以内に議会を招集する義務がある。
4 議会の「会期」とは、議事機関としての議会活動を行える一定の期間であり、議会の会期及びその延長並びにその開閉に関する事項は、議長が決めるとされている。
5 議会の「会期」は、通年議会においては、法律で定める日から翌年の当該日までの会期とされ、地方公共団体の長は、会議を開く定例日を条例で定めなければならない。

【職員ハンドブック P351】□□□□□
【No. 180】 **議会の委員会制度**の記述として、妥当なのはどれか。

1 議会の委員会は、議会が本会議中心の運営であるが、地方行政の複雑化、専門化などに対応し、議会の審議の効率化などを図るために、必置の機関とされている。
2 議会の委員会は、議会の議決により付議された特定の事件が審議未了の場合には、議会の議決によらず、閉会中も、継続して審議することができる。
3 議会の委員会は、自治法に基づき設置され、その委員の選任方法やその他委員会について必要な事項も、自治法の定めによる。
4 議会の委員会は、意思決定機関ではないため、委員会の審査結果は対外的

な効力を持たず、委員会の審議結果が本会議に報告され、本会議の議決を経て意思決定となる。
5 議会の委員会は、当該地方公共団体の事務の調査のため必要があるときは、参考人の出頭を求めることができ、不出頭の場合には罰則を科すことができる。

【職員ハンドブックP351】□□□□□
【No.181】 **議会の委員会制度**の記述として、妥当なのはどれか。

1 〔委員会制度〕には、常任委員会、議会運営委員会及び特別委員会の3種類があり、このうち議会運営委員会は、必ず置かなければならない委員会とされている。
2 〔常任委員会〕は、その部門に属する事務に関する調査を行い、議案や請願等を審査するための委員会であり、常任委員会の設置数については制限がある。
3 〔特別委員会〕は、2つ以上の常任委員会を通ずる事件や、特に重要案件を審議する必要がある場合に設置されるため、議案や請願を審議することはできない。
4 〔特別委員会〕は、議会の議決により付議された特定の事件を審議する委員会であり、審議が終われば会期中でも消滅する委員会である。
5 〔議会運営委員会〕は、議会の運営事項、議会の会議規則や委員会条例等に関する事項、議長の諮問事項の調査の3つの事項に限り、審査する委員会である。

【職員ハンドブックP351】□□□□□
【No.182】 **議会の常任・特別・議会運営の各委員会**の記述として、妥当な組合せはどれか。

A いずれの委員会も、条例で設置される。
B いずれの委員会も、委員会の議決があれば、継続審査ができる。
C いずれの委員会も、公聴会の開催や参考人の意見聴取ができる。
D いずれの委員会も、議案や陳情等の審査ができる。
E 議員は、いずれかの委員会の委員となる。

1　ABC　　2　ACD　　3　ADE　　4　BCD　　5　CDE

【職員ハンドブックP352】□□□□□
【No.183】 **議会の会議原則**の記述として、妥当なのはどれか。

1 〔多数決の原則〕とは、議会の議事は、出席議員の過半数で決するとする原則であり、多数決の議決において可否同数のときには、議長が裁決権を行使

《問題編》

することができる。
2 〔定足数の原則〕とは、議員数の半数以上が出席しなければ会議を開くことができないとする原則であり、この原則は会議開会の要件であるが、会議継続の要件ではない。
3 〔会議公開の原則〕とは、議会の本会議及び委員会を公開とする原則であり、例外として議長又は議員3人以上の発議により、出席議員の過半数により秘密会を開くことができる。
4 〔会期不継続の原則〕とは、会期中に議決に至らなかった事件は会期終了とともに消滅し、後会に継続しないとする原則であり、この原則の例外として、委員会の議決があれば、閉会中の継続審査が可能となる。
5 〔一事不再議の原則〕とは、同一会期中に一度議決された同一事件は、再び意思決定をしないとする原則であり、この原則は、条理上の原則で自治法上に定められている。

【職員ハンドブック P352】 □□□□□
【№ 184】 **議事の表決**の記述として、妥当なのはどれか。

1 議事の表決は、議員定数の半数以上が出席し、その議員定数の過半数で決することとする原則であるが、これに対する例外がある。
2 議事の表決は、原則として多数決の原則に基づくが、可否同数のときには、議長は表決権を有する。
3 議事の表決には、特別多数議決があり、主要公務員の解職、議員の除名、長の不信任に関する議決の場合には、議長は表決権を有する。
4 議事の表決は、多数決の原則に基づくが、この原則のただ一つの例外として、出席議員の3分の2以上の賛成を必要とするものがある。
5 議事の表決は、出席議員の過半数で決することとする原則であるが、この場合、議長も、議決に加わる権利を有している。

【職員ハンドブック P352】 □□□□□
【№ 185】 **議会の運営**の記述として、妥当なのはどれか。

1 （協議・調整の場）──議会は、条例の定めるところにより、議案の審査又は議会の運営に関し、協議又は調整を行うための場を設けることができる。
2 （会議の開閉）──議会の会期、その延長及びその開閉に関する事項は、議

《問題編》

会が定めるとされており、会期中の会議の開閉も議会の権限とされている。
3 （修正の動議）──議員は、議案に対する修正の動議を提出することができるが、この修正の動議は、議員一人でも発議することができる。
4 （除斥）──議長及び議員は、自己又は一定範囲の親族の一身上に関する事件などには、その議事に参与できず、会議に出席し、発言することもできない。
5 （会議規則）──会議規則は、議会によって制定される会議の手続に関する規律であり、議会は、会議規則を設けなければならないとされている。

【職員ハンドブック P353】 □□□□□
【No. 186】 **議案の提出**の記述として、妥当なのはどれか。

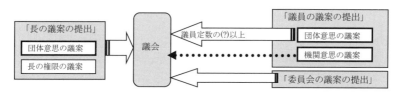

1 団体の意思を決定する議案の提出は、地方公共団体の長及び議員にあるが、長の権限事務を執行する前提として議会の議決を要する議案は、長のみに提出権がある。
2 議員が議案を提出する当たっては、議員定数の8分の1以上の者の賛成が必要であり、その議案の提出は、文書をもってしなければならない。
3 議会に提出できる議案には、団体意思を決定する議案と機関意思を決定する議案があり、これらは、原則として地方公共団体の長及び議員の双方に提出権がある。
4 議員が、議会の議決すべき事件である条例や予算の議案を議会に提出する場合は、その議案の提出については、文書をもってしなければならない。
5 議会の委員会は、その部門に属する当該地方公共団体の事務に限らず、委員会における調査や審査を反映した議案についても提出することができる。

【職員ハンドブック P353】 □□□□□
【No. 187】 **議会における懲罰**の記述として、妥当なのはどれか。

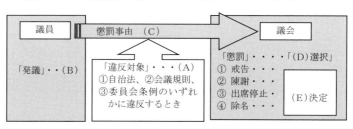

112　第Ⅱ編　自治制度と特別区

1　議会の懲罰は、議員が、自治法及び議会の委員会条例に違反した場合(A)に限り、議会の議決により科される。
2　議会の懲罰には、まず発議(B)が必要であり、この発議は、議員定数の12分の1以上の者の発議を必要とする。
3　議会の懲罰事由(C)には、法令違反、及び議会の体面を害する行為のほか、議会の運営と全く関係のない私人としての非行なども含まれる。
4　議会の懲罰(D)には、公開の場での戒告、公開の場での陳謝、一定期間の出席停止及び除名の4つがあり、どの懲罰を選択するかは議会の自由裁量である。
5　議会の懲罰(D)には4種類があるが、いずれも議員定数の半数以上が出席し、その過半数が同意したときに決定(E)される。

【職員ハンドブックP354】□□□□□
【No. 188】　議会の会議に関する事項の記述として、妥当な組合せはどれか。

A　〔会議録〕とは、会議の内容を記録しておくものであり、議長は、事務局長又は書記長をして、会議録を作成させることができる。
B　〔秩序維持〕とは、議場の秩序を乱す議員及び傍聴人に対し、必要な措置をとることであり、議長は、発言の禁止のほか、退場させることもできる。
C　〔公聴会〕や〔参考人〕の制度は、議会の本会議において採用される制度であり、議会の委員会においては、採用することができない。
D　〔公聴会〕とは、議会が、予算など重要な議案について利害関係者や学識経験者から意見を聴く制度であり、請願などで公聴会を開くことはできない。
E　〔参考人〕とは、議会が、調査や審査のため関係住民等の意見を聴く制度であり、公聴会が一定の手続を必要とするのに対し、簡単な手続で済む違いがある。

1　AC　　2　AE　　3　BE　　4　CD　　5　DE

【職員ハンドブックP354】□□□□□
【No. 189】　長と議会との関係は相互抑制の関係にあるが、次の表中のA～Fの抑制手段の組合せとして、妥当なのはどれか。

| A　意見書の提出 | B　不信任議決 | C　専決処分 |
| D　事務に関する調査 | E　議会の解散 | F　再議の請求 |

1　長の権限〔ＡＢＣ〕　　議会の権限〔ＤＥＦ〕

《問題編》

2　長の権限［ＡＣＦ］　　議会の権限［ＢＤＥ］
3　長の権限［ＡＥＦ］　　議会の権限［ＢＣＤ］
4　長の権限［ＢＣＦ］　　議会の権限［ＡＤＥ］
5　長の権限［ＣＥＦ］　　議会の権限［ＡＢＤ］

【職員ハンドブックP355】□□□□□
【№190】　**再議・再選挙**の関係図の空欄Ａ〜Ｅの語句として、妥当なのはどれか。

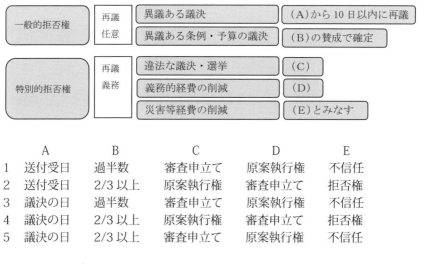

	A	B	C	D	E
1	送付受日	過半数	審査申立て	原案執行権	不信任
2	送付受日	2/3以上	原案執行権	審査申立て	拒否権
3	議決の日	過半数	審査申立て	原案執行権	不信任
4	議決の日	2/3以上	原案執行権	審査申立て	拒否権
5	議決の日	2/3以上	審査申立て	原案執行権	不信任

【職員ハンドブックP355】□□□□□
【№191】　**一般的拒否権**の記述として、妥当なのはどれか。

1　一般的拒否権は、当該地方公共団体の長が、議会の議決又は選挙について異議がある場合において、再議又は再選挙を求める拒否権である。
2　議会の議決について異議があるときは、当該地方公共団体の長は、その議決の日から10日以内であれば、特に理由を示すことなく再議に付すことができる。
3　当該地方公共団体の長により再議に付された議案の議決は、当該議決のときに遡って、その効果を持たないことになる。
4　議会の議決について異議があるときは、当該地方公共団体の長は、これを再議に付さなければならず、議案が否決された場合にも、再議の対象とすることができる。
5　異議がある条例又は予算に関する議決は、出席議員の過半数、それ以外は3分の2以上で再び議決したときは、その議決は確定し、出訴はできない。

《問題編》

【職員ハンドブック P355】 □□□□□
【No. 192】 **特別的拒否権の事由**の記述として、「妥当でない」のはどれか。

1　収入又は支出に関し、執行不能な議会の議決がなされたとき
2　議会の議決がその権限を超え又は法令若しくは規則に違反すると認めるとき
3　法令に基づき負担する経費など義務的経費について削除又は減額されたとき
4　非常災害による応急復旧費について削除又は減額されたとき
5　感染症予防のために必要な経費について削除又は減額されたとき

【職員ハンドブック P355】 □□□□□
【No. 193】 **特別的拒否権**の記述として、妥当なのはどれか。

1　特別的拒否権は、議会の議決又は選挙が法令又は会議規則に違反するときに認められ、議会の議決又は選挙がその権限を超えるときには認められない。
2　特別的拒否権は、議会が義務的経費の削減議決をしたときに発動でき、地方公共団体の長が再議に付してもなお議会の議決が改まらないときには、不信任議決とみなされる。
3　特別的拒否権は、議会が非常災害経費の削減議決をしたときに発動でき、地方公共団体の長が再議に付してもなお議決が改まらないときには、当該議決は確定する。
4　特別的拒否権は、再議又は再選挙が義務づけられる点が一般的拒否権と異なり、また再議又は再選挙に付すべき期間の定めがない点でも異なる。
5　特別的拒否権は、再議又は再選挙に付さなければならない拒否権をいい、再議に基づく議会の議決は、出席議員の3分の2以上の議決が必要である。

【職員ハンドブック P355】 □□□□□
【No. 194】 **不信任議決**の関係図の記述として、妥当なのはどれか。

1　不信任議決は、議会が長に対し不信任の議決をすることであり、信任案の否決及び辞職勧告決議案の議決などは、不信任議決に当たらない。
2　不信任議決は、議会の地方公共団体の長に対する重要な議決であるから、

議員数の2分の2以上の者が出席し、その出席議員の4分の3以上の同意があるときに成立する。
3　不信任議決があった場合には、地方公共団体の長は、議会において議決があった日から10日以内に議会を解散しない限り、10日経過後に自動的にその職を失う。
4　不信任議決は、地方公共団体の長と議員の双方がその職を失う事態であり、長に解散権があるものの、解散権を発動した場合には、長もその職を失うこととなる。
5　不信任議決に基づく議会の解散・選挙後において、新議会での再度の不信任議決は、議員定数の半数以上が出席し、その3分の2以上の同意によって成立する。

【職員ハンドブックP355】□□□□□
【№.195】　**議会の解散**の記述として、妥当な組合せはどれか。

A　議会の解散権は、議会による、地方公共団体の長に対する不信任議決に対抗する手段として、長に認められている権利である。
B　議会の解散権が認められるのは、地方公共団体の長に対する不信任の議決があった場合に限られ、不信任議決があったとみなす場合には認められない。
C　議会の解散権の行使は、地方公共団体の長の提出した重要議案が否決された場合や、決算を認定しない議決があった場合にも認められる。
D　議会解散の効果は、議会を構成する全ての議員が、地方公共団体の長が議会を解散するという意思表示と同時に、一斉にその職を失うことになる。

1　AB　　2　AC　　3　AD　　4　BC　　5　BD

【職員ハンドブックP356】□□□□□
【№.196】　**専決処分**の記述として、妥当なのはどれか。

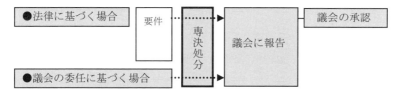

1　法律に基づく専決処分の法律の要件としては、議会不成立や会議を開くことができないなどの4つの要件がある。
2　法律に基づく専決処分を行ったときは、地方公共団体の長は、すみやかに議会に報告し、その承認を求める手続が必要である。

3 法律に基づく専決処分を行った後に、議会の承認を得られないときには、効力に影響を及ぼすことになる。
4 法律に基づく専決処分が、議会において承認されないときは、地方公共団体の長は必要な措置を講じ、議会に報告しなければならない。
5 議会の委任に基づく専決処分を行ったときは、地方公共団体の長は、次の議会に報告し、その承認を求める必要がある。

【職員ハンドブックP356】□□□□□
【№.197】 専決処分の要件に「該当しない」のは、次のどれか。

1 議会が成立しないとき
2 特に緊急を要するため議会を招集する時間的余裕がないことが明らかであると、地方公共団体の長が認めるとき
3 会議を開くことができないとき
4 議会が議決すべき事件を議決しないとき
5 議会が重要な選任同意（副区長など）を否決したとき

【職員ハンドブックP356】□□□□□
【№.198】 執行機関の記述として、妥当なのはどれか。

1 執行機関には、地方公共団体の長のほか行政委員会があり、独自の執行権限を有し、その担任事務について自ら意思決定を行え得るが、外部に表示し得る機関ではない。
2 執行機関は、一の機関への権限集中を避け、民主的で公正な行政運営ができるように、複数の委員会による多元主義が採用されている。
3 執行機関は、地方公共団体の長のほか、教育委員会、選挙管理委員会などの合議性に基づく独自の執行権限を持つ機関であり、独任制の監査委員は執行機関ではない。
4 執行機関の組織は、地方公共団体の長の統轄のもとに、明確な範囲の所掌事務と権限を有する機関によって系統的に構成され、かつ対等の関係に置かれている。
5 執行機関は、議会の議決や他の執行機関との関係に配慮することなく、法律、条例、規則等に基づく事務について、自らの判断と責任で、管理執行する義務を負う。

《問題編》

【職員ハンドブック P356】□□□□□
【№.199】 **長の地位**の記述として、妥当なのはどれか。

1 （選任）—長は、住民の直接選挙によって選任され、その被選挙権の要件である年齢に関しても、知事と区市町村長は同じである。
2 （任期）—長の任期は4年であり、自ら自発的に退職して住民の信を問うための選挙において当選した場合でも、任期はその選挙の時点から4年間である。
3 （兼職）—長は、当該地方公共団体の常勤の職員のほか、他の地方公共団体の常勤の職員と兼職できず、非常勤の定年前再任用短時間勤務職員とも兼職できない。
4 （兼業）—長は、当該地方公共団体に対する請負法人の役職員に就けず、また当該地方公共団体が資本金の2分の1以上を出資する法人の役職員に就くこともできない。
5 （退職）—長は、自らの健康上の理由により退職するときには、当該地方公共団体の議会の議長に申し出ることなく、自由に退職することができる。

【職員ハンドブック P357】□□□□□
【№.200】 **長の失職の事由**の記述として、妥当なのはどれか。

1 長の選挙の無効又は当選の無効の訴訟が提起されたとき
2 長が、退職の申出を議会に行ったとき
3 議会において長に対する不信任議決があり、議会を解散したとき
4 長が、被選挙権を喪失したとき又は兼職兼業の禁止規定に該当したとき
5 住民の解散請求があり、住民投票で有権者の過半数の賛成があったとき

【職員ハンドブック P357】□□□□□
【№.201】 **長の権限**の記述として、妥当なのはどれか。

1 長は「総合調整権」を有しており、当該地方公共団体の他の執行機関に対して、任命権、条例の提案権、各執行機関の組織運営などに関して、調整することができる。
2 長は「取消停止権」を有しており、処分が法令、条例又は規則に違反するときには、その管理に属する行政庁以外に対しても、取消停止権を発動することができる。
3 長は「事務の管理執行権」を有しており、法令に基づき他の執行機関の権限とされる事務に対しても、処理権限を有している。

4　長は「指揮監督権」を有しており、議会の議決に基づくことなく、当該地方公共団体の区域内にある公共的団体に対して、監督権を有している。
5　長は「予算の調製執行権」を有しており、教育委員会など他の執行機関に対する予算の調製執行権を有しているが、この権限は議会には及ばない。

【職員ハンドブック P357】 □□□□□
【№ 202】　**長の担任事務**の記述として、妥当な組合せはどれか。

A　予算や決算を調製すること
B　議会の会議規則を定めること
C　過料を課すること
D　会計を監督すること
E　議会に議案を提出すること

1　ＡＢＣ　　2　ＡＣＥ　　3　ＡＤＥ　　4　ＢＣＤ　　5　ＣＤＥ

【職員ハンドブック P357】 □□□□□
【№ 203】　**長の権限の代理・委任・補助執行**の記述として、妥当なのはどれか。

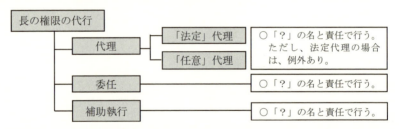

1　〔代理〕とは、長が自らの権限行使が困難なときの代理であり、代理者の名で他の者が権限を執行し、長の行為として効果が生ずることをいう。
2　〔代理〕には、法定代理と任意代理があり、その法定代理は、長に事故があるとき又は長が欠けたときに、長の職務を代理させる方法である。
3　〔代理〕には、長が自らの権限行使が困難なときに代理する方法として法定代理があり、この場合、長の任意の授権により代理関係が生ずる場合をいう。
4　〔委任〕とは、長の権限のうち、その権限の一部をあらかじめ受任者に移し、受任者の名で権限を行使し、その効果は長に帰属する。
5　〔補助執行〕は、代理又は委任と異なり、内部的に長の権限を補助執行させるものであり、対外的には補助執行者の名で行う場合をいう。

《問題編》

【職員ハンドブック P358】☐☐☐☐☐
【№ 204】 **長の補助機関**の記述として、妥当なのはどれか。

1 補助機関とは、長の権限事務を分掌させるために設置される機関であり、副区長その他の職員が置かれるほか、専門委員も補助機関として置かれる。
2 補助機関は、内部的に長を補助し執行する機関であり、副知事及び副区市町村長はその代表格で、選任及び解職の場合も議会の同意を必要とする。
3 補助機関は、執行機関が意思決定したものを、外部に表示するに当たり補助する機関であり、副区長のみならず行政委員会も、長の補助機関である。
4 補助機関として、区市町村においても、会計管理者の事務を補助させるために、出納員その他の会計職員を必ず置かなければならない。
5 補助機関として、職員を置くことができるが、その職員の任免は長が行い、常勤及び非常勤の職の定数は条例で定められる。

【職員ハンドブック P358】☐☐☐☐☐
【№ 205】 **副知事・副区長**の記述として、妥当なのはどれか。

1 副知事・副区長は、前者は都道府県条例、後者は区条例で一人置かなければならないが、このうち副区長に限っては、条例で置かないこともできる。
2 副知事・副区長は、知事又は区長が議会の同意を得て選任し、任期は4年であるが、知事又は区長は副知事又は副区長に特別の事由がある場合に限り任期中でも解職できる。
3 副知事・副区長は、知事又は区長が当該議会の同意を得て選任するが、副知事・副区長の選任には満25歳以上の者でなければならない制限がある。
4 副知事・副区長は、知事又は区長を補佐し、政策及び企画をつかさどるほか、長の職務を代理し、委任を受けて執行し、又は補助機関の職員の担任事務を監督する。
5 副知事・副区長は、議会の同意を得て選任されるため、任期中に退職するときには、原則として、議会の議長に申し出なければならない。

【職員ハンドブック P358】☐☐☐☐☐
【№ 206】 **会計管理者**の記述として、妥当なのはどれか。

1 会計管理者は、条例に基づき必ず置くとされ、その身分は特別職である。
2 会計管理者は、原則として一人を置くが、町村では置かないこともできる。
3 会計管理者は、区長が、当該地方公共団体の職員のうちから任命する。
4 会計管理者は、会計管理者の事務を処理させるため、出納員を任命できる。

5 会計管理者は、区長、副区長、監査委員と親子の者は、任命できない。

【職員ハンドブックP358】□□□□□
【№.207】 **専門委員**の記述として、妥当な組合せはどれか。

A 専門委員は、調査や研究のため臨時の場合に限り置くことができる。
B 専門委員は、非常勤の地公法上は特別職に属する。
C 専門委員は、議会の同意を得て選任される。
D 専門委員は、長の補助機関の一つである。
E 専門委員は、長から委託を受けて調査や研究に当たる合議制の機関である。

1 AB　　2 AC　　3 BD　　4 BE　　5 CE

【職員ハンドブックP359】□□□□□
【№.208】 **行政委員会の意義**の記述として、妥当なのはどれか。

1 行政委員会は、公正中立な立場での行政執行が求められるため、複数の執行機関がそれぞれ単独で意思決定を行う独任制の執行機関である。
2 行政委員会は、地方公共団体の行政機関のうち、一般行政権からある程度独立して、一部の行政権を担当し、自ら特定の行政の執行に当たる機関である。
3 行政委員会は、地方公共団体の長への権限の集中による弊害を防ぐため、長から独立した機関であり、自治法では、長の所轄の下に置かれる機関ではない。
4 行政委員会は、それぞれの権限とされた事項に関して、企画立案、調査等の一般的行政権を有するほか、司法的権限や立法的権限も有している。
5 行政委員会に対して、地方公共団体の長は、総合調整権を有しており、行政委員会事務局の組織及び職員の身分取扱いについて決定できる権限を有している。

【職員ハンドブックP359】□□□□□
【№.209】 **行政委員会の種類**の関係図のA～Cに該当する委員会として、妥当なのはどれか。

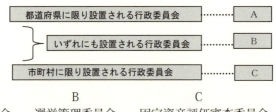

	A	B	C
1	収用委員会	選挙管理委員会	固定資産評価審査委員会

《問題編》

		公平委員会	監査委員	農業委員会
2				
3		公安委員会	教育委員会	内水面漁場管理委員会
4		労働委員会	人事委員会	収用委員会
5		人事委員会	教育委員会	固定資産評価審査委員会

【職員ハンドブック P359】□□□□□

【No. 210】 **行政委員会の権能又は性質別の分類**の下表の「該当する●の位置」として、妥当なのはどれか。

		政治的中立性を確保	公平、公正な行政を確保	利害関係の調整	審判・裁定の機能
1	教育委員会	●		●	
2	選挙管理委員会	●			●
3	監査委員	●		●	
4	人事委員会		●		●
5	農業委員会	●			●

【職員ハンドブック P359】□□□□□

【No. 211】 **行政委員会と長との関係**の記述として、妥当なのはどれか。

1 長は、行政委員会と協議の上、長の権限に属する事務の一部を、行政委員会に対し委任若しくは補助執行し、又はその補助職員に対し委任することができる。
2 長は、行政委員会と協議の上、長の補助職員を、行政委員会の事務を補助する職員と兼ねさせることはできるが、その職員に充てることはできない。
3 長は、行政委員会の事務をつかさどる機関の組織、職員の定数、職員の身分取扱いについて、必要な措置を講ずべきことを命じることができる。
4 長は、行政委員会の公有財産に関する総合調整権に基づき、財産の取得や管理の権限を有するが、行政委員会は、公有財産の取得や管理の権限を行使することはできない。
5 長は、予算の適正な執行を期するため、行政委員会に対し、収入及び支出の実績及び見込みについて、報告を徴し、かつ実地調査を行うことができる。

【職員ハンドブック P360】□□□□□

【No. 212】 **教育委員会**の記述として、妥当なのはどれか。

1 教育委員会の「設置」は、自治法に根拠があり、学校その他の教育機関を管理し、学校の組織編制などに関する事務を行い、執行するために設置される。

2　教育委員会の「組織」は、区市町村の場合、教育長と4人の教育委員で組織されるが、条例で定めれば、教育長と5人以上の教育委員で組織できる。
3　教育委員の「選任」は、当該地方公共団体の長の選挙権を有する者の中から、人格が高潔で、教育、学術及び文化に関し識見を有する者から選任される。
4　教育委員会の「構成」は、教育長と教育委員で構成され、この教育委員のうちには、児童生徒の保護者である者が含まれるようにしなければならない。
5　教育委員会の「会議」は、教育長が招集するが、会議は、委員定数の半数以上の者の出席が、開催の成立要件とされている。

【職員ハンドブックP361】□□□□□
【No.213】　**教育長**の記述として、妥当なのはどれか。

1　教育長は、当該地方公共団体の長の被選挙権を有する者で、人格が高潔で、教育、学術及び文化に関して識見を有する者でなければならない。
2　教育長は、区市町村の場合は任意設置とされているが、地公法が適用され、その身分は一般職に属する常勤の地方公務員である。
3　教育長は、教育委員と同様に議会の同意を得て任命されるため、その任期は教育委員と同じである。
4　教育長は、会議の招集権を有するため、教育委員一人以上から付議事件を示して会議の招集請求があるときには、会議を招集しなければならない。
5　教育長は、教育委員会の会務を総理し、教育委員会を代表し、会議の終了後、遅滞なくその議事録を作成し、公表するように努めなければならない。

【職員ハンドブックP361】□□□□□
【No.214】　**教育委員会の権限**の記述として、妥当なのはどれか。

1　学校の組織編制を行う。
2　教育に係る歳入歳出予算を調製し、かつ執行する。
3　学校その他の教育機関の用に供する財産を取得し、管理する。
4　学校給食及び学校給食に伴う契約を締結する。
5　児童生徒の入学並びに転学のほか、懲戒を行う。

【職員ハンドブックP362】□□□□□
【No.215】　**総合教育会議**の記述として、妥当なのはどれか。

1　教育総合会議は、教育長が設置する会議である。
2　教育総合会議は、地方公共団体の長と教育委員会のほかPTAで構成される。
3　教育総合会議は、教育大綱の策定、教育諸条件の整備などの協議及び調整

を行う。
4 教育総合会議は、必要に応じ総合教育会議の委員長が招集する。
5 教育総合会議は、原則として非公開とする。

【職員ハンドブック P362】 □□□□□
【No.216】 **教育委員会と他の機関との関係**の記述として、妥当な組合せはどれか。

A 〔長〕は、歳入歳出予算のうち教育事務に関する部分の事件の議案を作成するときは、他の行政委員会と異なり、〔教育委員会〕の意見を聴かなければならない。
B 〔教育委員会〕は、法令又は条例に違反しない限り、教育委員会規則を定めることができるが、この場合、あらかじめ〔長〕に協議する必要がある。
C 〔教育委員会〕は、毎年、事務の管理及び執行状況を点検及び評価し、その結果を〔議会〕に提出するとともに、公表しなければならない。
D 〔長〕は、教育委員会の教育事務の管理及び執行が法令などに違反する事実があれば、〔教育委員会〕に対し当該違反などを是正し又は改める指示ができる。

1　AB　　2　AC　　3　AD　　4　BC　　5　BD

【職員ハンドブック P363】 □□□□□
【No.217】 **選挙管理委員会**の記述として、妥当なのはどれか。

1 選挙管理委員会の「設置」は、自治法に根拠があり、選挙事務の公正中立な執行を確保するために設置される附属機関である。
2 選挙管理委員会の「定数」は、都道府県及び区市にあっては4人、町村にあっては2人となっているが、その定数を条例で変更することができる。
3 選挙管理委員の「任命」は、被選挙権を有する者で、人格が高潔で、政治及び選挙に関し公正な識見を有する者から、地方公共団体の長が議会の同意を得て任命する。
4 選挙管理委員の「任期」は4年であるが、ただし、その地方公共団体の選挙権を有する者でなくなったときには、その職を失う。
5 選挙管理委員会の「会議」は、委員長が招集するが、会議は、全委員の出席を要件とし、その議事は過半数で決する。

【職員ハンドブックP363】□□□□□
【No.218】 **監査委員**の記述として、妥当なのはどれか。

1　監査委員は、都道府県と人口25万以上の区市の場合は4人、その他の区市と町村の場合は2人とされており、その定数を条例で増加することはできない。
2　監査委員は、識見を有する者の委員と議員の委員で構成され、選任にあたり、前者は地方公共団体の長が議会の同意を得て任命し、後者は議会の選挙による。
3　監査委員は、他の行政委員会の委員と同様に、兼職兼業の禁止規定が適用されるが、定年前再任用短時間勤務職員と兼ねることはできる。
4　監査委員の任期は、全て4年であるが、任期が来ても、後任者が選任されるまでの間は、その職務を行える。
5　監査委員は、独任制の執行機関であるが、監査委員の監査の結果に関する報告の決定、及び職員の賠償責任の決定や意見などは、合議制による。

【職員ハンドブックP364】□□□□□
【No.219】 **監査委員の定数**の記述として、妥当なのはどれか。

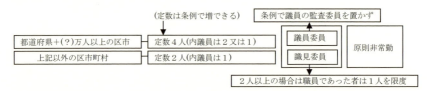

1　定数規定に基づき、都道府県及び政令で定める人口15万以上の区市にあっては4人、その他の区市町村は2人とされている。
2　定数規定に基づき、いずれの自治体も監査委員の数を増減できるが、この場合、条例で定数を増減できるのは、識見を有する監査委員の場合である。
3　定数規定に基づき、都道府県及び政令で定める区市にあっては、識見を有する者の委員のうち、少なくとも1人以上は常勤としなければならない。
4　定数規定に基づき、議員のうちからの委員の定数は、都道府県及び政令で定める区市は、2又は1人とし、条例で選任しないことはできない。
5　定数規定に基づき、識見を有する者の委員が2人以上の場合は、当該地方公共団体の常勤職員及び定年前再任用短時間勤務職員でなかった者でなければならない。

《問題編》

【職員ハンドブックP364】□□□□□
【№ 220】 **監査委員に関する事項**の記述として、妥当な組合せはどれか。

A 〔代表監査委員〕は、監査委員を代表する立場で事務を行う者であり、監査委員の中から選任される。
B 〔監査専門委員〕は、監査事務の調査、研究のため、専門の学識経験を有する者の中から、代表監査委員が代表監査委員以外の委員の意見を聴いて選任される。
C 〔監査専門委員〕は、常設又は臨時に置くことができ、その身分は非常勤であり、監査委員からの委託を受けて、調査や研究にあたる。
D 〔監査基準〕とは、法令に基づく監査、検査、審査などの充実強化を図るための国が定める監査基準をいい、この基準に従い監査委員が監査等を行う。

1　AB　　2　AC　　3　AD　　4　BC　　5　CD

【職員ハンドブックP364】□□□□□
【№ 221】 **監査委員の権限**の記述として、妥当なのはどれか。

1　監査委員の権限は、広範囲に及び、与えられている職権に基づき、当該地方公共団体の事務全般にわたって監査することができる。
2　監査の種類には、一般監査、特別監査及びその他の監査の３種類があり、〔一般監査〕は必ず行う監査であり、特に、財務及び一般行政事務である事務の執行や事務処理の手続等を監査する〔行政監査〕がある。
3　〔財務監査〕には、毎会計年度少なくとも１回以上期日を定めて行う定例監査と、監査委員が必要と認めるときに行う特別監査がある。
4　〔特別監査〕とは、議会又は長からの要請による、すなわち、監査委員とは別の主体が監査の必要性を判断し、それを受けて監査委員が監査するものであり、住民の事務監査の請求はこれに含まれない。
5　〔その他の監査〕としては、定額基金の運用状況の審査、職員の賠償責任の有無及び賠償額の決定に関する監査などがあるが、これらは義務監査である。

【職員ハンドブック P365】□□□□□
【No. 222】 **特別監査**に「該当しない」のは、次のどれか。

1 経営に係る事業の管理に関する監査
2 直接請求による事務の監査
3 議会及び長の請求による監査
4 財政援助団体等に係る長の請求による監査
5 住民監査請求による監査

【職員ハンドブック P366】□□□□□
【No. 223】 **監査結果の処置**の記述として、妥当なのはどれか。

1 監査委員は、監査結果に関する報告を合議で決定し、これを地方公共団体の長及び関係のある執行機関に提出しなければならないが、これを議会に提出する必要はない。
2 監査委員は、監査結果に対する各委員の意見が一致せず、合議で決定できないときは、その旨及び各委員の意見を提出し、かつこれを公表しなければならない。
3 監査委員は、監査結果の報告に添えて、地方公共団体の組織及び運営の合理化に関する意見を提出しなければならない。
4 監査委員は、監査結果の報告のうち、特に措置を講ずる必要がある事項については、議会及び長等に必要な措置を講ずべきことを命ずることができる。
5 監査委員は、当該地方公共団体が外部監査を導入するに際しては、これに関与することができないため、外部監査に関し意見を述べることもできない。

【職員ハンドブック P366】□□□□□
【No. 224】 **附属機関**の記述として、妥当なのはどれか。

1 地方公共団体は、行政執行の前提として、条例又は規則の定めるところにより、執行機関に附属機関を置くことができる。
2 附属機関を組織する委員その他の構成員は、原則として非常勤とされているが、例外として、条例により常勤とすることもできる。

《問題編》

3 附属機関は、一般に自治法に基づく自治紛争処理委員、審査会、審議会といわれる機関であり、条例に基づく機関としては、情報公開審査会や青少年問題協議会がある。
4 附属機関は、執行機関の行政執行のため、又は行政執行に伴い必要な調停、審査、調査などを行うことを職務とする機関であり、執行権は有しない。
5 附属機関の庶務については、執行機関からの独立性を確保するため、法令で定める場合を除き、附属機関において処理する。

【職員ハンドブック P367】 □□□□□
【No. 225】 **地域自治区**の記述として、妥当なのはどれか。

1 地域自治区は、市町村の合併の中で、新しい地域自治の仕組み及び組織を整備するために生まれた制度であり、既存の都市には導入できない制度である。
2 地域自治区は、市町村に限り設置できる制度であるため、特別区には設置できないが、地方公共団体の長の権限に属する事務を分掌させるなどのために設置される。
3 地域自治区は、条例に基づいて、区域を分けて設置される行政区画の一つであるが、区市町村と異なり、法人格は有しない。
4 地域自治区には、自治区単位で条例により事務所が置かれ、その事務所の長には、当該地域自治区の住民の中から地方公共団体の長が任命した者が充てられる。
5 地域自治区には、地方公共団体の長が選任した者で組織される地域協議会を置くことができ、この地域協議会は、設置団体の諮問に応じて意見を述べることができる。

【職員ハンドブック P368】 □□□□□
【No. 226】 **関与に関する原則**の記述として、妥当なのはどれか。

1 〔法定主義の原則〕とは、国及び都道府県が地方公共団体の事務処理に関与する場合は、法令の根拠に基づくものとする原則であり、条例による関与はできないとする。
2 〔一般法主義の原則〕とは、関与の基本的類型と立法指針は、自治法に規定するものとする原則であり、個別法で関与を定めることはできない。
3 〔公正・透明の原則〕とは、関与は、公正・透明でなければならないとする原則であり、この関与は、行政手続法の規定によらないとされる。
4 〔最小限度の原則〕とは、関与は、目的の達成に必要最小限度のものとする原則であり、地方公共団体の自主性及び自立性に配慮した原則ではない。
5 〔第三者機関調整の原則〕とは、国の関与に不服がある自治体は、第三者調

整機関の自治紛争処理委員に判断を求めることができるとする原則である。

【職員ハンドブックP368】□□□□□
【№227】 **関与の基本的類型**の下表の空所A～Dの語句として、妥当なのはどれか。

	自治事務	法定受託事務
技術的助言・勧告・資料の提出要求	○可	○可
A	○可	○第二号法定受託事務は可（ただし、緊急を要するときその他特に必要と認める場合等に限る）
同意・許可・認可・承認	△制限あり	○可
B	△制限あり	○可
C	△制限あり	△制限あり
D	△できる限り行わない	○可

	A	B	C	D
1	是正の要求	是正の指示	代執行	協議
2	是正の要求	是正の勧告	協議	代執行
3	是正の指示	是正の要求	代執行	是正の勧告
4	是正の指示	是正の勧告	代執行	是正の要求
5	是正の要求	是正の指示	協議	代執行

【職員ハンドブックP369】□□□□□
【№228】 **関与と処理基準**の記述として、妥当なのはどれか。

1 関与には、特定分野の関与と総合的な見地からの関与があり、いずれにも「技術的助言・勧告」、「資料の提出の要求」の関与が認められている。
2 関与のうち、総合的な見地の関与として「組織及び運営の合理化を図る関与」があり、この関与は、総務大臣のみに認められている関与である。
3 関与は、各大臣又は知事が担任する事務に関して、自治法に定める是正の要求や是正の勧告の関与ができるが、都道府県の執行機関が関与することはできない。
4 処理基準とは、事務処理の統一性を図るための基準であり、国及び都道府県は、自治事務のみならず法定受託事務に関して処理の基準を定めることができる。
5 処理基準は、一般的な基準として定められるものであるが、自治法上の関与

に当たるため、処理基準を国地方係争処理委員会の対象とすることができる。

【職員ハンドブック P369】 □□□□□
【№229】 **国地方係争処理委員会**の記述の空欄の語句として、妥当なのはどれか。

　国地方係争処理委員会は、 A に設置され、 B の委員で構成される。委員は優れた識見を有する者のうちから、国会の C の同意を得て、 D が任命する。
　ただし、委員の E 以上が同一の政党その他の政治団体に属してはならないとする制限と併せて、法に規定されている事由以外には、その意に反して罷免されないとする身分保障がなされている。

	A	B	C	D	E
1	内閣府	5人	両議院	内閣総理大臣	2人
2	内閣府	4人	衆議院	総務大臣	3人
3	総務省	5人	両議院	総務大臣	3人
4	総務省	4人	両議院	総務大臣	2人
5	総務省	5人	衆議院	内閣総理大臣	2人

【職員ハンドブック P369】 □□□□□
【№230】 **国地方係争処理委員会の権限及び手続**の記述として、妥当なのはどれか。

1　国地方係争処理委員会は、地方公共団体に対する国又は都道府県の関与に関する審査の申し出につき、自治法に定められている事項を処理する。
2　国地方係争処理委員会に審査の申し出ができる場合としては、「公権力の行使又は処分に対し不服があるとき」と、「協議が整わない」ときに限られている。
3　「公権力の行使又は処分に不服がある」との審査の申し出がある場合は、国地方係争処理委員会は、自治事務と法定受託事務とに関係なく関与の違法性と妥当性を審査できる。
4　「協議が整わないとき」の審査の申し出の場合は、地方公共団体が義務を果たしたと認めるにもかかわらず、協議が整わなかったときに限り、認められている。
5　「国の不作為に対し不服がある」との審査の申し出がある場合は、国地方係

争処理委員会は、審査の結果、理由があるときに、国の行政庁に必要な措置を命ずることができる。

【職員ハンドブックP369】□□□□□
【№.231】 **国地方係争処理委員会の手続**の記述として、妥当なのはどれか。

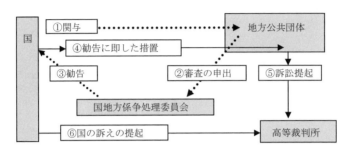

1 〔①国の関与〕のうち、権力的又は違法な処分、不作為に不服があれば、国地方係争処理委員会に②の審査の申し出ができるが、協議は対象とならない。
2 〔②の審査の申し出〕は、助言・勧告、是正の要求、許可の拒否その他の処分、その他国の公権力の行為に対し不服があるときに行うことができる。
3 〔③の勧告〕は、自治事務の審査の申し出を認めるときに、国に対して必要な措置を講ずる必要があるときの勧告であり、法定受託事務の場合は命令となる。
4 〔⑤の訴訟の提起〕は、審査の申し出によっても解決が図られない場合に行う手段であり、国地方係争処理委員会への審査申出前置主義が採用されている。
5 〔⑥の国の訴えの提起〕は、国地方係争処理委員会の審査結果に対して不服がある場合における訴訟の提起である。

【職員ハンドブックP370】□□□□□
【№.232】 **自治紛争処理委員**の記述として、妥当なのはどれか。

1 自治紛争処理委員が処理する事務は、地方公共団体相互の間の紛争を処理する事務などであり、調停、審査及び審理の3つの事務を担当する。
2 自治紛争処理委員の構成員は、3人であり、事件ごとに、優れた識見を有する者のうちから、知事が任命する。
3 自治紛争処理委員は、非常勤であり、法に定める事由以外は罷免されず、一連の手続が終了すると失職となる、臨時の補助機関である。
4 自治紛争処理委員が行う審査の対象は、関与のうち助言・勧告、是正の要求など公権力の行使に当たるものに限られ、不作為や協議は対象とならない。

《問題編》

5　自治紛争処理委員の審査結果に不服がある区市町村長は、違法な事件に限り、都道府県の関与の取消し又は不作為の違法確認を求める訴訟を、提起することができる。

【職員ハンドブック P371】□□□□□
【No. 233】　区市町村の不作為に関する都道府県の訴えの提起の記述として、妥当なのはどれか。

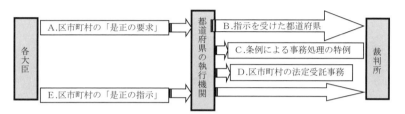

1　Aの各大臣は、「是正の要求」に関して、区市町村が審査の申し出もせず、かつ何らの措置も講じないときは、各大臣が直接、訴訟を提起することができる。
2　Bの各大臣の「是正の要求」の指示を受けた都道府県の執行機関は、地方裁判所に対し、区市町村の「不作為の違法確認の訴え」を提起しなければならない。
3　Cの「条例による事務処理の特例」に基づき、区市町村が処理する都道府県の自治事務に関し、都道府県の執行機関は是正の要求をすることができるが、訴訟の提起には、各大臣の指示が必要である。
4　都道府県の執行機関は、Dの区市町村が処理する「法定受託事務」に対し、市町村が「是正の指示」に対しても、審査の申し出もせず、かつ措置を講じないときは、区市町村を被告として、「不作為の違法確認を求める訴え」を提起することができる。
5　Eの各大臣は、区市町村の「第一号法定受託事務」に対し、都道府県の執行機関に対して必要な「是正の指示」を行うことができるが、区市町村の「不作為の違法確認を求める訴え」の提起を、指示することはできない。

【職員ハンドブック P372】□□□□□
【No. 234】　地方公共団体相互の協力関係の記述として、妥当なのはどれか。

1　〔地方公共団体の協議会〕は、独立した法人格を有する機関であり、この協議会を設置する場合には、全て関係議会の議決を経なければならない。
2　〔連携協約〕は、他の地方公共団体と協約を結び、連携して事務処理に当たるが、連携協約に紛争があるときは、自治紛争処理委員に対し処理方策の提

示を申請できる。
3 〔機関及び職員の共同設置〕は、議会事務局を除き、教育委員会や監査委員と幅広く共同が認められており、共同設置された機関等の行為は各地方公共団体に帰属する。
4 〔職員の派遣〕は、自治法に基づき、当該地方公共団体の事務処理のために、他の地方公共団体の長に職員の派遣を求める方法であり、当該長のみに与えられた権限である。
5 〔事務の代替執行〕は、協議により規約を定め、事務の一部を他の地方公共団体の名で他の地方公共団体の長等に管理・執行させる方法である。

【職員ハンドブックP373】□□□□□
【No.235】 **地方公共団体の組合**の記述として、妥当なのはどれか。

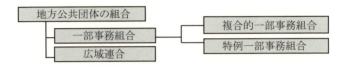

1 一部事務組合は、構成団体の「共通する事務」の処理に当たるが、広域連合は、「異なる事務」を持ち寄って処理することができる。
2 地方公共団体の組合には、一部事務組合と広域連合があるが、複合的一部事務組合と特例一部事務組合は「広域連合の一部」である。
3 一部事務組合は、普通地方公共団体以外に特別区も設置することができるが、広域連合の設置は、普通地方公共団体に限られている。
4 複合的一部事務組合とは、「規約」で定めるところにより、一部事務組合の「議会」を構成団体の議会をもって組織する形態をいう。
5 複合的一部事務組合とは、共同処理事務のうち、ある事務の「一部のみ」を共同処理する場合でも設立できるが、これを設立できるのは市町村に限られている。

【職員ハンドブックP373】□□□□□
【No.236】 **地方公共団体の組合**の記述として、妥当なのはどれか。

1 地方公共団体の組合は、関係地方公共団体が協議して条例を定め、その事務の一部を共同処理するために設立する協力方式の一つである。
2 地方公共団体の組合は、組合を設立した地方公共団体の共同事務を処理する権能を持つが、組合を設立した関係地方公共団体も、共同事務に関して引き続き権能を持つ。
3 地方公共団体の組合は、特別地方公共団体として1つの法人格を有し、自

らの名と責任で共同事務を処理する権能を持つ団体である。
4　地方公共団体の組合が処理する共同事務は、自治事務を含む関係地方公共団体が処理する一切の事務であるが、法定受託事務については除かれる。
5　地方公共団体の組合は、特別地方公共団体であるため、地方公共団体の組合の運営方法については、都道府県や市町村に関する規定は準用されない。

【職員ハンドブックP373】□□□□□
【No.237】　**一部事務組合の設立**などの記述として、妥当な組合せはどれか。

A　一部事務組合の「設立」は、関係地方公共団体の長の協議により規約を定めて設立されるが、この規約には、関係議会の議決を必要としない。
B　一部事務組合の「設立」は、都道府県が加入の場合は総務大臣、それ以外の場合は知事の許可が必要であり、構成団体の増減、共同処理事務の変更も許可事項である。
C　一部事務組合が処理する「事務」は、同一事務を処理する場合に限られており、異なる事務を処理する一部事務組合を設立することはできない。
D　一部事務組合から「脱退」を希望する地方公共団体は、当該地方公共団体の議会の議決を経て、脱退する日の2年前に書面で通告することにより脱退することができる。

1　AB　　2　AC　　3　AD　　4　BC　　5　BD

【職員ハンドブックP373】□□□□□
【No.238】　**一部事務組合の組織**の記述として、妥当なのはどれか。

1　一部事務組合の組織として「議会」が設置され、その議会の議員の定数及び任期については、一部事務組合の条例で定められる。
2　一部事務組合の「議会」は、一部事務組合の組織として、必ず設置しなければならない組織であり、構成団体の議会をもって組織することはできない。
3　一部事務組合の「執行機関」として、当該組合を統括する管理者が置かれるが、執行機関の多元主義は採用されず、監査委員は必置の機関とされていない。
4　一部事務組合の議員、管理者その他の職員は、組織を構成する地方公共団体の議会の議員又は長その他の職員と兼務することができない。
5　一部事務組合の議員の選出は間接選挙によるが、規約で定めれば住民の直接選挙も可能であり、この場合、不信任議決と議会の解散規定が準用される。

《問題編》

【職員ハンドブック P375】 □□□□□
【№. 239】 **広域連合**の記述として、妥当なのはどれか。

1 広域連合は、都道府県及び人口25万人以上の区市に限り設置でき、幅広い権能を持ち、広域連合の処理事務は、全く同一事務でなくても構わない。
2 広域連合は、国及び都道府県から直接に権限移譲を受けることができ、また都道府県が加入する場合は国に権限移譲を要請できるし、他は都道府県に権限移譲を要請できる。
3 広域連合は、都道府県が加入するものは総務大臣の許可、その他は知事の許可を得て設置されるため、広域連合に協議会を置くことは認められない。
4 広域連合は、構成地方公共団体が作成した広域計画に即して、総合的かつ計画的に広域行政を推進する観点に立って、事務を処理しなければならない。
5 広域連合における議員及び長の選出は、規約に基づく直接選挙又は間接選挙となるが、一部事務組合と同様に、住民による直接請求の対象とはならない。

【職員ハンドブック P376】 □□□□□
【№. 240】 **特別区の位置づけ**の記述として、妥当なのはどれか。

1 特別区の存する区域には、都区制度という大都市一体性が適用されるが、自治法上、特別区の発展形態としての自治体は、23区以外には想定されていない。
2 特別区の存する区域の都区制度は、大都市としての一体性を確保するための制度であり、上下水道、消防、交通の事業は、一体性から都が処理するとされている。
3 都区制度改革で、都は広域の地方公共団体と位置づけられ、特別区は基礎的な地方公共団体と位置づけられたが、これは法律に明記されていない。
4 都区制度の大都市一体性の事務を処理するため、事務配分の特例が行われており、その事務配分の経費として、市町村税の一部は、都が賦課徴収する特例が設けられている。
5 都区制度に基づき、特別区には、区民の密着事務を都に優先して処理する特別区優先の原則が適用されず、特別区は区民に第一義的な責任を負わないとされる。

【職員ハンドブック P376】 □□□□□
【№. 241】 **特別区の処理する事務**の記述の空欄の語句として、妥当なのはどれか。

《問題編》

特別区は、原則として A における事務、並びにその他の事務で法令により B が処理することとされているもの、及び法令により特別区が処理することとされているものを処理する。この限り、特別区の処理する事務は B の処理する事務と同様である。

また特別区は、 C に定める一般の B が処理することとなる事務のうち、大都市地域の行政の一体性及び統一性の確保の観点から D が一体的に処理することが必要であると認められる事務を除く点で、 B と異なっている。

	A	B	C	D
1	地域	市町村	地方自治法施行令	都道府県
2	地域	市	地方自治法	都道府県
3	地域	市	地方自治法	都
4	自治	市町村	地方自治法施行令	都道府県
5	自治	市	地方自治法	都

【職員ハンドブックP376】□□□□□
【№242】 **特別区の処理する事務**の記述として、妥当なのはどれか。

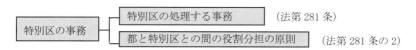

1 特別区は、自治法第281条に規定する地域における事務、並びにその他の事務で法令により市が処理することとされている事務の2つに限って処理することができる。
2 特別区は、自治法第281条に基づき、基礎的な地方公共団体とされる市町村と同等の位置づけであり、特別区の担任する事務は、市町村と全く同一の事務である。
3 特別区と都との間では、自治法第281条の2に基づき、都は、特別区を包括する広域地方公共団体として広域事務及び連絡調整事務だけを処理する。
4 特別区と都との関係では、自治法第281条の2に基づき、特別区は、基礎的な地方公共団体として法令により都が処理する事務を除き、一般的に市が処理する事務を処理する。
5 特別区が自治法第281条に基づいて処理する事務は、市が処理する事務と同様であり、事務処理に当たって、特別区と都は、相互に競合しないようにしなければならない。

《問題編》

【職員ハンドブックP377】□□□□□
【No.243】 **特別区優先の原則**の記述として、妥当なのはどれか。

1 特別区優先の原則は、都道府県と市町村の間における事務の役割分担に関する市町村優先の原則と同様に、都と特別区においても成り立つとする。
2 特別区優先の原則は、都に対し特別区は、第二次の基本的な地方公共団体として、法律制度的にも実体的にも、優先的に取り扱われるとする原則である。
3 特別区優先の原則は、都と特別区の間における事務の役割分担の原則に基づき、法に定めのない事務が発生したときは、特別区が優先して処理するとする原則である。
4 特別区優先の原則は、特別区の存する区域における全体としての一体性及び統一性の要請がある事務である場合も、特別区は都に優先して事務処理ができる。
5 特別区優先の原則は、大都市地域の行政の一体性及び統一性を確保する事務である場合には、都が処理する事務となり、当該原則については、都区間では適用されない。

【職員ハンドブックP377】□□□□□
【No.244】 **都と特別区及び特別区相互間の調整**の記述として、妥当なのはどれか。

1 都知事は、特別区に対し都と特別区及び特別区相互の間の調整上、特別区の事務処理に助言や勧告ができるが、事務の処理基準を示すことはできない。
2 都は、都と特別区及び特別区相互間の財政の均衡化を図るため、都の規則に基づき、特別区に対し特別区財政調整交付金を交付するとされている。
3 都が特別区に交付する特別区財政調整交付金は、特別区が課する市町村民税法人分、固定資産税及び特別土地保有税の3税のみを調整財源としている。
4 都と特別区の事務処理について、都と特別区及び特別区相互の間の連絡調整を図る制度として、都と特別区で構成する任意設置の都区協議会を設けている。
5 都区協議会は、主な役割は連絡調整機関であるが、特別区財政調整交付金に関する条例の改定時には、都区協議会の意見を聴くことから、意見聴取の機関でもある。

【職員ハンドブックP378】□□□□□
【No.245】 **特別区財政調整交付金**の記述として、妥当なのはどれか。

1 特別区財政調整交付金は、都と特別区の間の財源の均衡化を図るために交

付される交付金であり、特別区の相互間の財源の均衡を図る制度ではない。
2　特別区財政調整交付金は、特別区の行政の自主的かつ計画的な運営を確保するために、都区協議会が、都区間の協議に基づいて特別区に交付する交付金である。
3　特別区財政調整交付金は、都が課する市町村民税法人分、固定資産税、特別土地保有税及び事業所税を財源とし、特別区に対して交付する交付金である。
4　特別区財政調整交付金は、都が、調整財源の都条例で定める一定割合を乗じて得た額を特別区に交付することの、自治法の規定に基づく交付金である。
5　特別区財政調整交付金は、特別区が等しく事務を遂行できるように措置する交付金であり、異なる財政力の調整を行う交付金ではない。

【職員ハンドブック P378】 □□□□□
【№ 246】　**都区協議会**の記述として、妥当なのはどれか。

1　都区協議会は、自治法の規定に基づき任意に設置される連絡調整機関であり、また特別区財政調整交付金の条例制定などに関する意見聴取機関でもある。
2　都区協議会は、主として連絡調整を図る役割を持つ機関であるが、都と特別区の事務処理の意思決定機関であり、また執行権を持つ機関でもある。
3　都区協議会は、都と特別区の重要な諸問題について都区共同の協議機関としての役割を果たすものであり、自治法に規定する協議会とは異なる。
4　都区協議会は、都と特別区の円滑な関係を構築するため、都知事及びその補助機関のうち都知事が指名する者7名、並びに23区長により構成される。
5　都区協議会は、都側と区側の委員によって構成されるが、委員の任期は、自治令に基づき2年とされ、会長は都知事をもって充てられる。

【職員ハンドブック P378】 □□□□□
【№ 247】　**特別区人事・厚生事務組合**の記述として、妥当なのはどれか。

1　人事・厚生事務組合は、特別区の事務の一部を共同処理するために、自治法に基づく複合的一部事務組合として設立されている。
2　人事・厚生事務組合の最初の設立のきっかけは、地公法の改正に伴い、都からの配属職員について人事委員会の設置が義務づけられたことなどによる。
3　人事・厚生事務組合の設立は、古く昭和26年であり、都知事の許可を得て設立され、設立当初からの名称が踏襲され、今日に至っている。
4　人事・厚生事務組合の設立当初の事務は、人事委員会に関するものであったが、その後、共済制度の助成事務、生活保護法の更生施設の事務が加わっている。
5　人事・厚生事務組合の運営に必要な財源は、各特別区からの分担金、国庫

支出金、及び受託事務収入などによって賄われている。

【職員ハンドブック P378】□□□□□
【No.248】 **特別区の共同処理と根拠法令**の関係において、妥当なのはどれか。

1　特別区人事・厚生事務組合・・・・・自治法上の23区の広域連合である。
2　特別区競馬組合・・・・・・・・・・自治法上の一部事務組合である。
3　特別区協議会・・・・・・・・・・・自治法上の協議会である。
4　東京二十三区清掃一部事務組合・・・自治法上の機関の共同設置である。
5　東京二十三区清掃協議会・・・・・・自治法上の一部事務組合である。

【職員ハンドブック P378】□□□□□
【No.249】 **特別区における共同処理**の記述として、妥当なのはどれか。

1　〔特別区人事・厚生事務組合〕は、幼稚園教諭の教育委員会の事務のほか、特別区が都と共同して実施する路上生活者自立支援事業の一部も行っている。
2　〔特別区競馬組合〕は、特別区で最も新しい一部事務組合であり、23区全体で地方競馬を実施する市町村としての指定を受けて設立された組合である。
3　〔特別区協議会〕は、自治法に基づく地方公共団体の協議会であり、主として特別区の自治に関する調査研究などを行っている。
4　〔特別区長会〕は、23区長が組織する法律に基づく団体であり、特別区間の連携を図り、特別区政の円滑な実施に資することを目的に各種事業を行っている。
5　〔特別区議会議長会〕は、特別区議会議長及び特別区競馬組合議会議長で組織する任意の団体であり、全国市議会議長会にも加入している。

【職員ハンドブック P379】□□□□□
【No.250】 **特別区競馬組合**の記述として、妥当なのはどれか。

1　競馬組合は、特別区の区長が内閣総理大臣に開催の許可申請を行い、指定を受けた後に、総務大臣の一部事務組合の許可を受けて実施されている。
2　区営競馬は、競馬法に基づき実施されており、その目的は、健全娯楽の提供が主たるものであり、馬事畜産振興及び区財政への寄与は副次的である。
3　区営競馬は、大井競馬場で特別区営競馬として開催しているが、昭和48年3月までは都と共同して開催した経緯を持っている。
4　競馬組合は、規約に基づき設置され、議決機関と執行機関を持つが、事業の特殊性から開催執務委員を設置することも可能である。
5　競馬組合議会は、各区議会の議長をもって組織され、また、執行機関に置

かれる管理者は区長会の会長が就任し、副管理者及び監査委員も置かれる。

【職員ハンドブック P381】□□□□□
【№ 251】 東京二十三区清掃一部事務組合（清掃一組）の記述として、妥当なのはどれか。

1 清掃一組は、23区を構成団体として、ゴミの中間処理、及びし尿の下水道への投入について、共同処理を行う組合である。
2 清掃一組は、23区を構成団体として設立された組合であるが、自治法第284条の一部事務組合の規定に基づく普通地方公共団体である。
3 清掃一組は、議決機関である議会は23人の議員で構成され、議員には各特別区議会の清掃関係の委員会の委員長が充てられる。
4 清掃一組は、執行機関として管理者、監査委員が置かれ、管理者は23特別区の区長から、当該組合の議会の同意を得て選任される。
5 清掃一組には、管理者、副管理者、区長会の役員区長により構成される経営委員会と、評議会が設置されている。

【職員ハンドブック P383】□□□□□
【№ 252】 東京二十三区清掃協議会の記述として、妥当な組合せはどれか。

A 東京二十三区清掃協議会は、清掃事業の特別区への移管に際し、23区を関係団体として設立された協議会である。
B 東京二十三区清掃協議会は、地方自治法第252条の2に基づく協議会であり、法人格を有しない組織である。
C 東京二十三区清掃協議会は、会長と22人の委員をもって組織され、いずれも、23区の区議会議長から選任される。
D 東京二十三区清掃協議会は、一般廃棄物処理業の許可等の事務、廃棄物の収集及び運搬に係る請負契約の締結事務のほか、連絡調整の事務も行っている。

1 A B　　2 A C　　3 A D　　4 B C　　5 B D

【職員ハンドブック P384】□□□□□
【№ 253】 東京都後期高齢者医療広域連合の記述として、妥当なのはどれか。

1 この広域連合は、後期高齢者の医療事務を処理する自治法の制度である。
2 この広域連合は、特別区後期高齢者が加入する特別地方公共団体である。
3 この広域連合は、組織として執行機関を持つものの議決機関を持たない。
4 この広域連合は、区市町村と連携し区は保険料の徴収と窓口事務を行う。

《問題編》

5　この広域連合の、令和5年度末の被保険者数は100万人弱である。

【職員ハンドブックP386】□□□□□
【№254】　**特別区協議会**の記述として、妥当なのはどれか。

1　特別区協議会は、任意団体として発足したが、特別区有物件災害共済事業を事業化するために、その後、社団法人として運営されている。
2　特別区協議会は、自治の調査研究や普及啓発のほか、特別区の事務事業の支援事業を行う法人であるが、東京区政会館の管理運営などは行っていない。
3　特別区協議会は、特別区の共通課題の検討や調整を主体的に提携するために、会議体を所管する部として調査部、議事第一部、議事第二部を設置している。
4　特別区協議会は、法人会計の一本で経理し、必要経費は、基本財産及び特定資産の運用収入の他に、事業収入、各特別区の分担金などで賄っている。
5　特別区協議会のこれまでの実績を挙げれば、区長公選制の廃止反対運動、保健所関係事業、都市計画関係事務、清掃事業の都から特別区への移管などがある。

第 2 章　地方税財政制度

【職員ハンドブック P389】□□□□□
【№ 255】　財政の意義と役割の記述として、妥当なのはどれか。

1　「財政」とは、国がその目的を達成するために財貨を調達し、管理し、支出する経済活動の総称であり、この経済活動には地方公共団体は含まれない。
2　今日の経済活動は「混合経済」と呼ばれるが、これは公共部門と民間部門とが相互に関係することなく、独自の経済活動を実施するからである。
3　公共部門における「公共財」とは、公共部門の経済活動によって供給されない財やサービスが、民間部門によって供給される財のことを指す。
4　「財政の機能」は、自由市場メカニズムの限界や欠陥を補完し、社会全体として資源配分と所得配分を図り、安定的な経済成長を実現することにある。
5　公共部門の活動を支えるために国や地方公共団体が徴収する「租税」は、財源を調達する機能を果たすに止まり、所得再配分の機能は有しない。

【職員ハンドブック P389】□□□□□
【№ 256】　財政の機能の記述の空欄の語句として、妥当なのはどれか。

　　今日の経済は、　A　といわれる。それは、公共部門と民間部門が密接な関係を保ちながら経済活動を行っているためである。
　　公共部門の財政機能は、一つには『効率的な　B　機能』を担い、二つには税の調達や累進課税による『　C　機能』を図り、三つには『経済安定化機能』を実現する役割を担っている。特に、民間部門では十分に供給されない財を公共部門において供給する財のことを　D　という。

	A	B	C	D
1	混合経済	資源配分	所得再配分	公共財
2	混合経済	資源配分	所得再配分	公私財
3	混合経済	資源配分	所得再配分	財政財
4	純粋経済	所得再配分	資源配分	公共財
5	純粋経済	所得再配分	資源配分	財政財

《問題編》

第Ⅱ編　自治制度と特別区

【職員ハンドブック P389】☐☐☐☐☐
【№ 257】 **財政の3機能**の「A～C」と具体的な施策「あ～う」の組合せとして、妥当なのはどれか。

A	資源配分機能		あ	財政支出
B	所得再配分機能		い	累進税率の適用
C	経済安定機能		う	公共財

1　A—あ　　B—い　　C—う
2　A—あ　　B—う　　C—い
3　A—い　　B—あ　　C—う
4　A—う　　B—あ　　C—い
5　A—う　　B—い　　C—あ

【職員ハンドブック P389】☐☐☐☐☐
【№ 258】 **財政自主権**の記述として、妥当なのはどれか。

1　財政自主権は、地方公共団体が自らの意思と責任において処理する事務の財政的側面の自主権であり、この自主権は憲法で保障されている権利ではない。
2　財政自主権には、地方税の賦課徴収などの財政確保面の自主権と、住民意思による政策選択などの財政を運営する財政支出面の自主権とがある。
3　財政自主権は、地方自治の本旨である、自らの意思と責任で事務を処理する財源の自主権を指し、自治体が自らの責任で課税する課税自主権とは異にする。
4　財政自主権は、課税自主権を中心とする財源確保の自主権であって、予算編成を中心とする財政支出の面における自主権を意味しない。
5　財政自主権は、地方公共団体の固有の権利であり、かつまた地方公共団体の絶対的な権利として位置づけされている。

【職員ハンドブック P390】☐☐☐☐☐
【№ 259】 **国と地方の財政関係**の記述の空欄の語句として、妥当なのはどれか。

　令和4年度の国の財政と地方財政の重複部分を控除した『歳入純計額』で比較すると、国と地方の割合は、　A　の割合で推移しており、　B　に税源移譲が行われた平成19年度以降、地方の割合が若干　C　。
　他方、『歳出純計額』で比較すると、国と地方の割合は、おおむね　D　の割合である。また、「道府県税」と「市町村税」で比較すると、おおむね　E　の割合で推移している。

《問題編》

	A	B	C	D	E
1	6対4	住民税から所得税	減った	4対6	6対4
2	6対4	所得税から住民税	増えた	6対4	5対5
3	6対4	所得税から住民税	増えた	4対6	4対6
4	4対6	所得税から住民税	増えた	4対6	4対6
5	4対6	住民税から所得税	減った	6対4	6対4

【職員ハンドブックP391】□□□□□
【№260】 地方税財政の地方分権改革の動向の記述として、妥当なのはどれか。

1 〔平成5～12年度改革〕——平成5年に始まった第1次地方分権改革は、平成12年の地方分権改革一括法により結実し、自治体を国の下請け機関とみなしてきた法定受託事務制度が見直された。
2 〔平成14～17年度改革〕——第2次地方分権改革として、平成14年に「三位一体改革」が決定され、国庫委託金の見直し、税制改正で住民税への税源削減及び地方交付税の削減の三位一体の改革が行われた。
3 〔平成18～22年度改革〕——第2次地方分権改革(平成18年度以降)以降の改革では、国の「ひも付き補助金」や「条例制定権の拡大」などが議論の中心となり、補助金の一括交付金化では基本的には地方が自由に使える一括交付金に改め、23年度以降全国一斉に実施された。
4 〔平成18年度～〕——平成18年度以降、「法人二税」の税源の偏在是正が議論となり、平成31年度税制改正では法人事業税の一部を分離し、特別法人事業税と特別法人事業譲与税が創設され、特別法人事業税は都道府県が法人事業税と併せて賦課徴収を行う国税とし、これを財源に都道府県に対し特別法人事業譲与税として譲与されることとなった。
5 〔平成24～令和元年度改革〕——平成24年に社会保障と税の一体改革が決定され、新たな枠組みとして消費税率の引上げ分の一部が社会保障の財源となり、消費税率10%のうち地方消費税分は3%に引き上げられた。

【職員ハンドブックP397】□□□□□
【№261】 地方財政の収入構造の関係図の空所A～Dに該当する税として、妥当なのはどれか。

	一般財源	特定財源
自主財源	A	C
依存財源	B	D

《問題編》

1　Aは「地方税」であり・・・・・Bは「地方債」である。
2　Aは「地方税」であり・・・・・Cは「国庫支出金」である。
3　Bは「地方交付税」であり・・・Dは「地方債」である。
4　Bは「地方交付税」であり・・・Dは「地方譲与税」である。
5　Cは「使用料」であり・・・・・Dは「地方譲与税」である。

【職員ハンドブックP399】□□□□□
【№262】　租税原則の記述として、妥当なのはどれか。

1　〔安定性と伸長性の原則〕とは、景気変動に対し税収の変動が少なく安定した税や、経済に応じ税収が伸びていく税が望ましいとする原則である。
2　〔収入普遍の原則〕とは、住民が広くその共通費用の負担を分かち合う税が望ましいとする原則であり、例として住民税がある。
3　〔負担分任の原則〕とは、地方公共団体に普遍的に存在する税源が望ましいとする原則であり、例として住民税の均等割がある。
4　〔応益課税の原則〕とは、住民が受益に応じた租税を負担すべきであるとする原則であり、地方税は、国税に比較して応益性が低い。
5　〔税制自主権の原則〕とは、地方公共団体が自主権を持ち得る税制でなければならないとする原則であり、例外として法定外税がある。

【職員ハンドブックP399】□□□□□
【№263】　租税原則の記述として、妥当なのはどれか。

1　〔収入普遍の原則〕とは、どの地方団体にも税源が存在し一定以上の税収が期待できる税目が望ましいとする原則であり、その点で固定資産税は普遍性に欠ける。
2　〔伸長性の原則〕とは、増加する住民のための行政経費に対する税収を上げる税目が望ましいとする原則であり、固定資産税が該当する。
3　〔税制自主権の原則〕は、地方団体の行政サービスの費用は、できるだけ住民が負担を分任すべきとする原則であり、住民税の均等割が該当する。
4　〔応益課税の原則〕とは、公共財から受ける便益の大きさに応じて税を課税すべきとする原則であり、国税は地方税より応益性が重視される。
5　〔安定性の原則〕とは、景気の変動に左右されず安定した税収が期待できる税目が望ましいとする原則であり、固定資産税や自動車税が該当する。

《問題編》

【職員ハンドブック P400】□□□□□
【No. 264】 **地方税の体系図**の空所 A ～ D の語句として、妥当なのはどれか。

道府県税	普通税	道府県民税　　　　　A　　　　　地方消費税 不動産取得税　　道府県たばこ税　　自動車取得税 　　B　　　　　ゴルフ場利用税　　自動車税　　鉱区税
	目的税	狩猟税　　水利地益税
市町村税	普通税	市町村民税　　固定資産税　　軽自動車税 市町村たばこ税　　鉱産税　　　C
	目的税	D　　　水利地益税　　共同施設税 宅地開発税　　国民健康保険税　　入湯税　　事業所税

	A	B	C	D
1	事業税	都市計画税	特別土地保有税	軽油引取税
2	事業税	軽油引取税	特別土地保有税	都市計画税
3	特別土地保有税	都市計画税	事業税	軽油引取税
4	特別土地保有税	都市計画税	軽油引取税	事業税
5	特別土地保有税	軽油引取税	事業税	都市計画税

【職員ハンドブック P400】□□□□□
【No. 265】 **地方税**は、その使途によって普通税と目的税とに区分されるが、次の A ～ E の税のうち、「普通税」として市町村が課することのできる税目を選んだ組合せとして、妥当なのはどれか。

A　軽自動車　　B　都市計画税　　C　市町村たばこ税　　D　入湯税
E　事業所税

1　A C　　2　A D　　3　B C　　4　B E　　5　C E

【職員ハンドブック P400】□□□□□
【No. 266】 **普通税と目的税**の記述として、妥当な組合せはどれか。

A　地方税は、課税団体の種類から道府県税と市町村税に区分され、さらにその調達からみて普通税と目的税に区分される。
B　普通税は、一般経費に充てるために課される税で、法定されている税目に限らずに課される税であり、例えば、法定外普通税がある。

《問題編》

C 普通税は、税収入の使途が制限されずに自由に使用できる税であり、逆に目的税は、使途が制限されている税である。
D 目的税は、普通税に対応する税目であり、応能の原則に基づいて、その税収入を特定の目的のために利用しなければならない税である。

1 AB　　2 AC　　3 AD　　4 BC　　5 BD

【職員ハンドブックP400】□□□□□
【No.267】 法定税と法定外税の記述として、妥当なのはどれか。

1 〔法定税〕とは、地方税法に税目や税率の定めがある税であり、地方公共団体は、地方税法で定めた税目以外の税目を設定することができない。
2 〔法定外税〕は、地方公共団体が課税自主権に基づいて独自に税目を起こして課税することができる税であり、法定外普通税のみが該当する。
3 〔法定外税〕の新設や変更は、あらかじめ総務大臣に協議し同意を得る手続が必要であり、同意後に税率引下げの変更を行う場合も同様である。
4 〔法定外税〕の協議を受けた総務大臣は、要件を満たす申し出には同意しなければならず、同意しない場合を除き、地方財政審議会の意見を聴く必要はない。
5 〔法定外税〕の協議に対し総務大臣は、国税又は他の地方税と課税標準を同じくし、かつ住民負担が著しく過重となる場合には、同意しないことができる。

【職員ハンドブックP401】□□□□□
【No.268】 道府県税及び市町村税の概要の記述の空欄の語句として、妥当なのはどれか。

　　令和4年度における地方税の歳入決算額をみると、道府県税収入額の税目別内訳では、　A　が最も大きく、次いで　B　となっており、両税で道府県税総額の約　C　近くを占めている。
　　また、市町村税収入額の税目別内訳では、　D　が最も大きく、次いで　E　となっており、両税で市町村税の約　F　近くを占めている。

	A	B	C	D	E	F
1	道府県民税	地方消費税	6割	市町村民税	固定資産税	9割
2	道府県民税	自動車税	7割	市町村民税	軽自動車税	8割
3	地方消費税	道府県民税	6割	市町村民税	固定資産税	9割
4	地方消費税	事業税	7割	固定資産税	軽自動車税	8割
5	地方消費税	道府県民税	6割	固定資産税	市町村民税	9割

《問題編》

【職員ハンドブックP401】□□□□□
【№ 269】 地方税の特色等の記述として、妥当なのはどれか。

1 〔住民税〕とは、一般に、市町村民税を指しており、個人及び法人を対象とし、均等割と所得割（法人は法人税割）とを合わせて課税する税である。
2 〔住民税の均等割〕は、少額ではあるが、個人や法人にも課せられる均一課税であり、地方税の負担分任性と応益性をよく示している。
3 〔事業税〕は、事業を行う法人に限り課される道府県税であり、事業者が行う収益活動と行政サービスとの応益関係に着目して、担税力で課せられる。
4 〔外形標準課税〕は、資本金などが10億円を超える法人を対象とする法人事業税への課税であり、営業活動の資本金などの外形によって課税される。
5 〔固定資産税〕は、土地、家屋、償却資産の所有者に対して課税を行う市町村税であり、大規模償却資産であっても、道府県による課税は認められていない。

【職員ハンドブックP401】□□□□□
【№ 270】 国税と比較した地方税の特徴の記述として、妥当なのはどれか。

1 国税に比べ、地方税は所得変動に対応する税収の弾力性が小さい。
2 国税に比べ、地方税は間接税が中心である。
3 国税に比べ、地方税は税目が多く、零細的な税目は少ない。
4 国税に比べ、地方税は税収入に占める財産課税の比重が小さい。
5 国税に比べ、地方税は累進的な課税の色彩が濃厚な税である。

【職員ハンドブックP402】□□□□□
【№ 271】 地方譲与税の記述として、妥当なのはどれか。

1 地方譲与税は、本来地方の税源であるが、実質上、地方税として徴収した特定の税を一定の配分基準に基づき地方公共団体に譲与する税である。
2 地方譲与税は、実質的には地方の財源とされているものについて、課税上の便宜その他の事情から徴収事務を都道府県が代行しているにすぎない。
3 地方譲与税は、使途が制限されている税であるが、財源調整機能を有しており、地方税と地方交付税との中間的な性格を持つ税とされている。
4 地方譲与税は、開港所在市町村に譲与される特別とん譲与税を除き、需要などに関連した客観的な配分基準（道路延長及び面積など）により配分される。
5 地方譲与税のうち、森林環境譲与税は、森林整備及びその促進に関する事業を幅広く弾力的に実施する財源として、市町村に限って配分される。

《問題編》

【職員ハンドブック P402】☐☐☐☐☐
【№.272】 **交付金**の記述の空欄の語句として、妥当なのはどれか。

　交付金は、| A |に基づき、| B |の一定割合を市町村に交付する交付金であり、例えば、| C |などがある。これらの税は、本来は| D |として課税すべきものであるが、特別徴収義務者の負担軽減などの観点から| E |のみを課税する代わりに、市町村に対して交付するものである。

	A	B	C	D	E
1	条例	国税	利子割交付金	市町村税	道府県税
2	条例	道府県税	地方消費税交付金	国税	地方税
3	法律	国税	ゴルフ場利用税交付金	地方税	国税
4	法律	道府県税	軽油引取税交付金	国税	道府県税
5	法律	道府県税	利子割交付金	市町村税	道府県税

【職員ハンドブック P403】☐☐☐☐☐
【№.273】 **地方交付税**の記述として、妥当なのはどれか。

1　地方交付税の「目的」は、地方財源の均衡化を図り、かつ地方行政の計画的な運営を保障するために、地方財政法に基づき交付する税である。
2　地方交付税の「財源」は、国税のうち、所得税、酒税、消費税及びたばこ税の4税分、並び地方法人税の収入見込額の合算額である。
3　地方交付税の「機能」には、地方間の財政力の格差を是正する財源調整機能と、地方財源の総枠を保障するマクロの財源保障機能の2つがある。
4　地方交付税の「種類」には、普通交付税と特別交付税があり、交付税総額の94％が普通交付税、残りの6％が特別交付税として交付される。
5　普通交付税の「交付」では、地方自治の本旨を尊重して交付するものとされているが、これに条件をつけ、使途を制限した財源として交付される。

【職員ハンドブック P404】☐☐☐☐☐
【№.274】 **地方交付税の算定方法**の記述として、妥当な組合せはどれか。

A　普通交付税の算定は、自治体が活動する場合に必要な一般財源の所要額が算定される。
B　普通交付税の算定は、基準財政需要額－基準財政収入額＝の算式により算定され、基準財政需要額が基準財政収入額を超える団体に対して交付される。
C　普通交付税の算定の結果、令和4年度の都道府県の不交付団体は東京都の

みである。
D　特別交付税の算定は、基準財政需要額に捕捉されなかった特別の財政需要や災害のための特別な財政需要がある場合に限り算定される。

1　AB　　2　AC　　3　BC　　4　BD　　5　CD

【職員ハンドブック P406】□□□□□
【№275】　**国庫支出金**の記述として、妥当なのはどれか。

1　〔国庫支出金〕とは、地方公共団体における一般的な支出に充てるため、一定の目的と条件のもとに、国庫から支出される財政資金をいう。
2　〔国庫委託金〕とは、国会議員の選挙費や国の統計調査費など、国の仕事を地方公共団体が代行する場合に、その経費を国が負担する国庫支出金をいう。
3　〔国庫支出金〕は、補助金、負担金、交付金、助成金、補給金、委託費などの名称で交付されるもので、相当の反対給付を受ける国の支出金を指す。
4　〔国庫支出金〕は、国庫負担金、国庫委託金、国庫補助金の3つに分類されるが、このうち、国に経費の全額負担を義務づけるのが国庫負担金である。
5　〔国庫補助金〕は、国が地方公共団体に任意に交付する国庫支出金であり、地方財政法に基づき、仕事の奨励に対し交付され、財政援助のための補助金はない。

【職員ハンドブック P408】□□□□□
【№276】　**国庫支出金の機能と課題**の記述として、妥当なのはどれか。

1　国庫支出金の機能には、社会資本の計画的な整備があり、国は必要な経費の一部を負担するだけで、効率的に国の特定施策を推進できる。
2　国庫支出金の機能には、地方における行政水準の確保と地域格差の解消があり、使途を特定しない財源が地方に配分される。
3　国庫支出金の機能には、税源調整や財源確保を図る機能があり、一般財源として国の施策に沿って地方を誘導できる。
4　国庫支出金の機能には、地方公共団体に対する財政援助があり、国庫支出金により、地方の実情に即した事業の実施を可能にする。
5　国庫支出金の課題には、行政の責任は明確である半面、地方財政を圧迫する超過負担問題や国の縦割り行政が現れることなどの課題がある。

《問題編》

【職員ハンドブックP411】 □□□□□
【№.277】 **地方債**の記述として、妥当なのはどれか。

1 地方債は、地方公共団体が必要な資金を調達するために借入れる債務であり、資金繰りの一時借入金も地方債に含まれる。
2 地方債は、自治法に規定する交通・水道など公営企業の経費や、道路、公園、学校等の公共施設の整備、災害復旧事業などの事業が対象となる。
3 地方債は、翌年度から償還が義務づけられるため、自治体の歳出の財源は地方債以外の歳入を充てるとされ、地方債は特定の事業に例外的に発行される。
4 地方債は、多額の経費を要する事業を担保でき、また、その経費の支払を平準化できる点があり、将来の住民に負担をもたらさない。
5 地方債は、これを起こす場合は条例で定め、条例では、起債の目的、限度額、起債の方法、利率及び償還方法の５つを定めなければならない。

【職員ハンドブックP411】 □□□□□
【№.278】 **地方債の協議制・許可制・届出制**の関係図のA～Dの記述として、妥当なのはどれか。

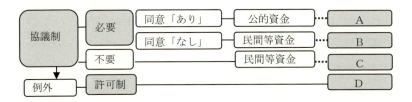

1 Aの場合は、『協議制』で同意を得られた場合であり、この場合公的資金を借入れることができるが、元利償還金について財源措置が講じられることはない。
2 Bの場合は、『協議制』で同意が得られない場合であり、協議制度の下では、協議による同意がなければ、地方債の発行は認められない。
3 Bの場合は、『協議制』で同意が得られない場合であり、協議制度の下では、協議を行えば、議会に報告することなく、民間等資金を調達できる。
4 Cの場合は、一定の財政状況の自治体が公的資金を資金として地方債を発行する場合であり、この場合は協議を不要とし、事前の『届出制』となる。
5 Dの場合は、一定水準以上の実質赤字団体や実質公債費比率の高い自治体が地方債を発行する場合であり、この場合は『許可制』となる。

第2章 地方税財政制度

【職員ハンドブック P411】 □□□□□
【No.279】 **地方債資金の種類**の記述のとして、妥当なのはどれか。

種類	公的資金	財政融資資金など
	民間等資金	市場公募資金など

1 〔地方債の資金〕は、大別すると公的資金と民間等資金があり、このうち公的資金は、投下資本の回収が短期間である事業が対象となる。
2 〔公的資金〕には、財政融資資金と銀行等引受資金があり、これらの資金により財政力の弱い地方公共団体などは、低コストで社会資本の整備が可能となる。
3 〔民間等資金〕は、公的資金に頼らない場合の資金の調達方法であり、この民間等資金には、市場公募資金と地方公共団体金融機構資金とがある。
4 〔市場公募資金〕とは、広く投資家に地方債の購入を募る方法であり、都道府県に限り全国に発行する全国型市場公募地方債と、地域住民の事業資金の提供による住民参加型市場公募地方債がある。
5 〔銀行等引受資金〕とは、金融機関などから直接借入れるもので、預金取引や政策協力等、資金の供給者と需要者との関係に基づいて発行される債権である。

【職員ハンドブック P413】 □□□□□
【No.280】 **地方債依存度**の記述のとして、妥当なのはどれか。

1 地方債依存度は、歳出総額に占める地方債の割合を示した指標である。
2 地方債依存度は、平成17年度をピークとして、その後は、景気の動向に合わせて推移している。
3 地方債依存度は、都道府県では、おおむね11％～16％、市町村では、おおむね8％～12％の間で推移しているが、近年は減少傾向にある。
4 地方債依存度を、令和4年度でみると、都道府県が一番高く、次いで特別区、そして市町村の順である。
5 地方債依存度を、地方債の現在高の最近の推移でみると、総額はおおむね横ばいであるが、臨時財政対策債等や赤字債の残高は減少している。

《問題編》

【職員ハンドブック P414】□□□□□
【№ 281】 地方経費の目的別歳出（令和4年度）の構成比は図のとおりである。図の空欄A〜Cの経費として、妥当なのはどれか。

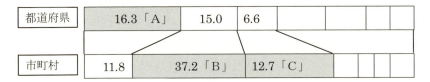

1　Aは「教育費」であり、Bは「民生費」であり、Cは「総務費」である。
2　Aは「教育費」であり、Bは「民生費」であり、Cは「公債費」である。
3　Aは「公債費」であり、Bは「民生費」であり、Cは「教育費」である。
4　Aは「民生費」であり、Bは「教育費」であり、Cは「総務費」である。
5　Aは「民生費」であり、Bは「教育費」であり、Cは「土木費」である。

【職員ハンドブック P414】□□□□□
【№ 282】 **地方経費の性質別歳出**の記述として、妥当なのはどれか。

1　地方公共団体の経費には、いくつかの分類方法があるが、経済的な性質によって分類すると、義務的経費と投資的経費の2つの経費に大別される。
2　義務的経費は、法令の規定などでその性質上支出が義務づけられ、任意に削減しえない経費であり、人件費、扶助費及び公債費から成り立っている。
3　投資的経費とは、資本的な形成に役立つ経費であり、道路、橋梁、公園、公営住宅、学校の建設などに要する普通建設事業費の経費のみを指す。
4　地方全体における義務的経費は、令和4年度決算の性質別歳出決算額の構成比では45%であるが、投資的経費は10%に満たない状況にある。
5　令和4年度決算の義務的経費のうち任意に削減が困難な人件費の構成比は、市町村が都道府県を上回っており、逆に、扶助費の構成比は、都道府県が市町村を上回っている。

【職員ハンドブック P415】□□□□□
【№ 283】 **財政構造の弾力性**の記述として、妥当なのはどれか。

1　〔経常収支比率〕とは、経常経費に充当された一般財源が経常一般財源の合計額に対しどの割合かを見る指標であり、数値が低いほど財政が硬直化している。
2　〔経常収支比率〕は、財政構造の弾力性の度合いを判断する指標の一つであ

り、経常収支比率の適正水準については、一般に60～70％と考えられている。
3 〔実質公債費比率〕は、義務的経費の中でも、特に弾力性に富む公債費の動向に留意する必要性から、その負担の割合を判断する指標として用いられている。
4 〔実質公債費比率〕とは、地方債の発行に協議の地方公共団体と許可の地方公共団体を判定する指標であり、この比率が20％以上になると発行に許可が必要となる。
5 〔公債費負担比率〕とは、地方債の元利償還金などの公債費が、どの程度一般財源の使途の自由度を制約しているかを見る指標である。

【職員ハンドブックP415】 □□□□□
【No.284】 経常収支比率の記述として、妥当なのはどれか。

1 経常収支比率は、地方公共団体は財政構造の健全性が確保されていなければならないことから、この健全性を判断する指標の一つとされている。
2 経常収支比率とは、地方公共団体を運営するために支出した全ての必要経費に対し、これに充当した一般財源の割合をいう。
3 経常収支比率に用いられる経常的経費とは、人件費、扶助費、物件費などの経常的に支出される経費を指し、この経費に公債費は除かれている。
4 経常収支比率に用いられる経常一般財源とは、地方税や普通交付税のほか、減収補てん債特別分猶予特例債や臨時財政対策債の合計額をいう。
5 経常収支比率を令和4年度でみると、都道府県は92％台で一番高く、次いで市町村であり、特別区は80％強で適正水準を超えている。

【職員ハンドブックP416】 □□□□□
【No.285】 実質公債費比率の記述の空欄の語句として、妥当なのはどれか。

　実質公債費比率とは、実質的な公債費に充当された一般財源の　A　に占める割合をいう。
　具体的には、「地方債の元利償還金」（繰上償還等を除く）や「公営企業債に対する繰出金」などの公債費に準ずるものを　B　実質的な公債費相当額から、これに充当された「特定財源」及び「一般財源のうち普通交付税」の算定において基準財政需要額に算入されたものを　C　が、　A　に対しどの程度の割合になっているかを見るものである。
　この実質公債費比率が　D　以上の地方公共団体は起債にあたり「許可制」となっており、25％以上の地方公共団体は一定の起債が制限され、35％以上の地方公共団体は更に制限の度合いが高くなる。
　なお、平成24年度からの起債の「届出制」の適用は、実質公債費比率が　E　未満の地方公共団体である。

《問題編》

	A	B	C	D	E
1	標準財政規模	含めた	除いたもの	16%	16%
2	一般財源総額	含めた	除いたもの	17%	20%
3	標準財政規模	含めた	除いたもの	18%	18%
4	一般財源総額	除いた	含めたもの	18%	16%
5	標準財政規模	除いた	含めたもの	20%	20%

【職員ハンドブック P418】□□□□□

【№286】 地方財政の健全性の指標の整備と公表の記述として、妥当なのはどれか。

1 財政健全化法に基づく財政の健全化とは、地方公共団体が、財政の悪化で自主的な健全化が困難な場合に、国等の関与で健全化を図ることをいう。
2 財政の健全性を表す指標には、「実質赤字比率」、「連結実質赤字比率」、「実質公債費比率」、「財政力指数」及び「公営企業の資金不足比率」がある。
3 地方公共団体の長は、財政の健全性に関する財政指標を整備し、これを毎年度監査委員の審査に付し、議会の議決を経て、公表することが義務づけられている。
4 地方公共団体は、財政指標及びその算定の基礎となる事項を記載した書類を公表する必要はあるが、これを当該地方公共団体の事務所に備える必要はない。
5 健全化法では、普通会計のみならず公営企業や第三セクターを含め、単年度フローだけでなくストックにも着目した判断指標を導入している。

【職員ハンドブック P418】□□□□□

【№287】 健全化判断比率の各指標と算定対象の関係図A〜Eの記述として、妥当なのはどれか。

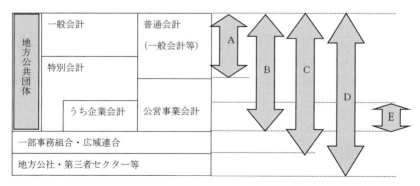

《問題編》

1 「図のA」は、実質赤字比率を指し、一般会計における実質赤字の標準財政規模に対する比率をいう。
2 「図のB」は、連結実質赤字比率を指し、当該地方公共団体の全ての会計の実質赤字などの標準財政規模に対する比率をいう。
3 「図のC」は、将来負担比率を指し、地方債残高や第三者セクターの負債などの標準財政規模に対する比率をいう。
4 「図のD」は、実質公債費比率を指し、公債費や公債費に準じた経費に係る一般財源額の標準財政規模に対する比率をいう。
5 「図のE」は、資金不足比率を指し、資金不足比率は、公営企業会計の全体の資金不足の比率をいう。

【職員ハンドブックP419】□□□□□
【№.288】 **財政の早期健全化と財政の再生**として、妥当なのはどれか。

	早期健全化と計画	財政再生と計画	経営健全化と計画
①実質赤字比率		→	
②連結実質赤字比率		→	
③実質公債費比率		→	
④将来負担比率	→		
⑤資金不足比率			→

1 地方公共団体は、実質赤字比率、連結実質赤字比率及び実質公債費比率のいずれかが財政再生基準以上であれば、財政再生計画を定めなければならない。
2 健全化判断比率の一つでも早期健全化基準以上であれば、地方公共団体の長は財政健全化計画を策定し、速やかに公表する義務を有するが、議会の議決は不要である。
3 健全化判断比率のうち、将来負担比率を除く指標のいずれかが財政再生基準以上となった場合は、国の関与を受けず、自主的な改善努力が義務づけられる。
4 財政再生計画の実施状況については、毎年、議会に報告し、公表しなければならないが、財政健全化計画の実施状況については、その必要はない。
5 公営企業の資金不足比率が経営健全化規模以上である場合には、財政健全化計画の策定が義務づけられる。

【職員ハンドブックP420】□□□□□
【№.289】 **地方公会計の整備**の記述の空欄の語句として、妥当なのはどれか。

　　国は、平成27年に　A　の整備と　B　の導入を前提とした財務書類の作成に関する統一的な基準を示した。

財務書類の作成は、所有する全ての A について、 C 、耐用年数等のデータを網羅した台帳の作成で、この財務書類を予算編成等に積極的に活用することが要請されており、特別区では全ての区で作成済みとなっている。

地方公会計の導入によって D などのコスト情報と、 E といったストック情報が『見える化』され、 F 会計では見えにくいコストやストックが把握できるとしている。

	A	B	C	D	E	F
1	流動資産	複式簿記	現在価格	棚卸資産	資産・資本	発生主義
2	流動資産	単式簿記	取得価格	減価償却費	負債・資本	現金主義
3	固定資産	複式簿記	現在価格	減価償却費	資産・負債	現金主義
4	固定資産	複式簿記	取得価格	減価償却費	資産・負債	現金主義
5	固定資産	単式簿記	取得価格	棚卸資産	資産・資本	発生主義

【職員ハンドブックP423】□□□□□
【№ 290】 **特別区の地方税の課税権等**の記述として、妥当なのはどれか。

1 特別区の「課税権」は、地方税法の規定に基づいており、その課税権の範囲は、基礎的な地方公共団体であることから、一般の市と同様である。
2 特別区の「都市計画税」は、特別区も都市計画事業の実施主体と認められていることから、課税権が、都から特別区に移譲されている。
3 特別区の「税財源」は、都区制度改革によって、目的税である入湯税のほか、ゴルフ場利用税交付金及び航空機燃料譲与税が、特別区に移譲されている。
4 特別区の「法定外普通税」は、地方税法に定める税目以外に、条例で設ける普通税であり、この税の新設や変更は、知事に協議し、その同意を得る必要がある。
5 特別区の「特別区たばこ税」は、都がたばこ税の賦課徴収に合わせて徴収し、徴収後に、特別区に払い込むとする特例が設けられている。

【職員ハンドブックP423】□□□□□
【№ 291】 **特別区の地方税の課税権等**の記述の空欄の語句として、妥当なのはどれか。

特別区の課税権は、地方税法により特例が設けられている。
都は、特別区の存する区域において、普通税として A 、市町村民税法人分、特別土地保有税の3税を賦課徴収している。
特別区が賦課し徴収している税は、市町村普通税では、特別区民税個人分、 B 、特別区たばこ税であり、市町村目的税では、 C である。

《問題編》

なお、普通税のうち　D　、目的税のうち水利地益税、共同施設税、宅地開発税、国民健康保険税については、特別区においては課税実績がない。

	A	B	C	D
1	固定資産税	軽自動車税	入湯税	鉱産税
2	固定資産税	軽自動車税	鉱産税	入湯税
3	固定資産税	自動車税	法人税	消費税
4	事業所税	軽自動車税	入湯税	鉱産税
5	事業所税	自動車税	鉱産税	入湯税

【職員ハンドブック P424】□□□□□

【No. 292】 **市町村税の都区配分**の表中のA～Dの語句として、妥当なのはどれか。

区分			都が課税	区が課税
市町村税	普通税	特別区民税（個人分）		○
		市町村民税（法人分）	◎	
		A	◎	
		軽自動車税		○
		B		○
		鉱産税		○実績なし
		特別土地保有税	◎	
	目的税	C		○
		事業所税	○	
		D	○	

（注）◎は都区財政調整の調整税として都が課税、○は都又は区が課税。

	A	B	C	D
1	地方消費税	地方消費税	水利地益税	宅地開発税
2	地方消費税	地方消費税	水利地益税	都市計画税
3	事業税	事業税	入湯税	都市計画税
4	固定資産税	特別区たばこ税	入湯税	宅地開発税
5	固定資産税	特別区たばこ税	入湯税	都市計画税

《問題編》

【職員ハンドブック P425】 □□□□□
【№.293】 地方交付税の都区合算規定の記述として、妥当なのはどれか。

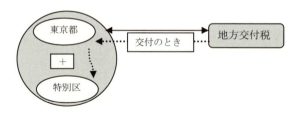

1 都区合算規定は、地方交付税の特例で、都と特別区の事務配分及び税源配分が他の地方公共団体と異なることから導入され、都は常に不交付団体である。
2 都区合算規定は、都と特別区を１つの地方公共団体とみなして算定し、都に適用する制度であり、特別区を地方交付税の直接の対象団体としていない。
3 都区合算規定は、基準財政需要額に限り、都の算定は、都分と特別区の全区域を１つの市とみなして市町村分を合算する規定である。
4 都区合算規定は、都分と特別区分を別々に計算し、いずれか一方に地方交付税の算定上財源不足が生じた場合に、地方交付税が交付される規定である。
5 都区合算規定は、都分と特別区分を別々に計算し、都区ともに財源不足を生じた場合に限り、それぞれに直接、交付する規定である。

【職員ハンドブック P425】 □□□□□
【№.294】 都区財政調整制度の記述として、妥当なのはどれか。

1 都区財政調整制度は、大都市制度としての都区制度の特殊性を踏まえ、地方交付税に準じた制度であり、都と特別区の間の財源を調整する制度である。
2 都区財政調整制度は、法律上の財源保障制度ではないが、都が都条例に基づき特別区に特別区財政調整交付金を交付する制度となっている。
3 都区財政調整制度に基づく特別区財政調整交付金は、各区が等しくその行うべき事務を遂行できる標準基準が設定され、その基準に基づき交付される。
4 都区財政調整制度では、固定資産税、特別土地保有税、市町村民税個人分及び法人事業税交付金について、都と特別区の共有財源としている。
5 都区財政調整制度には、財源超過区から超過分を納付させる納付金制度や、財源不足を生じた場合に都の一般会計から借入れる総額補てん制度がある。

【職員ハンドブック P426】 □□□□□
【№.295】 特別区の地方債の記述として、妥当な組合せはどれか。

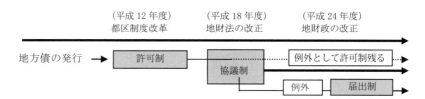

A 「平成12年度」の都区制度改革で、「特別区」が地方債を発行する場合には、特別的な取扱いから総務大臣の『許可制』となる。
B 「平成12年度」の都区制度改革で、「特別区」の起債の『許可制』は、自らの普通税のほか、都の全ての普通税の税率が、標準税率以上となる条件がある。
C 「平成18年度」の地方財政法の改正で、「普通地方公共団体」に起債の『協議制』が導入されるも、普通税の税率のいずれかが標準税率未満の場合には『許可制』が残る。
D 「平成18年度」から、「特別区」の起債も『協議制』に移行したが、普通税及び都が課税する市町村民税法人分と固定資産税の税率のいずれかが標準税率未満の場合には、『許可制』が残る。
E 「平成24年度」の地方財政法の改正で、「特別区を含む自治体」が民間等資金による起債の場合には、実質公債費比率等が一定基準以下であれば、『届出制』で可能となる。

1 ABC　　2 ABD　　3 ACE　　4 BCD　　5 CDE

【職員ハンドブックP427】□□□□□
【No.296】 **特別区財政調整交付金算定の仕組み**の記述の空欄の語句として、妥当なのはどれか。

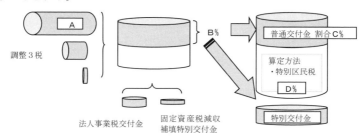

　令和7年度の特別区財政調整交付金は、調整3税のほか、法人事業税交付金と固定資産税減収補填特別交付金(令和8年度まで)の合算額を総額とする。このうち、調整3税で金額が一番大きいのは　A　である。
　特別区への配分割合は、総額の　B　である。このうち、普通交付金として　C　が交付される。

《問題編》

なお、基準財政収入額の算定方法では、特別区民税や特別区たばこ税などは、収入見込額の　D　で算定される。

	A	B	C	D
1	市町村民税法人分	55.1%	95%	75%
2	市町村民税法人分	56.0%	95%	85%
3	特別土地保有税	55.1%	94%	75%
4	固定資産税	56.0%	94%	85%
5	固定資産税	56.0%	95%	75%

【職員ハンドブックP428】□□□□□
【№297】　**特別区財政調整交付金の種類**の記述として、妥当なのはどれか。

1 〔財政調整交付金〕には、普通交付金と特別交付金があり、普通交付金は、基準財政収入額が基準財政需要額を超える特別区に対し不足額が交付される。
2 〔普通交付金〕の総額は、特別区財政調整交付金の総額に一定の割合を乗じて得た額とされており、地方交付税に準ずる算定方法により交付される。
3 〔普通交付金〕は、各特別区ごとに計算されるが、各特別区ごとに計算した財源不足額の合計と普通交付金の総額とは一致する。
4 〔特別交付金〕の総額は、特別区財政調整交付金の総額に（１－普通交付金の割合）を乗じた額であり、その割合は、毎年度５％と常に一定である。
5 〔特別交付金〕は、普通交付金の額の算定後に生じた災害等の特別の財政需要などがある場合に、都の判断に基づき、年１回、該当特別区に交付される。

【職員ハンドブックP429】□□□□□
【№298】　**普通交付金の算定方法**の記述として、妥当なのはどれか。

1 基準財政需要額は、各特別区が合理的かつ妥当な水準で行政を執行するために必要となる、標準的な一般財源の所要額である。
2 基準財政需要額は、原則として、議会総務費、教育費などの経費の種類ごとに、一定の計算式により算定されるが、一般的な測定単位は面積である。
3 基準財政需要額は、測定単位の数値×補正係数×単位費用で計算されるが、その単位費用は、都心区を水準として必要な行政費用を設定して行われる。
4 基準財政収入額は、一定税目の収入見込額が算定され、この算定には、一般財源である特別区税、使用料、手数料、都の交付金や国の譲与税も含まれる。
5 基準財政収入額は、原則、調定額等を基礎として、客観的かつ合理的に算定され、特別区税などの収入見込額の85％が算入されるが、100％の参入項目はない。

《問題編》

【職員ハンドブック P436】□□□□□
【№ 299】 **特別交付金の算定方法**の記述として、妥当な組合せはどれか。

A　特別交付金は、普通交付金の算定後に生じた災害等の特別の財政需要や、特別の事情がある場合に交付されるほか、財政収入の減少がある区にも考慮される。
B　特別交付金は、基準財政需要額で捕捉されなかった特別の財政需要がある場合などに、各区からの申請に基づき、年4回に分けて交付される。
C　特別交付金の算定後に、その算定額が特別交付金のフレーム額に満たない場合には、各区の面積の割合に応じて配分される。
D　特別交付金の総額は、特別区財政調整交付金の総額に（1－普通交付金の割合）を乗じた額とされ、令和7年度の割合は100分の6となっている。

1　A B　　2　A C　　3　A D　　4　B C　　5　B D

【職員ハンドブック P436】□□□□□
【№ 300】 **地方交付税と都区財政調整との比較**の記述として、妥当なのはどれか。

1　〔地方交付税〕は、各自治体の提出資料に基づく財政力指数に応じ交付されるのに対し、〔都区財政調整〕は、都知事と区長会の協議を経て都条例に基づき交付される。
2　〔地方交付税〕は、国税を原資とした国と地方との財政調整であるが、〔都区財政調整〕は、都道府県財源が原資の都区間及び特別区相互間の財政調整である。
3　〔地方交付税〕は、基準財政収入額の85％の算入率であるが、〔都区財政調整〕は、原則として特別区税などの75％の算入率である。
4　〔地方交付税〕は、所得税、法人税、酒税、消費税及びたばこ税の全額を交付税の総額とするが、〔都区財政調整〕は、市町村民税法人分、固定資産税及び特別土地保有税の全額を交付税の総額とする。
5　〔地方交付税〕と〔都区財政調整〕は、共に、基準財政需要額は単位費用による経常的経費と投資的経費を算定するが、〔都区財政調整〕の算定項目には、「その他行政費」も加えて算定する。

【職員ハンドブック P439】□□□□□
【№ 301】 都区財政調整「**主要5課題**」の記述の空欄の語句として、妥当なのはどれか。

　　平成12年は、特別区が「基礎的な地方公共団体」となり、特別区の役割分

担が明確にされた年である。その役割分担に伴い「財源配分」が大きな課題となり都区間の交渉は難航した。そして、当面の決着として次の『主要5課題』として整理された。

　第1、今回、都から区に移管される　A　に要する経費については今後とも協議する。

　第2、小中学校の校舎改築需要への対応を協議する。

　第3、　B　の役割分担を踏まえた財源配分のあり方については、今後とも協議する。

　第4、区も新たな役割を担うこととなった　C　については、都区双方の実施状況に見合った交付金の配分を検討する。

　第5、今後とも大きな制度又は新たな事態が発生したときは、財政調整の配分割合について協議する。

　以上を踏まえて、平成12年度から都区財政調整の区側の配分割合を、従前の区側44％から　D　とすることで、都区間において合意した。

	A	B	C	D
1	保健事業	大都市事務	都市計画事業	55％
2	保健事業	区優先事務	法定受託事務	52％
3	清掃事業	大都市事務	建築審査事業	55％
4	清掃事業	大都市事務	都市計画事業	52％
5	福祉事業	区優先事務	法定受託事務	50％

【職員ハンドブックP444】□□□□□

【№302】　**特別区の財政規模と収支**の記述の空欄の語句として、妥当なのはどれか。

　特別区全体の財政規模は、平成時代は増減を繰り返してきた。平成16年度以降は上昇傾向にあったが、平成22年は　A　等の影響を受け、前年を下回った。

　令和時代に入り、　B　には過去最高の財政規模を記録するも、翌年度はコロナ感染症事業の終了で11年ぶりに前年を下回った。

　以後は回復に転じ、令和5年度の財政規模は、歳入が率にして3％増、歳出は　C　増となった。

　令和5年度の特別区の財政規模を構成団体で見ると、歳入総額が最も小さい千代田区と、最も大きい世田谷区で比較すると、歳入総額及び歳出総額において　D　、人口規模で　E　の開きがある。

《問題編》

	A	B	C	D	E
1	リーマンショック	2年度	3.3%	約5倍	約13倍
2	リーマンショック	2年度	2.9%	約4倍	約13倍
3	リーマンショック	3年度	3.3%	約6倍	約10倍
4	オイルショック	元年度	2.9%	約4倍	約10倍
5	オイルショック	2年度	3.0%	約5倍	約13倍

【職員ハンドブックP445】□□□□□
【No. 303】 **特別区全体の財政収支**の記述として、妥当なのはどれか。

1　令和5年度の特別区全体の歳入決算額から歳出決算額を単純に差し引いた〔形式収支〕は、前年度と比べて、額、率ともに増加している。
2　地方公共団体の決算が黒字か赤字かをみる〔実質収支〕でみると、令和5年度の特別区全体の実質収支は黒字であり、前年度より黒字額は増加している。
3　令和5年度の財政収支を区別でみると、〔実質収支〕は全ての区で黒字となっているが、単年度収支では6区が赤字で、前年に比べて1区増加している。
4　〔単年度収支〕に、積立金等の黒字要素を加え、財政調整基金取崩額などの赤字要素を差し引いた〔実質単年度収支〕は、特別区全体では令和5年度はマイナスである。
5　財政の弾力性を示す〔経常収支比率〕は、数値が低いほど財政が硬直化していることを示しているが、令和5年度の特別区全体では76.5%と、5年連続で70%台を推移している。

【職員ハンドブックP445】□□□□□
【No. 304】 **財政収支表**の空所「イ〜ニ」の語句等として、妥当なのはどれか。

	区　分	
A	歳入総額	
B	歳出総額	
C	●（　イ　）	A－B
D	翌年度に繰越すべき財源	
E	●（　ロ　）	C－D
F	●単年度収支	（　ハ　）
G	財政調整基金積立金	
H	地方債繰上償還額	
I	財政調整基金取り崩し額	
J	●実質単年度収支	（　ニ　）

《問題編》

	イ	ロ	ハ	ニ
1	形式収支	実質収支	E－前年度の形式収支	F－G－H＋I
2	形式収支	実質収支	E－前年度の実質収支	F－G＋H－I
3	形式収支	実質収支	E－前年度の実質収支	F＋G＋H－I
4	実質収支	形式収支	E－前年度の形式収支	F＋G－H－I
5	実質収支	形式収支	E－前年度の実質収支	F－G－H＋I

【職員ハンドブックP446】□□□□□
【No.305】 令和5年度の**特別区全体の歳入**の記述として、妥当な組合せはどれか。

A 令和5年度の特別区全体の歳入決算総額の内容を大別すると、一般財源の構成比は70％台であり、特定財源は30％台である。
B 一般財源の収入をみると、特別区財政調整交付金等の一般財源が増加し、都支出金等の特定財源の増加を上回ったため、一般財源の構成比は増加した。
C 一般財源の内訳をみると、特別区税と特別区財政調整交付金の二つで、全体の約70％を占めている。
D 特定財源の主なものをみると、国庫支出金が一番大きく、以下、都支出金、基金等の繰入金、繰越金の順となっている。

1 A B　　2 A C　　3 A D　　4 B C　　5 B D

【職員ハンドブックP448】□□□□□
【No.306】 **特別区税**の記述のA～Eのうち、「妥当でない」のはどれか。

A 特別区の課税権は、一般の市町村と異なり、地方税法により特例が設けられている。
B 特別区が賦課徴収している税は、普通税では、特別区民税（個人分）、軽自動車税、特別区たばこ税、鉱産税と、目的税である入湯税の5税目である。
C 特別区の課税権に基づく普通税のうち、鉱産税については課税実績がない。
D 特別区の課税権が、本来、及ぶところの目的税である市町村民税法人分、固定資産税及び特別土地保有税は、都が課税徴収している。
E 特別区の課税権は、法定外普通税や法定外目的税にも及ぶが、現在、法定外普通税を課しているのは1区1税目（豊島区の狭小住戸集合住宅税）である。

1 A　　2 B　　3 C　　4 D　　5 E

《問題編》

【職員ハンドブックP449】□□□□□
【No.307】 令和5年度の**特別区全体の歳入**の記述として、妥当なのはどれか。

1 〔特別区税〕は、特別区全体で1兆円を超えていないが、歳入全体に占める割合は25.3％となっており、主要な財源となっている。
2 〔地方譲与税〕は、特別区全体の歳入に占める割合は小さいが、地方揮発油譲与税、自動車重量譲与税、航空機燃料譲与税の3税が交付されている。
3 〔特別区財政調整交付金〕は、各特別区における交付金を除く一般財源の歳入総額に占める割合は、17.7％から63.9％であり、区間の税収の偏在を調整する役割を果たしている。
4 〔国庫支出金〕は、特定財源の中で大きな比重を占め、新型コロナウイルス感染症対策に係る給付事業の増大などにより、前年度より増加している。
5 〔その他の歳入〕では、都支出金や地方債などがあるが、地方債は、全ての区で発行しているが、地方債に占める歳入の割合は2％程度である。

【職員ハンドブックP449】□□□□□
【No.308】 下図は、特別区全体の平成元年度から令和5年度までの**主な歳入項目の割合の推移**に関する「特別区税」、「特別区財政調整交付金」、「国庫支出金」、「特別区債」及び「都支出金」のグラフである。下のグラフと歳入の特徴の記述から判断して、妥当なのはどれか。

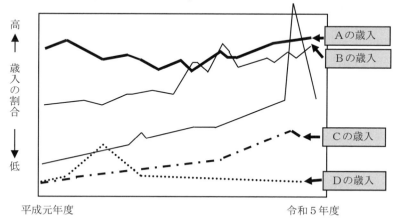

【歳入の特徴】
Aの歳入は、特別区が一般的な経費に充てるため課税権に基づき徴収する税であり、特別区の歳入の中では一番大きい。
Bの歳入は、令和5年度の特別区歳入全体の25.3％を占めており、消費税の増

税に伴う法人住民税などの国税化の影響を受けている。
Cの歳入は、令和5年度の特別区歳入全体に占める割合が10.5％と低い率となっているが、貴重な財源である。
Dの歳入は、平成2年度以降に急速に伸び、高い割合で推移したときもあったが、市町村及び全国都市と比べて、ここ数年は低い割合となっている。

	（Aの歳入）	（Bの歳入）	（Cの歳入）	（Dの歳入）
1	特別区税	特別区財政調整交付金	都支出金	特別区債
2	特別区税	特別区財政調整交付金	特別区債	都支出金
3	特別区税	特別区財政調整交付金	国庫支出金	都支出金
4	特別区財政調整交付金	特別区税	国庫支出金	都支出金
5	特別区財政調整交付金	特別区税	都支出金	特別区債

【職員ハンドブックP451】□□□□□
【№309】 令和5年度の**特別区全体の歳出**の記述として、妥当なのはどれか。

目的別	①(？費)(？％)	②(？費)(14.3％)	③(？費)(13.2％)	④土木費(9.3％)	⑤その他

性質別	①(義務的経費)(？％)	②(投資的経費)(13.1％)	③(その他)(41.0％)

①人件費(？％)
②扶助費(？％)
③公債費(？％)

1 歳出を目的別の構成比で見ると、民生費が最も大きく、次いで総務費、教育費、土木費の順であり、この4つの経費で歳出全体の87.6％を占めている。
2 歳出の性質別の構成比で見ると、義務的経費が歳出全体の約半分を占めており、残りの約半分は投資的経費が占めている。
3 歳出の義務的経費の一つである人件費は、前年度と比較して増となり、歳出全体に占める人件費の割合は、12.9％となっている。
4 歳出の義務的経費の一つである扶助費は、原油や原材料価格、物価高騰等対策に係る給付事業の増などになり、前年度より増加し、歳出全体の31.7％を占めている。
5 歳出に占める公債費は、各特別区の起債抑制努力と償還により、額と構成比ともに減少している。

第3章　地方分権

【職員ハンドブック P458】□□□□□
【No. 310】　戦後の地方制度の記述として、妥当な組合せはどれか。

A　戦後の分権改革として、GHQは、知事の直接公選制と政府の権限移譲を求めた結果、政府は、知事の直接公選制と中央政府の大幅な権限委譲を認める代わりに、機関委任事務制度を提案した。
B　シャウプ使節団は、我が国の税財政改革のため招へいされ、その使節団は市町村に固定資産税、府県に付加価値税、国に所得税の改革を勧告するとともに、地方の特定財源の拡充を求め、地方財政平衡交付金制度の創設を求めた。
C　神戸委員会は、シャウプ勧告を受けて設置され、同委員会は国庫補助金や行政事務配分に関する勧告を行った結果、その勧告は完全に実施された。
D　新・中央集権体制が進み、昭和27年に自治法が改正され、この結果、国・府県は、府県・市町村に助言勧告、資料提出、措置要求を求めることができ、また政府の関与や統制が可能となった。

1　AB　　2　AC　　3　AD　　4　BC　　5　BD

【職員ハンドブック P460】□□□□□
【No. 311】　地方の時代と地方行政改革の記述として、妥当な組合せはどれか。

A　「地方の時代」が提唱され、昭和54年の第17次地方制度調査会は、地方行財政を取り巻く環境の変化及び国民の価値観の変化を踏まえ、行財政の簡素化と地方分権の推進を提起し、地方分権改革の要素を盛り込んだ内容を答申している。
B　昭和56年の第2次臨時行政調査会は、補助金や社会保障の削減、官から民への事務移譲、機関委任事務の廃止などを提起した。その結果、答申の具体化を図るべく臨時行政改革推進審議会が設置されることとなる。
C　昭和63年に第21次地方制度調査会は、基礎的な地方公共団体である市町村に積極的な権限の移譲を提起し、移譲に当たっては画一的ではなく弾力的なものとし、自治体からの権限の移譲を求める制度の創設も示している。
D　平成2年の臨時行政改革推進審議会は、広域社会経済圏への対応として、道州制の導入について踏み込んだ考えを示し、都道府県を廃止せずに、国と基礎的な自治体の間に位置する広域自治体のあり方を見直すことで、国と地方の双方の政府を再構築する答申を行っている。

《問題編》

1 A B　　2 A C　　3 A D　　4 B C　　5 B D

【職員ハンドブック P462】□□□□□
【No. 312】　第1次地方分権改革の記述として、妥当なのはどれか。

1　第1次地方分権改革は、平成5年に「地方分権の推進の決議」が衆参両院で可決されたことに始まり、当時まだ議論の段階である中、地方六団体から国会及び内閣に提出された意見書に基づき、自治法改正が動きだす。
2　「地方分権推進法（平成7年）」が成立し、この推進法の基本方針には、国と地方自治体の役割分担が明記され、機関委任事務の廃止も明記された。
3　第1次地方分権改革の成果として、「地方分権一括法（平成11年）」が成立し、機関委任事務が全面的に廃止され、機関委任事務は、①機関委任事務自体の一部廃止、②法定受託事務、③自治事務の3つに整理された。
4　地方分権推進委員会の勧告を受けて、国の権限を都道府県へ、都道府県の権限を市町村に移譲する自治法の改正が行われ、権限を移譲するために、人口30万人以上の市を特例市とする制度が創設された。
5　「地方分権一括法（平成11年）」に基づく地方分権改革では、地方分権推進委員会の市町村の合併に関する答申を受けて、自治体数を2000とする目標を示し、そのために合併特例債などの支援措置を講ずるとした。

【職員ハンドブック P468】□□□□□
【No. 313】　三位一体改革と第2次地方分権改革の記述として、妥当なのはどれか。

1　「骨太の方針2002」では、地方分権を、事務、権限、財源の三位一体で検討することとなったが、地方六団体は、「地方事務基盤の確立」は不可欠と、不満を表し、国の改革案は先送りされた。
2　「骨太の方針2004」では、三位一体改革として、「税源移譲は概ね3兆円」、「国庫補助金の廃止」、所得税から個人住民税への「税源移譲」を実施するとした。
3　「平成の大合併」は、合併特例債の創設や地方交付税の算定の特例期間延長などの財源措置により、過去に3,000以上あった市町村数を平成18年3月末に約1,800まで減少させた。
4　第2次地方分権改革は、「地方への規制緩和」として、義務付け・枠づけの見直しと条例制定権の拡大を図ったが、制度改正の提案を募る「提案募集方式」は見送っている。
5　地方分権改革推進委員会の勧告を受けて、国は、「国と地方の協議の場に関する法律」を施行し、関係各大臣並びに都道府県知事及び議長、市長及び市議会の議長などの「協議の場」を新設したが、会議は開催されていない。

《問題編》

【職員ハンドブック P473】□□□□□
【No. 314】 **非平時に着目した地方制度のあり方**の記述として、妥当な組合せはどれか。

A 国の地方指示権は、大規模災害や感染症の大流行などの非常事態に、国が地方公共団体に対し、対応を指示できる権限である。
B 国の地方指示権は、国民の安全に影響を及ぼす事態への対応が必要な場合において、発動できる権限である。
C 国の地方指示権は、個別法では対応できない想定外の非常事態が発生した場合に、地方自治法の規定を根拠に発動できる権限である。
D 国の地方指示権は、法的拘束力は有しないが、地方公共団体への対応を積極的に指示できる指示権である。

1 AB   2 AC   3 AD   4 BC   5 BD

第4章　特別区制度の沿革

【職員ハンドブックP477】□□□□□
【No. 315】　東京の区の変遷の記述として、妥当なのはどれか。

1　府の区は、江戸が東京に改名され東京府が設置されたのが始まりで、東京府を「市街地」と「村落地」に分け、さらに市街地を5区、村落地を50区に分けたのが東京の始まりである。
2　東京府は、明治11年に戸籍法による大区小区を廃止し、「市街地」を再編して「15の区」を誕生させ、各区に官選の役人である区長を任命し、翌年、各区に官選の議員による「区会（議会）」が設けられ、東京の区が始まる。
3　明治22年に、市制特例による市として東京府15区域を市域とする「東京市」が誕生し、市会を除く府知事・書記官・名誉職参事会員で組織する「市参事会」をもって東京市が成立した。
4　東京市の区域に、府からの独立を望む「東京市」は、「昭和7年」に5郡（82町村）を吸収合併して新たに15区を誕生させ、従来の15区と併せて30区からなる東京市を形成した。
5　昭和18年に、府県制と市制から切り離した新しい「東京都制」が誕生し、その機能は従来の東京府と東京市のそれぞれを合わせた制度となった。

【職員ハンドブックP482】□□□□□
【No. 316】　特別区の運動と変革の記述として、妥当なのはどれか。

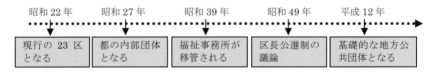

1　『昭和22年』‥区は特別区という名称で普通地方公共団体として位置づけられ、35区から22区へ再編され、同年練馬区が誕生し現行の23区となる。
2　『昭和22年』‥特別区は基礎自治体となるものの、区側の期待を大きく裏切る内容であったことから、自治権拡充の推進組織として特別区協議会を設置し、自治権拡充運動の歴史が幕を開ける。
3　『昭和27年』‥都も特別区も市の事務を処理するため、事務の調整困難が続き、27年に、特別区は都の内部的団体に位置づけられたが、区長公選制は継続された。
4　『昭和49年』‥自治法が改正され、区長公選制が廃止される一方、保健所設置市の事務は都から特別区に移管された。

《問題編》

5 『平成12年』‥特別区は基礎自治体として位置づけられ、基礎自治体が処理すべき事務とされる清掃事務の一部が都から特別区に移管された。

【職員ハンドブックP482】□□□□□
【No.317】 特別区の運動と変革の次のA〜Eを古い年代順に並べた場合、妥当なのはどれか。

A　区長公選制が復活した。
B　市制特例が廃止され、東京市が一般市制へと転換した。
C　多摩地域が神奈川県から東京府に編入された。
D　東京都の区が23区に再編された。
E　東京府と東京市を一体化した東京都制が施行された。

1　A→B→C→E→D
2　B→E→D→A→C
3　C→B→E→D→A
4　C→D→E→A→B
5　D→B→E→C→A

【職員ハンドブックP482】□□□□□
【No.318】 特別区の運動と変革の記述として、妥当な組合せはどれか。

A　〔明治26年〕に、埼玉県から北多摩地域が、神奈川県から南多摩地域が、山梨県から西多摩地域が、それぞれ東京府に編入された。
B　〔明治31年10月〕に、市制特例が廃止され、東京市も一般市制へと転換したことにちなみ、現在10月1日が「都民の日」とされている。
C　〔昭和22年〕に、自治法が施行され、特別区が誕生したが、基礎自治体と位置づけられなかったため、自治権拡充を求める運動が開始されることになる。
D　〔昭和39年〕の改正自治法では、東京オリンピックを前に水不足が発生し、これは都が事務を抱え過ぎとの批判を受けて、福祉事務所の移管が行われた。
E　〔昭和50年〕に、特別区の区長公選制が廃止され、区議会が都知事の同意を得て区長を選任する方式とされたが、平成12年には区長公選制が復活した。

1 AC　　2 AE　　3 BC　　4 BD　　5 DE

第Ⅲ編　組織と仕事

| 第1章 | 組織と職員 |

【職員ハンドブック P515】 □□□□□
【No. 319】 **自治体における組織原則**の記述として、妥当なのはどれか。

1 制度としての地方公共団体の設置は、地方自治の本旨に基づき自治法に根拠を置くものであり、憲法に根拠を置くものではない。
2 地方公共団体の組織目的は、住民の福祉の増進を図ることにあり、地域における行政を自主的かつ計画的に実施する役割を担うものとされている。
3 地方公共団体の組織は、長の所轄の下に、それぞれの明確な範囲の所掌事務と権限を有する補助機関によって、系統的に構成されている。
4 組織される執行機関は、長の所轄の下に、執行機関相互の連絡を図り、全て一体として、行政機能を発揮するようにしなければならない。
5 組織される執行機関相互の間に、その権限につき疑義が生じたときは、地方公共団体の意思決定を行う議会が調整機関の役割を担う。

【職員ハンドブック P515】 □□□□□
【No. 320】 **組織**の記述として、妥当なのはどれか。

1 組織という用語は、様々な意図の下で、いろいろな意味に使われるが、組織は、人々が協働への意欲を持つときに生じる。
2 組織とは、一般に、協働のために、自然的に調整された、複数の人間からなる行為のシステムであると言える。
3 地方公共団体の組織の目的は、住民福祉の増進にあるが、この組織の目的は区市町村に適用され、都道府県には適用されない。
4 地方公共団体の組織は、明確な範囲の所掌事務と権限を有する内部組織に細分化されるが、組織の具体的な到達すべき目標までは示されない。
5 組織を構成するメンバーには、組織目標を実現するために、一人ひとりに遂行すべき仕事が与えられるため、単独で行動することが望ましい。

【職員ハンドブック P515】 □□□□□
【No. 321】 **組織の3要素**の記述の空欄の語句として、妥当なのはどれか。

　　組織について、　A　は、「組織は、意識的に調整された2人又はそれ以上の人々の活動及び諸力のシステム」と定義し、その成立のための条件として、　B　を組織の3要素として示した。

《問題編》

	A	B
1	サイモン	共通目的・協働意思・コミュニケーション
2	サイモン	公式組織・協働意思・モチベーション
3	バーナード	共通目的・協働意思・コミュニケーション
4	バーナード	公式組織・意識改革・コミュニケーション
5	マズロー	公式組織・協働意思・モチベーション

【職員ハンドブックP516】□□□□□

【№ 322】 **職務・権限・責任**の関係図の記述の空欄の語句として、妥当なのはどれか。

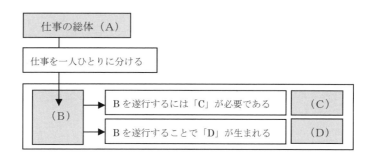

組織の目的を達成するために行う「仕事」の総体を A といい、 A を種類などによって職員一人ひとりの仕事に分けたものが B である。 B を遂行するには C が必要となり、 B を遂行することで、その結果 D が生まれる。

	A	B	C	D
1	業務	職務	責任	権限
2	業務	職務	権限	責任
3	職務	業務	権限	責任
4	職務	業務	責任	権限
5	権限	業務	職務	責任

【職員ハンドブックP516】□□□□□

【№ 323】 **職務・権限・責任**の記述として、妥当なのはどれか。

1 組織の目的を達成するために行う仕事の総体を職務といい、職務を一人ひとりの仕事に分けたのが業務である。

《問題編》

2　職務と権限と責任は、常に独立の関係に置かれており、職務と権限と責任が三位一体をなす関係には置かれない。
3　職務は、組織内において、仕事（業務）を公式に遂行することができる権利ないし力と定義づけることができる。
4　権限とは、人と業務が結びついて生まれたものであり、職務には、職務をやり遂げる義務が伴うことになる。
5　職務を遂行するためには、一定の権限が必要であり、また、職務を遂行することによって、結果を出す責任が生まれる。

【職員ハンドブック P516】□□□□□
【No. 324】　組織原則の記述として、妥当なのはどれか。

1　〔命令一元化の原則〕とは、命令は、1人の上司から一元的に行わなければならないとする原則であり、命令が多岐にわたると部下の混乱を招くからであり、この原則は機械的に適用すると効果が上がる。
2　〔権限委譲の原則〕とは、権限は、組織の各階層に適切に配分しなければならないとする原則であり、特に非日常的な仕事の権限は、部下に委譲しなければならないとする原則である。
3　〔監督範囲適正化の原則〕とは、1人の上司が直接指揮や監督する部下の人数は制限されなければならないとする原則であり、上司の管理能力の数量的な限界を超えるほど管理監督機能が適正に機能する。
4　〔権限と責任の原則〕とは、権限と責任は釣合いが保たれていなければならないとする原則であり、権限を認められた者の行為は常に組織の行為とみなされ、権限に見合った責任を持つこととなる。
5　〔階層短縮平準化の原則〕とは、組織の管理階層はできるだけ短くかつ平準が望ましいとする原則であり、管理階層が長いと命令が部下に到達するまでに時間がかかるが、命令の内容がわい曲される可能性は小さい。

【職員ハンドブック P516】□□□□□
【No. 325】　命令一元化の原則の記述として、妥当なのはどれか。

1　命令一元化の原則に従うと、命令は、つねにラインに従って、かつ、1人の部下には直上の1人の上司から出されなければならない。
2　命令一元化の原則に従うと、命令は、一元的に受け取ることが絶対的であり、命令ルートが多元・複数になると、命令の内容が食い違ったりする。
3　命令一元化の原則に従うと、この原則は、ファンクショナル組織において有効に働くが、逆に、ライン組織においては有効に働かない。
4　命令一元化の原則に従うと、上司の上にさらに上司がいる場合に、上の上

司は、中間の上司を飛ばして、直接、部下に命令を出すことができる。
5　命令一元化の原則に従うと、命令ルートを一元化・単純化することによって、直上の上司の信頼は確保されるが、部下の混乱を防げない。

【職員ハンドブック P516】□□□□□
【No. 326】　**権限委譲の原則**の記述として、妥当なのはどれか。

1　権限委譲の原則とは、上司が有する例外的な権限を部下に委譲するとする原則であり、上司から委譲された権限に対応して責任が付与される。
2　権限委譲の原則から言えば、上司からの権限委譲の内容が明瞭でなく、しかも方針も十分でなければ、部下は、遂行結果に対する責任を負う必要はない。
3　上司の委譲事項に対する遂行責任と結果責任は、全て部下に移ることとなり、その点では、上司の責任は軽減されることになる。
4　権限委譲の原則に従って、権限は組織の各階層に適切に配分され、意思決定の統一性がより確保され、意思決定の質の向上が図られる。
5　権限委譲の原則に従って、上司の有する権限が部下に委譲され、かつ責任を分担すれば、上司の負担は軽減され、決定の迅速化が期待される。

【職員ハンドブック P517】□□□□□
【No. 327】　**権限と責任の原則**の記述として、妥当なのはどれか。

1　権限と責任の原則では、職務を行う際には当然に権限と責任が伴うことから、常に権限≧責任の関係が保たれていなければならないとする原則である。
2　権限と責任の原則では、職務は、担当する最小単位の仕事であるが、職務を遂行するには権限が必要となり、同時に権限に見合った責任を持つことになる。
3　権限と責任の原則では、権限とは、担当する職務を果たすべき義務であり、責任とは、担当する職務の決定と行為をすることができる力である。
4　権限と責任の原則では、職務には権限と責任が伴うため、部下は上司から委譲された権限の範囲において、全ての結果責任を負うとする原則である。
5　権限と責任の原則では、権限を認められた者の行為は、常に組織体の行為とはみなされないが、権限に見合った責任を持つことになる。

【職員ハンドブック P517】□□□□□
【No. 328】　**監督範囲適正化の原則**（スパン・オブ・コントロール）の記述として、妥当なのはどれか。

1　監督範囲適正化の原則とは、1人の上司が直接に指揮監督する部下の人数

178　第Ⅲ編　組織と仕事

　　は、適正化されなければならないとする原則であり、部下の人数を制限する原則ではない。
2　監督範囲適正化の原則によれば、上司の管理能力の質的限界を超えると、管理監督者は管理能力を失い、同時に、部下の人材育成も困難になる。
3　監督範囲適正化の原則のスパン（幅）は、一定の数字で示すことができ、さまざまな条件、部下の訓練の程度、コミュニケーション能力や手段に伴って、一定となる。
4　監督範囲適正化の原則によれば、職員の遂行する職務が同一種類で、内容が単純で、反復的であれば、監督の幅は広くなる。
5　監督範囲適正化の原則によれば、監督範囲に限界があるため、管理範囲を狭めると管理階層の上下に長い組織ができ、監督が困難となる。

【職員ハンドブックP517】　□□□□□
【№329】　**階層短縮平準化の原則**の記述として、妥当なのはどれか。

1　階層短縮平準化の原則によれば、職場でのセクショナリズムを払拭することができる。
2　階層短縮平準化の原則によれば、組織の上からの伝達内容が正確に維持されなくなる。
3　階層短縮平準化の原則によれば、上下の間のコミュニケーションの円滑化が図られる。
4　階層短縮平準化の原則によれば、意思決定がスムーズとなり、責任所在が明確となる。
5　階層短縮平準化の原則によれば、組織が複雑化し、上からの意思伝達に時間がかかる。

【職員ハンドブックP517】　□□□□□
【№330】　**組織形態**のA群～C群の組合せとして、妥当なのはどれか。

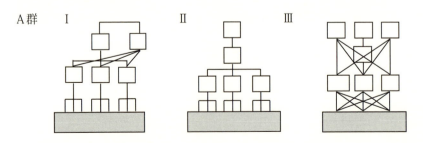

《問題編》

第1章　組織と職員　179

B群　あ：ライン組織
　　　い：ファンクショナル組織
　　　う：ライン・アンド・スタッフ組織
C群　X：この組織は、職能組織ともいわれ、権限が職能により分化される組織形態であり、各専門職の上司がその職能に関する限り、全ての係員に指揮命令権を持つ。
　　　Y：この組織は、命令一元化の原則を守りつつ、これに職能分化の原則を統合した組織形態である。
　　　Z：この組織は、上司と部下の間だけで命令や報告が行われ、権限の関係が簡単明瞭であり、命令が徹底しやすく、規律を保ちやすい組織形態である。

```
     A群       B群      C群
1    Ⅰ ・・・・ あ ・・・・ X
2    Ⅰ ・・・・ い ・・・・ Z
3    Ⅱ ・・・・ う ・・・・ Y
4    Ⅲ ・・・・ あ ・・・・ Y
5    Ⅲ ・・・・ い ・・・・ X
```

【職員ハンドブック P517】□□□□□
【№331】　**組織形態**の記述として、妥当なのはどれか。

1　〔ライン組織〕は、直系組織ともよばれ、命令とそれに従う規律との関係が保ちやすく、命令一元化の原則を最も貫きやすい組織である。
2　〔ファンクショナル組織〕は、水平的な分業を基盤とし、係員は、ただ1人の直接の上司から命令を受けるため、命令一元化が期待できる組織である。
3　〔ライン・アンド・スタッフ組織〕は、ライン組織を骨格にし、ライン組織にスタッフを付置した組織であり、命令系統が直接的に確保しやすい組織である。
4　〔プロジェクト組織〕は、縦割りの職能別組織と横割りの目的別組織（事業部門別）の二つの基軸で編成される組織である。
5　〔マトリックス組織〕は、課題対応型の組織形態であり、特定の課題を解決するために編成される臨時的な組織で、専門家をメンバーとする組織である。

【職員ハンドブック P517】□□□□□
【№332】　**ライン組織**の記述として、妥当なのはどれか。

1　ライン組織は、最も伝統的な、しかも基本的な組織であり、簡単明瞭な組

《問題編》

2　ライン組織では、全ての命令が上司から出されるため、管理監督者は、関連がある限り、全てに、高度で専門的な知識と能力を持たなければならない。
3　ライン組織は、上司と部下の関係のみで指揮命令と報告とが行われる組織であり、権限と責任の所在が不明確になりやすい組織形態である。
4　ライン組織では、上司は高度で専門的な知識を必要とするが、組織が拡大するに伴い、上下間及び横のコミュニケーションが取りやすい組織形態である。
5　ライン組織は、最も基本的な組織形態であり、職能分化が進んでいない地方公共団体の組織では、ライン組織の形態が、依然多く見受けられる。

【職員ハンドブック P517】□□□□□
【№.333】　**ファンクショナル組織**の組織図をⅠ群から、又その特徴をア～ウから選ぶとき、妥当なのはどれか。

Ⅰ群（組織図）

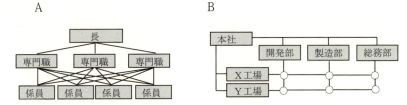

Ⅱ群（特徴）
ア：この組織は直系組織とも言われ、この組織では各専門職の上司が、その職能に関して、全ての係員に対して指揮命令権を持つ組織である。
イ：この組織は、ライン組織に職能分化を加えた組織形態であり、ライン組織における命令一元化の原則を貫きながら、専門的な対応を必要とする場合に機能する組織である。
ウ：この組織は、部門間の対立が起きやすく、組織全体の利益を見渡すためのトップマネジメントの負担が大きくなる組織である。

1　ファンクショナル組織の組織図は「A」であり、その特徴は「ア」である。
2　ファンクショナル組織の組織図は「A」であり、その特徴は「イ」である。
3　ファンクショナル組織の組織図は「A」であり、その特徴は「ウ」である。
4　ファンクショナル組織の組織図は「B」であり、その特徴は「イ」である。
5　ファンクショナル組織の組織図は「B」であり、その特徴は「ウ」である。

【職員ハンドブック P517】□□□□□
【№334】 **ファンクショナル組織**の記述として、妥当なのはどれか。

1 ファンクショナル組織は、各専門職の上司が、その職能に関係なく、全ての係員に指揮命令権を持つ特殊な組織形態である。
2 ファンクショナル組織では、係員は、複数の専門職の上司から指揮命令を受けるため、その指揮命令の優先度の判断に困ることはない。
3 ファンクショナル組織は、分業を高度に進めた組織であり、専門職は各分野に専門化できるが、高度の仕事には適しない組織である。
4 ファンクショナル組織は、専門職が専門分野で手腕を発揮できる組織であるが、組織全体の利益を見渡すトップマネジメントの負担は大きくなる。
5 ファンクショナル組織は、命令一元化の原則が働きやすい組織形態であるが、その反面、専門職の上司の間に対立が起きやすい組織形態である。

【職員ハンドブック P518】□□□□□
【№335】 **ライン・アンド・スタッフ組織**の記述の空欄の語句として、妥当なのはどれか。

　ライン・アンド・スタッフ組織は、 A に職能分化の原則を加えた組織形態である。
　 A における B を貫きながら、専門的な対応を必要とする場合に機能させる。
　高度に専門的な能力を持った C が、ライン・アンド・スタッフ組織の管理者に対して D し、その管理者が B の命令系統に従って部下へ命令を出す。命令の権限と責任は管理者が負う。これが原則的なライン・アンド・スタッフ組織の行動である。
　最上位の管理者は、あらかじめ、部下の管理に C の D を受けることを承諾している必要がある。

	A	B	C	D
1	職能別組織	権限委譲の原則	ライン	指示
2	職能別組織	権限委譲の原則	ライン	助言
3	職能別組織	命令一元化の原則	スタッフ	命令
4	ライン組織	権限委譲の原則	スタッフ	命令
5	ライン組織	命令一元化の原則	スタッフ	助言

《問題編》

【職員ハンドブック P518】 □□□□□
【No. 336】 **ライン・アンド・スタッフ組織**の記述として、妥当なのはどれか。

1　ライン・アンド・スタッフ組織は、ファンクショナル組織を骨格とし、ラインの課長に必要な情報収集や計画などを専門的に行うスタッフ部門を配置する組織である。
2　ライン・アンド・スタッフ組織では、スタッフの助言内容は、ラインの課長の責任において、ラインの課長の命令として、係員に発せられる。
3　ライン・アンド・スタッフ組織では、スタッフ部門の活用があり、スタッフの役割は、ラインの課長の適切な判断に貢献するための助言であり、課長の負担の軽減ではない。
4　ライン・アンド・スタッフ組織では、ラインの課長はスタッフ部門の課長に助言を求めなければならないが、その助言を求めるに当たり、情報を付与する必要はない。
5　ライン・アンド・スタッフ組織では、法務、財務、人事等の専門的事項の担当課長が、スタッフ部門である区民課長や福祉課長に助言するなどの例がある。

【職員ハンドブック P519】 □□□□□
【No. 337】 **事業部門別組織**の記述として、妥当なのはどれか。

1　事業部門別組織は、通常、製品別、地域別などに分けて、事業ごとに利益責任単位に編成される組織であり、大手民間企業では一般的に採用されている組織である。
2　事業部門別組織は、民間企業における事業部の組織形態であり、権限の委譲が難しいとされる地方公共団体には適しない組織形態である。
3　事業部門別組織は、事業部ごとに調達、製造、販売などの職能を持つ組織形態であり、経営資源においても無駄が生まれないという長所がある。
4　事業部門別組織は、事業運営に必要なあらゆる機能を持ち、責任を負う組織形態であり、部門の意思疎通やコーディネート機能も確保されている。
5　事業部門別組織は、企業の持つ硬直化を打破しようとする組織であるため、業績向上に対するインセンティブが働きにくい短所を持つ組織形態である。

【職員ハンドブック P519】 □□□□□
【No. 338】 **カンパニー制組織**の記述として、妥当な組合せはどれか。

A　カンパニー制組織とは、分権型の組織形態の一つであり、事業部制をさら

に分権化した組織形態の一つである。
B　カンパニー制組織は、本社の下に、独立・自立性が強い組織として置かれるが、単独会社のような組織形態ではない。
C　カンパニー制組織は、全社的な観点からは、非効率性が生まれず、絶えず編成替えを必要としない組織形態である。
D　カンパニー制組織は、本社はカンパニーに資本を投下し、カンパニー側はバランスシートの管理責任をもち、組織の自己完結性を高める組織形態である。

1　AB　　2　AC　　3　AD　　4　BC　　5　BD

【職員ハンドブック P519】□□□□□
【№339】　**マトリックス組織**の記述の空欄の語句として、妥当なのはどれか。

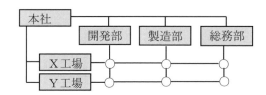

　マトリックス組織は、　A　の組織形態を重ねてとる。上図のように縦横軸をとる形態が一般的であり、立体形は　B　。
　また複数の目標を同時に追求　C　点、及び組織の行動が　D　なるなどの特徴がある。
　上図で見ると、縦割りの　E　と横割りの　F　の二つの基軸で編成され、地方自治体においても、支所及び事業所を　F　とみると、この例は多い。

	A	B	C	D	E	F
1	二つ	ある	できない	複雑に	職能別組織	事業部門別組織
2	二つ	ない	できる	簡単に	事業部門別組織	職能別組織
3	二つ以上	ある	できる	簡単に	職能別組織	事業部門別組織
4	二つ以上	ある	できる	複雑に	職能別組織	事業部門別組織
5	二つ以上	ない	できない	複雑に	事業部門別組織	職能別組織

【職員ハンドブック P519】□□□□□
【№340】　**マトリックス組織**の記述として、妥当なのはどれか。

1　マトリックス組織は、格子の組織で、組織の行動が複雑になる場合や複数の上司間の調整に労力を要する場合に、協力とバランスをとる特徴がある。

《問題編》

2　マトリックス組織は、タテに流れる権限とヨコに流れる権限の構成基準、すなわち、性質の同じ形の2つ以上の組織形態を重ねてとる形態である。
3　マトリックス組織は、通常のタテに流れる組織とヨコに流れる組織とのバランスをとる組織であり、立体形にした軸の形態は存在しない。
4　マトリックス組織は、複数の目標を同時に追求することができず、また、それぞれの特徴を同時に達成できないなどの、欠点を有する形態である。
5　マトリックス組織は、タテの職能別組織とヨコの事業部門別組織の両基軸を持った組織形態であり、自治体では見られない組織である。

【職員ハンドブックP520】　□□□□□
【№341】　**プロジェクトチーム**の記述として、妥当なのはどれか。

1　プロジェクトチームは、通常の組織では実施しがたい課題を処理する課題遂行型の組織形態の代表的なものである。
2　プロジェクトチームは、組織の仕事を進める上において、横割の弊害を乗り越える場合に有効な組織である。
3　プロジェクトチームは、特定の目的を達成するために作られる静態的な組織であり、チームは、目的を達成した後も継続して設置される。
4　プロジェクトチームは、チーム編成の目的や課題は明確であるが、副次的な組織であるため、メンバーには、権限なるものは与えられていない。
5　プロジェクトチームは、臨時性の強い組織であるが、このプロジェクトチームを、縦割りと横割りの構成基準により、組織全体に拡大して適用した組織がマトリックス組織である。

【職員ハンドブックP520】　□□□□□
【№342】　**フラット組織**の記述として、妥当なのはどれか。

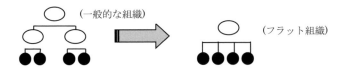

1　フラット組織とは、管理階層を減らし、階層ピラミッドを廃止した組織形態のことをいう。
2　フラット組織は、中間階層をなくし、管理監督者数を削減し、管理職の持つ部下数を多くすることによって作られる組織である。
3　フラット組織では、組織管理機能があいまいでも、管理監督者がメンバー個人の行動を掌握できる状態が生まれる組織である。
4　フラット組織では、常にメンバー個人のモチベーションが高いため、共通

のビジョン、目標の確認、方向を一致させるという運営を必要としない。
5 フラット組織では、メンバー個人やコア組織における意思決定の範囲が広がり、中間が省かれるため、上下の伝達速度が速まる。

【職員ハンドブック P520】 □□□□□
【№.343】 **メイヨーらの組織論**の記述の空欄の語句として、妥当なのはどれか。

　　フォーマル組織とインフォーマル組織という概念は、1930年から1950年代にかけ、メイヨーらを中心とした　A　の成果として、労働者は職場の人間関係に規制されて行動していることが明らかにされ、　B　で論じられたものである。
　　　B　の理論においては、生産能率に影響をもたらす主たる要因は、人間関係など職場の　C　のあり方であることが判明した。これを受けて、労働者の心理学的側面が強調された。

	A	B	C
1	ホーソン工場の実験	行動科学理論	フォーマル組織
2	ホーソン工場の実験	人間関係論	インフォーマル組織
3	行動科学の実験	科学的管理論	インフォーマル組織
4	テーラーの実験	意思決定理論	フォーマル組織
5	テーラーの実験	人間関係論	インフォーマル組織

【職員ハンドブック P520】 □□□□□
【№.344】 **フォーマル組織**の記述として、妥当なのはどれか。

1 フォーマル組織は、共通の目的を達成するために作られた組織であるが、しかし、意識的に作られた組織ではない。
2 フォーマル組織は、制度化された非公式的な組織であり、目的に向け、意識的に調整された複数の人間活動の体系である。
3 フォーマル組織では、フォーマル組織を確立することによって、職務と職務に付随する権限と責任が明確になる。
4 フォーマル組織を運営するためには、フォーマル組織を阻害するインフォーマル組織を無視することが必要である。
5 フォーマル組織は、人間同士が接触し、交流することによって作られる組織であり、人々の活動を合理的に体系化することが課題となる。

《問題編》

【職員ハンドブック P520】□□□□□
【№345】 **インフォーマル組織の特徴**の記述として、妥当なのはどれか。

1　組織構成員の親密な関係や習慣が中心となる。
2　意識的に統括された複数の人間の活動である。
3　団結力は小さい。
4　人為的につくられた集団である。
5　明確な目的を持っている。

【職員ハンドブック P521】□□□□□
【№346】 **コミュニケーション**の記述として、妥当な組合せはどれか。

A　コミュニケーションは、個人が双方向の意思の伝達によって相手方と共通の理解に到達するための手段となるものであり、集団の場合には必要としない。
B　コミュニケーションは、一方向への伝達だけでなく、双方の関係を成立させる前提となり得るものであり、また双方の関係を完成させる行為である。
C　コミュニケーションの内容には、数値情報（Data）、情報（Information）、知識（Knowledge）、知恵（Intelligence）、価値観（Value）などがある。
D　コミュニケーションは、言語に限られており、表情、しぐさ、雰囲気などの、人が感じることができる非言語的な手段は含まれない。

1　A B　　2　A C　　3　A D　　4　B C　　5　B D

【職員ハンドブック P521】□□□□□
【№347】 **コミュニケーション**の記述として、妥当なのはどれか。

1　フォーマル・コミュニケーションは、役所や企業などのフォーマルな組織を構成する人々の活動を共通の目的に向けて統一するために、自然発生的に行われるコミュニケーションである。
2　インフォーマル・コミュニケーションは、人々が組織の中で日常的に相互に接触することから、人為的に形成されるフォーマル組織の中で行われるコミュニケーションである。
3　フォーマル・コミュニケーションは、管理的コミュニケーションともよばれ、フォーマル組織の職能の上下関係、横の水平関係の中で、上から下へ、そして下から上へ流れるが、横へ流れることはない。
4　組織を構成する人々の間で行われるコミュニケーションは、目的を持ったコミュニケーションであり、また、課題の解決という仕事の成果には欠かす

ことができないものとされ、全てフォーマル・コミュニケーションに属する。
5　インフォーマル・コミュニケーションは、フォーマル・コミュニケーションを補完し又は阻害する場合もあるが、両者が揃って有効に働き、目的達成が行われることが望ましい。

【職員ハンドブック P521】　□□□□□
【№ 348】　組織の中のコミュニケーションの記述として、妥当なのはどれか。

1　〔上から下へのコミュニケーション〕は、組織階層間の権限関係の中では命令や指示が中心となり、上から下へ流れ、双方向のコミュニケーションは成立しない。
2　〔横のコミュニケーション〕は、上下のコミュニケーションの副次的なものとして行われることが多いため、自発的に連絡を取り合う必要はない。
3　〔下から上へのコミュニケーション〕は、報告が中心となり、報告は、正しい内容のものを、時機を逃さないで、分りやすく行われなければならない。
4　〔会議によるコミュニケーション〕は、重要な手段であるが、スケジュールの調整や仕事の中断といったコストが掛かるが、Web会議は一同に会しての会議の代わりではない。
5　〔電子メールによるコミュニケーション〕は、相手が不在でも情報を届けることができるため、重要で組織的なメールには、すぐに回答することが必要である。

【職員ハンドブック P523】　□□□□□
【№ 349】　コミュニケーションを豊かにするためにの記述として、妥当なのはどれか。

1　コミュニケーションとは、送り手の考えていることが受け手に伝わり、理解されるための手法であり、相手の意欲を引き出す手段ではない。
2　コミュニケーションは、メンバーのやる気を高めるために必要であり、仕事のやり方を改める場合やメンバー個人の能力を高める場合には、必要としない。
3　コミュニケーションは、仕事にとって必須であるが、その能力は自然に身に付くため、特定の学習によってスキルの向上を図ることは困難である。
4　コミュニケーション技能を高めるためには、相手の立場に立って傾聴し、相手の考えを肯定的に承認し、相手の気持ちをつかむ質問を心がける必要がある。
5　コミュニケーションで、管理監督者に必要なスキルとしてコーチングがあり、コーチングとは、積極的に知識を与え、指導を徹底するためのスキルである。

《問題編》

【職員ハンドブック P523】□□□□□
【№.350】 **仕事の進め方**の記述の空欄の語句として、妥当なのはどれか。

　現在は、前例やマニュアルだけで物事が進まない時代である。それだけに職員一人ひとりに問題解決力が期待されている。
　その仕事を進める基本的な心構えとしては、 A 、 B 、 C の3つを挙げることができる。 A の問題解決の基本的視点は、行政運営の D である。

	A	B	C	D
1	組織目的	進行管理	相互調整	最少経費と最大効果
2	組織目的	進行管理	相互調整	効率化と公正の確保
3	組織目的	計画策定	組織効率	最少経費と最大効果
4	計画策定	進行管理	検証評価	効率化と公正の確保
5	計画策定	組織効率	検証評価	最少経費と最大効果

【職員ハンドブック P526】□□□□□
【№.351】 **PDCA**の記述として、妥当な組合せはどれか。

A　PDCAサイクルの考え方やマネジメントの手法は、ISO9000S（品質管理）、ISO14000S（環境管理）にも採り入れられている。
B　PDCAサイクルの起点は、いつもPlan（計画）とは限らず、「何か変だ」とCheck（検証）から問題解決の取り組みが始まることもある。
C　PDCAサイクルのPDCAとは、Plan（計画）、Do（実行）、Check（検証）及びAdvance（進歩）の4段階の頭文字を、順に並べ表現している。
D　PDCAのサイクルのCheck（検証）では、計画の検証・計画の達成度の評価を行うとともに、必要な改善や見直しを行う。

1　AB　　2　AC　　3　AD　　4　BC　　5　BD

《問題編》

【職員ハンドブック P527】□□□□□
【No. 352】 **問題解決のプロセス**の記述の空欄の語句として、妥当なのはどれか。

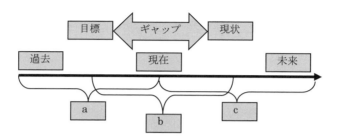

　仕事とは、　A　を解決することである。「A」とは、目標と現状とのギャップの解決である。ギャップを解決するためには、図のa、b、cの3つのタイプに分けて考えることができる。

　図のaのタイプは　B　で、基準からの逸脱、目標の　C　といえる。

　図のbのタイプは　D　で、新しい目標を現在の目標よりも高い水準に置くことによって意識的にギャップを作り出すタイプであり、方法の改善問題や体制の強化を図る必要がある。

　図のcのタイプは　E　で、将来を予測して取り組むタイプであり、機会開発や　F　がある。

	A	B	C	D	E	F
1	情報	発生型	危機回避	探索型	設定型	未達問題
2	情報	設定型	未達問題	発生型	探索型	危機回避
3	問題	発生型	未達問題	探索型	設定型	危機回避
4	問題	発生型	危機回避	設定型	探索型	未達問題
5	目標	探索型	未達問題	発生型	設定型	危機回避

【職員ハンドブック P527】□□□□□
【No. 353】 **問題解決のプロセス**の記述として、妥当なのはどれか。

1 問題の定義——ここで問題とは、目標と現状とのギャップの解決であり、目標には「予想される状態」、現状には「あるべき姿」がある。
2 留意点——問題解決に大切なことは問題認識を持つことであり、特に当事者意識がない場合や解決不能の気持ちがある場合も、それは問題といえる。
3 順位づけ——問題の解決には、最も重要な問題から解決する方法が採られるが、その解決で、容易なものと困難なものがあるときは、困難なものから

着手すべきである。
4　情報収集——原因把握のためには、情報を意識的に集めなければならず、無駄と思われる情報をいかに捨てるかがカギとなる。
5　目標設定——解決目標とは、努力すれば実現可能な目標であって、具体的で、かつ実効性のある目標、言い換えれば、到達点が明らかなものが目標となる。

【職員ハンドブック P527】　□□□□□
【№354】　**問題解決のプロセス**の記述として、妥当なのはどれか。

1　解決案の作成——解決目標を実現する手段及び方法を具体的に示したものを作成し、全ての解決目標が達成できる解決案を一つにまとめる必要がある。
2　解決案の評価——目標を絶対目標と希望目標とに分けた場合には、希望目標を達成し得ない解決案は不適当という評価になる。
3　解決案の決定——複数の解決案を比較検討し、評価点の多い解決案を決定する方法をとり、戦略性を加味することは避けるべきである。
4　解決案の実施——複数の対策ごとに効果が確認できるように実施する。対策ごとに効果を確認しないと、対策ごとの問題点が確認できない。
5　解決策の検証——改善効果を評価することは重要であるが、費用や環境性や安全性などの多元的な評価は不要である。

【職員ハンドブック P530】　□□□□□
【№355】　**問題解決技法**の下記の記述の技法として、妥当なのはどれか。

　　この技法は、『一見まとめようもない多種多様な事実をありのままに捉え、それを構造的に統合することにより何か新しい意味、アイディアを発見する創造的開発技法・発想法である。』

1　ブレーン・ストーミング
2　ＫＪ法
3　特性要因図
4　チェックリスト法
5　ロジカルシンキング

【職員ハンドブック P530】　□□□□□
【№356】　下図は、問題がどのような原因によって起きているかを図解化し、原因を把握したり、解決策を考える際に用いる問題解決の技法の例を示したものであり、「魚の骨」ともよばれる。この図が示している**「問題解決技法」**として、妥当なのはどれか。

《問題編》

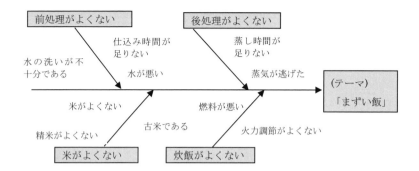

1 　特性要因図
2 　ブレーン・ストーミング
3 　ＫＪ法
4 　チェックリスト法
5 　ロジカルシンキング

【職員ハンドブック P531】 □□□□□
【№.357】 ブレーン・ストーミング（Brain-Storming）の４原則に「該当しないもの」は、次のどれか。

1 　批判厳禁　2 　自由奔放　3 　量を求む　4 　便乗改善　5 　発言平等

【職員ハンドブック P531】 □□□□□
【№.358】 ブレーン・ストーミングの記述として、妥当なのはどれか。

1 　ブレーン・ストーミングは、米国のオズボーンが考え出した技法であり、複雑な意思決定を得るための会議法として位置づけられている。
2 　ブレーン・ストーミングは、メンバーの数や時間に制限がなく、一つのテーマについて、アイディアを自由に出し合う技法である。
3 　ブレーン・ストーミングは、他人の発言に対し、良い悪いの批判や評価を絶対しないことを条件に、自由奔放に出し合い、非現実的なアイディアも歓迎される。
4 　ブレーン・ストーミングは、メンバー間の連鎖反応を回避することにより、問題解決のアイディアを求める技法である。
5 　ブレーン・ストーミングは、出されたアイディアを１日程度おいて、メンバーを全員入れ替えて、有効性や実現可能性の観点から徹底的に批評して絞り込む技法である。

《問題編》

【職員ハンドブック P531】 □□□□□
【No. 359】 **KJ法**の記述として、妥当なのはどれか。

1　KJ法は、創始者の川喜多二郎の氏名のイニシャルから付けられた技法で、スケジュール管理のとりまとめの経過に使う表現方法の一つである。
2　KJ法は、まとめようもないデータを除き、多種多様な事実をありのままに捉え、それを構造的に統合し、新しい意味やアイディアを発見する技法である。
3　KJ法は、あるテーマ・問題に関する情報やデータを一枚ずつカードに記入し、カードに書かれた内容の意外性によって整理する技法である。
4　KJ法は、ブレーン・ストーミング法と組み合わせることによって、参加者の意見を全て出させると、KJ法の効果が一層あがることになる。
5　KJ法は、カードをグループ化、統合化することによりイメージ化を図り、新しいアイディアを発想できる面があるが、図解化や文章化には難しい。

【職員ハンドブック P531】 □□□□□
【No. 360】 **特性要因図**の記述の空欄の語句として、妥当なのはどれか。

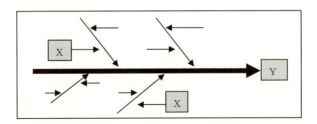

　特性要因図は、 A で誕生した技法である。
　この技法は、いま取り上げている問題点に影響を与えている X を系統的に洗い出し、その X と Y との関係を表そうとするものである。
　つまり、問題点を Y と考え、その X を順次遡って追究していく問題解決技法の一つである。
　この技法は、 B で散発的に出された意見を収束させる技法の一種でもある。

```
    A      X      Y         B
1  日本    原因    結果    ブレーン・ストーミング
2  日本    結果    原因    ロジカルシンキング
3  米国    原因    結果    ブレーン・ストーミング
```

《問題編》

4	米国	結果	原因	ロジカルシンキング
5	英国	原因	結果	ブレーン・ストーミング

【職員ハンドブック P531】□□□□□
【№.361】 **特性要因図**の記述として、妥当な組合せはどれか。

A　特性要因図は、川崎製鉄で生まれ、製品の品質の「問題（要因）」に影響するいろいろな「原因（特性）」を整理して、その関係を表した図である。
B　特性要因図の特徴は、原因相互間の関係や、原因と結果との関係を一目で捉えることができる点にある。
C　特性要因図は、議論が散漫になりがちのとき、又はブレーン・ストーミングでの発散的な意見を検討するときに利用すると効果的であるとされる。
D　特性要因図は、問題を「結果」と考え、その「原因」を追究する技法であり、問題発生の原因追究に役立つが、将来の姿を検討する場合には利用できない。

1　A B　　2　A C　　3　A D　　4　B C　　5　B D

【職員ハンドブック P532】□□□□□
【№.362】 **チェックリスト法**の記述として、妥当なのはどれか。

1　チェックリスト法は、問題のチェックポイントをあらかじめチェックしていく技法であり、モレをなくする技法ではない。
2　チェックリスト法は、仕事を計画的に、適切に推進していくためには、不可欠な道具であり、使いながら改善することで定着する。
3　チェックリスト法の代表的なものを挙げれば、オズボーンの「５Ｗ２Ｈ法」が有名である。
4　仕事を進める際の６Ｗ２Ｈ（When. Where. Who. What. Why. Whom. How. How much 又は How many）などは、チェックリスト法と異なる技法である。
5　チェックリスト法は、同一の観点からチェックできるようにするのがポイントであり、様々な職場を通じて統一されたものを使う必要がある。

【職員ハンドブック P532】□□□□□
【№.363】 **ロジカルシンキング**の記述として、妥当なのはどれか。

1　ロジカルシンキングとは、自分の立場に立って、筋道を作って、わかりやすく、説得するように考えることであり、その紹介方法は色々である。
2　ロジカルシンキングは、３つの思考法と、２つの基盤スキル、及び１つの

ツールを、思考法から順番に影響を与えていくプロセスである。
3 ロジックツリーは、ロジックを表現するのに最も適した方法であり、用途や目的にかかわらず、原因を追究するWHATツリーが有効である。
4 ツールとは、目的を確認し、目的の達成点をイメージするために思い、考え始めることであり、ロジカルシンキングのスタートである。
5 ロジカルシンキングは、課題の解決や戦略を組み立てる際に、それぞれの切り口を自由に組み合わせていく一連のプロセスである。

【職員ハンドブック P533】□□□□□
【No. 364】 **ロジックツリー**の記述として、妥当な組合せはどれか。

A ロジックツリーは、表現としては軸は1つであり、一次元的なものであり、まずテーマを決め、次に要因を決めることが重要である。
B ロジックツリーの論理的樹木図は、主要課題の原因や解決策をより帰納的にとらえ、ツリー状に、上からブレイクダウンするツールである。
C ロジックツリーには、原因を追究するHOWツリー、方法論によりブレイクダウンさせるWHYツリー、内容を具体化させるWHATツリーがある。
D ロジックツリーは、問題の原因を掘り起こしたり、解決策を具体化するときにおいて、限られた時間の中で、広がりと深さを追究するのに役立つ。

1　AB　　2　AC　　3　AD　　4　BC　　5　CD

【職員ハンドブック P535】□□□□□
【No. 365】 **事務改善とは**の記述の空欄の語句として、妥当なのはどれか。

　　A　とは、意思決定の基礎となる情報を作り出したり、処理したりする作業をいい、また　B　とは、一定の時間内及び一定の労力の投入に対して、仕事のはかどる割合をいう。この　A　の　C　を図ることを事務改善という。
　　A　の　C　のためには　D　の状態でなければならない。具体的には、帳票の様式の見直し、事務処理フローの見直し、ＩＣＴ活用など、　E　におけるあらゆることが改善の対象となる。

	A	B	C	D	E
1	事務	能率	能率化	目的＝手段	区役所
2	事務	能率	標準化	目的≧手段	職場
3	事務	能率	能率化	目的＞手段	区役所
4	能率	事務	集中化	目的≧手段	職場
5	能率	事務	集中化	目的＝手段	区役所

《問題編》

【職員ハンドブック P535】□□□□□
【№ 366】 **事務改善の手順**の記述として、妥当なのはどれか。

1 事務改善の手順としては、まず現状分析が必要であり、問題点の検証や検討を踏まえて、現場での調査や資料収集に当たる必要がある。
2 事務改善には問題点の洗い出しが必要で、問題点は具体的なものでも抽象的なものでも構わないし、多種多様な問題点や改善アイディアが歓迎される。
3 事務改善の立案に当たっては、優先順位を決める必要があり、最初に廃止・排除、次に簡素化・標準化、そして変換・取り換えの順に行う。
4 事務改善の実施には、推進担当部門が必要であり、この推進担当が前面に出て、消極的な実施部門を指導し、改善案を実施していくことが大切である。
5 事務改善の評価は、事務改善の促進を高めるとともに、導入による新たな問題点の早期発見につながる点が挙げられるが、改善の実施者を認める意味合いはない。

【職員ハンドブック P539】□□□□□
【№ 367】 **接遇**の記述として、妥当なのはどれか。

1 接遇とは、思いやりの温かい気持ちを形にして相手に伝えることであり、そのための3つの知るとして、自分を知る、相手を知る、地域を知る必要がある。
2 接遇の5段階とは、まず快く迎える、用件を判断する、用件を聴く、用件を処理する、そして満足感をもってもらえるように締めくくる順番をいう。
3 接遇では、区民と接する職員一人ひとりが窓口であり、窓口対応が粗雑であればイメージダウンにつながるが、区役所の顔という認識まで持つ必要はない。
4 接遇は、職員の仕事に対する姿勢の表れであり、職務の成果と表裏一体のものとして区民から評価される。
5 接遇は、人と人とが接触し、お互いが気持ちよく目的を果たす心構えであり、相手を知るためには、先入観を持って相手の話を聴く必要がある。

【職員ハンドブック P540】□□□□□
【№ 368】 **電話応対**の記述として、妥当なのはどれか。

1 電話の「話し方」では、要領よくスピーディに話を進める必要があるため、内容や言葉づかいがあいまいなものとなってもやむをえない。
2 電話の「受け方」では、ベルが鳴ったらすぐ出るように心掛け、来客中でも、

《問題編》

来客に"ちょっと失礼します"と断れば、礼を失することにはならない。
3　電話の「受け方」では、電話番号を間違ってかけてくるおそれもあるため、相手が名のるまでは、受けた方が名のるのは控える。
4　電話の「取次ぎ方」では、名指しの人に正確に取り次ぐ必要があり、外部の相手に対しては、自分の職場の上司の場合は敬称をつける。
5　電話の「置き方」では、こちらが置くまで相手が切らないおそれがあるため、自分から先に、静かに受話器を置くように心掛ける。

【職員ハンドブックP542】☐☐☐☐☐
【No. 369】　**クレーム対応**の記述として、妥当なのはどれか。

1　クレームには、謙虚な気持ちで応対することが必要であるが、こちらに非がなければクレームになる余地がないことから、謝罪は避けるべきである。
2　クレームがあった場合には、その内容を整理し、よく調査し、関係部署と対応策を検討してから上司に報告することが必要である。
3　クレームには、相手の話をよく聴くことが必要であるが、よく分らない点や疑問の点は、相手の話の途中でも質問し、内容をよく確認する必要がある。
4　クレームには、迅速な解決策が要求されるため、相手の立場に立ってすばやく回答することが、問題解決のための最も望ましい姿勢である。
5　クレームには、ひととおり聴き終えてから、どうしても受け入れられないこともある場合には、クレームをはっきりと断る姿勢も大切である。

《問題編》

第2章　区政運営

【職員ハンドブック P544】□□□□□
【No. 370】 **行政広報**の記述として、妥当なのはどれか。

1　行政広報は、行政情報を発信することで社会的な説明責任を果たすことにあり、住民との協働で、区政の課題を共に解決するという目的はない。
2　行政広報では、良い知らせは遅滞なく提供することに心がけ、悪い知らせは住民の信頼を損ねるため極力避けることが望ましい。
3　広報の語源であるPRとは、Public Relations（人間関係）であると言われるように、全てのステークホルダー（利害関係者）との良い関係づくりを言う。
4　行政広報には、情報発信機能としての広報と、住民の意見を収集する情報収集機能としての広聴があり、両者は、密接可分の関係にある。
5　行政広報は、行政が抱える課題を行政自身の手で解決する手段であり、住民とのより良いコミュニケーションを構築するために不可欠となっている。

【職員ハンドブック P544】□□□□□
【No. 371】 **地方分権と説明責任（アカウンタビリティ）**の記述として、妥当なのはどれか。

1　説明責任は、住民と行政がともに考え、課題解決のために不可欠である。
2　説明責任は、国の地方分権の推進により、これまでより弱められている。
3　説明責任は、決まった結果を住民が納得するように説明する責任である。
4　説明責任は、情報を逐次提供する責任でありタイミングは重視されない。
5　説明責任は、行政の立場で常にスピード感を持ち、説明する責任である。

【職員ハンドブック P545】□□□□□
【No. 372】 **広報の方法**の記述として、妥当なのはどれか。

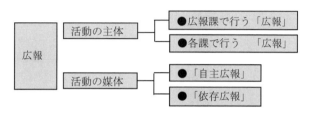

1　広報活動とは、広報を専門的に行う主管課である広報課が行うものを指す概念であって、各行政部門で行う広報活動を含まない。

《問題編》

2 　広報課で行う広報活動を「特別広報」といい、各行政部門で行う個別的・日常業務的な性格の広報活動を「個別広報」といい、相互に補完関係にある。
3 　広報活動の中で、広報の主管課である広報課は、区長の「ライン部門」として位置づけられており、区全体の広報活動の計画の作成に当たる。
4 　広報活動を媒体で大別すると、区役所が区民を対象に自主的に行う「自主広報」と、報道機関への情報提供により行う「依存広報」（パブリシティ）がある。
5 　広報課で行われる行政広報は、「フェイス・ツー・フェイス」の「パーソナル・コミュニケーション」に近い効果が期待できる。

【職員ハンドブックP545】□□□□□
【№.373】　**一般広報の実施内容**として、「妥当でない」のはどれか。

1 　高次の政策的内容を持っているもの
2 　日常業務的な性格の濃いもの
3 　多岐の行政部門にわたるもの
4 　広く区民の関心を呼ぶ内容のもの
5 　ＰＲ活動に高い専門性と技術を要するもの

【職員ハンドブックP546】□□□□□
【№.374】　**自主広報**の記述として、妥当なのはどれか。

1 　〔紙媒体による広報活動〕は、正確性、浸透性、記録性、経済性、速報性を備えることが望ましいが、印刷物は正確性や経済性の点でその役割は大きい。
2 　〔印刷物〕は、ユニバーサルデザインに配慮するとともに、三次元コードを表示してデジタル情報と連動させる工夫により、質を高めていく必要がある。
3 　〔ホームページ〕には、情報を即時に伝えることができるメリットがあり、特に高齢者、障害者、外国人にも容易に伝達できるなど、アクセシビリティ対策も十分に実施されている。
4 　〔電子メール配信〕は、緊急時のお知らせとして導入する区が多いが、これは、登録制によらず、携帯電話やパソコンに区のメッセージを配信する仕組みである。
5 　〔SNS〕は、各自治体でX（旧ツイッター）やLINEなどによる情報発信として利用されているが、Xは10〜40代で拡散性があり、LINEは広く利用されているが拡散性は高くない。

《問題編》

【職員ハンドブック P546】□□□□□
【№375】 **自主広報**の記述として、妥当なのはどれか。

1 〔コミュニティFM〕は、ラジオであり、緊急報道や地域の情報交換に威力を発揮でき、アプリで全国どこからでもスマートフォンなどで聴ける。
2 〔都市型CATV〕は、無線による地域テレビであり、地域情報や行政情報など地域に密着した放送局として、一部の区で放映されている。
3 〔記者会見〕には、区長の記者会見や予算のプレス発表があり、メディアに取上げられる確率は低いが、区長の発信は区政への信頼性や親近感を高める。
4 〔東京MXテレビ〕は、放送番組であり、区のイベントやお勧めスポットなども放映しており、この電波料は特別区人事厚生事務組合が負担している。
5 〔広報ビデオ・DVD〕は、地域の文化財や地場産業を紹介するビデオ等であり、地域CATVに制作を依頼する区が多く、制作は増加傾向にある。

【職員ハンドブック P549】□□□□□
【№376】 **パブリシティ**の記述として、妥当なのはどれか。

1 パブリシティは、自主広報とも言われ、行政側が持つ情報を、新聞や放送などの報道機関にニュースとして報道してもらう広報手段をいう。
2 パブリシティは、マスコミへのニュース素材として情報提供を行う広報活動であり、迅速性、伝達範囲の広さなどの特性を持つが、費用負担は大きい。
3 パブリシティでは、マスコミがニュースとして取り上げるかどうかは、報道機関の判断次第であり、行政側の意図と異なる報道がなされる場合もある。
4 パブリシティは、マスメディアを選択して自らの経費で行う広報活動であり、マスコミに、ニュースとして報道された情報に対する住民の信頼度は高い。
5 パブリシティでは、マスコミの伝達力を活用する観点から、情報提供や取材協力は大切であるが、インフォメーションにつながることは期待できない。

【職員ハンドブック P549】□□□□□
【№377】 **広聴の現状と課題**のうち重要な事項を3つ選択する場合、妥当な組合せはどれか。

A 職員自身がコミュニティ形成の糧となる広聴活動を心がけること。
B 区民の声を量的に把握し世論の動向をつかむ対策に取り組むこと。
C 区民の意見や要望に対し、速やか、正確かつ誠実に回答すること。
D ハードクレームへには時間的な限界設定と組織的に対応すること。
E 声なき大衆を反映するサイレント・マジョリティ対策を行うこと。

《問題編》

1　ABC　2　ABD　3　ABE　4　BCD　5　CDE

【職員ハンドブック P550】□□□□□
【№ 378】　**広聴の種類**の記述として、妥当なのはどれか。

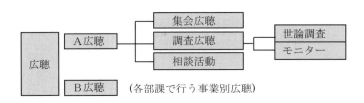

1　広聴活動は、上図のように大きく「A広聴」と「B広聴」に分類できるが、前者は特別広聴であり、後者は一般広聴である。
2　上図の「A広聴」は一般広聴であり、住民の意見、要望、苦情などの収集活動が該当し、日常業務的な性格の強い広聴である。
3　上図の「B広聴」は個別広聴であり、一般広聴と異なり、政策形成過程に関して行われる専門的性格の強い広聴で、積極的かつ計画的なものである。
4　上図の「A広聴」の「集会広聴」は一般広聴で、信頼関係を築くのに効果的であり、また、住民の参集を得て直接意見を聴くことで、その役割も大きい。
5　上図の「A広聴」の「調査広聴」は個別広聴であり、世論調査やモニター制度に代表され、世論調査では、対象者を無作為に抽出して調査が行われる。

【職員ハンドブック P550】□□□□□
【№ 379】　**広聴の方法**の記述として、妥当なのはどれか。

1　〔タウンミーティング〕とは、区長などが区政の課題について区民と直接話し合う集いを指すが、パーソナル・コミュニケーションは期待できない。
2　〔コールセンター〕は、各種手続やイベントの案内などの問合わせに、オペレーターが回答する手法であり、区民満足度を向上させる効果がある。
3　〔区民意識意向調査〕は、世論調査に代表されるが、区民の意識や意見を組織的、統計的な手法で把握する広聴であり、一般に無作為抽出で行われる。
4　〔モニター制度〕は、区民の声を量的に把握する手法であり、随時継続的に、区政に関する調査やアンケートを求め、テーマ会議に出席してもらう制度である。
5　〔パブリック・コメント〕とは、行政が、政策などの構想の段階において、住民などと意見を交換し、合意形成を図りながら計画を検討する手法である。

《問題編》

【職員ハンドブック P552】 □□□□□
【No.380】 **アクセス権を保障する制度**の記述として、妥当なのはどれか。

1 アクセス権は、行政機関が有する情報を知る権利である。つまり、情報の受け手である住民が行政機関に対し情報の提供を要求する権利である。
2 アクセス権とは、住民側から行政機関に集積された情報へのアクセスをする権利であり、情報公開制度においてのみ、この権利が保障される。
3 アクセス権は、行政情報へのアクセスを保障する法制度であり、プライバシー権の保護や自己情報のコントロールという問題とは結びつかない。
4 アクセス権は、行政機関が保有する情報にアクセスする権利であり、住民に行政情報の開示請求権を認める仕組みとして個人情報保護制度がある。
5 アクセス権は、住民が行政の保有する自己情報にアクセスする権利であり、情報公開制度は、自己情報に関する開示や訂正などを認める制度である。

【職員ハンドブック P553】 □□□□□
【No.381】 **情報公開制度の意義**として3点を挙げると、妥当な組合せはどれか。

A 情報公開は、行政に対する距離感を近づける。
B 情報公開は、住民の利害を調整し住民福祉の増進を図る。
C 情報公開は、住民の具体的権利として認めている。
D 情報公開は、行政に対する住民の信頼を高める制度である。
E 情報公開は、行政への住民参加を促す。

1 ABC 2 ABD 3 ACE 4 BCD 5 CDE

【職員ハンドブック P553】 □□□□□
【No.382】 **情報公開の3要素**の記述として、妥当な組合せはどれか。

A 権利性 B 公開原則 C 救済手続の保障 D 実効性 E 情報管理

1 ABC 2 ABD 3 ACD 4 BDE 5 CDE

【職員ハンドブック P555】 □□□□□
【No.383】 **情報公開法の概要**の記述として、妥当なのはどれか。

1 情報公開法の「目的」とは、行政文書の開示請求権を保障し、公正で民主的な行政の推進に資することにあり、政府の説明責任を明らかにする目的はない。

2　情報公開法の「対象」は、内閣官房や人事院など国家行政組織法に定める行政機関（省、委員会、庁）であり、警察庁、検察庁、会計検査院は対象外である。
3　情報公開法の「文書」は、行政機関が職務上作成した文書で、取得文書を除き、図画や電磁的記録で組織的に用いるものとして行政機関が保有するものをいう。
4　情報公開法の「開示」は、何人にもとされ、外国人も行政機関の長に開示請求ができることから、行政機関の長は、不開示情報を除き開示する義務がある。
5　情報公開法の「審査請求」では、行政不服審査法に基づく審査請求が認められ、行政機関の長は、情報公開・個人情報保護審査会への諮問によらず、裁決ができる。

【職員ハンドブックP555】□□□□□
【№384】　**特別区における情報公開制度**の記述として、妥当なのはどれか。

1　特別区の情報公開は、対象となる情報の範囲を文書のみとし、図画、写真、電磁的記録などの区の作成物のほか、取得した情報も対象としていない。
2　特別区の情報公開は、請求権者を何人もとし、範囲を制限していないが、請求権者であるか否かで審査請求ができるか否かに差が生ずることになる。
3　特別区の情報公開は、情報の公開義務を持つ実施機関を区長、行政委員会、議会とし、一本の条例で実施している。
4　特別区の情報公開は、公開や非公開の決定については、請求日から14日以内としており、期間延長の規定を置いていない。
5　特別区の情報公開は、非公開又は一部公開の決定に不服がある者に対し、審査会などの第三者的な附属機関を設置している。

【職員ハンドブックP556】□□□□□
【№385】　**救済手続**の記述として、妥当なのはどれか。

1　情報公開の実施機関の非公開処分に対し審査請求による救済制度があるが、審査請求ができるか否かについては、請求権者であるか否かで差異はない。
2　実施機関は、非公開の処分に対し審査請求があれば第三者機関に諮問し、その答申内容を十分に尊重し、審査請求に対する決定を行わなければならない。
3　非公開又は一部公開に不服がある請求権者に対する救済機関としては、情報公開審査会などの第三者的な補助機関が設置されている。
4　実施機関は、非公開の処分に対し、請求権者から審査請求があるときは、必ず情報公開審査会などに諮問してから決定しなければならない。
5　情報公開審査会などは、第三者的な機関であり、情報公開制度について知識経験を有する委員と議員の委員の5名程度で構成されている。

《問題編》

【職員ハンドブック P556】 □□□□□
【No.386】 特別区の「公開しないことができる情報（適用除外事項）」の記述として、妥当な組合せはどれか。

A　情報を公開することにより法人などに著しい不利益を与える情報、『例えば』、法人などの経営状況や生産過程などに関する情報は、「非公開情報となる」。
B　個人情報に関する情報であって特定の個人が識別され得る情報、『例えば』、不動産登記簿謄本などは、「非公開情報となる」。
C　法令などにより非公開とされている情報、『例えば』、印鑑登録原票などは、「非公開情報となる」。
D　区政執行に関する情報、『例えば』、各種審議会委員名簿や審議会の意思形成に著しい支障を生じるものは、「非公開情報となる」。
E　公正又は適正な行政を執行する情報、『例えば』、公務員などの職務執行情報は、「非公開情報となる」。

1　AB　　2　AC　　3　BC　　4　BE　　5　DE

【職員ハンドブック P558】 □□□□□
【No.387】 情報公開と情報提供との相違として、「妥当でない」のはどれか。

	相違の内容	情報「公開」の場合	情報「提供」の場合
1	情報の選択	○開示請求者が選択する	○行政側が選択する
2	情報対象	○請求者が対象となる	○全ての住民が対象となる
3	法的義務づけ	○請求に応じ行政機関に法的に義務づける	○法的な義務づけはない
4	救済手段	○最低限度の救済を保障する	○救済手段はない
5	情報の質	○加工情報も可能となる	○生の情報でなければならない

【職員ハンドブック P559】 □□□□□
【No.388】 プライバシーの危機とプライバシー権の記述として、妥当なのはどれか。

1　プライバシーとは、他人に知られたくない私人の秘密であり、個人情報のうち、何が他人に知られたくない私的な情報かは、個人差がない。
2　プライバシー権は、十分に尊重されなければならず、情報化社会の個人情報の利用において、プライバシーの権利は完全に保護されている。
3　プライバシー権は、ひとりにしておいてもらう権利の消極概念にとどまら

ず、自己情報の流れを自らコントロールする権利の積極概念でもある。
4　プライバシー権は、住民基本台帳法の住民票コード化において、法に保護措置が規定されていないため、保護の観点から懸念する意見がある。
5　プライバシー権は、憲法の幸福追求権に含まれ、最高裁は、住民基本台帳ネットワークは憲法で保障する上告人らの権利や自由を侵害すると判示した。

【職員ハンドブックP560】□□□□□
【№389】　OECD8原則の記述として、妥当な組合せはどれか。

A　〔OECD8原則〕とは、OECD（経済協力開発機構）の理事会で採択された原則であり、日本の個人情報保護制度では、OECD8原則の考え方を採用していない。
B　〔収集制限の原則〕に基づき、個人データは、適法や公正な手段により、かつ情報主体に通知や同意を得て収集されるべきであるとしている。
C　〔利用制限の原則〕に基づき、データ主体の同意がある場合や法律の規定による場合も含めて、収集データを目的以外に利用してはならないとしている。
D　〔個人参加の原則〕に基づき、データ主体に対して、自己に関するデータの所在や内容を確認させ、又は異議申立てを保障すべきであるとしている。

1　AB　　2　AC　　3　AD　　4　BC　　5　BD

【職員ハンドブックP562】□□□□□
【№390】　個人情報保護制度の記述として、妥当なのはどれか。

1　地方公共団体は、これまで国の行政機関個人情報保護法等の規定に基づき、独自の条例を制定し、個人情報の保護に努めてきた。
2　個人情報保護制度は、従前の個人情報保護法と行政機関個人情報保護法の2本の法律が統合された法律である。
3　地方公共団体は、議会を除き、個人情報保護法に違反しない限り必要最小限の保護措置を規定するほかは、国や民間事業者等と同様の「共通ルール」が適用される。
4　地方公共団体は、個人情報保護法で「共通ルール」が設定されたことにより、今後、個人情報を制定し、必要な保護措置を定めることはできない。
5　地方公共団体は、国と同じ手続の下で個人情報の開示等の手続を行い、自治体における個人情報保護委員会は、従前と同じ監視監督の機能を果たす。

《問題編》

【職員ハンドブック P562】□□□□□
【№.391】 個人情報の漏えいの記述として、妥当なのはどれか。

1 個人情報保護法では、個人情報取扱事業者は、その取り扱う個人データの漏えい等の防止に適切な措置を講じなければならないとし、個人データをUSBメモリー等で持ち運ぶことを禁止している。
2 個人情報保護法では、個人情報取扱事業者は、その従業者に個人データを取り扱わせるに当たっては個人データの安全管理が図られるよう、必要かつ適切な監督に努めなければならないとしている。
3 個人情報保護法では、個人情報取扱事業者は、個人データの全部又は一部を委託する場合でも、個人データの安全管理について受託者に必要かつ適切な監督が行われるようにし、再委託を禁止している。
4 宇治市住民基本台帳データ漏えい事件では、住民基本台帳のデータを使い乳幼児検診システムの開発を委託したその委託先の従業員がデータをコピーし名簿業者に販売した事案について、住民が損害賠償を請求した事件において、最高裁は、市の使用者責任を認め、弁護士費用などを含めた支払を命じた。
5 個人情報の漏えいの前科照会事件では、前科及び犯罪経歴の保護に関し、市が弁護士法23条の2の照会に漫然と応じた事件に関して、最高裁は、公権力の違法な行使に当たらないと判示した。

【職員ハンドブック P563】□□□□□
【№.392】 行政手続の意義の記述として、妥当なのはどれか。

1 行政手続法は、事後的な救済では手間やコストがかかることから、主に「事前手続」を行うことで、行政の効率化に資することを期待して制定されている。
2 行政手続は、国民の権利利益を手続的な面から「防御する手段」であり、民主主義の原理に基づき、国民が行政過程を手続的に「統制する手段」ではない。
3 行政手続の「適正手続の原則」には、国民が自己の権利利益を手続的に防御する民主主義的側面と、手続的に国民の合意形成を図る自由主義的側面とがある。
4 行政行為の「事前手続」を行政手続といい、行政の意思決定が行われるまでのプロセスの手続的規律を指し、この行政手続の特別法として行政手続法が制定されている。
5 行政行為の「事後手続」とは、行政が一定の意思決定をした後、国民が行政機関に対し審査請求等を求める手続をいい、これには行政型ADR（裁判外紛争解決手続）は含まれない。

《問題編》

【職員ハンドブック P565】□□□□□
【No. 393】 行政手続法と行政手続条例の関係の記述の空欄の語句として、妥当なのはどれか。

　行政手続法は、「処分」（申請に対する処分・不利益処分）、「行政指導」、「届出」、「命令等の制定」に関する手続法である。
　これらのうち、 A の根拠が地方公共団体の条例や規則にある場合には手続法が適用されるが、 B については、地方公共団体の行う全てが手続法の適用除外となっている。

	A	B
1	処分と行政指導	届出と命令等の制定
2	処分と届出	行政指導と命令等の制定
3	処分と命令の制定	行政指導と届出
4	行政指導と届出	処分と命令等の制定
5	行政指導と命令等の制定	処分と届出

【職員ハンドブック P566】□□□□□
【No. 394】 行政手続法は、処分などの手続を定めた法律であるが、行政の処分や指導の内容が多種多様であり、その中には行政手続法を一律に適用することが適当でないものがあるため、特定の分野についてはその適用を除外している。次のうち「**行政手続法の適用除外とならないもの**」はどれか。

1　地方公共団体の機関が行う処分のうち法律に基づき行う処分。
2　刑事事件に関する法令に基づいて検察官などが行う処分。
3　条例又は規則に基づき地方公共団体の機関が行う処分。
4　国の機関又は地方公共団体若しくはその機関に対する処分。
5　公務員の給与、勤務時間その他の勤務条件について定める命令等。

【職員ハンドブック P567】□□□□□
【No. 395】 行政手続法の**申請に対する処分**の記述として、妥当なのはどれか。

1　審査基準──行政庁が申請の処分をする場合に備え、審査基準を定めることは義務であるが、この審査基準を公表することは任意とされている。
2　処理期間──行政庁が標準処理期間を定め、これを事務所に掲示することは、ともに義務であるが、この期間は処分の目安であり応答の義務期間ではない。

《問題編》

3　申請審査──申請書に不備がある又は添付書類がないときは、申請の補正を求めなければならず、申請の許認可などを拒否することはできない。
4　情報提供──申請者からの申請に係る審査の進行状況や処分の時期の見通しの求めに対する行政庁の情報の提供は、行政庁の義務である。
5　利害調整──行政庁が申請者以外の利害を考慮することが許認可などの要件である場合に、公聴会で申請者以外の意見を聴くのは、努力義務である。

【職員ハンドブックP568】□□□□□
【№396】　行政手続法の**不利益処分**の記述として、妥当なのはどれか。

1　不利益処分とは、行政庁が特定の者を名宛人とし、直接に義務を課し又は権利を制限する処分であり、「処分の基準の策定及び公表」は義務である。
2　不利益処分には、聴聞又は弁明の意見陳述が「必要な場合」と「不要な場合」があり、必要な場合は、聴聞と弁明の機会の付与の両方を与える必要がある。
3　不利益処分を行う場合の聴聞は「口頭審理」の手続であり、弁明の機会の付与は弁明書や証拠書類などの提出による「書面審理」の手続である。
4　不利益の程度が「重大な場合」は、弁明の機会の付与を行わなければならず、不利益の程度が「小さい場合」は、聴聞を行うこととなる。
5　不利益処分を行うときには、行政庁は、状況のいかんを問わず、その名宛人に対して、必ず当該不利益処分の「理由」を示さなければならない。

【職員ハンドブックP568】□□□□□
【№397】　不利益処分の**聴聞**の記述として、妥当なのはどれか。

1　聴聞の「通知」とは、聴聞の期日までに処分の名宛人に対し、不利益処分の内容や原因となる事実などを、書面又は口頭により通知する行為をいう。
2　聴聞の「参加人」とは、当事者以外の者であり、不利益処分の利害関係の有無にかかわらず、聴聞に参加させることができる。
3　聴聞の「代理人」とは、当事者のために聴聞に関する一切の行為を行うことができる者であり、聴聞の参加人には、代理人の選任は認められない。
4　聴聞の際の「文書等の閲覧」とは、処分の原因となった資料の閲覧を求めることであり、聴聞の通知がある時から聴聞が終結する時までの間に行える。
5　聴聞の「主宰者」とは、行政庁が指名する職員等を指し、この職員等の等には、当事者及び参加人も含まれるため、当事者及び参加人も主宰者になれる。

《問題編》

【職員ハンドブック P568】□□□□□
【№.398】 不利益処分の**聴聞**の記述として、妥当なのはどれか。

1 聴聞では、当事者は、聴聞期日に出頭して意見を述べ、主宰者の許可を得て行政庁の職員に質問できるが、これらの行為は参考人にも認められている。
2 聴聞では、主宰者が処分内容や根拠を説明し、当事者等に意見陳述の機会を与えなければならないため、出頭しない者があるときは審理を行うことができない。
3 聴聞では、当事者のプライバシーが侵害されるおそれがないように配慮する必要があるが、行政庁は、原則として公開しなければならない。
4 聴聞後の処分の決定とは、当事者などの主張に、理由があるかどうかなどを記載した報告書に基づき、主宰者が行う不利益処分の決定のことをいう。
5 聴聞に関する審査請求は、聴聞の処分が事前手続に付随する派生的処分であることから、当事者は、改めて行政不服審査法に基づく審査請求ができる。

【職員ハンドブック P569】□□□□□
【№.399】 **弁明の機会の付与**の記述として、妥当な組合せはどれか。

A 弁明は、原則として弁明書などを提出して行うが、行政庁が認めた場合には口頭で行うことも可能である。
B 弁明の手続は、不利益処分に関する手続ではないため、聴聞に関する手続の規定は準用されない。
C 弁明は、聴聞に該当しないときに与えられるもので、行政庁は、弁明がなされれば、それを判断して処分を決定する。
D 弁明は、弁明書を提出することによって行うものであり、弁明に際して、証拠書類などを一緒に提出することは認められない。

1 A B 2 A C 3 A D 4 B C 5 B D

【職員ハンドブック P569】□□□□□
【№.400】 行政手続法の**行政指導**の記述として、妥当なのはどれか。

1 行政指導とは、一定の行政目的を実現するために、特定の者に対して行う指導、処分、勧告、助言その他の行為を指す。
2 行政指導に当たっては、行政機関の任務や所掌事務の範囲を逸脱できないが、相手方が指導に従わないときは、これを理由に不利益な取扱いが認められる。

《問題編》

3 許認可などの行為者に対し、行政機関は、当該権限を行使し得る旨をことさらに示し、相手方に行政指導に従うことを余儀なくさせることもできる。
4 法令違反の是正を求める勧告の行政指導に対しては、相手方は、行政指導が法律要件に違反すると思料したとしても、行政指導の中止を求めることはできない。
5 申請の取下げや内容変更の行政指導に対して、申請者が指導に従う意思がない旨を表明したときは、指導を継続し、申請者の権利を妨げてはならない。

【職員ハンドブックP570】□□□□□
【No. 401】 行政手続法の**行政指導の中止等及び処分等の求め**の記述として、妥当な組合せはどれか。

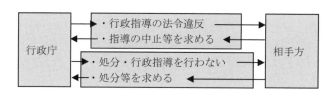

A 行政指導の「中止等」は、法令に違反する行為の是正を求める行政指導が、その根拠となる法律要件に適合しないと判断するときに求めることができる。
B 行政指導の「中止等」の求めを受けた上級行政庁は、調査を行い、法律要件に適合しないと認めるときは、中止等の必要な措置を執らなければならない。
C 「処分等の求め」は、処分又は行政指導を受けた者が、法令に違反する事実があり、処分又は行政指導が是正されないときに申し出ることができる。
D 「処分等の求め」は、法令に違反する事実を知る者からの申し出を端緒として、処分又は行政指導を求めることができる権利である。
E 「処分等の求め」は、申し出を受けた行政庁が必要な調査を行い、その結果に基づき、必要があると認めるときには是正の処分などが行われる。

1　A B　　2　A C　　3　A E　　4　B D　　5　D E

【職員ハンドブックP570】□□□□□
【No. 402】 行政手続法の**届出**の記述として、妥当なのはどれか。

1 届出とは、行政庁に対し一定の事項の通知をする行為であり、申請を含め、法令に基づき直接に当該通知が義務づけられているものをいう。
2 届出は、一定の事項を公の機関に知らせる通知行為であり、行政庁の諾否の応答が予定されているものである。

3　届出は、提出先とされている機関の事務所に発送した時点で、届出をすべき手続上の義務が履行されたものと見なされる。
4　届出は、法令に定められた形式的要件が整えられた届け出であれば、行政庁は、必ずこれを受理しなければならない。
5　届出は、届出をした者に対して行政庁の意思及び判断の介在する余地のある通知行為であるため、行政庁は、内容的要件の審査権限を有する。

【職員ハンドブックP571】□□□□□
【No. 403】　行政手続法の**意見公募手続**の記述として、妥当なのはどれか。

1　意見公募手続は、行政機関が法令等を定める場合において、当該法令等の案及びこれに関する資料をあらかじめ公示して、意見を求める手続である。
2　意見公募手続は、パブリック・コメントと呼ばれ、命令等の案は、具体的かつ明確な内容でなければならないが、根拠法令を明示する必要はない。
3　意見公募手続を実施したにもかかわらず、命令等を定めないこととした場合においても、その旨を公示しなければならない。
4　意見公募手続は、広く一般の意見を求めるために行う手続であり、意見提出のための期間を定める必要はない。
5　提出意見を考慮して命令等を定めた場合には、当該命令等と一緒に、提出意見と考慮した結果を公示する必要があるが、その理由まで公示する必要はない。

【職員ハンドブックP572】□□□□□
【No. 404】　**地方分権と住民自治**の記述として、妥当なのはどれか。

1　〔憲法〕では、地域のことは地域の住民が決める原則を明記し、地方自治機構の制度としては間接民主制を採用し、直接民主制を採用していない。
2　〔憲法〕の地方自治の規定では、主権者である国民は、自らの地域の事項に直接参画する権利を有するとしているが、義務については言及していない。
3　〔地域主権戦略大綱や地域主権推進大綱〕では、住民に身近な行政は地方に委ね、地方行政の中心的な役割を担う都道府県に権限を移譲するべきとしている。
4　〔地方分権改革有識者会議〕では、地方分権改革は、これまでは団体自治の強化であったが、今後は自立する住民自治の拡充が重要であるとしている。
5　〔地方分権改革〕では、特別区のような住民に最も身近な基礎自治体の役割が増すことを念頭に、団体自治の推進を図る必要があるとしている。

《問題編》

【職員ハンドブック P573】 □□□□□
【№ 405】 地域コミュニティの記述として、妥当なのはどれか。

1 地方自治は、民主主義の学校と言われているが、地域社会には、自治の原型ともいえる伝統的な町会などの地縁団体である、公助の姿が存在する。
2 地域コミュニティでは、住民同士がある程度の文化や歴史を共有するも、価値観や生活様式が異質であるため、その特性に応じた解決は容易なことではない。
3 地域コミュニティは、高度情報化や社会経済状況の複雑化で、大きなコミュニティ単位での要望や価値観が多様化し、コミュニティは崩壊の危機にある。
4 地域コミュニティとして、地縁団体の役割の重要性は過去のものとなり、一方では、地縁団体以外の多様な機能団体（NPOなど）が存在感を増している。
5 地域コミュニティに関する研究会の報告書では、今後の課題対応として、地域活動のデジタル化、自治会等の活動の持続可能性の向上、地域コミュニティの様々な主体間の連携の3つの視点を挙げている。

【職員ハンドブック P574】 □□□□□
【№ 406】 ソーシャル・キャピタルの記述として、妥当なのはどれか。

1 ソーシャル・キャピタルの本質的な形態には、自治会、町内会などのネットワークがあるが、今後の形態は、個々の住民による地域力が重要な要素となる。
2 ソーシャル・キャピタルとは、人々の社会参加を活発にし、社会の効率性を高めることのできる信頼、規範、ネットワークなどの社会組織のことである。
3 ソーシャル・キャピタルは、個人の協調行動を促し、社会全体の利益を高め、社会的な効率性を向上させる反面、費用負担は大きくなる。
4 ソーシャル・キャピタルが豊かな地域では、市民意識が高く、政策効果は高くなるが、これによって犯罪が少なくなるということはない。
5 ソーシャル・キャピタルによる効果には、豊かなネットワークにより政治、社会、経済へ良い影響を与える効果があるが、失業者を減らす効果は乏しい。

【職員ハンドブック P576】 □□□□□
【№ 407】 協働の意義の記述として、妥当なのはどれか。

1 協働の本質は、区民、すなわち自治会、町内会、地域団体、NPOなども公共主体になるところにあり、この公共主体には、営利企業は除かれる。
2 協働には、区民自身がイニシアチブをとって、行政と対等な立場で政策づ

くりや実施に関わることも含まれ、住民参加と同義である。
3　協働は、従来の要求型や対立型の行動方式を踏襲したものであり、これらの型が成熟社会の原動力となっている。
4　協働とは、公共的な分野は役所に、それ以外を区民が関わることにより、問題を解決していくことであり、持続可能な社会を構築する方法である。
5　協働は、行政と区民が一緒に取り組む形が一般的であるが、行政と一緒にやらない公共的な活動も協働の一つとなる。

【職員ハンドブックP576】□□□□□
【No.408】　**協働の仕組みづくり**の記述として、妥当なのはどれか。

1　協働の仕組みの「地域自治区」とは、基礎自治体の一体性を損なわないように、法人格を有する地域組織と位置づけされている。
2　協働の仕組みの「地域自治区」には、協働を進める行政運営のため地域協議会を設置することができ、地域協議会の委員を公募によることもできる。
3　協働の仕組みの「合併特例区」とは、合併に際し地域住民の意見を反映させる制度であり、自治法を根拠として設置することができる。
4　協働の仕組みの「合併特例区」とは、自治体とは別の地方政府であり、独自に自治行政権、自治立法権、自治財政権を有し、議会の設置や自主課税権が可能である。
5　行政と住民の協働によって条例を作成する自治体が増えているが、パブリック・インボルブメント手法による条例化はない。

【職員ハンドブックP576】□□□□□
【No.409】　**自治基本条例**の記述として、妥当な組合せはどれか。

A　自治基本条例は、国の関与の拡大と自治体が主体的に活動できる範囲が広がる中で、自治運営の基本となる条例が制定された経緯を持つ。
B　自治基本条例の多くは、住民、行政、協働などが規定され、自治を再定義した総合的な規定となっており、自治体運営における地域の憲法とも言われている。
C　自治基本条例は、一般に、理念型、権利保障型、住民自治型及び行政指針型の4つに分類され、この中で、自治基本条例の多くは「住民自治型」である。
D　自治基本条例については、確立した定義はないが、自治体レベルでの協働のプロジェクトとして条例化される場合が典型的である。
E　自治基本条例は、特別区においても制定する区があり、その数は23区全体の半数を超えている。

《問題編》

1　AB　　2　AE　　3　BD　　4　CD　　5　CE

【職員ハンドブック P577】□□□□□
【№ 410】　NPO活動の拡大の記述として、妥当なのはどれか。

1　NPOはNon-Profit Organizationの略称であり、NPO法は、ボランティア団体等に法人格を付与し、その活動を支援する法律である。
2　NPO法は、東日本大震災時に、ボランティア活動などの重要性が認識されたことを契機として成立した法律である。
3　NPOとは、営利を目的とせず、公益の増進に寄与することを目的として、住民が主体的に取り組む活動を継続的に行う団体及び個人を指す。
4　NPO法での活動分野には20の分野があるが、いずれも福祉事業に限定されている。
5　NPO法に基づく特定非営利活動法人になると、税制上の優遇処遇を受けられ、この認定事務は所轄庁である都道府県のみが行っている。

【職員ハンドブック P582】□□□□□
【№ 411】　自治体経営の記述として、妥当なのはどれか。

1　自治体経営は、憲法の理念のもとに経営されるため、自治法では、自治体の効率的・効果的な執行体制や運営を要請する規定はない。
2　自治体経営は、国よりも地方の方がより機動的、かつ的確な対応が可能である点から、地方分権を推進することが強く求められている。
3　自治体経営は、地域の住民の安全と生活を守ることが主たる目的であり、住民が豊かに、幸せに暮らせる視点で経営を行う必要はない。
4　自治体経営は、行政と住民・団体あるいはサービス提供者と受益者との関係性のもとに経営目標を設定し、最大の効果をめざすことにある。
5　自治体経営は、内部要因を考慮するのではなく、NPOなどとの協働など、自治体を取り巻く外部環境を考慮し、最適な戦略の選択を行うことにある。

【職員ハンドブック P584】□□□□□
【№ 412】　NPM（ニュー・パブリック・マネジメント＝新公共管理理論）の記述の空欄の語句として、妥当なのはどれか。

　　NPM（New Public Management）とは、民間部門の行動原理である経済効率性、　A　、説明責任などを公的部門にも働かせ、公的部門が、国民や住民に提供する財やサービスの質を向上させるとともに、それにかかる財政負担

を極力少なくしようとする理論であり、1980年代以降 B で導入された。
　NPM理論では、コスト（税負担）に対し、最も価値のある行政サービスの提供を目指す C が優先されるが、これに加えて、有効性や顧客満足度の向上を目指すこと、すなわち、 D が基本的な考え方とされている。

	A	B	C	D
1	顧客満足度	日本	Value For Money	Best Value
2	顧客満足度	米国	Best Value	Value For Money
3	顧客満足度	欧米	Value For Money	Best Value
4	目標管理	英国	Value For Money	Best Value
5	目標管理	欧米	Best Value	Value For Money

【職員ハンドブックP585】□□□□□

【No.413】　PPP（Public Private Partnership：（パブリック・プライベート・パートナーシップ＝公民連携）の記述として、妥当なのはどれか。

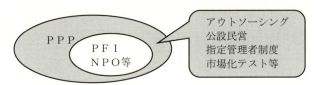

1　PPP（公民連携）は、公共と民間による事業の連携や共同を意味する概念であり、NPM理念に基づいた概念ではない。
2　PPPは、国や地方自治体の公共サービスに民間の資金や技術、ノウハウを取り入れた手法であり、米国において打ち出された概念である。
3　PPPのスタイルとしては、NPO方式やPFI方式などがあるが、第3セクター方式や独立行政法人化は、PPPと方式を異にする。
4　PPPを貫く理念としてBest VFMがあるが、このBest VFMは、公共セクターの機能を分離せずに、公民の協力や連携を図るところに特徴がある。
5　PPPは、公民連携方式といったNPM理念に基づき、公共の政策立案と政策実施を分離し、公共は直営サービスが不可欠な分野を担当する。

【職員ハンドブック P586】□□□□□
【№414】 PFI（プライベート・ファイナンス・イニシアティブ）の記述として、妥当なのはどれか。

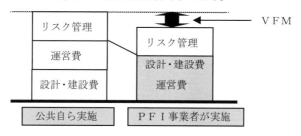

1　PFIとは、民間の資金や技術などを活用して、設計建設費や運営費を削減し、より質の高い公共サービス提供のVFMを生み出す手法である。
2　PFIは、公共施設の建設、維持管理、運営などに民間の資金や経営能力、技術的能力を活用する方法であり、この方法は、地方公共団体の事業に限り採用されている。
3　PFI法が施行され、PFI法の基本方針では、民間事業者の募集や選定、民間事業者の責任の明確化などが定められるも、税制上の措置の定めはない。
4　PFIの導入効果としては、低廉かつ良質な公共サービスの提供、民間の事業機会の創出による経済の活性化などが挙げられるが、行政改革に導入した際の効果は小さい。
5　PFI法による公共施設等運営権（コンセッション方式）は、利用料金を徴収する事業に限られているが、PFI事業者は、利用料金を自らの収入として受け取れる。

【職員ハンドブック P589】□□□□□
【№415】 指定管理者制度の記述として、妥当なのはどれか。

1　指定管理者制度は、公の施設の管理を営利企業やNPO法人、市民グループのほか、地域の住民に包括的に代行させる制度である。
2　指定管理者制度は、公の施設の管理運営を行政が直接運営するもの以外を、指定者に代行させ、住民ニーズに効果的・効率的に対応する目的がある。
3　指定管理者制度は、導入に際して議会の議決が必要であるが、従来の業務委託と同様な制度であり、その法律効果の性格は行政処分ではない。
4　指定管理者制度は、自治法に基づく制度であり、制度の活用は地方公共団

体の自主性に委ねられているが、指定期間は自治法上5年以内とされている。
5 指定管理者制度は、議会の議決を経て導入される制度であり、指定管理者の指定は、価格競争による入札と同じ趣旨で行われる。

【職員ハンドブックP590】□□□□□
【No.416】 市場化テスト（Market Testing）の記述として、妥当なのはどれか。

1 市場化テストは、官の世界に競争原理を導入し、官と民が対等な立場で競争入札を実施し、価格の面で優れた主体が落札者とする制度である。
2 市場化テストでは、公共サービスの提供を担う官と民の競争入札による方法であり、公共サービスの民と民との間の競争入札には、認められていない。
3 市場化テストは、経費削減のみならず、公共サービスの質の向上という面において効果を挙げているが、この制度は、日本独自の制度である。
4 市場化テストの主体に地方公共団体も位置づけられており、法令の特例業務以外は、自治体の条例又は規則に基づき、官と民との競争入札を実施することができる。
5 市場化テスト法は、法令の特例が適用される特定公共サービス制度が設けられており、地方公共団体関連の事業では、窓口10業務に特例が設けられている。

【職員ハンドブックP591】□□□□□
【No.417】 ファシリティ・マネジメント（FM）の記述として、妥当なのはどれか。

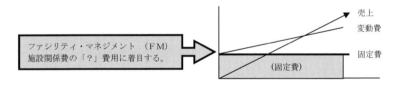

1 FMは、日本で生まれた新しい経営管理方式であり、全ての施設及び利用環境を経営的視点から総合的に活用する経営管理活動である。
2 FMが自治体で関心が集まる理由には、人件費の次に多額の変動費を要する施設関係費の合理化に着目しなければ、行政改革を進められないことにある。
3 FMでは、経営戦略に基づき、中長期実行計画、プロジェクト管理、運営維持、評価のサイクルに基づき、マネジメントを実施していくことが重要である。
4 FMの効果としては、施設の実態が明らかになり、最適な経営管理ができ、管理経費を抑えられる効果がある反面、FMは、地球環境などの課題には不向きである。

5　ＦＭは、自治体の公の施設が抱える課題を解決する一方法として、多くの自治体で脚光を集めているが、特別区でＦＭを導入する所はない。

【職員ハンドブック P591】□□□□□
【№418】　**行政評価**の記述の空欄の語句として、妥当なのはどれか。

　行政評価とは、「政策、　A　、事務事業からなる政策体系を対象に、その成果や実績などを事前、中間、事後において、有効性や効率性などの観点から評価するもの」と、定義されている。
　そのプロセスは、　B　によって施策の立案や改善につなげるものである。
　行政評価の方法には、階層別に①政策評価、②　A　評価、③事務事業評価などがあり、また内部評価に加えて　C　を実施する自治体もある。
　行政評価の効果としては、①効率的・効果的な行政運営、②行政の説明責任の確保、③　D　の3つが期待されている。

	A	B	C	D
1	施策	ＰＤＣＡ	外部評価	職員の意識改革
2	施策	ＰＤＣＡ	経営評価	職員の意識改革
3	経営	ＰＤＣＡ	外部評価	職員の事務改善
4	経営	行政改革	経営評価	職員の経営改革
5	協働	行政改革	住民評価	職員の事務改善

【職員ハンドブック P592】□□□□□
【№419】　**特区制度と規制改革等**の記述として、妥当なのはどれか。

平成15年	構造改革特区	構造改革特別区域法に基づく創設
平成22年	総合特区	新成長戦略～『元気な日本』復活のシナリオに基づく創設
平成25年	国家戦略特区	国家戦略特別区域法に基づく創設

1　〔構造改革特区〕は、国が示したモデルに応じて、地方公共団体や民間機関が地域特性に合わせて規制の改革を提案し、認められれば、それが特区となる。
2　〔構造改革特区〕は、幼保一元化など、特区事業に成果が出た場合でも特区認定は取消されず、全国的なスタンダードにはならない。
3　〔総合特区〕には、経済成長のエンジンとなる「国際戦略総合特区」と、地域資源を最大限に活用する「地域活性化総合特区」などの3パターンがある。
4　〔総合特区〕は、構造改革特区と同様に、特区の要件を満たす地域である場合に限り、自治体に限定されるプロジェクトである。

5 〔国家戦略特区〕は、自治体からの申請によらず、国が指導して、国家戦略にふさわしい規制改革のパッケージを用意した地域を、国が指定する特区である。

【職員ハンドブック P593】□□□□□
【No. 420】 **シティ・プロモーション事業**の記述として、妥当なのはどれか。

1 シティ・プロモーションは、都市の再生と活性化の促進を基軸にしつつ、都市の魅力を、自治体の外に向けてアピールする手法である。
2 シティ・プロモーションは、地域内資源の内発力を駆使し、緻密で実行可能性の高いレベルでの、計画に基づいた都市ビジョンの手法である。
3 シティ・プロモーションは、企業や大学などの誘致を実現させるプロジェクト手法であり、観光客の増加を目指す場合には適用されない。
4 シティ・プロモーションには、イメージ戦略、雇用創出、都市基盤整備などがあり、これらが単独的なアプローチによって事業が展開される。
5 シティ・プロモーションは、行政機関によらず、市民、大学、研究機関、ＮＰＯ、企業など、多くの関係機関との協働で進められる手法である。

【職員ハンドブック P594】□□□□□
【No. 421】 **政策形成**の記述として、妥当なのはどれか。

1 〔政策形成の類型〕には、代表利害調整型、投機型、創造型があり、今日的な政策形成としては、投機型が最も多く受け入れられている。
2 〔代表利害調整型〕とは、利害関係者間で利害を調整する方法であり、権限や財源の確保が目的となるも、地域の要望や実態に近い施策となる。
3 〔投機型〕とは、住民ニーズを、一定の価値観や考え方などに基づき幅広く受け止め、その立場に立って、慎重な施策を展開する形態である。
4 〔創造型〕とは、行政や業界全体の価値体系を見直し、新たな戦略を立てる中で、個別問題に対応する、政策展開による形態である。
5 〔創造型〕の場合には、限られた資源配分の見直しや優先順位、平等性の確保に基づく配分基準を明確にするなど、これらの政策形成に留意する必要がある。

《問題編》

【職員ハンドブック P594】□□□□□
【№ 422】 **政策法務**の記述として、妥当なのはどれか。

1 政策法務には、条例立案（Plan）、法令執行（Do）、その結果を評価（Check）し、更により良い制度に改善（Action）するPDCAサイクルが必要である。
2 政策法務とは、政策形成された自治体活動の設計図を実施する上で、その根拠となる法令を作成することであり、この法令とは、法律と条例に限られる。
3 政策法務とは、自主的に条例立案などに当たる行為であり、自己責任の下に法令を自主的に解釈することであり、執行や運用に関することは含まれない。
4 政策法務は、社会公共の問題解決のための政策そのものであって、政策実現のための手段ではない。
5 政策法務では、法令解釈や法令適用の専門性が求められるため、行政に携わる特定の部署における問題意識や、改善への積極的な姿勢が求められる。

【職員ハンドブック P595】□□□□□
【№ 423】 **戦略的思考による企画立案**の記述として、妥当な組合せはどれか。

A 政策形成における戦略決定は、明確な方向性に基づく決定でなければならず、その要素としては、組織の活動範囲や組織の短期的な方向性などがある。
B 戦略性を持つ事業計画を作成する上で把握するための分析には、付加価値を創造する能力や競争力の有無があるが、組織文化のあり方はその要素とならない。
C 戦略的な行政運営を進めるために、政策形成の重要な土台は、住民目線での企画立案とそれを可能にする組織や職場環境であるといえる。
D 戦略的企画立案の手法であるEBPMとは、政策目的を明確化させ、効果が上がる行政手段は何かなど、政策の基本的な枠組みを、証拠に基づき明確にする取組みである。

1 AB　　2 AC　　3 AD　　4 BC　　5 CD

【職員ハンドブック P597】□□□□□
【No.424】 国家戦略としての電子行政の記述として、妥当な組合せはどれか。

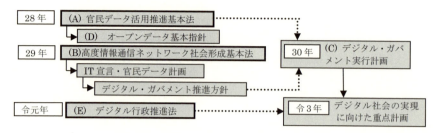

A 〔官民データ活用推進基本法〕では、行政手続のオンライン利用の原則化など、官民データの活用に資する各種施策の推進を、国の取組みとして義務づけているが、地方公共団体の責務については明記されていない。

B 〔高度情報通信ネットワーク社会形成基本法〕などに基づく『デジタル・ガバメント推進方針』では、デジタル前提ではなく、国民や事業者の利便性向上に重点を置き、行政のあり方そのものを見直すデジタル・ガバメントの実現を目指している。

C 『デジタル・ガバメント実行計画』は、デジタル宣言や官民データ計画に掲げられた電子行政分野を深堀りし、詳細化した計画であり、行政サービスのデジタル化を実現するため、手続のオンライン化、添付書類の撤廃、ワンストップ化などの推進を図るとしている。

D 〔官民データ活用推進基本法〕を踏まえた、オープンデータ・バイ・デザインの考え方に基づく『オープンデータ基本指針』では、その意義や定義、オープンデータの基本的ルール、オープンデータの公開や活用を促す仕組み、推進体制、地方自治体における取り組みなどがまとめられている。

E 〔デジタル行政推進法〕に基づく『新デジタル・ガバメント実行計画』では、地方公共団体の情報システムの標準化・共通化、行政手続のオンライン化に取り組む「自治体デジタル・トランスフォーメーション（DX）推進計画」が策定されている。

1　ABC　　2　ABE　　3　BCD　　4　BDE　　5　CDE

《問題編》

【職員ハンドブック P599】□□□□□
【No.425】 **総務省の取組み**の記述として、妥当なのはどれか。

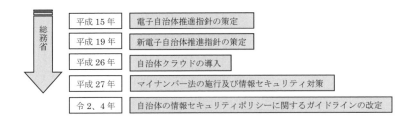

1 〔平成15年〕、総務省は、「電子自治体推進指針」を策定し、電子自治体の取組みを推進した結果、自治体におけるホームページの開設や庁内ＬＡＮの構築などを整備した。
2 〔平成26年〕、総務省は、「電子自治体の取組みを加速するための10の指針」を策定し、自治体に対する情報提供や助言等の支援のための「自治体クラウド」の導入を図った。
3 〔平成26年〕、総務省が進める「自治体クラウド」とは、自治体が情報システムを庁舎内で保有や管理し、それを、通信回線を経由して利用する取り組みである。
4 〔平成27年〕、総務省は、「マイナンバーカード」を活用した地域経済好循環システムの構築や公的個人認証サービスの提供を行ったが、情報セキュリティ監査に関するガイドラインの策定は未実施である。
5 〔平成27年〕、総務省は、自治体の情報セキュリティを強化するため、ネットワーク構成を２つに分離・分割するように自治体に要請し、これを受けて、インターネット接続に都道府県と区市町村が協力して「自治体情報セキュリティクラウド」を構築した。

【職員ハンドブック P600】□□□□□
【No.426】 **特別区における情報化施策の経緯**の下表の年代のＡ～Ｅと、その説明「ア～オ」の組合せで、妥当なのはどれか。

1960年代	1970年～1980年代	1990年代	2000年代	2010年代
A	B	C	D	E

ア：データベースの構築やオンライン処理を図る。
イ：汎用電子計算機の導入を図る。
ウ：庁内ＬＡＮやグループウェアの導入を図る。

エ：インターネットの普及に伴いホームページの開設を図る。
オ：情報システムの運用の最適化、基盤の再構築を図る。

```
  A→ B→ C→ D→E
1 ア→エ→ウ→イ→オ
2 ア→ウ→イ→オ→エ
3 イ→オ→エ→ア→ウ
4 イ→ア→エ→ウ→オ
5 ウ→ア→イ→オ→エ
```

【職員ハンドブックP601】□□□□□
【No. 427】 **電子自治体の現状**の記述として、妥当なのはどれか。

1 〔GovTech東京事業〕とは、都と都内の区市町村が共同して電子自治体を実現する事業であり、電子申請サービスのみが実施されている。
2 〔電子申請サービス〕とは、インターネットを介して、都民や事業者が、自宅や会社のパソコンを使って行政手続を行えるようにするシステムである。
3 〔マイナポータル〕とは、都道府県が運営するオンラインサービスで、マイナンバー制度に基づく情報照会などができる、自分専用のポータルサイトである。
4 〔住民基本台帳ネットワークシステム〕とは、居住関係を公証する住民基本台帳のシステムであり、氏名、性別、本籍、住所の4情報の本人確認を可能とする。
5 〔公的個人認証サービス〕では、利用者に電子証明書を発行し、なりすましやデータ改ざんの防止を可能とするが、外国人は電子証明書を取得することができない。

【職員ハンドブックP601】□□□□□
【No. 428】 **電子自治体の現状**のキーワードの記述A〜Eと、キーワード名「ア〜オ」の組合せとして、妥当なのはどれか。

　　A は、高度なセキュリティを維持した〔総合行政ネットワーク〕のことであり、地方公共団体間を相互に接続する行政専用ネットワークのことである。
　　B は、〔地方公共団体組織認証基盤〕のことであり、地方公共団体が住民や企業などとの間で実施する申請などの手続を電子的に行う際に、電子文書などが改ざんされていないかを確認する仕組みである。
　　C は、インターネットで行う〔地方税への電子申告システム〕のことである。

《問題編》

D　は、インターネットを通じて安全で確実な行政手続等を行うために、マイナンバーカードの〔電子証明書〕を用いて、他人による「なりすまし」やデータの「改ざん」を防ぐために用いる本人確認の手段である。
　　E　は、災害等の危機発生時に〔業務が継続〕できるようにする計画のことである。

ア：LGPKI　イ：LGWAN　ウ：eLTAX　エ：ICT-BCP
オ：JPKI

1　A－ア　　B－イ　　C－ウ　　D－エ　　E－オ
2　A－ア　　B－ウ　　C－オ　　D－イ　　E－エ
3　A－イ　　B－ア　　C－ウ　　D－オ　　E－エ
4　A－イ　　B－ウ　　C－エ　　D－オ　　E－ア
5　A－ウ　　B－ア　　C－イ　　D－オ　　E－エ

【職員ハンドブックP604】□□□□□
【№429】 **マイナンバー制度**の記述として、妥当なのはどれか。

1　マイナンバー制度は、複数の機関に存在する情報の住所の確認と個人番号の記載を確認するための基盤として導入された制度である。
2　マイナンバー制度は、社会保障などの効率性や透明性を高める制度で、都道府県知事が個人番号を指定し、希望者にマイナンバーカードを交付する。
3　マイナンバー制度では、個人情報を一元管理する仕組みを構築し、システム上の安全管理を図るなど、高度な個人情報保護が図られている。
4　マイナンバー制度では、個人番号や法人番号の利用がマイナンバー法で厳密に定められており、違反した場合には拘禁刑や罰金が科せられる。
5　マイナンバー制度では、個人番号の利用範囲が番号法で規定されているが、「社会保障」、「税」、「災害対策」に限られておらず、条例で拡大することもできる。

【職員ハンドブックP606】□□□□□
【№430】 電子自治体推進に関する課題の一つの**情報セキュリティ対策**としての総務省の報告書、「新たな自治体情報セキュリティ対策の抜本的強化に向けて（平成27年）」の記述として、妥当な組合せはどれか。

A　報告書では、①組織体制の再検討及び職員の訓練等の徹底、②インシデント即応体制の整備、③インターネットリスクへの対応の3点の強化を求めている。

《問題編》

B 報告書では、上記の①と②の強化策として、ＣＩＳＯ（最高情報セキュリティ責任者）の設置やＣＳＩＲＴの組織化など、人的対策の強化を図る必要があるとしている。
C 報告書では、インターネットリスクには三層の構えで対応するとし、その一つのマイナンバー利用システムと他のシステムのネットワークとの分離は、総務省が直接実施するとしている。
D 報告書では、インターネットリスクの対策としては、区市町村インターネット接続口を国に集約し、自治体情報セキュリティクラウドで対策を進めるとしている。

1 ＡＢ　　2 ＡＣ　　3 ＡＤ　　4 ＢＣ　　5 ＢＤ

【職員ハンドブックP606】□□□□□
【No.431】 電子自治体推進に関する用語の記述として、妥当なのはどれか。

1 〔ＡＩ〕の活用は、各区でも進んでおり、保育所入所選考や路面状況の点検などに活用されているが、ＡＩチャットボットの利用はこれからである。
2 〔ＲＰＡ〕とは、ソフトウェアが入力や転記などの作業を代行し、自動処理するシステムであり、区によっては既に本格的な導入を図るところもある。
3 〔ＳＮＳ〕は、区民に浸透し、ツィッターなどで活用され、情報発信も区民が欲するジャンルを選択し、通知を受けるプル型の通知などにも活用されている。
4 〔オープンデータ〕は、一次利用可能なルールが適用され、コンピュータなどの判読に適したデータであり、有償で利用できるものである。
5 〔オープンデータ〕とは、国や地方公共団体などが保有するデータを、インターネットなどを通じて、誰もが容易に利用できるように公開されたものをいう。

【職員ハンドブックP610】□□□□□
【No.432】 リスクとは何かの記述として、妥当なのはどれか。

1 リスクとは、被害や損害が発生する可能性のある事象をいい、リスクとは危機が変化し、被害や損害が甚大となるおそれのある事態をいう。
2 危機とは、リスクが変化したものであり、危機は、リスクの段階を通り越して、最初から危機として事態を把握することは不可能である。
3 一般に言われるリスクとは、事件や事故、地震の災害などにつながる、あくまで重大な結果をもたらすリスクであって、危機を包括する概念ではない。
4 リスクには、外的要因に起因するものと内的要因に起因するものとがあるが、実際の事案では、これらの要因が複合して発生している。

《問題編》

5　リスクを、外的要因と内的要因とに分けると、外的要因によるリスクには公共施設の老朽化などがあり、内的要因によるリスクには情報漏えいなどがある。

【職員ハンドブックP610】□□□□□
【№433】　リスクマネジメントの手順の記述として、妥当なのはどれか。

1　リスクマネジメントの「目標」を設定するときは、最低限の目標を明確にしながら、費用対効果を考慮し、法制度上許容される限界や制約も考慮する。
2　リスクマネジメントの「手法」は、リスクで生ずる不測の損失や被害を処理するため、最少の費用で最善の効果を挙げる管理であり、危機管理ともいう。
3　リスクマネジメントの「管理」で、類似の危機管理は、より重大な結果をもたらすおそれのある危機管理であり、リスクマネジメントには含まれない。
4　リスクマネジメントの「評価」は、特定されたリスクが顕在化する確からしさの把握と、評価の下に、受容リスク対策とに分けて、優先の順位を決める。
5　リスクマネジメントの「実施」は、リスクマネジメント・プログラムとして計画し、個々の活動を分けずに、一連のものとして実施しなければならない。

【職員ハンドブックP614】□□□□□
【№434】　リスク対策の用語の「あ～え」と、その内容の記述「A～D」の組合せとして、妥当なのはどれか。

あ：ヒューマン・ファクター
い：リスクファイナンス
う：BCP（事業継続計画）
え：BCM（事業継続マネジメント）

　　A ――これは、発生が予想される被害や損失のうち、金銭的な資金を、基金などの方法であらかじめ準備することをいう。
　　B ――これは、リスク対策を立てる際に考慮しなければならないものとして、システムの中で働く人間の特性、能力、限界などを考慮に入れることをいう。
　　C ――これは、災害や事故などで企業の生産活動が中断する場合、被災しなかった企業も部品などの調達ができず、生産中止に追い込まれる事態を避けるリスクマネジメント手法をいう。
　　D ――これは、組織の改編や環境の変化などにより内容が陳腐化するため、事業継続に当たっては、新たな課題や問題点を抽出し、改善を継続的に繰り返すことで、実効性を確保することをいう。そのためのPDCAが必要

《問題編》

となる。

1　あ―A　　い―B　　う―C　　え―D
2　あ―A　　い―B　　う―D　　え―C
3　あ―B　　い―A　　う―C　　え―D
4　あ―B　　い―C　　う―D　　え―A
5　あ―C　　い―A　　う―D　　え―B

【職員ハンドブック P616】□□□□□
【No. 435】　リスクマネジメントの組織の記述として、妥当なのはどれか。

1　リスクマネジメントの組織は、単純な指揮命令系統を持った組織であり、できるだけ簡素なボトムアップ型の組織が望ましい。
2　リスクマネジメントの組織は、リスクが切迫する中で、必要とされる行動を速やかに決定し、担当部門に指示するトップの判断が必要であり、補佐役を置く必要はない。
3　リスクマネジメントの組織は、災害や事件、事故の発生が予測される場合には、部や課に、リスクマネジメント担当者を置く必要がある。
4　リスクマネジメントの組織は、各部門を統括する機能を備え、リスクの規模に応じて総合的に対応できるように、プログラムを定めておく必要がある。
5　リスクマネジメントの組織は、あらかじめ要綱などで定め、組織の構成員が緊急時の対応が十分できるように、対内的に整備しておく必要がある。

《問題編》

第3章　人事

【職員ハンドブック P619】□□□□□
【No. 436】　**地方公務員制度の理念**の記述として、妥当なのはどれか。

1 〔全体の奉仕者〕とは、公務員が奉仕の対象とするのは国民全体であって一部ではなく、国民に奉仕するために勤務しなければならないとする趣旨ではない。
2 〔全体の奉仕者〕とは、憲法を受けた理念であり、公務員は、主権者である国民全体の奉仕者として位置づけられ、この理念は一般職のみに適用される。
3 〔成績主義の原則〕とは、公務能率の増進の観点から、広く優秀な人材を確保するとする原則であり、かつ、職員の任用や給与等は、猟官主義に基づかせるとする原則である。
4 〔政治的中立性の原則〕とは、政治的に中立で、公正な行政を担保するとする原則であり、職員自身を政治的影響から保護し、職員の利益を保護するとする原則でもある。
5 〔勤労者としての地方公務員〕とは、一般職員の勤務条件を法律に基づかせることによって、勤労者の権利を保障し、地方公務員の勤労者としての性格を認めている。

【職員ハンドブック P620】□□□□□
【No. 437】　**地方公務員の範囲**の記述として、妥当なのはどれか。

1 地方公務員の範囲とは、普通地方公共団体に勤務する者を指し、特別地方公共団体に勤務する者はその範囲に含まれない。
2 地方公務員の範囲には、特別区及び地方公共団体の組合に勤務する者も含められるが、財産区に勤務する者は含まれない。
3 地方公務員であるか否かの判断は、従事職務が地方公共団体の事務か、任命行為があるか、報酬（給与）の支払があるかによって判断される。
4 地方公務員であるか否かの判断は、上記の3点の判断基準によって判断されるが、最終的には、人事委員会が決めることとなる。
5 地方公務員の範囲には、地方公共団体から勤労の対価として給与を受ける者は含められるが、民生委員のように無報酬の者は含まれない。

《問題編》

【職員ハンドブック P620】 □□□□□
【№ 438】 地方公務員の種類の記述として、妥当なのはどれか。

1 地公法は、いくつかの観点から職を分類し、地方公務員を一般職と特別職のほか、一般職にも特別職にも属さない地方公務員の存在を予定している。
2 地公法は、地公法の適用については、一般職の地方公務員のみに適用することとし、特別職には全て適用しないとしている。
3 地公法は、一般職の職員については、原則として定年に達するまでの勤務形態としており、特別職と異なって、任期が定まっている一般職を認めていない。
4 地公法は、まず特別職の範囲を限定列記した上で、一般職を除いた一切の地方公務員を、特別職として位置づけている。
5 地公法は、一般職の職員については、原則として受験成績と勤務成績（人事評価）に基づき任用等の身分取扱を行うとし、成績主義の原則を全面的に適用している。

【職員ハンドブック P620】 □□□□□
【№ 439】 次の者のうち、「必ずしも一般職に該当する者と言えないのは」どれか。

1 区長の補助機関である常勤の者
2 企業職の職員
3 臨時的任用職員
4 定年前再任用短時間勤務職員
5 会計年度任用職員

【職員ハンドブック P621】 □□□□□
【№ 440】 地方公務員の特別職として、妥当な組合せはどれか。

A 審議会の臨時又は非常勤の委員
B 地方公共団体の長の秘書
C 非常勤の調査員
D 警視正以上の階級にある警察官
E 会計管理者

1 AB　2 AC　3 BE　4 CD　5 CE

《問題編》

【職員ハンドブック P621】 □□□□□
【№441】 **特別職の種類**の記述として、妥当なのはどれか。

1 特別職には、「公選」によって就任する職があり、地方公共団体の長、議会の議員、公安委員会の委員などがこれに該当する。
2 特別職には、「議会の同意」によって就任する職があり、副区長、教育長、会計管理者、監査委員、人事委員会の委員などがこれに該当する。
3 特別職には、「議会の選挙」によって就任する職があり、選挙管理委員会の委員がこれに該当するが、選挙管理委員は選挙権を有する者でなくてもよい。
4 特別職には、職業的でない「非専務職」があり、臨時又は非常勤の顧問、参与など、専門的な知識経験又は識見を有する者が就く職などがこれに該当する。
5 特別職には、任命権者が任意に任用する「自由任用職」があり、必ずしも成績主義によらず、他の要素で任命権者が任用する職で、長や議長の秘書がこれに該当する。

【職員ハンドブック P622】 □□□□□
【№442】 **人事機関**の記述として、妥当な組合せはどれか。

A 人事機関は、いずれの地方公共団体においても、任命権者及び人事委員会又は公平委員会によって構成される。
B 人事機関とは、人事行政について最終的な権限を有する機関をいい、このうち任命権者とは、知事、区市町村長、教育長を指す。
C 任命権者とは、地公法並びにこれに基づく条例に基づき与えられた権限を行使する者を指し、規則や規程に基づく権限行使は認められない。
D 任命権者とは、職員の任命、人事評価、休職、免職及び懲戒などを行う権限を有する者を指すが、これらの権限は例示であり、限定されていない。
E 人事委員会とは、任命権者の人事権が、適正に行われているか否かをチェックする人事行政の専門機関であるが、議会や長から独立した機関ではない。

1　A B　　2　A C　　3　A D　　4　B D　　5　C E

【職員ハンドブック P622】 □□□□□
【№443】 **任命権者とその職員**の組合せとして、妥当なのはどれか。

　　　（任命権者）　　　　　　　　（任命される職員）
A　議会の議長・・・・・・・・・・議会事務局の職員

《問題編》

B　代表監査委員・・・・・・・・・監査委員事務局の職員
C　選挙管理委員会の委員長・・・・選挙管理委員会事務局の職員
D　教育長・・・・・・・・・・・・教育委員会事務局の職員
E　会計管理者・・・・・・・・・・出納員その他の会計職員

1　AB　　2　AD　　3　BC　　4　BE　　5　DE

【職員ハンドブック P622】□□□□□
【№ 444】　**人事委員会**の記述として、妥当なのはどれか。

1　人事委員会の「設置」は、都道府県の場合は法律に基づき設置されるが、特別区の場合には条例に基づき設置される。
2　人事委員会の「役割」は、任命権者の人事権に対し助言や審査などを担う機関であり、長や議会から独立した附属機関としての位置づけである。
3　人事委員会の「権限」は、その性質に応じて、立法的権限と行政権限の2つの権限を持つに止まり、司法的な権限は持たない。
4　人事委員会の「組織」は、4人の委員で組織され、原則として半数以上の委員が出席しなければ会議を開くことができない。
5　人事委員会の「形態」は、地公法に基づく組織形態であるが、特別区が共同設置する人事委員会は自治法に基づく組織形態であり、他の地方公共団体と異なっている。

【職員ハンドブック P622】□□□□□
【№ 445】　**人事委員会及び公平委員会の設置**の図A～Eのうち、「○（必置）・△（いずれか設置）」の位置として、全て妥当なのはどれか。

	人口規模	人事委員会	公平委員会
A	都道府県／指定都市	○	
B	人口15万以上の市	△いずれかを必置	
C	特別区	○	
D	人口15万未満の市		○
E	広域連合	○	

1　A　　2　AB　　3　ABD　　4　CD　　5　CDE

《問題編》

【職員ハンドブック P622】□□□□□
【№446】 **人事委員会の権限**の記述として、妥当なのはどれか。

1 人事委員会は、「準立法的権限」として、法律に基づき権限事務に関し人事委員会規則を定めることができるが、条例に基づき人事委員会規則を定めることはできない。
2 人事委員会は、「準立法的権限」として、権限事務に関し人事委員会規則を定めることができるが、この規則は、地方公共団体の機関が定める規則に該当するものではない。
3 人事委員会は、「準司法的権限」として、その権限を行使できる事項は限られており、不利益処分の審査請求及び勤務条件の措置要求に関する事項の2つに限られている。
4 人事委員会は、「準司法的権限」として、勤務条件の措置要求の「審査・判定・勧告」をする権限を有しており、この権限のうち判定を除き、他の機関に委任することができる。
5 人事委員会は、「準司法的権限」として、任命権者と職員の間の紛争を裁定する権限を有しており、不利益処分の審査請求に対する「審査・判定・勧告」ができる。

【職員ハンドブック P623】□□□□□
【№447】 **人事委員会の行政権限**の記述として、妥当なのはどれか。

1 人事委員会は、当該地方公共団体に関する条例の制定改廃について、当該地方公共団体の議会及び長に対して意見を申し出ることができる。
2 人事委員会は、職員団体が自主的かつ民主的に組織されていることを証する、職員団体の登録及びその取消しに関する事務を執行することができる。
3 人事委員会は、人事行政の運営に関して、当該地方公共団体の議会及び長に対して、専門機関としての立場に立って勧告することができる。
4 人事委員会は、給料表に関して、毎年、当該地方公共団体の議会及び長に対し報告し、かつ、必ず勧告をしなければならない。
5 人事委員会は、当該地方公共団体の現業職員の勤務条件に関し、労働基準監督機関としての職権を行使することができる。

【職員ハンドブック P623】□□□□□
【№448】 **任用の基本基準**の記述として、妥当なのはどれか。

1 任用とは、任命権者が特定の者を特定の職に就ける行為であり、職員の職

の欠員の有無にかかわらず、採用、昇任、降任及び転任の方法による。
2　任用は、受験成績、人事評価その他の能力の実証に基づくとされており、その他の能力の実証には、資格や免許の保持は含まれない。
3　任用は、受験成績などの能力の実証に基づき行うことを原則とし、スポイルズ・システムを排除せず、公正な任用によって行政の専門性や中立的性格を確保する必要がある。
4　任用の根本基準として、地公法は、成績主義の原則と平等取扱いの原則を明示しているが、職員団体の活動による不利益取扱いの禁止については明示していない。
5　任用は、成績主義の原則に基づき行われることが根本基準であることから、これに反して任用を行った者に対しては、罰則の適用がある。

【職員ハンドブック P624】　□□□□□
【No. 449】　**任用の定義**の記述として、妥当なのはどれか。

1　任用には「標準職務遂行能力」として、職制上の段階の標準的な職の職務を遂行する上で発揮する能力が求められているが、この基準は任命権者が定めるとされる。
2　任用には「採用」があり、採用は、職員以外の者を職員の職に任命する行為であり、臨時的任用職員の任用も、採用に該当する。
3　任用には「昇任」があり、昇任とは、職員をその職員が現に任命されている職より上位の職に任命することであるが、職員は、この昇任発令を拒むこともできる。
4　任用には「降任」があり、降任は、職員をその職員が現に任命されている職より下位の職に任命することであり、処分事由を要せず、任命権者の裁量で行われる。
5　任用には「転任」があり、転任は、職員を現に任命されている職以外の職に任命することであり、昇任や降任の場合も該当するが、転任は能力実証を要しない。

【職員ハンドブック P624】　□□□□□
【No. 450】　**標準職務遂行能力**の記述として、妥当なのはどれか。

1　標準職務遂行能力の基準は、地方公共団体の長が定めるものとされている。
2　標準職務遂行能力の職務の種類とは、部、課、係のような段階を意味する。
3　標準職務遂行能力の基準を定める者は、人事委員会に協議する必要がある。
4　標準職務遂行能力は、任用の基準となるが、人事評価の基準とはならない。
5　標準職務遂行能力は、職制上の段階と職務の種類に応じ発揮する能力である。

《問題編》

【職員ハンドブック P624】□□□□□
【№ 451】 **欠格条項**の記述として、妥当なのはどれか。

1 欠格条項とは、職員となる資格を認めない条項であり、認めないことが合理的であると否とにかかわらず、任用の資格要件として定められている条項である。
2 欠格条項に該当する者は、職員となるための競争試験を受けることができないが、職員となるための選考を受けることはできる。
3 現に職員である者が欠格条項に該当することとなったときには、当然に、その職を失い、条例に基づいて救済されることはない。
4 欠格条項に該当する者が行った行政上の行為は、法律上は無効であるが、善意の第三者に対しての行為は、有効な行為として取り扱われる場合がある。
5 欠格条項に該当する者を採用した場合は、無効となるため、採用以降、その者に支払われた給料は、返還させなければならない。

【職員ハンドブック P624】□□□□□
【№ 452】 **欠格条項**の記述として、妥当なのはどれか。

1 欠格条項は、拘禁刑以上の刑に処せられ、その執行を終わるまでの者は該当するが、刑の執行猶予期間中の者は、該当しない。
2 欠格条項は、当該地方公共団体において免職の処分を受け、当該処分の日から2年を経過しない者が、該当する。
3 欠格条項は、憲法又はその下に成立した政府を暴力で破壊することを主張する政党その他の団体を結成し、又はこれに加入した者が、該当する。
4 欠格条項は、人事委員会又は公平委員会の委員の職にあって、法律に規定する罪を犯し、刑に処せられた者が、該当する。
5 欠格条項は、成年被後見人、被補佐人、又は破産手続の開始の決定を受けた者は、管理に制約があることから、該当する。

【職員ハンドブック P625】□□□□□
【№ 453】 **職員の任命の方法**の記述として、妥当なのはどれか。

1 職員の任命の方法については、裁量権が任命権者に与えられているため、職員の職の欠員の有無にかかわらず、行使することができる。
2 職員の任命の方法とは、人に職を就けることと定義されており、地公法に規定する任命の方法は、採用、昇任、降任及び転任の4つに限られている。
3 職員の任命の方法については、人事委員会を置く地方公共団体においては、

地方公共団体の長が、一般的基準を定めるとされている。
4 職員の任命を行う場合には、任用する期間を定めることなく任命することが原則とされているが、条件付採用を行う場合に限り、一定期間、条件付のものとされている。
5 職員の任命の方法には、採用、昇任、降任及び転任があり、これらの任命権は、任命権者が有しており、いずれの任命の方法も、職員の不利益な取扱いとはならない。

【職員ハンドブック P625】□□□□□
【№.454】 **職員の任用の運用**の記述の空欄の語句として、妥当なのはどれか。

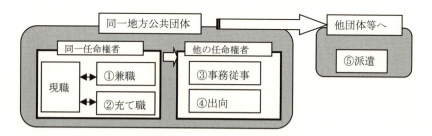

職員の任命の方法は、地公法に定める4つの種類に限られているが、実際には、法律又は事実上の任用の運用が行われている。
　職員が現職を保有したまま他の職に任用される場合があるが、これを　A　という。
　　A　は、狭義には同一地方公共団体で行われるが、他の地方公共団体の職を兼ねる場合も含まれる。また職員が現職を保有したまま、当然に他の職に任用される場合があるが、これを　B　という。
　これに対して、区長部局の職員が選挙事務を手伝うために、同一地方公共団体の他の任命権者（選挙管理委員会）の職務命令に従う場合があるが、これを　C　といい、また区長部局から教育委員会に人事異動が発令される場合があるが、これを　D　という。

	A	B	C	D
1	充て職	兼職	事務従事	出向
2	充て職	兼職	出向	事務従事
3	出向	事務従事	兼職	充て職
4	兼職	充て職	出向	事務従事
5	兼職	充て職	事務従事	出向

《問題編》

【職員ハンドブックP626】□□□□□
【No. 455】 **採用**の記述として、妥当なのはどれか。

1　採用の〔目的〕は、採用試験に係る職の属する職制上の段階の標準的な職に係る標準職務遂行能力、及び適性の有無を正確に判定することにある。
2　採用の〔方法〕は、人事委員会を置く地方公共団体では競争試験及び選考が原則であり、人事委員会を置かない地方公共団体では選考の方法に限られる。
3　採用の〔試験〕は、人事委員会又は任命権者が行うものとされ、国又は他の地方公共団体の機関に委託して、試験を行うことはできない。
4　採用の〔資格〕は、国籍は問われないが、人事委員会は、受験資格として必要な最少かつ適当な限度の、客観的かつ画一的な要件を定めることができる。
5　採用の〔手続〕では、試験に合格した者の氏名のみが採用候補者名簿に登録され、任命権者が、当該名簿に記載された者の中から採用を行うこととなる。

【職員ハンドブックP626】□□□□□
【No. 456】 **採用・昇任・降任及び転任の方法**の記述として、妥当な組合せはどれか。

A　職員の「採用」は、地域の地方公共団体の自主性及び自立性を高める観点から、人事委員会や任命権者の裁量に全面的に委ねられている。
B　職員の「昇任」は、任命権者が、職員の受験成績、その他の能力の実証に基づき合格した者の中から行うが、その際、人事評価は判定の要素とならない。
C　職員の「降任」は、人事委員会は関与せず、任命権者が、人事評価などから標準職務遂行能力及び適性を判断して行うため、特段の事由を必要としない。
D　人事委員会規則に定める職の「昇任」は、任命権者が競争試験又は選考で行い、人事委員会がこの規則を定めるときは、任命権者の意見聴取が必要である。
E　職員の「転任」には、職の属する職制上の段階の標準的な職に係る標準職務遂行能力と、任命する職の適性が判断され、その判断資料として受験成績がある。

1　AB　　2　AD　　3　BC　　4　BE　　5　DE

【職員ハンドブック P627】 □□□□□
【No. 457】 **選考による採用**の記述として、妥当なのはどれか。

1 選考による採用は、競争試験とともに、能力の実証のための最も基本的な方法であるが、その目的は、採用試験とは異なる。
2 選考による採用は、競争試験と異なり、標準的な職の標準職務遂行能力の判定に基づかず、当該選考の職の適性の有無を判定するために行われる。
3 選考による採用の方法は、選考を実施する機関に委ねられており、採用試験と同じ方法で行うことも、書類選考と面接で行うことも可能である。
4 選考による採用は、特定の者を対象として、受験者を競争関係に置き、職務遂行能力の優劣を判定する方法で行われる。
5 選考による昇任は、人事委員会を置かない地方公共団体において、職員を昇任させる場合に行われる方法である。

【職員ハンドブック P627】 □□□□□
【No. 458】 **条件付採用**の記述として、妥当なのはどれか。

1 条件付採用は、職員の職務遂行能力及び職の適性を、実務を通じて確認する制度であり、能力及び適性が確認されれば、条件付の期間の短縮も可能である。
2 条件付採用は、実務を通じて能力実証を実施することにより、採用試験又は選考の技術的欠陥を補完する制度であり、採用の解除権は、任命権者にある。
3 条件付採用の期間は、6か月間であるが、職務遂行能力の実証が得られない場合には、任命権者は、その期間を1年を超えない範囲内で延長することができる。
4 条件付採用期間中の職員には、制度の趣旨から、身分取扱い上の特例が定められており、分限に関する規定は全く適用されない。
5 条件付採用期間中の職員には、正式任用職員と同様に、不利益処分の審査請求は認められるが、勤務条件の措置要求は認められない。

【職員ハンドブック P628】 □□□□□
【No. 459】 **臨時的任用**の記述として、妥当なのはどれか。

1 臨時的任用の「制度」は、正式任用の例外であり、一定の事由がある場合に、人事委員会を置く地方公共団体では、任命権者の判断で任用することができる。
2 臨時的任用の「条件」は、常勤職員に欠員が生じた場合に、緊急のとき、

臨時の職のとき、及び採用候補者名簿がないときの、いずれにも該当する場合に任用できる。
3　臨時的任用の「期間」は、原則として6か月以内であるが、特に必要な場合には、6か月以内に限り、何回でも更新することができる。
4　臨時的任用の「特例」は、任用制度の趣旨から設けられており、身分取扱い上、分限処分や不利益処分に関する審査請求の規定が適用される。
5　臨時的任用の「取扱」は、条件付採用と同様の身分取扱いが行われるが、正式任用の職員ではないため、正式任用に際しては、いかなる優先権も持たない。

【職員ハンドブックP628】□□□□□
【№460】　特別法による任期付職員任用の記述として、妥当な組合せはどれか。

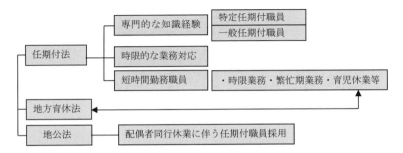

A　地公法には、原則として任期の定めはないが、地方行政の高度化や専門化に伴う措置として、任期を定めた「特別法」による任期付採用が認められている。
B　任期付任用を定めた特例法には、「任期付法と地方育休法」とがあり、この特別法を受けて条例で定めた場合に、任期を定めた採用を行うことができる。
C　「任期付法」には、専門的な知識経験に着目したものと、時限的な業務に対応したものとの、2種類の任期付採用が定められている。
D　任期付職員採用の専門的な知識経験者を採用する場合、このうち高度の専門的な知識経験者を一定期間活用する場合の職員を「一般任期付職員」という。
E　「地方育休法」に基づく任期付採用職員は、育児休業する職員の代替要員であり、育児短時間勤務に伴う短時間勤務職員の代替要員の場合は、認められていない。
F　「配偶者同行休業に伴う任期付職員」は、任期付法に基づき、配偶者同行休業の職員の業務を処理するため、申請期間を限度として、任期を定めて採用される職員である。

1　AB　　2　AD　　3　BF　　4　CE　　5　DF

【職員ハンドブック P629】□□□□□
【№ 461】 **特別区職員の任用制度**の記述として、妥当なのはどれか。

1 特別区の職員の「職」は、その職務の複雑さと責任の度合いに基づいて、主事、副参事、参事の3つの職に区分されるが、これを「職務名」という。
2 特別区の職員の「職名」は、職層名と職務名とによるが、○○部長、□□課長、△△係長、一般事務など、職務内容を具体的に表す場合、これを「職層名」という。
3 特別区における職員の「職層名」については、幾つかの職層があるが、係長級以下の職員を、主事という同一職層名で統一している。
4 特別区の事務系の標準的な職は、係員から部長級まで「7層制」に区分されており、このうち、主任職及び課長職への昇任には、昇任選考が実施されている。
5 特別区における「係長級以上の職員の職務名」については、組織規程などに定める組織の名称を用いて発令された名称とすると、決められている。

【職員ハンドブック P630】□□□□□
【№ 462】 **特別区職員の採用及び昇任**の記述として、妥当なのはどれか。

1 特別区での採用は、特別区人事委員会が実施する採用試験で行うことが原則とされているが、例外として採用選考による場合もあり、この2つの方法で行われている。
2 特別区での採用において、特別区人事委員会が実施する採用試験は、Ⅰ類からⅢ類までがあり、職種は、いずれにも、事務系、福祉系、一般技術系、医療技術系がある。
3 特別区での採用方法などについては、地公法第17条第2項の規定に基づく、「特別区人事委員会の職員の採用・昇任等に関する一般基準」に定められている。
4 特別区での幼稚園教諭の採用は、一般行政職員の採用と同じ様に、特別区人事委員会が採用選考で行っている。
5 特別区での昇任は、競争試験であり、管理職試験は特別区人事委員会が実施し、それ以外は、特別区人事委員会から権限の委任を受けて、任命権者が行っている。

【職員ハンドブック P632】□□□□□
【№ 463】 **職員の離職**の関係図の空所A～Dの語句として、妥当なのはどれか。

《問題編》

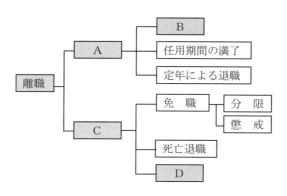

	A	B	C	D
1	退職	失職	辞職	欠格条項該当
2	辞職	欠格条項該当	失職	退職
3	辞職	失職	欠格条項該当	退職
4	失職	欠格条項該当	退職	辞職
5	失職	辞職	退職	欠格条項該当

【職員ハンドブックP632】□□□□□

【№.464】 職員の離職の記述として、妥当なのはどれか。

1 離職とは、職員の身分の喪失であり、職員が一定の事由で当然に離職する場合を退職といい、任命権者の行政処分によって当然に離職する場合を失職という。
2 離職には、失職と退職とがあり、定年による退職と辞職は退職に、死亡退職と任用期間の満了は失職に、それぞれ分類される。
3 欠格条項該当による失職、分限免職、懲戒免職及び定年による退職については、地公法に定められているが、辞職については規定がない。
4 定年による退職は、失職に分類されるが、定年年齢は、一般的な国の職員の定年年齢の基準によらず、条例で別に定めることとされている。
5 退職による離職の法的効果は、職員が任命権者に対して退職する旨の退職願を提出したときに生じると、解されている。

《問題編》

【職員ハンドブック P633】□□□□□
【No. 465】 **定年制**の記述として、妥当なのはどれか。

```
┌─────┐  ┌──────┐ ┌──────┐ ┌──────┐
│ 定年制 │  │ 定年退職 │ │ 定年延長 │ │ 役職定年 │
└─────┘  └──────┘ └──────┘ └──────┘
         ┌──────────────┐
         │  暫定再任用制度    │
         ├──────────────┤
         │ 定年前再任用短時間勤務制度 │
         └──────────────┘
```

1 〔定年制〕は、職員が一定の年齢に達した場合に、本人の意思にかかわらず当然に退職させる制度であり、その年齢は法律で定められている。
2 〔定年年齢〕は、国家公務員の定年引上げに伴い将来 65 歳となり、令和 5 年度から、毎年 1 歳ずつ段階的に引き上げられる。
3 〔定年前再任用短時間勤務制〕は、60 歳以後に退職した職員で、本人が希望すれば、選考に基づかず、定年退職日まで採用される制度である。
4 〔定年年齢〕は、国の定年齢を基準に定められるが、欠員の補充が困難であることにより国の基準が実情に即さないときは、条例で別の定めをすることができる。
5 〔定年延長〕は、当該職員の職務と責任に特殊性がある場合に限って認められ、条例に基づき、引き続き勤務することができる。

【職員ハンドブック P634】□□□□□
【No. 466】 **管理監督職勤務上限年齢制**（役職定年制）の記述として、妥当なのはどれか。

1 役職定年制は、組織の新陳代謝を確保するための制度であり、組織活力を維持するために導入された制度ではない。
2 役職定年制は、医師や歯科医師を除き、役職定年年齢に達した後、その異動期間の翌日以後においては、新たに管理監督職に就くことができない。
3 役職定年制は、管理監督職に就いている職員を 60 歳に達した日に管理監督職以外の職へ降任又は転任させる制度である。
4 役職定年制は、臨時的に任用される職員には適用されないが、他の法律により任期を定めて任用される職員に対しては適用される。
5 役職定年制は、地公法に基づき、役職定年年齢に達した以後は、引き続き管理監督職として勤務することが一切できない。

《問題編》

【職員ハンドブック P634】□□□□□
【№467】 会計年度任用職員の記述として、妥当なのはどれか。

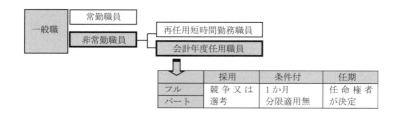

1 会計年度任用職員の「制度」は、行政の多様化に対応し、公務の能率的かつ適正な運営を確保するために導入された制度であり、身分は、特別職の非常勤職員である。
2 会計年度任用職員の「類型」は、常勤職員の勤務時間と同一のフルタイムの者と、非常勤職員の勤務時間に比し短いパートタイムの者の2つがある。
3 会計年度任用職員の「採用」は、人事委員会を置く地方公共団体では競争試験により、人事委員会を置かない場合では競争試験又は選考による。
4 会計年度任用職員の「条件」は、任期が一会計年度に限られているため、条件付期間は、原則6か月のところ3か月とする特例がある。
5 会計年度任用職員の「任期」は、採用の日から同日の属する会計年度の末日までの期間とされているが、その範囲内ならば更新することもできる。

【職員ハンドブック P635】□□□□□
【№468】 勤務条件の意義の記述として、妥当なのはどれか。

1 地公法でいう勤務条件とは、職員が地方公共団体に対して勤務を提供する諸条件であり、その提供を継続するかどうかを決心する利害関係事項を指す。
2 地公法でいう勤務条件とは、職員の生活を支える基盤であり、労働関係法規において、一般の雇用関係についていう所の労働条件とは異なる。
3 地公法でいう勤務条件とは、勤務の提供に伴う、給与その他の経済的給付に関する事項を指し、勤務の提供の仕方に関する事項は含まれない。
4 地公法でいう勤務条件には、一般的に給与、旅費、労働時間などが該当し、この勤務条件については、地公法などの規定に基づき規則で定められる。
5 地公法でいう勤務条件の経済的給付に関する事項には、勤務の提供に対する反対給付があり、給与や旅費はこれに該当する。

【職員ハンドブック P635】　□□□□□
【No. 469】　**勤務条件の分類**の図の空所A～Eの語句として、妥当なのはどれか。

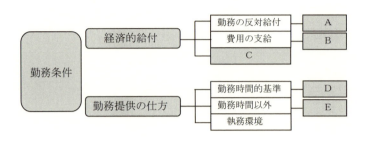

	A	B	C	D	E
1	給与	手当	被服等の支給	休日	宿日直
2	給料	旅費	被服等の支給	勤務時間	安全衛生
3	給料	旅費	公務災害補償	休暇	時間外勤務
4	手当	被服	公務災害補償	休日	休憩
5	手当	被服	職場安全衛生	勤務時間	時間外勤務

【職員ハンドブック P635】　□□□□□
【No. 470】　**条例主義の原則**の記述として、妥当なのはどれか。

1　条例主義の原則とは、職員の給与は条例で定めるとする原則であり、これに対して、勤務時間その他の勤務条件については、条例主義の原則は適用されない。
2　条例主義の原則とは、給与等の勤務条件は条例で定めるとする原則であり、この原則は、給与等の基本的事項を規則で定める場合にも適用される。
3　条例主義の原則とは、給与等が勤務の対価に基づくものであることから、条例に基づくとする原則であり、住民の意思を反映させるための原則ではない。
4　条例主義の原則は、地公法第24条の規定に基づき、一般職の地方公務員の職員の給与、勤務時間その他の勤務条件に対して、例外なく適用される。
5　条例主義の原則は、給与等は税金で賄われることから、議会の議決に基づく条例で統制を図るとともに、条例で職員の給与等を保障する趣旨でもある。

【職員ハンドブック P636】　□□□□□
【No. 471】　**平等取扱いの原則**の記述として、妥当なのはどれか。

1 憲法に規定する法の下の平等の理念に基づき、全て国民は法の下に平等であるとし、平等取扱いの原則は、全ての差別を禁止している。
2 人種、信条、性別、社会的身分若しくは門地によって差別されてはならないが、この平等取扱いの原則に違反しても、地公法上の刑罰に処せられない。
3 平等取扱いの原則は、全ての国民について適用される原則であり、この国民には外国人も含まれるため、任用に際して当然に適用される原則である。
4 性別には男性と女性の区別があるが、平等取扱いの原則は、あらゆる場面の性別の区別を禁止したものではなく、合理的な理由による差別は認められる。
5 個々の職員の給与を、職務の困難性や責任の度合いなどによって決定することは、平等取扱いの原則に反するとされる。

【職員ハンドブック P636】 □□□□□
【№. 472】 **情勢適応の原則**の記述として、妥当なのはどれか。

1 情勢適応の原則とは、職員の給与、勤務時間その他の勤務条件を社会一般の情勢に適応させるとする原則であり、その措置を任命権者に求める原則である。
2 情勢適応の原則は、労働基本権が制約され、又勤務条件が条例で定められる職員のその代償として、適切な措置を講じるように努めるとする原則である。
3 情勢適応の原則は、職員の勤務条件が、社会一般の社会経済の情勢に適応するように、年1回、適当な措置を講じなければならないとする原則である。
4 情勢適応の原則に基づき、人事委員会は、職員の勤務条件について調査を行い、講ずべき措置を議会及び長に勧告しなければならない。
5 情勢適応の原則に基づき、措置される職員の勤務条件は、社会情勢の変化及び経済の変動に即応して弾力的に対応することが、比較的容易となっている。

【職員ハンドブック P636】 □□□□□
【№. 473】 **給与の意義**の記述として、妥当なのはどれか。

1 〔給与〕とは、職員の勤務に対する報酬として支給される金銭その他の有価物をいい、給料や諸手当及び一定範囲の現物給与、旅費を含む概念である。
2 〔給料〕とは、職員について定められた正規の勤務時間による、勤務に対する報酬であり、給与の中から諸手当を除き、現物給与を加えたものである。
3 〔給料表〕は、その適用を受ける職員の職務の内容と経験の度合いに応じて、いくつかの級が設けられ、さらに各級は、いくつかの号給に分けられる。

《問題編》

4 〔諸手当〕は、条例で定めることとされているが、その手当の種類は、自治法第204条に規定されている手当の中から定めなければならない制約がある。
5 〔現物給与〕とは、被服、食事、公舎等の支給であって、これらは勤務に基づいて支給されるものであり、被服が貸与される場合も現物給与に該当する。

【職員ハンドブックP637】 □□□□□
【№ 474】 給与に関する諸原則の記述として、妥当なのはどれか。

1 〔条例主義の原則〕とは、職員の給与は、条例で定めなければならないとする原則であり、職員の給与の種類は、自治法に限定的に規定されているため、その範囲で条例化しなければならない。
2 〔職務給の原則〕とは、職員の給与は、職員の職務と責任に応じて決定されなければならないとする原則であり、この原則に基づき、職員の給与に生活給や年功給を加味することはできない。
3 〔均衡の原則〕とは、職員の給与は、生計費並びに国及び他の地方公共団体の職員の給与を考慮して決定するとする原則であり、人事委員会の給与勧告は、均衡の原則に基づく措置ではない。
4 〔給与の支払い三原則〕とは、職員の給与は、通貨で、直接職員に、その全額を支払わなければならないとする原則であり、このほか、毎月払・一定期日払の原則も、地公法に基づく原則である。
5 〔重複給与支給の禁止〕とは、職員が他の職を兼ねる場合においても、重複して、給与の支給を受けることができないとする原則であり、勤務時間に関係なく、二重に給与を受けることを防止する趣旨である。

【職員ハンドブックP637】 □□□□□
【№ 475】 給与の支払いの三原則の記述として、妥当なのはどれか。

1 三原則とは、通貨で、直接職員に、その全額を支払わなければならないとする原則であり、この原則の例外は、法律に特に認められた場合に限られる。
2 三原則の通貨とは、強制通用力のある貨幣をいい、原則として現物支給も制限しているが、規則に規定がある場合には、現物支給も可能である。
3 三原則は、地公法の規定を受けた原則であるが、この原則は、企業職員及び単純労務職員を除く一般職の職員に適用されている。
4 三原則の直接とは、給与を職員に直接支給しなければならないとする原則であり、その例外である口座振替は、条例に根拠がある場合に限られる。
5 三原則に基づいて、職員には給与を支払わなければならず、中間で搾取されないように、この三原則以外に、給与の支払いに関する原則の適用はない。

《問題編》

【職員ハンドブックP638】□□□□□
【No. 476】 **労働基準法の適用**の記述として、妥当な組合せはどれか。

A 労働基準法は、さまざまな労働条件の規定を設けているが、これらの規定は、標準的な労働条件を定めたものである。
B 労働基準法にいう労働者の賃金と地方公務員の給与は、勤務に対する報酬である点においては、同じものであると解されている。
C 労働基準法は、地方公務員については、地公法に特に明文をもって適用すると規定されているものに限り、適用するとしている。
D 労働基準法の賃金に関する規定のうち、毎月払い、一定期日払いの原則、時間外、休日及び深夜の割増賃金などの規定は、地方公務員に適用される。

1　A B　　2　A C　　3　A D　　4　B C　　5　B D

【職員ハンドブックP638】□□□□□
【No. 477】 **給与に関する条例**の記述の空欄の語句として、妥当なのはどれか。

　職員の給与は、条例主義の原則にのっとり、条例をもって定めることとされている。地公法第24条では、職員の給与は、その　A　と　B　に応ずるものでなければならないと　C　の原則を掲げ、地公法第25条第3項では、給与条例に掲げる具体的な事項として、次のものを挙げている。

① 給料表
②　D
③ 昇給の基準に関する事項
④ 時間外勤務手当、夜間勤務手当及び休日勤務手当に関する事項
⑤ ④に規定するものを除くほか、自治法に規定する手当に関する事項
⑥ 非常勤の職その他の勤務条件の特別な職があるときの給与の調整に関する事項
⑦ 上記の規定を除き、給与の支給方法及び支給条件に関する事項

	A	B	C	D
1	勤務時間	責任	職務給	標準的基準職務表
2	勤務時間	能力	能率給	等級別基準職務表
3	職務	責任	職務給	等級別基準職務表
4	職務	責任	能率給	標準的基準職務表
5	職務	能力	職務給	標準的基準職務表

【職員ハンドブック P638】□□□□□
【№ 478】 **給料決定方法**の記述として、妥当なのはどれか。

1 〔給料月額〕は、初任給決定によって決定され、その後は「昇格・降格」、「昇給・降給」に伴い変更されるが、転職で給料月額が変更されることはない。
2 〔初任給の決定〕とは、新規採用の職員の職務の級及び号給を決定することをいい、適用給料表の決定→職務の級の決定→号給の決定の順に行われる。
3 〔昇格〕とは、給料月額を同じ級の上位の号給の給料月額に変更することをいい、昇格は、昇任に伴って一定の基準を満たす場合に行われる。
4 〔昇給〕とは、現に受けている号給より１号以上上位の号給に変更することをいい、良好な成績で勤務した職員の昇給の号給数を、５号給を標準に決定される。
5 〔転職〕とは、現に属する職種から他の職種に転ずることをいい、原則として現給と同額に決定され、直近上位の号給に決定されることはない。

【職員ハンドブック P639】□□□□□
【№ 479】 **昇給**の記述として、妥当なのはどれか。

1 昇給の「定義」では、昇給とは、同じ職務の級の上位の号給の給与月額に変更することをいい、管理職員と管理職員以外の２区分で決定される。
2 昇給の「決定」は、昇給することとなる号給数に、号数加算措置等を加え、それから減じる必要がある調整号数を減じる方法で行われる。
3 昇給の「成績」は、勤務成績に応じ昇給区分Ａ～Ｅに決定され、昇給区分ごとの昇給の号給数は上限を７号とし、人事委員会の承認を得て決定される。
4 昇給の「抑制」は、戒告、減給、停職の処分を受けた者のみならず、55歳に達した場合や、欠勤等の日数が一定の日数に達した場合に、その対象となる。
5 昇給の「復調」は、昇給日に病気又は育児休業等の休職中の職員が対象となり、休職中には、号給数は調整されず、復職日において復職調整される。

【職員ハンドブック P640】□□□□□
【№ 480】 **職員の諸手当**の記述として、妥当なのはどれか。

1 〔休日給〕は、国民の祝日などの休日に勤務し、かつ正規の勤務時間に勤務することを命ぜられ、現に勤務した職員に対して支給される。
2 〔管理職手当〕は、職員の従事する業務が危険、不快、不健康又はその他困難な勤務などの事実があり、これが著しくかつ恒常的である場合に支給される。
3 〔扶養手当〕は、扶養親族のある職員の全てに対し支給される手当であり、

《問題編》

ここにいう扶養親族とは、所得税法上の扶養親族の認定要件と同じである。
4 〔住居手当〕は、住居費の一部を補うために、住民票の世帯主である職員のうち、居住の住宅を借り受け、家賃を支払っている者が対象となる。
5 〔地域手当〕は、民間賃金の地域間格差を考慮する手当であり、特別区の区域内での支給額は、給料月額の18%となっている。

【職員ハンドブックP640】□□□□□
【№ 481】 職員の諸手当の記述として、妥当なのはどれか。

1 〔初任給調整手当〕は、民間企業の初任給との水準調整と、専門的な知識を有する職員の採用を容易にする手当であり、特別区では、医師と看護師のみが対象となる。
2 〔通勤手当〕は、運賃などを負担する実費弁償的な性格を有する手当であり、通勤のため自転車のみを使用する職員には、一切支給されない。
3 〔夜勤手当〕は、午後10時から翌日の午前5時までの間において、正規の勤務時間が割り当てられ、現に勤務した職員に支給される。
4 〔単身赴任手当〕は、公署を異にする異動などに伴う転居のため、配偶者と別居し、単身で生活する職員に支給される職務給的な手当である。
5 〔特殊勤務手当〕は、業務に危険、不快、不健康などの事実がある場合に支給される手当であり、その状況が著しくかつ恒常的であるか否かは問われない。

【職員ハンドブックP642】□□□□□
【№ 482】 超過勤務手当の記述として、妥当なのはどれか。

1 超過勤務手当は、正規の勤務時間が割り振られた日の超過勤務、週休日及び休日における超過勤務などのときに支給される。
2 超過勤務手当は、正規の勤務時間以外、及び週休日や休日の超過勤務の場合の、「通常の超過勤務」と「深夜（22時～5時）の超過勤務」の2区分に限られている。
3 超過勤務手当は、超過勤務を行った職員に対し、超過勤務に応じて、一定割合が支給され、超過勤務の時間数で支給割合が異なることはない。
4 超過勤務手当は、週休日における、正規の勤務時間に当たる時間に勤務したときに、同一週内に週休日の振り替えをしたときにも支給される。
5 超過勤務手当は、1時間を単位として計算され、給与期間中の全時間を合算したものに、1時間未満の端数がある場合には、全て切り捨てとなる。

【職員ハンドブック P643】□□□□□
【No. 483】 **期末手当と勤勉手当**の記述として、妥当なのはどれか。

1 〔期末手当〕は、民間における賞与などのうち、職員の精勤に対する報償としての能率給として支給される手当である。
2 〔期末手当〕は、各職員の在職期間に応じて支給される手当であり、特別区では、6月1日、12月1日及び3月1日に在職する職員に対して支給される。
3 〔期末手当〕は、一律支給分としては、給料月額＋扶養手当＋地域手当（給料月額＋扶養手当の合算額×0.18）＝の算式で計算される。
4 〔勤勉手当〕は、勤務成績に応じて支給される手当であり、特別区では、一律分の支給であり、期末手当にある職務段階別加算や管理職加算の措置はない。
5 〔期末手当及び勤勉手当〕は、基準日から当該支給日までの間における、欠勤等の日数に応じた割合の調整が行われる。

【職員ハンドブック P644】□□□□□
【No. 484】 **退職手当**の記述として、妥当なのはどれか。

1 退職手当の「種類」には、「一般の退職手当」と「特別な退職手当」とがあり、特別な退職手当は、失業者の生活保障的な退職手当に限定される。
2 退職手当の「計算」は、一般の場合は、基本額（退職日給料月額×支給率＋給料の調整額×支給率の合計）に、退職手当の調整額を加えた計算式となる。
3 退職手当の「制限」は、退職手当が職員の勤務を報償する趣旨から、分限又は懲戒を受けた場合には、退職手当の全部又は一部が制限される。
4 退職手当の「支給率」は、退職の種類で異なり、普通退職は最高39.75月、定年退職及び整理退職は最高47.7月であるが、非違勧奨退職には支給されない。
5 退職手当の「返納」は、退職後に懲戒免職等を受けるべき行為があったと認めた場合に、退職者に対し返納を求めることができるが、遺族にはできない。

【職員ハンドブック P646】□□□□□
【No. 485】 **給与の支給方法**の記述として、妥当なのはどれか。

1 給料の「支給日」は、給与条例施行規則により、原則として毎月15日となっているが、この支給日の根拠規定は労働基準法にある。
2 給料の「支給時期」は、昇給の場合はその発令の日から新給料が支給され、職員が離職したときや死亡したときには、その日まで支給される。
3 給与の「減額」は、休日や年次有給休暇、その他勤務しないことについて承認があった場合以外に行われ、病気休暇や特別休暇は減額の対象となる。

《問題編》

4 給与の「勤務1時間当たりの額の対象」は、給料月額、給料月額に対する地域手当、初任給調整手当、住居手当、特地勤務手当の5種類に限られている。
5 「休職者等」への給与の支給には特例があり、病気休職には2年に達するまで100分の80が支給されるが、刑事休職の場合には支給されない。

【職員ハンドブック P647】 □□□□□
【No. 486】 休職者等の給与の記述として、妥当なのはどれか。

1 〔生死不明者〕・・・・・50/100の給与が支給される。水難、災害又は通勤災害によるときは、他法の適用を受けない限り90/100の額が支給される。
2 〔病気休職者〕・・・・・70/100の給与が支給される。支給期間は2年に達するまでの期間とされる。
3 〔刑事休職者〕・・・・・60/100の給与が支給される。事件により、任命権者は、人事委員会の意見を聴いた後、減額し又は支給しないことができる。
4 〔公務災害者〕・・・・・100/100の給与が地方公務員災害補償法に基づき補償される。したがって、給与条例による給与及び手当は支給されない。
5 〔学術調査研究者〕・・・70/100の給与が支給される。当該休職において必要がある場合は、議会の承認を得て減額することができる。

【職員ハンドブック P647】 □□□□□
【No. 487】 定年前再任用短時間勤務職員の給与の記述として、妥当な組合せはどれか。

A 定年前再任用短時間勤務職員の給料月額は、各給料表の職務の級ごとに単一の額が条例で定められる。
B 定年前再任用短時間勤務職員には、諸手当も支給され、定年前職員と同じ諸手当が支給される。
C 定年前再任用短時間勤務職員の給料は、職務内容の職務の級ごとに定められた額を基準に、勤務時間に応じて按分した額が支給される。
D 定年前再任用短時間勤務職員には、期末手当や勤勉手当も支給され、支給月数は、定年前職員と同じである。

1 A B 2 A C 3 A D 4 B C 5 B D

【職員ハンドブック P647】 □□□□□
【No. 488】 幼稚園教育職員の給与の記述として、妥当なのはどれか。

1 幼稚園教育職員に適用される「給与制度」は、原則として一般職員と同様

であり、初任給決定及び手当の種類なども同じである。
2　幼稚園教育職員に支給される「教員特殊業務手当」は、管理職員を含め、幼稚園の管理下において、非常災害時等の緊急時に従事した場合に支給される。
3　幼稚園教育職員に適用される「義務教育等教員特別手当」は、教育職員に優秀な人材を確保するための特別手当であり、条例のみに根拠を置く手当である。
4　幼稚園教育職員に適用される「教職調整額」は、職員の勤務態様の特殊性を考慮する制度であり、超過勤務手当や休日給に代わる給与として支給される。
5　幼稚園教育職員に適用される「超過勤務手当」は、職務の級が1級又は2級の者に対して、給料月額×0.04の額が支給される。

【職員ハンドブックP648】□□□□□
【№.489】　**旅費**の記述として、妥当なのはどれか。

1　旅費の「性格」は、職員が公務のための旅行において、生じた交通費などを実費弁償するものであり、給与に含まれないが、課税所得の対象となる。
2　旅費の「支給」は、職員が公務のために生じた経費を支弁するものであり、その旅行中に退職、免職、休職した場合にも支給される。
3　旅費の「計算」は、最も経済的な通常の経路及び方法で計算し、経路が2つ以上の場合は運賃が安い経路によるとされ、旅行日数などは考慮されない。
4　旅費の「調整」は、定額支給の建前をとりながらも、実際上の旅費の額とに違いがある場合において、旅費を減額調整するものであり、増額調整はできない。
5　旅行の「命令」には、出張、赴任、その他健康診断等で旅行する場合の旅行命令と、依頼に応じて証人や鑑定人等として旅行する場合の旅行依頼とがある。

【職員ハンドブックP648】□□□□□
【№.490】　**旅費**の記述として、妥当なのはどれか。

1　旅費の用語に「帰住」があり、これは23区の要請に基づいて国等を退職して採用された職員が、その採用に伴う移転のために在勤庁に旅行する場合をいう。
2　内国旅行の旅費は、近接地内旅費と近接地外旅費とに区分されるが、共通に支給される旅費に、鉄道賃、船賃、車賃、旅行雑費、移転料、日当などがある。
3　外国旅行の旅費は、外国旅行の特有性から、支度料や渡航手数料なども支

給され、内国旅行の旅費の種類に準じない支給となっている。
4　旅費の一部の移転料は、赴任に伴い住所又は居所を移転する場合に、家財の輸送などに充てる費用として、一定の範囲内で、実費額が支給される。
5　旅費は、職員が公務のための旅行で、生じた交通費などを実費弁償するものであり、研修受講及び健康診断のために旅行する場合には、支給されない。

【職員ハンドブック P651】□□□□□
【No. 491】　職員の勤務時間の記述として、妥当なのはどれか。

1　勤務時間とは、職員が任命権者の指揮監督の下に、職務に専念することを義務づけられている正規の勤務時間をいい、超過勤務時間はこれに含まれない。
2　正規の勤務時間は、休憩時間を含め、1週間当たり38時間45分であり、正規の勤務時間は暦日を単位として、月曜日から金曜日までの5日間に、1日当たり7時間45分が割り振られる。
3　勤務時間の割り振りにおいて、育児又は介護を行う職員が請求した場合には、午後10時から翌日午前5時までの間の勤務が制限されているため、職員の請求を必ず受理しなければならない。
4　任命権者は、公務のため、臨時又は緊急の必要があるときには、超過勤務を命ずることができるが、この場合、必ず事前に命令し、必ず、事後に確認する手続を執る必要がある。
5　任命権者は、正規の勤務時間以外に人事委員会又は労働基準監督機関の許可を受けて、職員に対し、設備などの保全や外部との連絡などを目的とする、断続的な宿日直の勤務を命ずることができる。

【職員ハンドブック P652】□□□□□
【No. 492】　休憩時間の記述として、妥当なのはどれか。

1　休憩時間は、職員が勤務時間の途中において、勤務から解放され、自己の自由な時間として自由に利用が保障されている時間をいう。
2　休憩時間は、正規の勤務時間に含まれており、地方公務員法に基づいて、勤務時間の途中において与えることができるとする時間である。
3　休憩時間は、労働時間が6時間を超える場合は45分、8時間を超える場合は1時間を与えるとされ、特別区の条例で異なる時間設定はできない。
4　休憩時間は、「勤務時間の途中に与える」、「一斉に与える」、「自由に利用させる」の3原則があり、この原則には例外がない。
5　休憩時間は、勤務時間の途中である正午からとされており、業務の実態に応じて個別の時限設定はできない。

《問題編》

【職員ハンドブック P653】 □□□□□
【No. 493】 週休日の記述として、妥当な組合せはどれか。

A 週休日とは、本来職員が勤務する義務を課せられていない日、すなわち、正規の勤務時間を割り振られない日をいう。
B 週休日とは、労働基準法の休日に当たるものであり、土曜日、日曜日、祝日がこれに該当する。
C 週休日の勤務時間のうち、半日勤務時間を、勤務を命ずる日に割り振ることもできる。
D 週休日は、労働基準法では、毎週少なくとも2回与えるのが原則であるが、8週を通じて8日を与えることもできる。
E 定年前再任用短時間勤務職員の週休日は、日曜日と土曜日であり、月曜日から金曜日の間に設けることはできない。

1　AB　　2　AC　　3　BC　　4　CD　　5　DE

【職員ハンドブック P653】 □□□□□
【No. 494】 休日の記述として、妥当なのはどれか。

1　休日の「意味」は、正規の勤務時間を割り振られていないが、特に勤務を命ぜられる場合を除き、勤務することを要しない日のことをいう。
2　休日の「種類」は、国民の祝日に関する法律に規定された休日と、12月29日から翌年の1月3日までの年末年始の休日との、2種類に限られている。
3　休日と「週休日」では、休日は、正規の勤務時間においても勤務を要しない日であり、休日が週休日にあたる場合は、その日は、休日とせずに週休日となる。
4　休日の「手当」は、休日に勤務を命ぜられ、現に勤務した場合において、その勤務した全時間に対した休日給が支給される。
5　休日の「代休」は、休日勤務に代わる日として、他の勤務日をして、その日の勤務が免除されるが、当該振替は、休日勤務日の後でなければならない。

【職員ハンドブック P654】 □□□□□
【No. 495】 休暇の記述として、妥当なのはどれか。

1　休暇は、職員が特別の事由がある場合において、任命権者の承認を得て取得できるものであるが、勤務しないことを権利として保障したものではない。
2　休暇は、年次有給休暇、病気休暇、特別休暇、及び介護休暇の4種類に限

《問題編》

られており、特別区では、子育て部分休暇は認められていない。
3 休暇は、法令上の休暇と条例上の休暇に大別され、年次有給休暇は、法令上の休暇と位置づけされ、妊娠出産休暇は、条例上の休暇と位置づけされている。
4 休暇は、職員が特別の事情又は条件により勤務を要する日において、法令に基づく場合に限って、職務専念義務が免除される。
5 休暇のうち、特別区の給与条例では、年次有給休暇、病気休暇、特別休暇の全期間は、原則として有給となるが、介護休暇のように無給のものもある。

【職員ハンドブック P654】□□□□□
【№496】 **年次有給休暇**の記述として、妥当なのはどれか。

1 年次有給休暇の「根拠」を、労基法と条例とに分けると、後者に属する。
2 年次有給休暇と「給与」の関係では、無給の休暇と位置づけされている。
3 年次有給休暇の「取得」は、職員の請求の有無にかかわらず、発生する。
4 年次有給休暇の「時効」は、使用しないときは2年間で消滅時効となる。
5 年次有給休暇の「付与」は、職員の希望の時季に付与され、変更はない。

【職員ハンドブック P654】□□□□□
【№497】 **特別休暇**の記述として、妥当なのはどれか。

1 〔特別休暇〕は、選挙権の行使、結婚、出産、介護その他の特別の事由により、勤務しないことが相当である場合の休暇として認められている。
2 〔生理休暇〕は、生理日の勤務が著しく困難な場合の休養のための休暇であり、この休暇による有給は、給与条例施行規則で定める日数が限度とされている。
3 〔災害休暇〕は、住居が災害で滅失又は損壊の復旧作業などのための休暇であり、当該住居には、職員が現に居住していない場合も含まれる。
4 〔出産支援休暇〕は、男性職員が配偶者の出産のため、子の養育や家事を行うための休暇であり、原則として、暦日を単位に3日以内の範囲で認められている。
5 〔慶弔休暇〕は、職員が結婚する場合、又は職員の親族が死亡した場合などのときの休暇であり、請求に基づき、引き続き7日以内で承認されている。

【職員ハンドブック P654】□□□□□
【№498】 **特別休暇**の記述として、妥当なのはどれか。

1 〔ボランティア休暇〕は、職員が自発的に、かつ報酬を得ないで、社会に貢

献する活動を行う場合の休暇であり、被災地の救援活動にも利用できる。
2 〔夏季休暇〕は、夏季の期間に、職員の心身の健康の維持や増進を目的として認められる休暇であって、家庭生活の充実を図る目的は有しない。
3 〔育児時間の休暇〕は、生後1年3か月に達しない子を育てる職員に対して、保育のために、休憩時間の一部として勤務時間中に与えられる休暇である。
4 〔妊娠出産休暇〕は、出産の女性職員の就業を制限することによって、母体保護を図ることを目的とした休暇であり、産前に限り認められている。
5 〔リフレッシュ休暇〕は、職員の心身の活力回復と増進を図り、もって公務能率の向上に資するとする休暇であり、この休暇は、自己啓発のために利用することはできない。

【職員ハンドブック P655】□□□□□
【No. 499】 休業等の記述として、妥当な組合せはどれか。

A 〔自己啓発等休業〕とは、地公法に定める休業であり、職員の自発的な大学等における課程の履修、又は国際貢献活動を可能とするための休業である。
B 〔配偶者同行休業〕とは、公務において活躍を期待される職員の継続的な勤務を促進するため、国内で勤務する配偶者と生活を共にするための休業である。
C 〔育児休業〕とは、子を養育する職員の職場生活と家庭生活の調和を図ることで職員の福祉増進を図るための休業であり、行政の円滑な運営に資するとする目的はない。
D 〔大学院修学休業〕とは、教育公務員特例法に基づき、公立小中高学校などの教諭等が専修免許状の取得を目的に、大学院の課程等で履修するための休業である。

1 AB 2 AC 3 AD 4 BC 5 BD

【職員ハンドブック P656】□□□□□
【No. 500】 育児休業の記述として、妥当なのはどれか。

1 育児休業とは、職員が、育児休業法等に関する法律に基づき、当該子が3歳に達するまでの期間を限度として、育児のために休業できる制度である。
2 育児休業の対象となる職員は、原則として、一般職の職員であれば、男女を問わないが、両親が同時に取得することはできない。
3 育児休業は、育児のために休業する制度であるため、常勤職員のみならず、非常勤職員や臨時的任用職員も対象となる。
4 育児休業中の職員には、育児休業の期間中は給料が支給されず、期末手当や勤勉手当も、一切支給されない。

《問題編》

5 　育児休業は、日を単位として承認される制度であり、1日の勤務時間の一部を勤務しない部分的な休業は、認められていない。

【職員ハンドブックP657】□□□□□
【№.501】　分限処分の記述として、妥当なのはどれか。

1 　分限の「制度」は、公務秩序の維持と公務の適正な運営を確保する制度であり、分限を受ける場合が限定され、その意味で職員の身分保障の限界をいう。
2 　分限の「種類」は、降任、免職、休職及び減給の4種類であり、職員は、地公法で定める事由によらなければ、分限処分を受けることはない。
3 　分限の「性格」は、職員が一定の事由で職務を果たすことができない場合に、本人の意に反すると否とにかかわらず、身分上の変動をもたらす処分である。
4 　分限の「適用」は、正式に任用された職員に対して適用され、条件付採用期間中の職員や臨時的任用職員に対しては、原則として適用されない。
5 　分限の「手続及び効果」は、免職などが職員の意に反する処分であるため、法律に特別の定めがある場合でも、条例で、手続及び効果を定めなければならない。

【職員ハンドブックP658】□□□□□
【№.502】　分限処分の事由の記述として、妥当なのはどれか。

1 　人事評価に照らし勤務実績がよくない場合は・・「降給」の処分にできる。
2 　心身の故障で職務の遂行に支障がある場合は・・「休職」の処分にできる。
3 　条例で定める事由に該当する場合は・・・・・「降任」の処分にできる。
4 　刑事事件に関して起訴された場合は・・・・・「免職」の処分にできる。
5 　その職に必要な適格性を欠く場合は・・・・・「降任」の処分にできる。

【職員ハンドブックP658】□□□□□
【№.503】　分限処分の記述の○×として、妥当なのはどれか。

A（　）――分限処分の休職には、人事委員会規則の事由に該当する場合があり、この規定を受けて、特別区人事委員会では規則で休職事由を定めている。
B（　）――条件付採用職員や臨時的任用職員は、身分保障のない職員であるため、分限処分の規定は適用されないが、不利益処分の審査請求の規定は適用される。
C（　）――分限処分の降給処分に関しては、特別区人事委員会規則には、客観的事実に基づき勤務実績が不良で、措置を行っても改善されない場合に、降給処分の適用規定がある。

《問題編》

D（　）――任用には、採用、昇任、降任及び転任があり、そのうち降任は、職員の意に反する分限処分ではないため、任命権者は、法律の事由によらずに、降任処分ができる。

E（　）――分限処分には、職員が刑事事件を起こした場合の休職処分があり、刑事事件に関し起訴されなくとも、職員は、当然に休職処分を受けることになる。

1　A（○）　B（○）　C（×）　D（○）　E（○）
2　A（○）　B（×）　C（○）　D（×）　E（×）
3　A（○）　B（○）　C（○）　D（×）　E（×）
4　A（×）　B（○）　C（○）　D（×）　E（○）
5　A（×）　B（×）　C（○）　D（×）　E（○）

【職員ハンドブックP658】□□□□□
【No. 504】　懲戒処分の記述として、妥当なのはどれか。

1　懲戒処分は、職員の一定の義務違反に対する道義的責任を問うことで、地方公共団体における規律と公務能率を維持することを目的とする処分である。
2　懲戒処分により受ける不利益処分は、処分の性格から、その事由は、法令等に違反した場合と、全体の奉仕者としてふさわしくない非行があった場合に限定されている。
3　懲戒処分は、職員に重大な不利益をもたらす処分であることから、法律に定められている事由に限られており、条例でその対象となる事由を定めことはできない。
4　懲戒処分には、免職、停職、降給、戒告の4つの種類の処分が法定されており、これ以外の懲戒処分を科することはできない。
5　懲戒処分の事由に該当する場合には、懲戒権者（任命権者）は、その程度、性質によって、4つの種類の処分のうち、いずれかの処分を行う義務がある。

【職員ハンドブックP659】□□□□□
【No. 505】　懲戒処分の種類と事由の記述として、妥当なのはどれか。

種類	意義	事由
免職	身分を失わせる	①地公法等違反 ②職務上の義務違反 ③非行
停職	一定期間職務に従事させない	
減給	？	
戒告	責任を確認し将来を戒める	

1　懲戒の「免職」は、身分を失わせる点では分限免職と同じであるが、懲戒の免職は、退職手当や退職年金の取扱上、不利益を受けることがある。
2　懲戒の「免職」とは、身分を失わせる処分であり、全体の奉仕者たるにふさわしくない非行があった場合に限り、行われる処分である。
3　懲戒の「停職」とは、懲罰として、職員を一定期間職務に従事させない処分であるが、この期間中の給与は、減額して支給される。
4　懲戒の「減給」とは、職員の義務違反に対する制裁として、職員が現に決定されている給料の額よりも、低い額の給料に決定する処分である。
5　懲戒の「戒告」とは、職員の規律違反の責任を確認するとともに、将来を戒める処分であり、昇給等に影響をもたらさない処分である。

【職員ハンドブックP659】□□□□□
【No.506】　懲戒処分の記述の○×として、妥当なのはどれか。

A（　）――懲戒処分を行う場合には、任命権者は、その職員に対して、懲戒処分の事由を記載した処分説明書を交付しなければならない。
B（　）――懲戒免職を受け、当該処分の日から２年を経過しない者は、当該処分を受けた地方公共団体以外の地方公共団体の職員となることもできない。
C（　）――懲戒処分は、現職に科せられる処分であるが、いったん退職し、引き続き特別職地方公務員等に就いた場合には、退職前の事由が懲戒処分の対象となる。
D（　）――懲戒処分は、戒告、減給、停職及び免職の処分に限定され、これ以外の処分はなく、この懲戒手続は、法律に特別の定めがあるほか規則で定められる。
E（　）――懲戒処分は、分限処分と異なり、身分保障がある職員のみならず、身分保障がない条件付採用職員や臨時的任用職員に対しても行うことができる。

1　A（×）　B（×）　C（○）　D（×）　E（○）
2　A（×）　B（○）　C（×）　D（○）　E（×）
3　A（○）　B（○）　C（×）　D（×）　E（○）
4　A（○）　B（×）　C（×）　D（×）　E（○）
5　A（○）　B（×）　C（○）　D（○）　E（×）

《問題編》

【職員ハンドブック P660】□□□□□
【No. 507】 地方公務員の賠償責任の記述として、妥当なのはどれか。

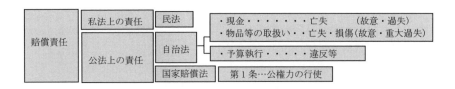

1 職務執行に関連し、故意又は過失により、区民及び区に財産上の損害を与えた場合には、職員は公法上の賠償責任を負うが、私法上の賠償責任は負わない。
2 公金を保管する職員や有価証券を管理する職員が、公金や有価証券を、故意又は重大な過失により亡失した場合には、区に対して賠償責任を負う。
3 現金の支出等を、法令に違反して行った場合には、賠償責任を負わなければならないが、予算執行の法令違反や怠る損害については、賠償責任を負わない。
4 公権力の行使にあたる職員が、故意又は過失によって、他人に損害を与えた場合には、その行使が適法又は違法にかかわらず、区が賠償責任を負う。
5 公権力の行使に伴う賠償責任は、まず区が賠償責任を負うが、その職員に故意又は重大な過失があるときに、区はその職員に対し求償権を有する。

【職員ハンドブック P660】□□□□□
【No. 508】 自治法（第 243 条の 2 の 2）の賠償責任の記述として、妥当なのはどれか。

1 〔資金前渡〕を受けた職員が、故意又は重大な過失により、その保管していた〔現金〕を亡失したときには、生じた損害を賠償しなければならない。
2 〔物品〕を管理する職員が、故意又は重大な過失により〔物品〕を損傷させたときには賠償責任が生じるが、故意又は重大な過失の事実認定は監査委員が行う。
3 〔支出負担行為〕をする職員が、故意又は過失により〔法令に違反して〕損害を与えたときには、生じた損害を賠償しなければならない。
4 〔会計管理者〕の事務を補助する職員が、故意又は過失によりその保管に係る〔有価証券〕を亡失したときには、生じた損害を賠償しなければならない。
5 〔物品〕を管理する複数の職員が、故意又は重大な過失により〔物品〕を損傷させたときには、職分に応じ、かつ損害発生の原因の程度に応じて責任を負う。

《問題編》

【職員ハンドブック P660】□□□□□
【No. 509】 国家賠償法第１条の賠償責任の記述として、妥当なのはどれか。

1　国家賠償法は、国又は地方公共団体の公権力の行使による場合を賠償責任としている。
2　国家賠償法は、公権力の行使に、故意又は重大な過失があることを要件としている。
3　国家賠償法は、公権力の行使であれば、適法又は違法を問わないとしている。
4　国家賠償法は、他人に損害を与えた場合には、当該職員が責任を負うとしている。
5　国家賠償法は、職員に故意又は過失がある場合に、職員に求償権が及ぶとしている。

【職員ハンドブック P660】□□□□□
【No. 510】 服務に関する記述の空欄の語句として、妥当なのはどれか。

　服務とは、職務を遂行するに当たって職員が守るべき義務ないし規律を意味し、この服務義務は、地方公共団体の行政の遂行を職員に信託した　A　に対し、行政の　B　な運営を確保するものでなければならない。
　職員には、服務義務以前に　C　が求められ、汚職があれば、　D　の収賄罪となる。
　ゆえに、常に公務員であることを意識し、自らに対して厳しい　E　を課していかねばならない。

	A	B	C	D	E
1	任命権者	民主的かつ能率的	公務員倫理	民法	職業律
2	任命権者	計画的かつ総合的	職業倫理	民法	行動律
3	住民全体	民主的かつ能率的	公務員倫理	刑法	道徳律
4	住民全体	計画的かつ総合的	職業倫理	民法	職業律
5	住民全体	自立的かつ合理的	公務員倫理	刑法	道徳律

【職員ハンドブック P661】□□□□□
【No. 511】 服務の根本基準の記述として、妥当なのはどれか。

1　服務の根本基準は、地公法第30条に全体の奉仕者として勤務すると規定されているが、この規定は、国家公務員法の規定を受けたものである。
2　服務の根本基準は、職員が現に職務を遂行している勤務時間中において適

《問題編》

用される基準であり、勤務時間外や休職中の職員には適用されない。
3　服務の根本基準は、「全体の奉仕者」として勤務する義務と、職務に全力を挙げて専念するとする「職務専念義務」との、2つの義務から成り立っている。
4　服務の根本基準は、地公法の根幹をなす基準であり、この根本基準の規定に違反する場合は、懲戒処分の対象となる。
5　服務の根本基準を実現する地公法上の義務は、職務上の義務と身分上の義務とに分類され、両者には本質的な違いがある。

【職員ハンドブック P661】　□□□□□
【No. 512】　**職務上の義務と身分上の義務**に分類する次の表の記述として、妥当なのはどれか。

	職務上の義務	身分上の義務
1	服務の宣誓	法令等に従う義務
2	法令等に従う義務	信用失墜行為の禁止
3	秘密を守る義務	職務に専念する義務
4	争議行為等の禁止	営利企業への従事等の制限
5	政治的行為の制限	上司の職務命令に従う義務

【職員ハンドブック P661】　□□□□□
【No. 513】　**服務の宣誓**の記述として、妥当なのはどれか。

1　服務の宣誓は、職員が、自ら職務上の義務を負うことを確認して宣誓する事実上の行為であり、職員の倫理的な自覚を促すことを目的とする。
2　服務の宣誓は、単なる宣誓行為であり、職員は、その責めに帰すべき事由により宣誓を行わなかった場合でも、職務上の義務に違反しない。
3　服務の宣誓は、公務を民主的かつ能率的に運営すべき責務を自覚し、誠実かつ公正に職務を執行することを、当該地方公共団体の長に対して行う行為である。
4　服務の宣誓は、職員が義務を負うことを確認し宣誓する行為であり、採用時において、地公法の定めにより宣誓しなければならない義務とされている。
5　服務の宣誓は、職員が服務上の義務を負うことを受諾する行為であり、服務の宣誓を行うことで、初めて公務員としての身分が付与される。

【職員ハンドブック P661】　□□□□□
【No. 514】　**法令等に従う義務**の記述として、妥当なのはどれか。

1　法令等に従う義務の「法令等」とは、法令一般と解釈され、職員がその職務の遂行に当たって関係がある法令等に限られない。

《問題編》

2　法令等に従う義務の「法令等」とは、法律のほか条例、規則、規程などを指し、訓令や通達などは、法令等には含まれないと解されている。
3　法令等に従う義務は、職務と無関係な一市民として法令に違反した場合においても、この義務に対する違反の問題が生じる。
4　法令等に従う義務は、公務に携わる職員に課せられた義務であり、この義務は、勤務時間中に限られず、勤務時間外においても課せられる。
5　法令等に従う義務は、職員が職務を執行するに当たり、その権限や手続などの、根拠や内容を定める法令や条例等に従う義務である。

【職員ハンドブックP661】□□□□□
【№515】　上司の職務上の命令に従う義務の記述のうち、a～gの下線の部分で「誤り」として指摘できる箇所として、妥当なのはどれか。

　　職員には、職務上の上司と身分上の上司がいる。通常は両者は一致するが、分離している場合もある。例えば、a区長部局の職員が選挙管理委員会の選挙事務に従事することを命ぜられた場合、区長は、身分上の上司であり、選挙管理委員会は、職務上の上司である。
　　上司の職務上の命令は、一般に職務命令と呼ばれている。bこの職務命令は、原則として要式行為とされる。
　　二人の上司が階層的に上下関係にあり、c二人の上司の職務命令に矛盾があるときは、職員は、直近上位の命令に従わなければならない。
　　職務命令は、部下の職員を拘束するため、d職務命令に重大かつ明白な瑕疵があるときにも、有効の推定を受ける。
　　職員は、e職務命令に疑義があるときは、上司に対し意見を述べることができるし、当然に、f職員は、職務命令に対する審査権も有している。
　　もし職員が、g職務命令に違反したときには、懲戒処分の対象となるが、刑罰の対象にはならない。

1　abdg　　2　acdf　　3　bceg　　4　bcdf　　5　cefg

【職員ハンドブックP661】□□□□□
【№516】　職務命令の有効と無効の記述として、妥当なのはどれか。

1　職務命令が違法である場合には・・・・・・・・・「有効」な命令となる。
2　職務命令が明らかに違法である場合には・・・・・「有効」な命令となる。
3　職務命令に重大な瑕疵がある場合には・・・・・・「無効」な命令となる。
4　職務命令に重大かつ明白な瑕疵がある場合には・・「有効」な命令となる。
5　職務命令に取消原因の瑕疵がある場合には・・・・「無効」な命令となる。

《問題編》

【職員ハンドブック P662】□□□□□
【№ 517】 **職務に専念する義務**の記述として、妥当なのはどれか。

1 職務に専念する義務は、身体的活動を職務に集中することを求める義務で、精神的活動の面から職務に注意力が向けられなくとも、義務違反とはならない。
2 職務に専念する義務の対象となる職務は、職員の勤務する地方公共団体の自治事務に限られており、法定受託事務は含まれない。
3 職務に専念する義務は、条例で定められた正規の勤務時間中に限り適用される義務であり、超過勤務時間中には適用されない。
4 職務に専念する義務の例外に免除があるが、免除は、法律のみならず条例に特別の規定がある場合にも可能であるが、その免除は、合理的な理由がある場合に限られる。
5 職務に専念する義務が免除される例としては、研修を受ける場合や、職員の厚生に関する計画の実施に参加する場合があるが、これらは、法律に基づく免除である。

【職員ハンドブック P662】□□□□□
【№ 518】 **信用失墜行為の禁止**の記述として、妥当なのはどれか。

1 信用失墜行為の禁止の「目的」は、公務に対する信用問題は、その後の公務遂行に著しい障害を生ずるおそれがあることから、法律上の規範としている。
2 信用失墜行為の「行為」とは、職員の職全体の不名誉となる行為を指し、その職の信用を傷つける行為は、禁止行為に該当しない。
3 信用失墜行為の「禁止」は、直接職務を遂行する際の行為で、かつ信頼を損なう行為の禁止であり、職務時間外の行為は、禁止行為に該当しない。
4 信用失墜行為の「範囲」は、職員の職務に関連する非行的な行為であって、職員の私的な非行的な行為、例えば、暴行や詐欺などは、禁止行為に該当しない。
5 信用失墜行為の「判断」は、地公法に定める具体的な事項に該当したか否かで判断され、任命権者が社会通念に基づき個々に判断することはできない。

【職員ハンドブック P662】□□□□□
【№ 519】 **秘密を守る義務**の記述として、妥当なのはどれか。

1 職員は、在職中、職務上知り得た秘密を漏らしてはならないが、その職を

退いた後は、自己の職務上の秘密に限って秘密を守る義務を負う。
2 　秘密とは、一般的に了知されていない事実であって、それを一般に了知せしめることが、一定の利益の侵害になると客観的に考えられるものをいう。
3 　職務上知り得た秘密とは、職員の職務上の所管に属する秘密に限定されると解されており、職務上の秘密よりも範囲が狭い。
4 　職員が、法令による証人又は鑑定人等となり、職務上知り得た秘密に属する事項を発表する場合は、任命権者の許可を受けなければならない。
5 　職員が、万一、職務上知り得た秘密を漏らした場合には、住民の行政への不信の念を助長するため、懲戒処分の対象となるが、罰則の対象とはならない。

【職員ハンドブックP663】□□□□□
【No.520】　**政治的行為の制限**の記述として、妥当なのはどれか。

1 　地公法は、職員が一党一派に偏した行動をとることが、全体の奉仕者として相容れないことから、全ての政治的行為を行うことを禁止している。
2 　地公法は、行政の公正な運営を確保するために、政党勢力の不当な支配を排除しているが、これは、職員を政治的影響から保護するためではない。
3 　地公法では、職員が他の者から政治的行為を行うことを求められても、これに応じないことで、不利益な取扱いを受けることはないとしている。
4 　地公法は、何人も、政治的行為を行うことを求め、職員をそそのかし、若しくはあおってはならないとしており、これに違反すると罰則の適用がある。
5 　地公法は、政治的中立性から、公権力の行使に当たる一般職の政治的行為を制限しており、この制限は、企業職員のみならず単純労務職員にも及ぶ。

【職員ハンドブックP663】□□□□□
【No.521】　**政治的行為の禁止される区域**の記述として、妥当なのはどれか。なお、当該職員の属する地方公共団体の区域を「当該区域」とする。

1 　職員は、〔当該区域外に限り〕、特定の政党その他の政治的団体を支持する目的をもって、文書又は図画を庁舎等に掲示することができる。
2 　職員は、〔当該区域の内外で〕、特定の候補者を支持する目的をもって、寄附金その他の金品の募集に関与し、また職員自身が寄附金を与えることもできない。
3 　職員は、〔当該区域の内外で〕、政党その他の政治的団体の役員のみならず、役員以外の構成員となることもできない。
4 　職員は、〔当該区域外に限り〕、特定の政党を支持する目的をもって、公の選挙において、投票するように又はしないように勧誘運動をすることができない。

《問題編》

5　職員は、〔当該区域の内外で〕、政党のその他の政治的団体の構成員となるように、又はならないように勧誘運動をすることができない。

【職員ハンドブック P664】　□□□□□
【No. 522】　**争議行為等の禁止規定**の記述として、妥当なのはどれか。

1　争議行為等の禁止規定に違反した場合は、その行為の開始とともに、当該地方公共団体に対し、法令に基づき保有する任命上又は雇用上の権利を持って対抗できない。
2　争議行為等の禁止規定は、職員が使用者たる地方公共団体の長に対して、同盟罷業、怠業その他の争議行為を禁止する規定で、怠業的行為は禁止していない。
3　争議行為等の禁止規定は、一般職の職員に限り、争議行為等を企て又はその遂行を共謀し、争議行為をあおることを禁止し、その違反者には罰則の適用もある。
4　争議行為等の禁止規定は、公務員は、住民から信託を受け、全体の奉仕者として住民に奉仕すべき地位にあるため、一般労働者が有する労働基本権の全てを禁止している。
5　争議行為等の禁止規定は、技能労務系職員や企業職員には適用されないため、これらの職員については、争議行為等を行うことが禁止されていない。

【職員ハンドブック P664】　□□□□□
【No. 523】　**営利企業への従事等の制限**の記述として、妥当なのはどれか。

1　営利企業とは、商業、工業又は金融業その他の営利を目的とする私企業をいい、営利を目的とする場合であっても、農業は含まれない。
2　営利企業類似の行為を業とする消費生活協同組合の役員を兼ねる場合には、報酬を受けなければ、任命権者の許可を受ける必要がない。
3　営利企業への従事許可は、任命権者が有するが、任命権者ごとに許可基準が不統一にならないように、地方公共団体の長は、規則でその基準を定めることができる。
4　勤務時間中に営利企業に従事する場合は、任命権者の従事許可を受けなければならないが、勤務時間外ならば、任命権者の従事許可を受ける必要がない。
5　営利を目的とする会社その他の団体の役員に就くときには、任命権者の許可を必要とするが、その役員以外の地位として顧問や評議員は含まれない。

《問題編》

【職員ハンドブック P664】□□□□□
【No. 524】 **公務員倫理**の記述として、妥当なのはどれか。

1　公務員倫理とは、公務員が公務員として組織に受け入れられ、期待されている行動原理をいい、公務員は、職業倫理に加え公務員倫理を併せ持つ。
2　職業倫理とは、その職業にふさわしい行動原理であり、職業が果たすべき役割として不可欠なものであるが、法令に規定され、強制されるものではない。
3　職業人に共通する行動原理には、「勤勉であること」、「ルールを守ること」、「能率向上を図ること」、「職業のイメージを損なわないこと」などがある。
4　国家公務員倫理法は、公務に対する国民の信頼を確保するための法律であり、倫理行動基準、贈与等に関する規制などが規定されている。
5　公務員倫理の確立は、国家公務員に限らず地方公務員にも求められることから、国家公務員倫理法では、地方公共団体に倫理施策の実施を義務づけている。

【職員ハンドブック P667】□□□□□
【No. 525】 **退職管理の適正の確保**の記述として、妥当なのはどれか。

1　退職管理の元職員による働きかけの規制は、営利企業等へ再就職した元職員に対してであり、離職前の職務に関係なく、現職員への働きかけを禁止している。
2　退職後に再就職した営利企業等とは、営利企業のほか、営利企業以外の非営利法人である、国際機関や、特定地方独立行政法人も含まれる。
3　働きかけの規制は、元職員が再就職した営利企業等と元在籍していた地方公共団体との間の契約であり、営利企業等に対する処分に関する事務は含まれない。
4　退職管理の元職員による働きかけの規制は、在職中のポストや職務内容によって規制される働きかけの対象範囲や規制される期間が異なる。
5　退職後に営利企業等に再就職した元職員は、退職後１年間、退職前３年間の職務上の行為をする、又はしないように、要求や依頼することが禁止されている。

【職員ハンドブック P667】□□□□□
【No. 526】 **退職管理の適正の確保**の記述として、妥当なのはどれか。

1　〔原則全職員〕──原則、再就職者は、離職前５年間に在職した当該地方公共団体との間における契約等事務の全ての行為が禁止されている。

2 〔原則全職員〕——原則、再就職者は、離職前5年間の職務に関し、現職員に対して離職後1年間は、契約等事務に関し要求や依頼の働きかけができない。
3 〔規制上乗せ〕——在職時に上位の職にあった再就職者は、在職中に自らが決定した契約や処分に関し、離職後2年間、現職員に働きかけができない。
4 〔上位上乗せ〕——地方公共団体の長の直近下位の内部組織の長であった再就職者には、離職前5年間の職務に限り、契約等事務に関して上乗せ規制が課されている。
5 〔条例上乗せ〕——国の部課長級の職に就いた再就職者には、条例で、離職前5年前より前の職務に就いていたときの契約等事務に関して、離職後2年間の規制を規定できる。

【職員ハンドブックP668】□□□□□
【No.527】 働きかけ規制違反に関する監視の記述として、妥当なのはどれか。

1 現職員に職務上不正な行為をするよう要求又は依頼することが禁止されており、職務上不正な行為を求めた元職員に対しては、過料のみが科される。
2 元職員から禁止されている要求又は依頼の働きかけを受けた現職員は、当該地方公共団体の長に対し、その旨を届け出なければならない。
3 働きかけ規制に違反する行為の疑いがあると思料するときは、人事委員会が調査に当たり、任命権者は、調査が公正に行われるように監視に当たる。
4 地方公共団体は、国家公務員法の退職管理の趣旨及び当該地方公共団体の元職員の離職後の就職状況を勘案し、退職管理に関し必要な措置を講ずる必要がある。
5 地方公共団体は、条例で定めれば、元職員に対し再就職情報の届出義務を規定できるが、この届出の義務違反に対して罰則は規定できない。

【職員ハンドブックP669】□□□□□
【No.528】 研修の記述として、妥当なのはどれか。

1 地公法では、職員の研修について、職員には、その勤務能率の発揮及び増進のために、研修を「受講」しなければならない義務があると定めている。
2 地公法では、職員研修は、地方公共団体の長が、職員一人ひとりの能力の向上を図るため、効果的、計画的に「実施」しなければならないと定めている。
3 地公法では、研修の目標、研修に関する計画の「指針」となるべき事項、その他研修に関する基本的な方針を定める義務を、地方公共団体に課している。
4 地公法では、研修に関する「計画を作成」し、職員に対する研修の必要の程度を調査し、積極的に研修を行う義務を、地方公共団体の長に課している。
5 地公法では、人事委員会が、研修に関する計画の立案その他研修の方法に

《問題編》

ついて、地方公共団体の長に対し「勧告」することができると定めている。

【職員ハンドブック P670】□□□□□
【№529】 **人事考課制度**の記述として、妥当なのはどれか。

1 〔人事考課制度〕は、大きく「人事評価」と「自己申告制度」で構成され、勤務成績の適正な評価を図る制度であって、人材育成を図る制度ではない。
2 〔人事評価〕は、職員が職務遂行に当たり発揮した能力や、挙げた業績を把握する制度であり、評価を任用と給与の基礎にできるが、分限の基礎にはできない。
3 〔人事評価〕に関して地公法では、任命権者は、職員の執務に関し、定期的に人事評価を行わなければならないと基本原則のみを定め、その基準や方法は、任命権者に委ねている。
4 〔自己申告〕とは、職員が自己の職務目標及び成果、職務に関する希望等を上司に申告する制度であり、職員の士気を高め、公務能率を図る制度ではない。
5 〔人事評価〕は、能力や業績の両面の評価を人事管理の基礎とする評価制度であり、人事委員会は、人事評価の実施に関して、任命権者に対し勧告することはできない。

【職員ハンドブック P671】□□□□□
【№530】 **職員の権利・利益の保護**の記述の空欄の語句として、妥当なのはどれか。

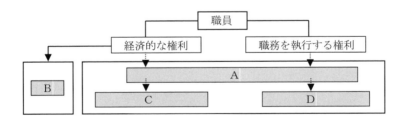

　職員には、公務員としての地位に基づく基本的な権利として、「その身分が保障され職務を執行する権利」と「その生活を維持するための経済的な権利」がある。
　具体的に、職員の権利を支える権利としては　A　があり、経済的な権利を支える権利としては　A　と　B　がある。
　さらに　A　には、経済的な権利としては　C　があり、職務を執行する権利としては　D　がある。

《問題編》

〔関係語句〕　ア．保障請求権　　イ．労働基本権
　　　　　　ウ．勤務条件の措置要求権　　エ．不利益処分の審査請求権

1　A＝ア　　B＝イ　　C＝ウ　　D＝エ
2　A＝ア　　B＝イ　　C＝エ　　D＝ウ
3　A＝イ　　B＝ア　　C＝ウ　　D＝エ
4　A＝イ　　B＝ア　　C＝エ　　D＝ウ
5　A＝ウ　　B＝エ　　C＝ア　　D＝イ

【職員ハンドブックP671】□□□□□
【No.531】　**勤務条件の措置要求**の記述として、妥当なのはどれか。

1　勤務条件の措置要求の「制度」は、職員の勤務条件を社会一般の情勢に適応させる制度であり、労働基本権の制約に基づく代償措置ではない。
2　勤務条件の措置要求の「対象」は、勤務条件の適正を確保するために、一般職の全ての職員を対象とする制度であり、特別職はその対象としていない。
3　勤務条件の措置要求の「内容」は、給与、勤務時間その他の勤務条件であり、職員の具体的な権利利益に影響を及ぼすものであれば、管理運営事項も対象となる。
4　勤務条件の措置要求を「審査」する機関は、人事委員会又は公平委員会であり、この審査機関から当該地方公共団体の機関に行われた勧告は、法的拘束力を有している。
5　勤務条件の措置要求の「結果」は、人事委員会の権限に属する事項は自ら実行し、その他の事項は、権限を有する地方公共団体の機関に勧告しなければならない。

【職員ハンドブックP671】□□□□□
【No.532】　**勤務条件の措置要求者**の組合せとして、妥当なのはどれか。

	措置要求ができる者	措置要求ができない者
1	条件付採用期間中の職員	臨時的任用職員
2	一般行政職の職員	単純労務職員
3	企業職の職員	特別職の職員
4	職員団体	退職者
5	教育職の職員	会計年度任用職員

《問題編》

【職員ハンドブック P671】□□□□□
【No. 533】 **勤務条件の措置要求事項**に該当する記述として、妥当な組合せはどれか。

A 地方公共団体の機関が自らの責任で執行する行政企画の管理運営事項
B 定期昇給が他者に比較し遅れた場合や休暇の不承認に不服がある事項
C 給与、勤務時間その他の勤務条件であるが当局の権限に属さない事項
D 当局が実施する職員のための厚生福利事業や職場執務環境改善の事項
E 職員の勤務条件である職員の定数の増減や予算額の増減に関する事項

1 AB 2 AC 3 BC 4 BD 5 DE

【職員ハンドブック P671】□□□□□
【No. 534】 **手続及び判定の結果執るべき措置**の関係図の①～⑤の下線の記述として、妥当なのはどれか。

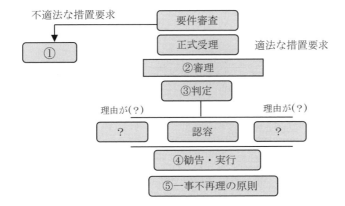

1 勤務条件の措置要求に対しては、先ず要件審査が行われ、提出要件が具備していなければ受理されず、①不適法な措置要求として「棄却」される。
2 適法な勤務条件の措置要求として正式に受理されれば、審理に入り、②審理では、書面審理又は口頭審理の選択となり、審査機関が必要と認めたときは公開審理となる。
3 審査機関の審理の③判定は、要求の内容に理由がない場合には「認容」となり、要求の内容に理由があれば要求内容の全部又は一部の「却下」となる。
4 判定の結果に基づいて審査機関は、当該事項に関して権限を有する機関に

対し必要な④勧告をしなければならず、この勧告は、法的に関係者を拘束する。
5　勤務条件の措置要求については、⑤一事不再理の原則が適用されないため、同一職員が、同一事項について、改めて勤務条件の措置要求を求めることができる。

【職員ハンドブックP671】□□□□□
【№ 535】　**不利益処分の審査請求**の記述として、妥当なのはどれか。

1　不利益処分の審査請求は、任命権者が行った職員の意に反する違法な処分を救済する制度であり、不当な処分の場合は救済の対象とならない。
2　不利益処分を受けた職員は、自己の身分保障を実質的に担保するため、処分を行った任命権者に対し、行政不服審査法に基づく審査の申立てができる。
3　不利益処分の審査請求は、処分のあったことを知った日の翌日から起算して3か月以内、処分のあった日の翌日から1年以内に行わなければならない。
4　不利益処分の審査請求の審理には、書面審理、口頭審理、その併用があるが、審査機関の判断で行われ、処分を受けた職員が審理の方法を請求することはできない。
5　不利益処分の審理結果に対して、任命権者が、その指示に故意に従わなかった場合には、3年以下の拘禁刑又は100万円以下の罰金に処せられる。

【職員ハンドブックP673】□□□□□
【№ 536】　**不利益処分の審査請求ができる者**として、妥当なのはどれか。

1　一般職の職員で一定の不利益な処分を受けた職員
2　分限処分を受けた単純労務職員
3　懲戒処分を受けた条件付採用期間中の職員
4　懲戒免職を受けて退職した元職員
5　分限処分又は懲戒処分を受けた臨時的任用職員

【職員ハンドブックP673】□□□□□
【№ 537】　**不利益処分の審査請求の対象**の記述として、妥当なのはどれか。

1　不利益処分とは、分限処分などの処分を指すが、これらの処分が職員にとって不利益処分であっても、職員の意に反していない場合には、不利益処分に該当しない。
2　不利益処分とは、分限処分と懲戒処分の2種類に限られており、職員の意に反する処分であっても、2種類以外の処分は不利益処分に該当しない。
3　不利益処分のうち懲戒処分の場合は、免職、停職、減給及び戒告の処分が

該当するが、分限処分の場合には、分限の免職と降任の場合に限り、不利益処分に該当する。
4 　不利益処分とは、職員の身分に影響を生じさせる処分をいい、訓告及び給与の減額のような事実行為や、職員の休暇などの申請に対する不作為も、不利益処分に該当する。
5 　不利益処分が、職員にとって客観的にみて不利益な処分でない場合であっても、処分が職員の意に反していれば、当然に不利益処分に該当する。

【職員ハンドブック P673】□□□□□
【№ 538】 手続及び審査の結果執るべき措置の下線の記述として、妥当なのはどれか。

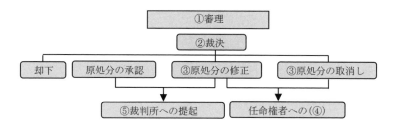

1 　不利益処分の審査請求に対する①審理は、審査機関の自由であるが、不利益処分を受けた職員から請求があれば、口頭審理や公開で行わなければならない。
2 　不利益処分の審査請求の審査機関の裁決には、原処分の承認、修正、取消し及び却下があるが、②処分を受けるべき理由がない場合は、原処分の承認となる。
3 　審査機関の裁決のうち③原処分の修正又は取消しの裁決には、形成的効力はないが、処分の修正の場合は、当初から修正後の処分があったことになる。
4 　不利益処分の審査請求を審査機関が裁決したときには、④任命権者に対し、原処分の修正、又は取消しの勧告を行わなければならない。
5 　不利益処分の審査請求ができる処分については、⑤裁判所に対して、処分の取消しの訴えを提起することができるが、裁決の取消しの訴えは提起できない。

【職員ハンドブック P674】□□□□□
【№ 539】 厚生福利制度の記述として、妥当なのはどれか。

《問題編》

1　厚生福利制度とは、職員一人ひとりが、安心して職務に精励できるための福祉施策であり、厚生制度、共済制度及び公務災害補償制度が設けられている。
2　厚生福利制度には、特別法に基づいて、事業内容がほぼ法定化されているものがあり、その例として、共済制度と公務災害補償制度がある。
3　厚生福利制度には、地公法に基づき実施する事業と、特別法に基づき実施する事業とがあり、前者を法定厚生福利と呼んでいる。
4　共済制度は、地方公共団体においては、職員の保健、元気回復その他厚生に関する事項について計画し、かつ実施しなければならない制度である。
5　厚生制度の一環として特別区職員互助組合があるが、この組合は、特別区職員互助組合の規則で設置され、特別区に常時勤務する現職員のみが対象となる。

【職員ハンドブックP674】□□□□□
【No.540】　共済制度の記述として、妥当なのはどれか。

1　共済組合の「制度」は、相互救済の精神に基づき、各地方公共団体の条例に基づく制度であり、職員の福祉厚生の増進を図ることを目的として設置される。
2　共済組合の「種類」には、地方職員共済組合、東京都職員共済組合などがあり、特別区の職員は、特別区職員共済組合の組合員である。
3　共済組合の「事業」は、健康保険法による保険給付に相当する短期給付事業と、退職共済年金などの長期給付事業の２本立てにより実施されている。
4　共済組合の「救済」は、職員の病気や負傷のほか、その被扶養者の病気などの給付を行うための相互救済を目的とする制度であり、遺族の救済を目的とする制度ではない。
5　共済組合の「財源」は、職員が納付する一定の掛け金と、地方公共団体が使用者として支出する負担金であり、これを財源として運営されている。

【職員ハンドブックP675】□□□□□
【No.541】　公務災害補償制度の記述として、妥当なのはどれか。

1　公務災害補償は、地方公務員の公務上の災害により、負傷、疾病にかかり又は身体的な障害が発生したときに補償する制度であり、死亡の補償は除かれている。
2　公務災害補償では、通勤の途上で発生した災害も対象としており、その通勤経路を逸脱し又は中断した場合でも、その全てが補償の対象となる。
3　公務災害補償は、地公法が一般職の職員の公務災害補償についての一般原則を規定し、この地公法の規定を受けて、地方公務員災害補償法が制定され

《問題編》

ている。
4 公務災害補償の具体的な実施方法としては、地方公務員災害補償基金という法人が設置され、国及び地方の公務員について、統一的な補償を行っている。
5 地方公務員災害補償法の適用を受ける職員は、常勤の職員のみであり、非常勤である定年前再任用短時間勤務職員などは、条例による公務災害補償とされている。

【職員ハンドブック P676】 □□□□□
【No. 542】 職員の労働基本権の態様の下表のA～Dとア～カの組合せとして、妥当なのはどれか。

区分	団結権		団体交渉権	
	職員団体	労働組合	職員団体	労働組合
A	○	○	△	○
B	○		△	
C	×	×	×	×
D		○		○

○‥制限なし　△‥一部制限　×‥禁止

ア．一般行政職員　イ．企業職員　ウ．教育職員
エ．警察職員　　　オ．消防職員　カ．単純労務職員

```
     A        B       C       D
1  該当なし   アウオ   イカ    エ
2  イ        アウ     カ      エオ
3  イカ      アウ     エオ    該当なし
4  カ        アウ     エオ    イ
5  カ        アウ     イカ    オ
```

【職員ハンドブック P676】 □□□□□
【No. 543】 労働基本権の動向の記述の空欄の語句として、妥当なのはどれか。

　公務員が勤労者の性格を有することについては、学説・判例ともに　A　ところである。
　しかしながら、公務員の労働基本権、特に、　B　の制限については、様々な説があり、いまだ統一されていない。
　判例の動向としては、　C　における最高裁判決以降、国民全体の共同利益

の見地から、公務員の労働基本権にやむを得ない限度の制限を加えることは、可能であるとする考え方が定着している。

	A	B	C
1	異論のない	争議権	全農林警職法事件
2	異論のない	団結権	全国教警職法事件
3	異論のない	団体交渉権	全農林警職法事件
4	異論がある	争議権	全国教警職法事件
5	異論がある	団結権	全農林警職法事件

【職員ハンドブックP676】□□□□□
【No.544】 職員団体等の結成の記述として、妥当なのはどれか。

1 職員団体とは、職員が、その勤務条件の維持改善を図ることを目的として、組織する団体又はその連合体であり、職員団体と労働組合との連合体もある。
2 職員団体とは、職員が組織する団体であり、ここでいう職員とは、地方公務員法の適用を受ける、一般職に属する全ての職員を指すと解されている。
3 職員団体の形態は、職員が職員団体を結成し、若しくは結成せず、又はこれに加入し若しくは加入しないことができる、いわゆる、ユニオン・ショップ制が採用されている。
4 単純労務職員は、一般行政職員と異なり、地公労法に基づく労働組合を結成しなければならないが、この職員の労働組合は、労働協約を締結することができる。
5 管理監督者と人事等の担当職員は、管理職員等として職員団体を組織できるが、管理職員等以外の職員と一体となり職員団体を組織することはできない。

【職員ハンドブックP677】□□□□□
【No.545】 特別区の職員団体等の現状の記述として、妥当なのはどれか。

1 区職労は、特別区人事委員会に登録された職員団体であり、23区職労で構成される特区連も同様に、特別区人事委員会に登録された職員団体である。
2 特別区における職員団体には、各区ごとに構成される「区職労」と、23区職労で構成される「特区連」があり、いずれも、地公法上の職員団体である。
3 特区連は、特別区統一交渉事項、及び23区職労から一致して委任された事項について、交渉権を有する職員団体であるが、交渉の妥結権は有しない。
4 特別区における職員団体には、清掃事業に従事している職員で構成されている団体があり、この職員団体としては、東京清掃労働組合がある。
5 特別区の幼稚園教育職員による職員団体としては、特別区教職員組合（区

《問題編》

教組）と、特別区公立学校教職員組合（特区教組）の支部がある。

【職員ハンドブック P677】 □□□□□
【No. 546】 登録職員団体の記述として、妥当な組合せはどれか。

A 職員団体の登録制度は、登録機関である労働委員会が、職員団体が登録要件に適合することを確認して、正常な労使関係を確立するための制度である。
B 職員団体が登録を受けるための要件には、同一の地方公共団体の職員のみで組織されていることの要件がある。
C 登録職員団体は、当局に交渉応諾義務を発生させるが、登録を受けない職員団体は、この義務を発生させないものの、当局と交渉できないわけではない。
D 登録職員団体は、当該職員団体の役員として、当該登録職員団体の業務にもっぱら従事するための、在籍専従職員を置かなければならない。

1　A B　　2　A C　　3　A D　　4　B C　　5　B D

【職員ハンドブック P677】 □□□□□
【No. 547】 職員団体等との交渉の記述として、妥当なのはどれか。

1 職員団体等との交渉は、職員の給与、勤務時間その他の勤務条件に関する事項であり、これに附帯する社交的又は厚生的活動は交渉できない。
2 職員団体等との交渉では、管理運営事項を交渉の対象にできないため、管理運営事項の処理結果、影響を受ける勤務条件についても、交渉の対象外とされている。
3 職員団体等との交渉では、本交渉に先立ち予備交渉を行う必要があり、予備交渉では、交渉に当たる者の員数や、交渉の議題などを取り決める必要がある。
4 職員団体等との交渉は、当局が指名した者と、職員団体がその役員の中から指名した者で行われることから、職員団体は、役員以外の者を指名することができない。
5 職員団体等との交渉の結果、法的拘束力を有する書面協定を締結できないものの、道義的拘束力を有する労働協約なら締結することができる。

【職員ハンドブック P678】 □□□□□
【No. 548】 職員団体の交渉事項となるものとして、妥当なのはどれか。

1 懲戒の基準に関する事項
2 公務災害補償の実施に関する事項

《問題編》

3　地方公共団体の組織に関する事項
4　職員の定数及びその配置に関する事項
5　転任の命令に関する事項

【職員ハンドブックP678】□□□□□
【No.549】　**職員団体の交渉の当事者**の記述として、妥当な組合せはどれか。

A　職員団体が交渉することができる地方公共団体の当局とは、交渉事項について、適法に管理し、又は決定することができる地方公共団体の当局である。
B　職員団体が交渉することができる当局とは、具体的な交渉の当事者となる者であり、地方公共団体の当局から書面をもって指名された者に限られている。
C　職員団体側の交渉の当事者とは、職員団体が職員団体の役員の中から指名する者であり、特別の事情があっても、役員以外の者を指名することはできない。
D　職員団体側の交渉者には、職員団体の役員以外の弁護士等も交渉に当たれるが、その際、職員団体から委任を受けたことを文書で証明する必要がある。

1　AB　　2　AC　　3　AD　　4　BC　　5　BD

【職員ハンドブックP679】□□□□□
【No.550】　**交渉のルール**の記述として、妥当なのはどれか。

1　交渉のルールとして、地公法は、交渉事項の考え方、交渉の当事者、予備交渉、書面協定の性格などを規定し、具体的な細目は条例に委ねている。
2　交渉のルールとして、交渉主体が適法な当局と職員団体であること、適法な交渉事項であること、必要に応じて予備交渉を経ることなどがある。
3　交渉のルールとして、地公法は、交渉に先立って予備交渉を行うこととしており、予備交渉が不成立であった場合でも、予備交渉を経たことになる。
4　交渉のルールとして、予備交渉は必ず行うこととしており、予備交渉を経ない本交渉の申入れについては、当局はこれを拒否することができる。
5　交渉のルールとして、予備交渉で取り決める事項は、交渉に当たる者の員数、議題及びその他必要な事項の3点である。

【職員ハンドブックP679】□□□□□
【No.551】　**書面による協定**の記述として、妥当なのはどれか。

1　書面協定は、交渉の結果、合意に達したときに必ず結ばれる。
2　書面協定は、条例などに抵触しない限り法的拘束力を有する。

《問題編》

3　書面協定は、職員団体及び労働組合も締結することができる。
4　書面協定は、労使関係の基礎で、労働協約と同じ効力を持つ。
5　書面協定は、効果は道義的拘束力を有し尊重するにとどまる。

【職員ハンドブック P679】　□□□□□
【No.552】　**特別区における労務交渉**の記述の空欄の語句として、妥当なのはどれか。

　職員の勤務条件に関する各特別区の労務交渉は、　A　　とその職員の属する職員団体、労働組合ごとに行われるのが原則である。
　しかし、特別区は、特別区人事行政運営要綱の中で、「特別区職員の任用及び給与等にかかる共通基準の範囲」として定められている　B　　を「統一交渉事項」として、区長側が指名した交渉委員（　C　　など　D　　）と、特区連及び　E　　の間で、統一的に交渉を行っている。
　なお、統一交渉に含まれない交渉事項は、各特別区の交渉事項とされている。

	A	B	C	D	E
1	各区長	16項目	副区長	9人	清掃労組
2	各区長	16項目	代表区長	9人	清掃労組
3	各区長	15項目	副区長	7人	教職労組
4	各副区長	15項目	総務部長	7人	清掃労組
5	各副区長	10項目	総務部長	5人	教職労組

【職員ハンドブック P680】　□□□□□
【No.553】　特別区の**労使交渉**の特別区職員の任用及び給与等に係る**共通基準の範囲**の記述として、妥当な組合せはどれか。

A　共通基準の範囲とは、23区の人事行政の連帯的運営を図るための区長と、職員団体（労働組合）との統一交渉の範囲を定めるものである。
B　共通基準の範囲には、職員に係る共通基準となるものがあり、その共通基準は、大きく任用と給与とその他の項目があり、その他の項目には勤務時間がある。
C　共通基準の範囲には、任用及び給与などに係る共通基準として16項目があり、これらに関係する事項の全てが統一交渉事項となっている。
D　共通基準の範囲のうち、勤務条件及びこれに係る事項が、統一交渉事項であり、統一交渉事項以外は、各区の交渉の対象ともならない。
E　共通基準の範囲の任用に関しては、職名などのほか、採用、昇任、退職、人事交流も含まれ、給与には、給料表のほか昇給などの事項も含まれる。

1　ABC　　2　ABE　　3　ACE　　4　BCD　　5　CDE

【職員ハンドブック P682】□□□□□
【№554】　**時間内組合活動（ながら条例）**の記述として、妥当なのはどれか。

1　ながら条例とは、条例で定める場合を除き、職員団体のため、その業務を行い又は活動をしてはならないとする地公法の規定を受けた条例である。
2　ながら条例は、職員が勤務時間中に当該条例の定めに従って、職務専念義務の免除を得ずに、職員団体の活動に一時的に従事できる条例である。
3　ながら条例は、職員の勤務時間中に、職員団体の活動に一時的に組合休暇を認める条例であり、適法な交渉に限定して給与の支給が認められている。
4　ながら条例による休暇は、組合休暇とも呼ばれるが、交渉以外の勤務時間中の組合活動は、一部の機関運営に限定して、年間20日以内の範囲で認められている。
5　ながら条例は、職員も労働者としての権利を有することから、職員が勤務時間中に職員団体への従事を認める条例であり、給与支給の条例化もできる。

【職員ハンドブック P683】□□□□□
【№555】　**在籍専従制度**の記述として、妥当なのはどれか。

1　在籍専従の「制度」は、人事委員会が相当と認めた場合に、職員団体又は労働組合の業務に従事することができる制度である。
2　在職専従の「身分」は、許可を受けた場合には休職扱いとなり、職員としての身分を保有せず、他の職員と異なり、身分上の義務と責任を負わない。
3　在職専従の「許可要件」には、①職員団体又は労働組合の、②役員として、③当該職員団体又は労働組合の業務に従事することの3つの要件がある。
4　在籍専従の「期間」の上限は、職員団体、労働組合ともに5年以内であるが、職員団体の場合は人事委員会規則で、労働組合の場合は労働協約で、それぞれ定める7年以内とされている。
5　在職専従の「処遇」は、休職扱いとなるため、いかなる給与も支給されず、その期間は退職手当の基礎となる勤続期間には算入されない。

《問題編》

第4章　財務

【職員ハンドブック P685】□□□□□
【No. 556】　**会計の意義と会計法規**の記述の空欄の語句として、妥当なのはどれか。

　地方公共団体は、福祉及び教育といった行政サービスの提供や道路・公園等の　A　の供給という形で　B　活動を行い、そのために必要な人員や物資の調達等の　C　活動を行っている。
　これらの経済活動の財源の大部分は、住民の負担による租税で賄われ、福祉の増進や国民経済の実態に影響を及ぼすことから、地方公共団体の財政運営及び財務会計処理に関する基本的事項は、　D　の　E　に規定されている。この　E　のうち、経理手続のことを　F　という。

	A	B	C	D	E	F
1	私的財	私的経済	私経済	憲法	財政	財務
2	私的財	私的経済	私経済	自治法	財務	会計
3	公共財	公共経済	公経済	自治法	財政	財務
4	公共財	公共経済	公経済	憲法	財務	会計
5	公共財	公共経済	私経済	自治法	財務	会計

【職員ハンドブック P685】□□□□□
【No. 557】　**財務会計組織**の記述として、妥当なのはどれか。

1　財務会計組織における「議会」は、財務に関する議決事件の議決権を有するほか、予算等の執行が適切かについて、書類等の検査権や実地の検査権を有している。
2　財務会計組織における「議会」は、財務に関する機関意思の決定と財務監視の機能の両方の権能を有し、予算の議決結果をすみやかに地方公共団体の長に送付する。
3　財務会計組織における「外部監査」は、従来の監査委員制度に加えて、地方公共団体が外部の専門家と個々に契約して監査を受ける制度である。
4　財務会計組織における「会計管理者」は、会計機関を担当し、予算執行機関から独立した機関として、会計管理者は地方公共団体の長の命令によらず支出権を有する。
5　財務会計組織における「監査委員」は、財務会計のチェック機関であり、法定定数により識見を有する者と議員のうちから選任されるが、いずれも定数を条例で増加できる。

《問題編》

【職員ハンドブック P686】□□□□□
【No.558】 **官庁会計と企業会計**の記述として、妥当なのはどれか。

1 官庁会計とは、地方公共団体における一般的な経理処理方法であり、地方公営企業の財務会計の処理においても採用されている。
2 企業会計とは、企業の経営状況を明らかにするため、現金収支のみならず、資産と負債、資本の増減も併せて単式簿記により経理される。
3 官庁会計は、基本的に発生主義を主体とし、現金収支の結果を明らかにしながら、これを議会に説明することによって、その責任を果たすことになる。
4 官庁会計では、財産に関しては財産に関する調書が作成されるが、これに対して企業会計では、貸借対照表が作成され、経営状況が明らかにされる。
5 官庁会計では、単年度収支により財政状況を把握できるが、より正確に把握するため、流動資産台帳の整備と複式簿記を前提とした公会計制度が導入されている。

【職員ハンドブック P687】□□□□□
【No.559】 **バランス・シート（貸借対照表）**の記述の空欄の語句として、妥当なのはどれか。

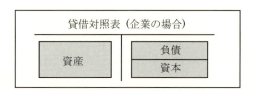

　従来、自治体の公会計制度は、「　A　・　B　」により、その処理が行われてきたが、近年、公営企業の財務諸表にならって、バランス・シートが導入されてきている。このバランス・シートは、「複式簿記・　C　」に基づいて作成され、自治体の　D　などの状況を明らかにするものである。

	A	B	C	D
1	単式簿記	現金主義会計	発生主義会計	資産・負債
2	単式簿記	発生主義会計	現金主義会計	現金収支
3	現金出納簿	現金主義会計	発生主義会計	資産・資本
4	現金出納簿	発生主義会計	現金主義会計	現金収支
5	複式簿記	発生主義会計	現金主義会計	資産・負債

《問題編》

【職員ハンドブック P687】 □□□□□
【No. 560】 **地方公会計制度**に関する記述の空欄の語句として、妥当なのはどれか。

　国は、平成18年度に「新地方公会計モデル」として、資産台帳に基づく　A　と決算統計に基づく「総務省方式改訂モデル」を示し、地方公会計制度の整備を進めてきた。
　だが、作成基準の統一性が課題となり、平成27年に、比較可能性を確保するため、　B　と　C　の導入を前提とした財務諸表の作成に関する統一的な基準を示した。
　地方公共団体には、地方公会計の財務諸表を作成する　D　。

	A	B	C	D
1	基準モデル	流動資産台帳	複式簿記	義務がある
2	基準モデル	固定資産台帳	単式簿記	義務はない
3	基準モデル	固定資産台帳	複式簿記	義務はない
4	地方モデル	流動資産台帳	単式簿記	義務がある
5	地方モデル	固定資産台帳	複式簿記	義務はない

【職員ハンドブック P687】 □□□□□
【No. 561】 **事務の監査請求と住民監査請求**として、妥当なのはどれか。

		（事務の監査請求）	（住民監査請求）
1	［提出］	長に提出する	監査委員に提出する
2	［内容］	財務に限定される	事務全般にわたる
3	［方法］	住民の1/50の連署	住民1人でも可能
4	［期間］	原則1年以内に請求	請求期限は特になし
5	［効果］	住民訴訟を起こせない	住民訴訟を起こせる

【職員ハンドブック P688】 □□□□□
【No. 562】 **財政運営と予算**の記述として、妥当なのはどれか。

1　予算とは、一定期間における収入と支出の見積りであって、予算は、当該地方公共団体の計画を意味するものではない。
2　予算は、議会の議決を経た一定形式のものであり、議会が当該地方公共団体の長に対して、財政執行権を付与したものである。
3　予算は、住民サービスのために、必要な人員や物件などのコストを見積る計画表であり、行政施策の方向を示した計画表ではない。

《問題編》

4 予算のうち歳入予算は、収入の見積りと財源を示すものであり、歳入予算の枠を超えて収入することは一切できない。
5 予算のうち歳出予算は、執行機関に対し拘束力を持たないため、必要があれば、歳出予算の枠を超えて支出することもできる。

【職員ハンドブック P688】 □□□□□
【No. 563】 **予算の原則**の記述として、妥当なのはどれか。

1 〔総計予算主義の原則〕とは、一会計年度における全ての収入及び支出を歳入歳出予算に編入しなければならないとする原則であり、この原則には、一時借入金などの例外がある。
2 〔会計年度独立の原則〕とは、一会計年度における歳出は当該年度の歳入をもって充てなければならないとする原則であり、この原則では、収支のバランスを明らかにすることはできない。
3 〔予算公開の原則〕とは、財政における民主主義のためには、その内容が公開されなければならないとする原則であり、この原則に基づき、予算要領の公表は義務であるが、財政状況の公表は任意である。
4 〔予算事前議決の原則〕とは、予算は、一会計年度ごとに作成し、年度の開始前に議会の議決を経なければならないとする原則であり、この原則から、例え義務費であっても、議会の議決なしに執行することはできない。
5 〔単一予算主義の原則〕とは、原則として単一の見積表にあらゆる歳入歳出を包含し、かつ一年度に1回の調製を適当とする原則であり、特別会計及び補正予算の措置も、この原則とされる。

【職員ハンドブック P688】 □□□□□
【No. 564】 **予算の原則とその例外**の記述として、妥当なのはどれか。

1 総計予算主義の原則の例外には・・・・事故繰越しがある。
2 会計年度独立の原則の例外には・・・・定額資金運用基金がある。
3 予算事前議決の原則の例外には・・・・繰上充用がある。
4 予算統一の原則の例外には・・・・・補正予算がある。
5 単一予算主義の原則の例外には・・・・特別会計予算がある。

【職員ハンドブック P689】 □□□□□
【No. 565】 **予算の種類**の記述として、妥当なのはどれか。

1 〔一般会計〕は、単一予算主義の原則に基づく会計であるが、行政事務の複雑肥大化に伴い特別会計が設けられ、一般会計以外の予算を特別会計という。

《問題編》

2 〔特別会計〕は、特定の歳入をもって特定の歳出に充てる場合に限り、一般の歳入歳出と区分するため法律に基づき設置され、条例で設置することはできない。
3 〔当初予算〕は、年度開始の前に年度予算として議会に提出し、議会の議決を経て成立した予算であり、当初予算は、暫定予算に対比する会計用語である。
4 〔補正予算〕とは、年度開始前までに予算が議決されない場合に、行政の停滞を避けるため、本予算が成立するまでの間の一定期間に係る予算である。
5 〔暫定予算〕は、予算が成立するまでの「つなぎ予算」であり、暫定予算に基づく執行は、本予算に基づくものとみなされ、本予算に吸収される。

【職員ハンドブック P689】□□□□□
【No.566】 **特別会計**の記述として、妥当なのはどれか。

1 特別会計は、予算原則の中の単一予算主義の原則に基づき設置される。
2 特別会計は、一般会計から分離し経理する一般会計以外の会計をいう。
3 特別会計は、一般の歳入歳出と区分し経理の明確化を図る会計である。
4 特別会計は、一般会計における経理と区分するため規則で設置される。
5 特別会計は、特定の歳入で特定の支出に充てる場合に限り設置できる。

【職員ハンドブック P689】□□□□□
【No.567】 **補正予算**の記述として、妥当なのはどれか。

1 補正予算は、予算の成立前の事情に基づき調製される予算である。
2 補正予算は、既定の予算に対し追加又は変更を加える予算である。
3 補正予算は、予算を変更する、本予算に対比する会計用語である。
4 補正予算は、必要があれば会計年度終了後においても調製できる。
5 補正予算は、予算の増額を目的とし、予算の減額は認められない。

【職員ハンドブック P690】□□□□□
【No.568】 **暫定予算**の記述として、妥当なのはどれか。

1 暫定予算は、本予算に対比する会計用語であり、一会計年度を通じる予算として調製される予算である。
2 暫定予算は、年度開始前までに予算成立の見込みがない場合に限って、調製される予算である。
3 暫定予算の執行は、本予算に基づくものとみなされず、暫定予算に残額があれば、その残額から執行され、本予算に吸収されない。
4 暫定予算は、議会の議決を経て成立するが、あくまで「つなぎ予算」であ

《問題編》

るから、年間を通じる予算が成立したときは、その効力を失う。
5 　暫定予算は、行政の停滞を避けるための「つなぎ予算」であり、最低限度の政策的な経費や義務的経費が計上される。

【職員ハンドブック P690】　□□□□□
【№ 569】　**予算の内容**の記述の空欄の語句として、妥当なのはどれか。

　　予算の内容は、歳入歳出予算、継続費、繰越明許費、 A 、 B 、 C 及び歳出予算の各項の経費の金額の流用の「７つ」から成り立っている。

1 　ＡＢＣは、債務負担行為と地方債と一時借入金である。
2 　ＡＢＣは、支出負担行為と予備費と一時借入金である。
3 　ＡＢＣは、地方債と一時借入金と事故繰越しである。
4 　ＡＢＣは、支出負担行為と地方債と予備費である。
5 　ＡＢＣは、債務負担行為と地方債と予備費である。

【職員ハンドブック P690】　□□□□□
【№ 570】　**予算の内容**の記述として、妥当なのはどれか。

1 　〔継続費〕とは、事業の完了に会計年度以上の期間を要する場合に、その総額を定め、数年度にわたって支出する経費であり、各年度の経費及びその財源は、当該年度の歳入歳出予算に計上する必要がない。
2 　〔繰越明許費〕とは、歳出予算のうち、予算成立後の事由に基づき、年度内にその支出を終わらない見込みのある経費に限り、翌年度に繰り越して使用できる経費である。
3 　〔債務負担行為〕とは、将来にわたる債務を負担する行為であり、債務負担行為として予算で定められた事項は、支出すべき年度において、義務費として歳入歳出予算に計上される。
4 　〔地方債〕とは、財源の不足を補い又は特定の費途にあてる目的で、地方公共団体が年度を超えて外部から借り入れる金銭であり、地方債を起こす際に予算に定める事項は、限度額と起債の方法に限られている。
5 　〔一時借入金〕とは、収入と支出とが時期的に均衡を失し、収入額が支出すべき金額に達しない場合に、銀行その他から借り入れる現金のことであり、数年度にわたって返還できる。

《問題編》

【職員ハンドブック P690】 □□□□□
【№ 571】 継続費の記述として、妥当な組合せはどれか。

A 継続費は、事業の完了に、一会計年度だけでは目的を果たすことができず、翌年度にわたって事業を施行する必要がある場合に組まれる予算である。
B 継続費は、予算の定めるところにより、あらかじめ事業の完成に必要な数年間の、総額と年割額について、議会の議決を経ておくものである。
C 継続費は、年割額の支出が支出予定額に達しない場合でも、その経費を、継続年度終了まで、逓次繰り越して使用することはできない。
D 継続費の年割額は、各年度の歳出予算に計上しなければならず、事業の変更による年割額の変更に、継続費の補正を必要とすることから、弾力性に乏しい。

1　AB　　2　AC　　3　AD　　4　BC　　5　BD

【職員ハンドブック P690】 □□□□□
【№ 572】 繰越明許費の記述として、妥当なのはどれか。

1 繰越明許費は、逓次繰り越して使用できる経費であり、事業などの都合により翌年度に執行できないときは、更に繰り越して使用することもできる。
2 繰越明許費として翌年度に使用する経費は、実質的には前年度の予算であることから、当該歳出に充てる必要な財源も、翌年度に繰り越さなければならない。
3 繰越明許費は、予算の繰越使用によって、事業が翌年度にまたがることを認めた経費であるが、年度内に支出負担行為が行われていることが条件である。
4 繰越明許費は、事業が年度内に完結しないと想定される場合の予算措置であり、すでに契約行為により、債権債務が発生している場合に限り、繰り越せる。
5 繰越明許費は、支出負担行為後の避けがたい事故のために、支出の終わらなかった経費を翌年度に繰り越す「事故繰越し」と、同じ性質の経費である。

【職員ハンドブック P691】 □□□□□
【№ 573】 債務負担行為の記述として、妥当なのはどれか。

1 債務負担行為とは、債務を負担する行為であり、歳出予算の金額、継続費の総額及び繰越明許費の金額の範囲内で、予算に定めなければならない。
2 債務負担行為は、継続費が年割額という形で施策の全体計画が明示されている点で、また繰越明許費が財源措置を既に行われている点で、同じである。

3 債務負担行為に係る債務は、債務負担と債務履行の両方が付与されたものであり、予算で定めた案件は、各年度の歳入歳出予算に計上する必要がない。
4 債務負担行為は、将来、契約行為などの、債務を発生させる行為をしようとする場合に、あらかじめ予算に定めておくものである。
5 債務負担行為は、電気料、ガス代、水道料、電気通信にかかる料金、不動産の借受料その他政令で定める契約の場合についても、予算に定めておく必要がある。

【職員ハンドブックP691】□□□□□
【No.574】 **長期継続契約**の記述の空欄の語句として、妥当なのはどれか。

　　長期継続契約とは、地方公共団体が債務負担行為として、予算に　A　、翌年度以降にわたり、契約を締結することができる契約である。
　　この契約は、電気、ガス、水道料、電気通信の料金、不動産の借受料その他　B　で定める契約に限り、認められている。
　　この契約は、毎年、契約の更新を繰り返す不合理をなくするために設けられた制度であり、議会の議決は　C　である。
　　長期継続契約を締結した場合には、各年度の電気などの受給は　D　である。

	A	B	C	D
1	計上せず	政令	不要	義務
2	計上せず	条例	必要	任意
3	計上して	政令	不要	義務
4	計上して	条例	不要	任意
5	計上して	政令	必要	任意

【職員ハンドブックP691】□□□□□
【No.575】 **地方債**の記述として、妥当なのはどれか。

1 地方債の「目的」は、一般の費途に充てることを目的とし、当該地方公共団体が他の者から資金を、一会計年度を超えて借入れるものである。
2 地方債の「発行」に当たっては、先ず予算に定める必要があり、予算では、限度額、起債の方法、償還方法の3つの事項を定めなければならない。
3 地方債の「根拠」は、法律に定めがある場合に、予算の定めるところにより発行できるとされており、この法律とは、地方財政法に限られている。
4 地方債の「協議」は、発行に当たり必要な行為であり、特別区の場合、事前に都知事と協議する必要があるが、方法を変更する場合の協議は不要である。
5 地方債の「同意」は、特別区の場合、都知事との協議における都知事の同

意を指すが、同意を得られなくても、その旨を議会に報告すれば地方債を発行できる。

【職員ハンドブック P691】 □□□□□
【№ 576】 地方債の記述として、「妥当でない」のはどれか。

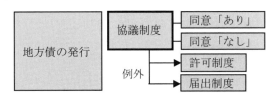

1　協議制度で、区市町村が地方債を発行する場合には、知事に協議し、その同意を得る必要があり、『同意がある』場合には公的資金が借りられる。
2　協議制度で、知事への協議を経れば、『同意がない』場合でも地方債を発行することができるが、この場合には、民間資金を調達することとなる。
3　協議制度で、協議の『同意を得ないで』地方債を発行する場合には、あらかじめ当該地方公共団体の議会の議決を経なければならない。
4　協議制度の例外として、実質公債費比率が18％以上の団体などが地方債を発行する場合は、協議ではなく、知事の『許可』を得なければならない。
5　協議制度の例外として、実質公債費比率が政令で定める数値未満の地方公共団体が、民間資金による地方債を発行する場合には、協議を不要とし、『届出』で足りる。

【職員ハンドブック P691】 □□□□□
【№ 577】 一時借入金の記述として、妥当なのはどれか。

1　一時借入金は、地方公共団体の借入金であり、一時的な資金不足を補う手段であるが、借入期間が翌年度にまたがる、例外的な措置も認められている。
2　一時借入金は、地方公共団体における借入金であるが、総計予算主義の原則に基づいて、当該年度の予算には、歳入として計上しなければならない。
3　一時借入金は、一時的な資金不足を補う手段であり、その借入れる権限を有する者は、当該地方公共団体の会計責任者である会計管理者である。
4　一時借入金は、予算に定めなければならないが、予算に定めるのは、ある時点における借入残高の最高額であって、借入累計額は制限されない。
5　一時借入金は、会計事務規則の定めるところにより、資金調達の手段として借入れる現金であり、歳計現金として保管される。

【職員ハンドブック P692】 □□□□□
【No.578】 歳出予算の各項の経費の金額の流用の記述として、妥当なのはどれか。

1 歳出予算は、各款の間又は各項の間で相互に流用することは認められないが、予算に定めた場合には各項の間の流用が認められる。
2 歳出予算は、議決科目として款と項とに分類され、各款の間又は各項の間は施策の性質別の計画であり、予算に定めた場合、各項の間で流用できる。
3 歳出予算は、議決科目として款と項とに分類されるが、予算に定めれば、各款の間又は各項の間において、相互に流用することが認められる。
4 歳出予算は、議決科目である款と項の金額変更には、補正措置が必要であり、予算による相互の流用は認められない。
5 歳出予算は、議決科目として款と項とに分類され、項に計上された金額で軽微なものや定型的なものは、地方公共団体の長が必要に応じて判断し、流用できる。

【職員ハンドブック P692】 □□□□□
【No.579】 予算編成の記述として、妥当なのはどれか。

1 〔予算編成〕は、法令等に基づき編成され、編成された予算案は、地方公共団体の長の行政運営の考え方を財政面から示すものであり、行政執行を統制するものではない。
2 〔予算の査定〕は、各種の計画を踏まえながら、中長期的な展望に立って将来の財政状況を推計し、財源の制約のもとで優先順位づけを行う作業である。
3 〔予算編成方針〕とは、地方公共団体の長が施策を実現するために、予算編成の基本を定めるものであり、組織内部の意思統一を図るものではない。
4 〔予算編成方針〕では、翌年度の課題、及び財政の見通しを受けた施策の方向性が示されるが、予算要求のフレームが事前に示されることは一切ない。
5 〔予算の見積り〕では、歳入財源は見積りであり、歳入の見積りでは、歳出需要を捕捉する必要まではないが、歳出では、財源を最少に抑え、事業の優先順位づけも必要である。

【職員ハンドブック P693】 □□□□□
【No.580】 予算科目の記述の空欄の語句として、妥当なのはどれか。

　予算科目については、歳入予算はその　A　別に、歳出予算はその　B　別に、それぞれ　C　に区分しなければならない。
　また　D　は議決科目といわれ、　E　は執行科目といわれる。

《問題編》

なお、歳出予算の F の区分は、自治規則の別記のとおりに定めなければならず、各自治体が独自に変更することはできない。

	A	B	C	D	E	F
1	目的	性質	款項目節	款項目	節	目
2	目的	性質	款項目	款項	目節	目
3	性質	目的	款項	目節	款項	節
4	性質	目的	款項目節	款	項目節	節
5	性質	目的	款項	款項	目節	節

【職員ハンドブックP693】□□□□□
【No.581】 **予算の議決**の記述として、妥当なのはどれか。

1 地方公共団体の長は、予算編成を終えると、議会の議決を経るため予算案を議会に提出しなければならないが、その際、予算に関する説明書を添える必要はない。
2 予算案の提出権は、原則として地方公共団体の長に専属しているが、例外として、議会費の部分については、議会の議長に予算案の提出権がある。
3 地方公共団体の長には、予算調製権があるが、行政委員会に関する予算事務の部分は、予算議案の作成前に、それぞれの行政委員会の意見を聴かなければならない。
4 地方公共団体の長は、予算案の提出権を持ち、議会は、予算案の増額又は減額の修正権を持つが、増額修正に限っては、長の予算提案権を侵さない範囲とされている。
5 地方公共団体の長には、議会の予算議決の対抗手段として、再議と原案執行権が認められているが、議会の議決を経ずに予算を執行することは一切できない。

【職員ハンドブックP694】□□□□□
【No.582】 **予算の執行管理**の記述として、妥当なのはどれか。

1 地方公共団体の長は、議長から予算議決書の送付を受けたときには、自治令第151条に基づき、予算の成立と配当について、各部長へ、直ちに通知しなければならない。
2 予算の執行に当たっては、目的を達成するための必要最大限度を超えて支出することができず、また収入は、的確かつ厳正に確保しなければならない。
3 予算の執行権は、地方公共団体の長及び行政委員会に専属するが、長などは、政令で定める処理基準に従って、予算の執行手続を定めなければならない。

《問題編》

4 　地方公共団体の長は、予算成立後に、予算執行方針のほか、予算配当方針などと一緒に、予算執行計画を作成し、各部課長に通知しなければならない。
5 　歳出予算の配当は、予算の執行管理の手段であって、配当額の範囲内で事業を執行し、支出負担行為を行うことができる根拠となる。

【職員ハンドブック P694】□□□□□
【No.583】　**予算の流用**の記述として、妥当なのはどれか。

1 　予算の流用とは、一定の目的に充てた各科目の金額を相互に融通し合うことであり、自治法では、原則として「款項目節」の流用を禁止している。
2 　予算の流用とは、ある経費を他に充てることであり、歳出予算の「款間」、「項間」、「目間」及び「節間」における、既定の予算金額の一部の移動のことをいう。
3 　歳出予算の「各項」の金額の流用は、予算の執行上必要がある場合に、予算総則に定めれば、議会の議決を経ることなく、地方公共団体の長が行い得る。
4 　予算の流用は、議決科目である「款項」については絶対に認められないが、執行科目である「目節」については、地方公共団体の長の判断で行い得る。
5 　予算の「目節」の流用については、法律上の制限がないため、特別区の予算事務規則においても、原則として流用は禁止されていない。

【職員ハンドブック P694】□□□□□
【No.584】　**予備費の充当**の記述として、妥当なのはどれか。

1 　予備費は、予算外の支出又は予算超過の支出に充てるために、一般会計のみならず特別会計においても、必ず計上しなければならないとされている。
2 　予備費は、予算外の支出又は予算超過の支出に充てるために、使途を特定しないで、歳入歳出予算に計上される目的外予算のことをいう。
3 　予備費は、予算に計上されている経費の金額が不足する場合に充てることができ、予算に計上されていない経費については、充てることができない。
4 　予備費を、予算外の支出として使用する場合には、議会が予算原案から削除したものなど、いわゆる、議会の否決した経費に充てることもできる。
5 　予備費は、予備費の充当による予算執行後、当該充当額に残額が生じた場合には、これを予備費に繰り戻さなければならない。

【職員ハンドブック P695】□□□□□
【No.585】　**予算科目の新設**の記述として、妥当なのはどれか。

1 　歳出予算の科目新設は、款項は予算の補正によるが、目節には制限がない。
2 　歳出予算の科目新設は、長限りで必要に応じ予算の執行過程で新設できる。

《問題編》

3　歳入予算の科目新設は、款項は予算の補正によるが、目節には制限がない。
4　歳入予算の科目新設は、収入が法令又は契約に基づくときは新設できない。
5　歳入予算の科目新設は、歳入予算の科目の性格から、目節に限られている。

【職員ハンドブックP695】□□□□□
【№586】　決算の下線の記述として、妥当なのはどれか。

　各自治体の会計は、一般会計での処理が理想であるが、単一の会計で処理することは困難なことから、特別会計による処理を認めている。だが、特別会計は、相当の部分が自治体の自主性に委ねられているため、地方公共団体間の画一性を欠いている。
　そこで総務省は、地方公共団体の比較が可能となるように、a．決算統計では、総務省で定める「一般会計」によって調製することとしている。
　b．総務省は、決算で指定する特別会計を「公営事業会計」とし、残りの特別会計と一般会計を総合して「普通会計」としている。

自治体	一般会計	普通会計
	特別会計	
	うち公営企業会計	公営事業会計

　その「公営事業会計」に含まれず、c．普通会計の対象となる特別会計には、用地特別会計、国民健康保険事業会計、介護保険事業会計などがある。
　d．決算は、予算の内容についてのみ調製され、証書類その他政令で定める書類（①歳入歳出決算事項別明細書、②実質収支に関する調書、③財産に関する調書）と併せて、会計管理者から当該地方公共団体の長に提出される。
　地方公共団体の長は、e．決算を議会の認定に付するときには、決算に併せて、監査委員の意見書のほか、上記の3つの証書類を提出する義務を有している。

1　aのみ　　2　bのみ　　3　bc　　4　be　　5　cde

《問題編》

【職員ハンドブック P695】□□□□□
【No. 587】 **決算**の記述として、妥当なのはどれか。

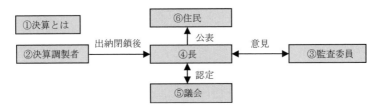

1 地方公共団体における「決算」とは、一般的には、一会計年度の予算の執行の結果の実績を表示するために調製される計算書であると解されている。
2 「決算の調製者」は、会計管理者であり、会計年度終了後3か月以内に、決算書のほか、詳細な説明書類及び証書類も併せて当該地方公共団体の長に提出しなければならない。
3 「監査委員」は、会計管理者から付された決算を、決算の合法性や的確性などの観点から審査に当たるが、決算に意見を付すか否かは監査委員の裁量とされている。
4 「地方公共団体の長」は、決算を議会の認定に付する際に、決算書のほか、歳入歳出決算事項別明細書や主要施策の成果を説明する書類などを提出する義務がある。
5 「議会」が決算を認定したときは、会計管理者は、決算の要領を住民に公表するとともに、当該決算を知事に報告しなければならない。

【職員ハンドブック P696】□□□□□
【No. 588】 **決算の認定**の記述として、妥当なのはどれか。

1 決算の認定に当たっては、当該地方公共団体の長は、監査委員の審査に付した決算を、監査委員の意見を付けて、次の決算を審議する議会までに付議しなければならない。
2 決算の認定は、予算が議会の議決を要するのと同様に、決算の効力の発生要件であり、予算の執行の結果の総合的な確認行為である。
3 決算の認定は、実績の確認にすぎないことから、議会が決算を認定しない場合でも、行政執行責任者である地方公共団体の長が政治的な責任を問われることはない。
4 決算の認定は、予算執行の適否を明らかにするものであり、議会の認定が得られない場合には、決算の効力に影響を及ぼすものと解されている。
5 議会が決算の認定を否決した場合に、地方公共団体の長が当該議決を踏ま

え必要な措置を講じたときは、速やかに、その内容を議会に報告し公表しなければならない。

【職員ハンドブック P696】□□□□□
【№ 589】 **出納整理期間**の記述として、妥当なのはどれか。

1 出納整理期間とは、会計年度の経過後において、当該年度に属する予算執行の結果による、現金及び物品などの収支の整理を行う期間をいう。
2 出納整理期間とは、現金収支の整理を行う期間であり、会計年度終了後から出納閉鎖期日である6月30日までの、3か月の期間をいう。
3 出納整理期間とは、予算執行による現金収支の整理を行う期間であり、会計年度中に支出負担行為が行われている限り、支出命令を行うことができる。
4 出納整理期間とは、現金収支の整理期間であって、この期間に収入及び支出の原因となる行為、すなわち、歳入調定及び支出負担行為を行うことができる。
5 出納整理期間とは、現金収支の整理期間であり、この期間内に収入支出の処理が終わらなかったときには、新年度の歳入歳出として整理することができない。

【職員ハンドブック P697】□□□□□
【№ 590】 **財政の健全化法**の記述として、妥当なのはどれか。

1 財政の健全化法は、国が関与して、財政状況が著しく悪化している地方公共団体について、計画的に健全化を図る仕組みの法律として、位置づけられている。
2 財政の健全化法は、地方の財政状況の健全性に関する比率の公表制度を設け、この比率に応じて、早期健全化、財政の再生及び経営健全化を図る法律である。
3 財政の健全化法における健全化の判断比率とは、実質赤字比率、連結実質赤字比率、実質公債費比率及び経常収支比率の4つの財政指標を指す。
4 財政の健全化法に基づく健全化の判断比率の状況については、毎年度、前年度の決算に基づき、会計管理者が作成し、当該地方公共団体の長に提出される。
5 財政の健全化法に基づき、地方公共団体の長は、当該地方公共団体の健全化の状況を議会に報告するとともに、公表する義務があるが、あらかじめ監査委員の審査に付す必要はない。

《問題編》

【職員ハンドブック P697】□□□□□
【№591】 金銭会計とその事務組織の記述として、妥当なのはどれか。

1 〔金銭会計〕とは、現金の収納、現金の支払及び現金の保管並びに附帯する事務をいい、この現金には、歳入歳出外現金は含まれない。
2 〔会計事務〕は、命令を行う機関と出納する機関とに分離されており、前者は会計管理者の権限であり、後者は地方公共団体の長の権限である。
3 〔命令機関〕の徴収事務の委任を受けた者を歳入徴収者といい、所管に属する収入及び支出の命令に関する事務の委任を受けた者を収支命令者という。
4 〔出納機関〕を担う会計管理者は、当該地方公共団体の長によって、当該地方公共団体の執行機関に属する職員のうちから任命される一般職の者である。
5 〔出納機関〕の会計事務を処理するため、会計管理者は、規則で会計管理室を設置し、出納員その他会計職員を任命することができる。

【職員ハンドブック P698】□□□□□
【№592】 出納機関の記述として、妥当なのはどれか。

1 会計管理者は、地方公共団体の長の補助機関の一つであり、長の会計監督権に服するが、出納その他の会計事務の執行については、独立の権限を有する。
2 会計管理者の事務を処理させるために必要な組織を設けることができるのは、地方公共団体の長の権限であり、長は、条例に基づいて会計組織を設けることができる。
3 出納業務を担う出納員その他の会計職員は、会計管理者の事務を補助する職員であり、これらの職員の任命は、会計管理者が行う。
4 会計職員とは、会計管理者の命を受けて、現金の出納保管又は物品の出納保管の事務をつかさどる職員のことをいう。
5 出納員その他の会計職員は、会計管理者の事務を補助するために置かれるため、人口の少ない町村においても、出納員を置かなければならない。

【職員ハンドブック P698】□□□□□
【№593】 指定金融機関の次の表中の記述として、妥当なのはどれか。

		内　容
1	設置	指定金融機関は、公金の管理を金融機関に取り扱わせるために設置され、この設置は地方公共団体の長の指定で行われ、議会の議決を必要としない。
2	責任	指定金融機関は、公金の収納又は支払事務について、会計管理者に対し責任を負うものとされている。

《問題編》

3	事務	指定金融機関の公金の収納は、納入通知書又は納付書等に基づき行われ、支払事務は、会計管理者の指示に基づき、原則として現金で行われる。
4	監査	指定金融機関に対する監査は、公金の収納又は支払いに対して、監査委員が自ら客観的に行う監査であり、例月例日を定めて行うとされている。
5	検査	指定金融機関に対する検査とは、監査よりも、具体的かつ詳細に収納支払事務や預金状況について調べる、会計管理者による検査である。

【職員ハンドブック P698】□□□□□
【№ 594】 **収入事務**の記述として、妥当なのはどれか。

1 歳入を収入するときは、出納機関である会計管理者が、原則として現金で収納し、会計管理者の名義の預金口座に入金することを原則としている。
2 現金納付に対する特例として、口座振替による納付、収入証紙による納付などが認められるが、小切手などの証券による納付は認められていない。
3 納入の通知としては、納入すべき金額及び納期限などを記載した納入通知書を発行することとされ、口頭によって納入通知を行うことはできない。
4 現金による収納主義の徹底は、かえって不便となる場合があるため、使用料などの納付の場合には、クレジット・カードによる納付も認められている。
5 歳入を収入するときは、納入義務者に対し納入の通知をしなければならないため、国庫補助金などの収入も、国に対し納入の通知を行うことになる。

【職員ハンドブック P699】□□□□□
【№ 595】 **歳入の調定**の記述として、妥当なのはどれか。

1 調定とは、歳入を収入するときの徴収の意思決定であり、全ての収入行為に先立って行うのが原則であるが、例外として、事後に調定を行うこともできる。
2 調定とは、地方公共団体の歳入を収入するときに、会計管理者が、その歳入を調査して、収入金額を決定する行為をいう。
3 調定とは、その発生した権利内容を調査することであり、具体的には、所属年度、歳入科目、納入金額、納入義務者を決定する外部的な意思決定である。
4 調定とは、歳入を収入するときに、その発生した権利内容を確認し、納入義務者などを決定する行為であり、調定の行為には、納入義務者に対する通知行為も含まれる。
5 調定とは、歳入を収入するときに行わなければならない行為であり、当該会計年度の経過後においても、現年度分として調定を行う必要がある。

【職員ハンドブック P699】□□□□□
【No.596】 **督促**の記述として、妥当なのはどれか。

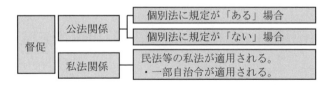

1 督促は、公法関係と私法関係で異なり、さらに公法関係は個別法に規定があるか否かで異なり、個別法に規定がある場合は自治法に基づく督促となる。
2 督促は、納期限までに納入がない場合に行われ、公法関係では地方税法、自治法等が適用されるが、私法関係の督促には公法関係の規定は適用されない。
3 督促は、地方税に定めがある場合は地方税法の規定が適用され、公法関係でも、地方税法などの個別法に定めがない収入は、民法などの手続による。
4 督促をした場合には、公法関係に基づく収入のみならず、私法関係に基づく収入に対しても、督促手数料及び延滞金を徴収することができる。
5 督促期限までに未納な収入は、収入により手続が異なり、分担金、加入金、過料及び法律で特に認めるもの手数料および延滞金は、地方税の滞納処分の例による。

【職員ハンドブック P700】□□□□□
【No.597】 **時効及び不納欠損**の記述として、妥当なのはどれか。

1 時効は、ある事実状態が一定期間継続し、この状態が真実の権利関係に合致する場合に、その事実を尊重して権利を発生させ又は消滅させる制度である。
2 地方公共団体を権利関係の当事者とする金銭債権の消滅時効は、民法その他の法律の定めがある場合を除いて、自治法の規定により5年とされている。
3 地方公共団体を当事者とする公法上の金銭債権は、時効の放棄を許されず、また5年間の期間の経過によって、時効の援用なしに消滅しないとされる。
4 地方公共団体が行う納入通知及び督促は、時効更新の効力を有するため、納入義務者が納入を履行しない場合には、何回でも督促し、時効を更新することができる。
5 不納欠損とは、すでに予算に計上された歳入に対して、法令又は条例の定めによって徴収し得なくなった債権額を整理する、決算上の処分である。

《問題編》

【職員ハンドブック P700】☐☐☐☐☐
【№598】 **私人の公金取扱い**の記述として、妥当な組合せはどれか。

A 公金は、法律又は政令に特別の定めがある場合を除き、原則、私人に徴収及び収納、支出を取り扱わせてはならないが、収入の確保を図る場合に限り、私人に公金取扱いを委託することができる。
B 私人に公金取扱いを委託できる収入は、使用料、手数料、賃貸料、物品売払代金、寄附金、貸付金の元利償還金などに限られている。
C 私人の公金取扱いは、法律又は条例に特別の定めがある場合を除くほか、徴収及び収納、支出を、私人に委任し又は取り扱わせてはならない。
D 私人に支出委託できる経費の範囲は、自治令に掲げる経費、貸付金及び払戻金に限定されている。

1 AB 2 AC 3 BC 4 BD 5 CD

【職員ハンドブック P700】☐☐☐☐☐
【№599】 **支出事務**の記述として、妥当なのはどれか。

1 支出の「流れ」は、地方公共団体の長の支出命令に始まり、長から会計管理者への支出負担行為の後、会計管理者の審査を経て、会計管理者の支払いで完結する。
2 支出の「手続」は、出納機関における支出事務を経て、会計管理者に対し支出負担行為書が送付され、会計管理者の審査結果に基づき債権者に支払われる。
3 支出の「方法」は、指定金融機関を設置する場合には小切手又は公金振替書の交付により支払われ、例外として小口の場合には現金で支払われる。
4 支出の「原則」には、法令や予算に違反せず、債務金額が確定し、債権者でなければ支払うことができないとする原則があり、この原則には特例がない。
5 支出の「委託」は、収入の委託の場合と異なり、私人に必要な資金を交付することができないため、支出の事務を委託することはできない。

【職員ハンドブック P701】☐☐☐☐☐
【№600】 **支出負担行為**の記述として、妥当なのはどれか。

1 支出負担行為とは、地方公共団体の支出の原因となる契約その他の行為をいい、支払の義務を負う最後の段階に当たる行為である。
2 支出負担行為は、支出に関する起案行為から始まり契約するなど、支出命

《問題編》

令を出す前までの一連の行為を指す。
3 支出負担行為は、支出の原因となる契約などを行う際の行為であり、定型的に支出する給与の支出の場合には、この手続を省略することができる。
4 支出負担行為として整理する時期は、財務規程等で定められており、経費ごとに異なることはなく、全て支出負担行為のあった日の年度とされている。
5 支出負担行為は、法令に違反して行ってはならないが、予算に基づき行われる行為ではないため、予算に違反しても問題とならない。

【職員ハンドブックP701】□□□□□
【№601】 **支出命令及び審査**の記述として、妥当なのはどれか。

1 出納の責任者である会計管理者は、金銭債務を負うときは、支出命令の有無にかかわらず、公金を支出することができる。
2 支出命令書を発行できるのは、会計管理者であり、この支出命令書は、支出負担行為が完了し、債務が弁済期に達して、初めて発行することができる。
3 支出命令は、すでに支出負担行為が行われたものであれば、会計年度中に支出命令を発しなければならず、出納整理期間中に支出命令を発することはできない。
4 支出命令審査権は、会計管理者の権限であり、支出負担行為が法令又は予算に違反していないか否かに限って、審査することができる。
5 支出命令審査権は、会計経理の公正を確保するための仕組みであり、書類審査のみならず、必要があると認めるときには実地調査を行うこともできる。

【職員ハンドブックP701】□□□□□
【№602】 **歳計現金の保管**の記述として、妥当なのはどれか。

1 歳計現金の小口支払の現金などは、貨幣で保管し、かつ金庫等に収納し、支払準備に支障のない限り、預金などにより利益を図ることが原則とされている。
2 歳計現金とは、地方公共団体の歳入に属する現金、すなわち、歳入として収入することに係る現金を指し、歳出として支出する現金はこれに含まれない。
3 歳計現金の保管権者は、地方公共団体の長であり、保管方法として、指定金融機関その他の金融機関への預金、その他の最も確実な方法によらなければならない。
4 歳計現金とは、一会計年度における一切の収入又は支出に係る現金の意味であり、基金に属する現金も、歳計現金として管理される。
5 歳計現金は、政令に基づき、最も確実、かつ有利な方法により保管しなければならない現金であり、株などの金融商品による資金運用は認められていない。

《問題編》

【職員ハンドブック P702】 □□□□□
【№ 603】 **歳入歳出外現金の出納及び保管**の記述として、妥当なのはどれか。

1 歳入歳出外現金は、地方公共団体の所有の現金として取り扱われる。
2 歳入歳出外現金は、法令の根拠の有無にかかわらず出納保管できる。
3 歳入歳出外現金は、債権の担保の現金や源泉徴収所得税が該当する。
4 歳入歳出外現金は、歳計現金と異なる方法により、出納保管される。
5 歳入歳出外現金は、歳計現金と同様に、出納整理期間が適用される。

【職員ハンドブック P702】 □□□□□
【№ 604】 **有価証券の出納及び保管**の記述として、妥当なのはどれか。

1 有価証券の「一般定義」では、有価証券は、株券や債券など財産権を表す証券で、その財産権の移転や行使を証券で行うものであり、小切手はこれに含まれない。
2 有価証券の「種類」には、公有財産に属する有価証券、基金に属する有価証券、及び地方公共団体の所有に属さない保管有価証券の3種類がある。
3 有価証券の「管理」では、有価証券は、権利が券面に化体されているものであるから、現金と異なった方法で、厳正に管理されている。
4 有価証券の「出納保管」は、現金と異なった方法で行うこととされているため、地方公共団体の長が、その任に当たるとされている。
5 有価証券の一つである「保管有価証券」には、契約保証金などとして納付される有価証券があり、法令の根拠の有無にかかわらず、出納保管することができる。

【職員ハンドブック P702】 □□□□□
【№ 605】 **物品の出納及び保管**の記述として、妥当なのはどれか。

1 物品の「出納と保管」は、当該地方公共団体の長の権限に属する事項であるが、使用中の物品については、財産管理に属する会計管理者の権限に属する事項である。
2 物品は、自治法上の「財産の一区分」であり、現金がその財産的な形態を変えた動産であることから、最も効率的に、公金と異なった方法で管理されている。
3 物品の区分である「年度区分」では、契約日をもって年度区分され、「目的区分」では、歳出予算の目的別分類である款項で区分されている。
4 物品の区分である「管理区分」では、適切かつ効率的に管理するため、一

《問題編》

定の基準のもとに、備品、消耗品、材料品、動物、不用品などに区分されている。
5　物品の「出納」には、現金や有価証券の出納手続が準用されないため、会計管理者や物品出納員は、当該地方公共団体の長の通知によらず、受入又は払出ができる。

【職員ハンドブック P703】 □□□□□
【No. 606】　**例月出納検査**の記述として、妥当な組合せはどれか。

A　例月出納検査は、会計管理者が行う現金の出納及び物品の出納に関して、監査委員が毎月例日を定めて行う検査である。
B　例月出納検査は、会計管理者が行う出納について、監査委員が、毎月例日を定めて行うことができる、任意検査である。
C　例月出納検査は、会計管理者の権限に属する現金の出納、すなわち、歳計現金のみならず、歳入歳出外現金や基金も対象となる。
D　例月出納検査には、現金に関する出納機関の毎月の事務処理の客観的保障と、現金保管に係る事故防止を未然に図るとする、2つの目的がある。

1　AB　　2　AC　　3　AD　　4　BC　　5　CD

【職員ハンドブック P703】 □□□□□
【No. 607】　**契約の意義**の記述として、妥当なのはどれか。

1　契約とは、相対する2人以上の者が同一の効果を発生させることを目的として、合意することにより成立する行為であるが、法律行為ではない。
2　契約は、公法上の契約と私法上の契約とに区分され、地方公共団体が結ぶ契約は、全て公法上の契約であり、私法上の契約によることはない。
3　契約には、債権の発生を目的とする債権契約などを含める場合があるが、予算執行の契約は、金銭債権を発生させない契約とされている。
4　自治法に基づき地方公共団体が締結する契約は、地方公共団体が、私人と対等の地位において締結する私法上の契約である。
5　自治法上の契約は、公共の福祉を達成する手段として行われ、公正を第一義とし、機会均等性や経済性の確保から、契約方法などについての制限規定はない。

【職員ハンドブック P703】 □□□□□
【No. 608】　**契約の原則**の記述として、妥当な組合せはどれか。

A　〔正当債権者保護の原則〕とは、誠実な債務履行者に対し、自らも債務を速

やかに履行するとする原則であり、これに対し政府契約の支払遅延防止等に関する法律があるが、この法律は、地方公共団体の契約にも適用される。
B 〔履行確保の原則〕とは、落札者が契約に応じない場合などにおいて、履行の確保を図るとする原則であり、履行の確保の手段として契約保証金の納付があり、履行がないときには、その契約保証金は当該地方公共団体に帰属する。
C 〔機会均等の原則〕とは、契約に参加する機会は、公平に開かれていなければならないとする原則であり、地方公共団体の契約の方法は、指名競争入札によることが原則となっている。
D 〔利益確保の原則〕とは、契約を締結する場合には、地方公共団体の利益の確保に努めるとする原則であり、収入の契約及び支出の契約では、最低の価格で契約することを原則としている。

1　A B　　2　A C　　3　A D　　4　B C　　5　B D

【職員ハンドブックP704】□□□□□
【№609】　契約の方法の記述として、妥当なのはどれか。

1　〔一般競争入札〕は、不特定多数の者のうち、最も有利な価格で申し込みをした者と契約を締結する方法であり、政令に定める場合に行うことができる。
2　〔指名競争入札〕は、資力や信用等について適当と認める不特定多数の者を競わせて、最も有利な価格で申し込みをした者と、契約を締結する方法である。
3　〔指名競争入札〕は、政令に基づき入札者を特定し、あらかじめ契約の種類と金額に応じて、経営の規模と状況を要件とする資格を定めなければならない契約である。
4　〔随意契約〕は、競争入札によらず、適当と認める者を選定して契約を締結する方法であり、発注者は、政令の根拠の有無にかかわらず随意契約にできる。
5　〔せり売り〕は、買受者が口頭で価格の競争を行う方法であり、せり売りは、不動産の売払いで、契約の性質が、せり売りに適する場合に行うことができる。

【職員ハンドブックP704】□□□□□
【№610】　一般競争入札の記述として、妥当なのはどれか。

1　一般競争入札とは、必要な資格、入札の場所や日時、その他入札について必要な事項を公告し、特定多数の者のうちから、最も有利な価格で申し込みをした者と契約を締結する方法である。
2　一般競争入札は、原則として、資格を有する者を全て参加させる点で指名競争入札と異なるが、一般競争入札の場合でも、契約を締結する能力のない者や、破産者で復権を得ない者は、入札に参加することができない。

《問題編》

3 一般競争入札には、機会均等の原則に則り、透明性、競争性、公正性、経済性、事務上の経費削減などの長所を有するが、一方、不良者や不適格業者が混入する可能性を排除できない短所がある。
4 一般競争入札は、資力及び必要な技術能力等のない者にも入札に参加できる道を開く方法とされており、このため、契約の種類及び金額に応じて、経営の規模及び状況を要件とするなどの資格を定めることはできない。
5 一般競争入札における落札者の決定は、当該地方公共団体にとって最も有利な条件を提示した者を契約の相手方とするのが原則であり、一般競争入札の落札者の決定には、例外を一切認めていない。

【職員ハンドブックP704】□□□□□
【№611】 **一般競争入札及びその例外等**の記述として、妥当なのはどれか。

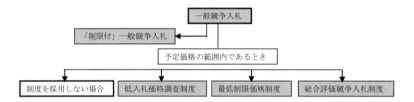

1 〔一般競争入札制度〕で、低入札価格調査、最低制限価格、総合評価競争入札の制度を採用しないときは、入札金額が予定価格の範囲内の最低価格の入札者が落札者となる。
2 〔制限付一般競争入札制度〕は、一般競争入札の例外であり、特に必要があるときに、必要な資格を定めて資格のない者を排除できる契約である。
3 〔最低制限価格制度〕は、予定価格の範囲内ではあるが、契約の履行が困難な場合に、最低価格で入札した者の次に低い入札者を、落札者とする制度である。
4 〔低入札価格調査制度〕は、予定価格の範囲内で、さらに、最低制限価格以上の最低の価格の入札者を、落札者とする制度である。
5 〔総合評価競争入札制度〕は、公共工事の契約に限り、価格以外の評価に加え、価格と技術の両面から優れた入札者を、落札者とする制度である。

【職員ハンドブックP705】□□□□□
【№612】 **低入札価格調査制度**の記述として、妥当な組合せはどれか。

A 低入札価格調査制度は、一般競争入札において、最低価格の入札者を落札者とせずに、次に低い価格で申込みをした者を、落札者とする制度である。
B 低入札価格調査制度は、「その価格では契約の完全な履行が困難な場合」と、「公正な取引の秩序を乱すおそれがあって著しく不適当である場合」との2つ

の要件のいずれかに該当する場合に適用される。
C 低入札価格調査制度は、地方公共団体の支出の原因となる工事又は製造などの請負契約に限られず、広く契約一般にも適用される。
D 低入札価格調査制度は、請負契約に適用される制度であるが、プログラムの構築、清掃業務、建築などの設計業務などは適用対象外である。

1 A B　　2 A C　　3 A D　　4 B C　　5 B D

【職員ハンドブックP705】□□□□□
【№ 613】 **最低制限価格制度**の記述として、妥当なのはどれか。

1 最低制限価格制度は、契約の内容に適合した履行を確保するための制度であり、競争入札の締結には採用されない。
2 最低制限価格制度は、あくまで履行を確保する制度であって、特に必要であるか否かにかかわらず、採用することができる。
3 最低制限価格制度は、あらかじめ最低制限価格を設ける必要はなく、入札後に、契約の履行を確保する必要があるときに設けることができる。
4 最低制限価格制度は、地方公共団体の工事又は製造の請負の契約を締結する場合に限って、設けることができる。
5 最低制限価格制度は、予定価格の制限の範囲内において、最低制限価格以上の価格の申込者のうち、最低の価格の申込者を落札者とする。

【職員ハンドブックP705】□□□□□
【№ 614】 **総合評価競争入札制度**の記述として、妥当なのはどれか。

1 総合評価競争入札は、公共工事と製造の請負の契約を締結する場合に限って、認められる制度である。
2 総合評価競争入札は、当該地方公共団体に有利な契約の締結を可能にする制度であるが、実力ある業者の競争が促進されるため、入札談合が起き易い。
3 総合評価競争入札は、価格その他の条件が、当該地方公共団体にとって最も有利なものをもって申込みをした者を落札者とするため、特段の基準を要しない。
4 総合評価競争入札は、落札者の決定に当たって、価格のみならず技術的能力、環境への配慮、地域貢献度などを要素に加え、総合的に評価する制度である。
5 総合評価競争入札は、指名競争入札の例外の一つであり、かつ、低入札価格調査制度の例外の一つでもある。

《問題編》

【職員ハンドブックP705】□□□□□
【№615】 指名競争入札の記述として、妥当なのはどれか。

1 指名競争入札は、資力や信用などについて、適当と認める不特定の者を競わせ、最も有利な価格で申し込みをした者と、契約を締結する方法である。
2 指名競争入札は、契約の性質又は目的が、一般競争入札に適しないと地方公共団体の長が判断した場合において、自治令を根拠とせずに採用できる契約である。
3 指名競争入札は、一般競争入札に比べ、不信用や不誠実な業者を排除できるが、契約手続が複雑で、参加者が固定しやすく、談合があるなどの短所がある。
4 指名競争入札は、最も有利な価格を提示する者と契約する方法であり、契約の種類及び金額において、経営の規模などの要件資格を定める必要はない。
5 指名競争入札は、一般競争入札と随意契約の長所を取り入れた契約方法であり、特定多数者を指名し、一般競争入札の手続に準じて競わせる契約である。

【職員ハンドブックP706】□□□□□
【№616】 随意契約の記述として、妥当なのはどれか。

1 随意契約は、履行の確実性から競争入札によって、発注者が任意に適当と認める相手方を選定して、その者と契約を締結する契約方式である。
2 随意契約は、一般競争入札や指名競争入札に比較して手続が簡略であるが、経費の面において負担が大きいという特徴を持つ契約方式である。
3 随意契約によることができる場合は、自治令に列挙されているが、発注者に相手方の選択権があるため、自治令の列挙は制限列挙ではない。
4 随意契約は、自治令で定める額の範囲内において、規則で定める額を超えない契約や、契約の性質や目的が競争に適しないときなどに、認められる契約方式である。
5 随意契約は、契約の原則の例外であるため、予定価格を定める必要はなく、その価格は、予算に基づく発注者の判断による契約方式とされている。

【職員ハンドブックP706】□□□□□
【№617】 せり売りの記述として、妥当なのはどれか。

1 せり売りは、自治体の場合は、売渡者が口頭で価格を競争う方法による。
2 せり売りは、不動産の売払で、せり売りに適する契約に限り認められる。
3 せり売りは、競争契約の一種であり、他者の申出価格を知って競争する。
4 せり売りは、競売といわれ、自治体の場合はせり下げが採用されている。

《問題編》

5　せり売りも、契約の一つであり、政令によらず必要に応じて導入できる。

【職員ハンドブックP706】□□□□□
【№618】　**契約の締結**の記述として、妥当なのはどれか。

1　契約の締結とは、議会の議決を経て成立した予算の執行であり、この契約締結権は、予算を執行する権限を有する地方公共団体の長のみが有し、行政委員会は有しない。
2　地方公共団体の長の権限に属する契約締結権の一部は、その補助職員である職員に委任して処理させることができるが、行政委員会又はその職員には委任できない。
3　契約の締結は、通常、執行機関限りで行えるが、契約事務規則で指定する重要な契約については、個々の契約ごとに議会の議決が必要である。
4　契約で、議会の議決を必要とする工事又は請負の契約は、政令に定める基準に従う必要があり、特別区では、予定価格2億円以上の契約とされている。
5　契約の履行のための契約保証金は、契約の完全な履行や債務不履行による損害を補てんする納付金であり、契約保証金が当該地方公共団体に帰属することはない。

【職員ハンドブックP707】□□□□□
【№619】　自治法上の**財産**の関係図のA〜Dに関係する語句として、妥当なのはどれか。

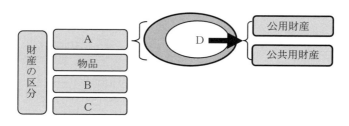

	A	B	C	D
1	公有財産	現金	債権	普通財産
2	公有財産	債権	基金	行政財産
3	行政財産	現金	債権	公有財産
4	行政財産	債権	基金	普通財産
5	公有財産	現金	基金	行政財産

《問題編》

【職員ハンドブック P707】□□□□□
【№ 620】 **財産の意義**の記述として、妥当なのはどれか。

1 　自治法は、財産をその管理の態様などに従って、大きく公有財産、物品、債権及び現金の４つに区分し、かつ、それぞれの範囲を明確にしている。
2 　自治法上の財産に公有財産があり、公有財産は、さらに行政財産と普通財産に区分されるが、両者の関係では、普通財産以外の公有財産を行政財産としている。
3 　公有財産は、同じ財産である物品などと区分関係を明らかにし、公有財産である普通財産は、さらに公用財産と公共用財産とに区分している。
4 　地方公共団体の長は、公有財産に関する総合調整権を有しており、財産の増減と現状を記録し、決算のための財産の記録管理権も有している。
5 　財産の取得、管理及び処分の権限は、地方公共団体の長に属するが、唯一、教育委員会の教育財産については、地教行法の特例に基づき、教育委員会に管理権がある。

【職員ハンドブック P708】□□□□□
【№ 621】 **財産管理の原則**の記述として、妥当なのはどれか。

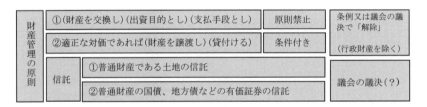

1 　財産管理の原則に基づき、財産を交換し、出資の目的とし、又は支払い手段として使用する行為は、条例又は議会の議決があっても一切できない。
2 　財産管理の原則に基づき、時価より低廉の価格でなければ、すなわち、適正な価格であれば、条例又は議会の議決によらず財産を譲渡できる。
3 　財産管理の原則に基づき、財産を貸付けるときには条件付きの原則が適用され、条例又は議会の議決がなければ、財産を貸付けることはできない。
4 　財産管理の原則に基づき、条例又は議会の議決があれば、財産を交換し、出資の目的とすることができるが、この規定は、行政財産にも適用される。
5 　普通財産の土地は、議会の議決があれば信託することができるし、普通財産のうち国債などの有価証券も、議会の議決があれば金融機関に信託することができる。

《問題編》

【職員ハンドブック P708】□□□□□
【№ 622】 公有財産の範囲の記述として、「妥当でない組合せ」はどれか。

A　不動産、動産及びそれらの従物
B　基金に属する財産
C　地上権、地役権
D　出資による権利
E　財産の信託の受益権

1　AB　　2　AC　　3　BE　　4　CD　　5　DE

【職員ハンドブック P708】□□□□□
【№ 623】 公有財産の管理の記述として、妥当なのはどれか。

1　公有財産は、行政財産と普通財産とに分類され、さらに、普通財産は公用財産と公共用財産とに分類され、公園及び学校は、公用財産に分類される。
2　公有財産は、行政財産と普通財産とに分類され、さらに、普通財産は公用財産と公共用財産とに分類され、庁舎及び試験場は、公用財産に分類される。
3　公有財産は、行政財産と普通財産とに分類され、さらに、行政財産は公用財産と公共用財産とに分類され、庁舎及び病院は、公共用財産に分類される。
4　公有財産は、行政財産と普通財産とに分類され、さらに、行政財産は公用財産と公共用財産とに分類され、議事堂及び出張所は、公用財産に分類される。
5　公有財産は、行政財産と普通財産とに分類され、さらに、行政財産は公用財産と公共用財産とに分類され、学校及び図書館は、公用財産に分類される。

【職員ハンドブックP709】☐☐☐☐☐
【№.624】 行政財産の管理の記述として、妥当なのはどれか。

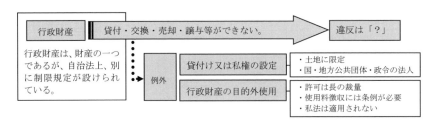

1 行政財産は、行政目的の達成のために使用される財産であるため、この目的を阻害する行為、すなわち、これに違反する行為は取消しとなる。
2 行政財産は、その用途や目的を妨げない範囲内であれば、例外なく、これを貸付け又は私権を設定することができる。
3 行政財産は、その用途や目的を妨げない限度で使用許可が認められ、この目的外使用の許可は当該地方公共団体の長の裁量で判断され、条例等の根拠規定を必要としない。
4 行政財産は、PFI事業者にも貸付けができるが、行政財産の貸付け中に、公用又は公共用に使用する必要が生じた場合は、損失補償なしに解除することができる。
5 行政財産の使用許可は、行政処分であり、民法や借地借家法の規定が適用され、これらの法律に基づき、使用料を徴収することができる。

【職員ハンドブックP709】☐☐☐☐☐
【№.625】 普通財産の管理の記述として、妥当なのはどれか。

1 普通財産は、地方公共団体の公有財産のうち、地方公共団体において、公用又は公共用に供し又は供することを決定した財産をいう。
2 普通財産は、行政執行の物的手段として、その目的のために利用される財産であり、行政財産以外の一切の公有財産をいう。
3 普通財産は、条例又は議会の議決によらず、これを貸付け、交換し、売却し、譲与し、出資の目的物とし、又は私権を設定することができる。
4 普通財産は、その貸付期間中に、国や地方公共団体が、行政財産として使用する必要が生じた場合には、貸付契約を解除でき、損失補償の問題も生じない。
5 普通財産は、その管理処分から生じる収益を財源に充てることを目的とし、行政に貢献する財産であり、原則として、民法その他の私法の適用を受ける。

《問題編》

【職員ハンドブック P710】□□□□□
【No. 626】 **物品**の記述の空欄の語句として、妥当なのはどれか。

　物品とは、地方公共団体の所有に属する動産で現金、公有財産、　A　以外のもの、及び地方公共団体が使用のために保管する動産をいう。
　物品の管理のうち、出納・保管については　B　の権限であり、使用中の物品の使用・管理・保管については　C　の権限である。
　物品は、売却を目的として取得したもの、及び　D　に組替えられたもの以外は、売り払うことができない。

	A	B	C	D
1	基金	長	会計管理者	材料品
2	基金	会計管理者	長	不用品
3	債権	長	会計管理者	材料品
4	債権	会計管理者	長	不用品
5	証券	会計管理者	長	消耗品

【職員ハンドブック P710】□□□□□
【No. 627】 **債権**の記述として、妥当なのはどれか。

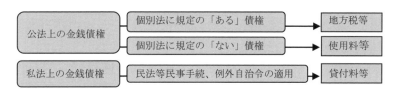

1 　債権とは、債権者が債務者に対して、一定の行為を請求する権利であり、自治法上の債権も、金銭の給付を目的とするものに限られない。
2 　自治法上の債権管理の対象とする債権は、債務者の債務不履行状態にある債権であり、貸付金などの債務の弁済期が到来していない債権は、その対象とならない。
3 　自治法上の債権は、公法上の債権と私法上の債権とに区分され、公法上の債権は、全て、自治法の規定に基づく手続で管理されることになる。
4 　公法上の債権は、主として自治法に定める督促や滞納処分などの手続のほか、債権の種別に応じて、国民健康保険法その他の法律によって管理される。
5 　私法上の債権は、物件の売払いなどは、公的な管理が適当でないため、民法などの民事手続等の適用を受けて管理され、自治令の規定で管理されることはない。

《問題編》

【職員ハンドブックP710】□□□□□
【№ 628】 **基金**の記述として、妥当なのはどれか。

```
基金 ─┬─ 積立基金   ①財産の維持、②資金の積立
      └─ 運用基金   ③定額資金の運用
```

1　基金は、条例により、財産の維持、資金の積立て又は定額の資金の運用のために設置されるが、その設置は、原則として地方公共団体の任意である。
2　基金は、財産を取得又は積立のために設置した積立基金であっても、その緊急性又は必要性があれば、基金の設置目的以外の場合においても処分することができる。
3　基金は、その設置目的に応じた運用や効率的な運用が義務づけられているが、確実な運用までは求められていない。
4　基金のうち運用基金に限り、会計管理者は、毎年度その運用状況を示す書類を作成し、監査委員の監査に付し、決算書と併せて議会に提出する義務がある。
5　基金から生じた運用益については、総計予算主義の原則が適用されず、したがって、歳入歳出予算に計上せずに、処理することができる。

【職員ハンドブックP711】□□□□□
【№ 629】 **賠償責任**の記述として、妥当なのはどれか。

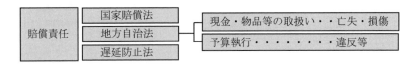

1　自治法に基づき、職員が故意又は重大な過失により、占有動産を損傷させたときは、賠償責任を負うが、この場合、民法上の賠償責任は負わない。
2　自治法に基づき、資金前渡を受けた職員が「故意又は重大な過失」により、現金を亡失したときには、生じた賠償責任を負う。
3　自治法に基づき、会計管理者の事務を補助する職員が「故意又は過失」により、有価証券を亡失したときには、生じた賠償責任を負う。
4　自治法に基づき、予算事務の補助職員が「故意又は過失」により、法令に違反する手続により損害を与えたときは、生じた賠償責任を負うが、怠る行為のときは賠償責任を負わない。
5　遅延防止法に基づき、会計事務を処理する職員が支払を遅延させたときには、雇用上の任命権者がそれを認定したときには、懲戒処分の責任を負う。

《問題編》

第5章　文書

【職員ハンドブック P712】□□□□□
【No. 630】　**文書の概念**の記述として、妥当なのはどれか。

1　文書とは、文字などで人の思想（意思）を表したものであり、文書の概念は、統一されており、具体例について文書であるかを容易に判定できる。
2　文書とは、口頭に対する書面という意味で理解され、狭義の文書では、人の意識を記載した物体とされ、形象による人の意識を記載した図面なども含まれる。
3　我々が文書と称する場合は、「文字や符号を用い、ある物体の上に永続すべき状態で特定人の具体的な意識を記載した物体」を指すのが、一般的である。
4　判例が示す文書の概念の代表的なものとして、明治時代の大審院判決があるが、この判例によれば、図面も含まれ、広義の概念ということができる。
5　文書には、複数の定義があり、刑法の文書の概念として大審院判決があるが、この判例は、刑法の文書偽造罪となる文書の概念を定義づけたものではない。

【職員ハンドブック P712】□□□□□
【No. 631】　**文書の要件**の記述として、妥当な組合せはどれか。

A　文書の要件の一つに、「文字又はこれに代わるべき符号を使って記載されていること」があるが、この符号には、点字や速記は含まれない。
B　文書の要件の一つに、「特定の人の意思が記載されていること」があり、誰が記載したかが判断できることが必要であるが、氏名の記載は要件とされていない。
C　文書の要件の一つに、「具体的な思想が記載されていること」があり、小説や詩歌などで、単に抽象的な思考や感情を記載したものも、文書として取り扱われる。
D　文書の要件の一つに、「永続すべき状態で物体の上に記載されていること」があり、記載内容が消滅しない状態であれは、記載される物体は電磁的記録でもかまわない。

1　AB　　2　AC　　3　AD　　4　BC　　5　BD

《問題編》

【職員ハンドブック P713】□□□□□
【№632】 **文書の特性**として、次に積極的に評価できるものを挙げているが、仕事の文書で積極的に「評価できない」のはどれか。

1 伝達性　　2 描写性　　3 客観性　　4 保存性　　5 確実性

【職員ハンドブック P713】□□□□□
【№633】 **文書の特性**の記述として、「妥当でない」のはどれか。

1 文書は、広範囲に、かつ時間を超えて、その表示内容を「伝達」できる。
2 文書は、受ける者の主観に左右されることが少なく、「客観性」を有する。
3 文書は、表示内容を長期にわたって「保存」できる。
4 文書は、作成時間、労力及び物資を「必要」としない。
5 文書は、他の表現手段に比し内容に「確実性」があり、事実に関しての証拠力が高い。

【職員ハンドブック P714】□□□□□
【№634】 **公文書と私文書**の記述として、妥当なのはどれか。

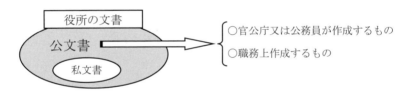

1 公文書とは、官公庁又は公務員がその職務上作成する文書をいい、公文書と私文書の関係においては、公文書とは私文書以外の文書をいう。
2 公文書であっても、官公庁が一般の私人と同様な立場で行為をする場合に、相手方に発する文書、例えば、工事請負契約書などは公法上の文書となる。
3 公文書には、私人が作成した証明書に対し、公務員がその名義で行った奥書証明も含まれ、文書の内容が私人の意思表示でも、その文書全体が公文書となる。
4 公文書は、全て文書偽造や変造などの罪の客体となるのに対し、私文書は、全て文書偽造や変造などの罪の客体とならない。
5 公文書は、公務員が作成した文書であれば、公務員が公務に関係なく作成した文書も含まれ、例えば、退職届なども公文書となる。

《問題編》

【職員ハンドブックP714】 □□□□□
【No. 635】 **公法上の文書と私法上の文書**の記述として、妥当な組合せはどれか。

A 公法上の文書と私法上の文書の区別は、文書の内容についての「法律関係」が、公法上のものか、それとも私法上のものかによって区別される。
B 公文書であっても、官公庁が、一般の私人と同様の立場で行為をする場合に作成する文書であれば、私法上の文書ということになる。
C 公法上の文書は、官公庁が、相手方に発する文書であれば、売買契約書のような内容とするものも、公法上の文書に含まれると解されている。
D 官公庁が、一般私人と同様の立場で作成する文書も公文書であり、例えば、賃貸契約書のような内容とするものも、当然に公法上の文書である。

1　AB　　2　AC　　3　AD　　4　BC　　5　BD

【職員ハンドブックP714】 □□□□□
【No. 636】 **公用文書又は私用文書**の記述として、妥当なのはどれか。

1 公用文書は、官公庁において使用中の文書で、かつ保存期間内の文書を指し、その保存期間を経過した文書は、公用文書として取り扱われない。
2 公用文書は、官公庁において職務上使用するために作成された文書であるが、作成の方法に軽微な誤りがあるものは、公用文書として取り扱われない。
3 公用文書や権利義務に関する他人の私用文書を破棄した場合には、刑法で定める文書等毀棄罪で処罰されることはない。
4 私用文書は、官公庁において私人の使用に供するために作成された文書であるが、官公庁が私人に交付した許可書などは、公用文書として取り扱われる。
5 公用文書には、私人が作成し、官公庁に保管される文書も含まれるが、逆に、官公庁が作成した公文書でも、私人が保管すれば、私用文書として取り扱われる。

【職員ハンドブックP714】 □□□□□
【No. 637】 **原本、謄本、抄本、正本、副本**の記述の空欄の語句として、妥当なのはどれか。

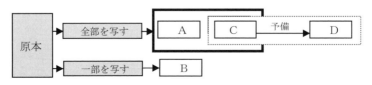

《問題編》

文書には、同一の内容を表示する文書相互の関係による分類があり、『原本』とは、一定の内容を表示するために確定したものとして最初に作成した文書をいう。この『原本』の全部を写した文書を A といい、『原本』の一部を写した文書を B という。

『原本』の全部を写した文書である点では、 A と同様であるが、法令に基づき権限のある官公庁又は公務員が特に作成した文書を C という。

また、 C に対するもので、ある文書の本来の目的以外に予備又は事務整理などのために作成される文書を D という。

	A	B	C	D
1	抄本	謄本	正本	副本
2	抄本	正本	謄本	副本
3	謄本	副本	正本	抄本
4	謄本	抄本	正本	副本
5	謄本	抄本	副本	正本

【職員ハンドブック P714】□□□□□
【No. 638】 **原本、謄本、抄本、正本・副本**の記述として、妥当なのはどれか。

1 〔原本〕とは、一定の内容を表示するために確定したものとして、最初に作成した文書をいい、原本の全部を写した文書を抄本という。
2 〔謄本〕は、原本の内容を証明するために作成される文書であり、官公庁又は公務員が原本と相違ない旨を公証する文言を付記したものを、認証謄本という。
3 〔抄本〕とは、原本の全部を写した文書のことをいい、その例として、戸籍抄本、訴訟記録の抄本などがある。
4 〔正本〕とは、抄本の一種であるが、法令に基づいて、権限のある官公庁又は公務員が正本として作成した原本の写しであり、原本と同一の効力を有する。
5 〔副本〕とは、正本に対するものであり、ある文書の本来の目的以外に、予備又は事務整理のために作成され、原本があって、それに基づいて作成される。

【職員ハンドブック P716】□□□□□
【No. 639】 **文書事務**の記述として、妥当なのはどれか。

1 〔文書の流れの管理〕とは、文書の発生（収受・起案等）から保管、保存、廃棄に至るまでの、文書そのものの物理的な側面を中心とした管理をいう。
2 〔文書主義の原則〕とは、組織の活動が文書を通じて行われることをいい、事案の意思決定は、書面の起案文に決定権者が押印する方式に限られている。

《問題編》

3 〔文書事務の二側面〕とは、文書の流れの管理と文書の内容の管理の２つの側面をいい、前者は、文書の審議、協議、審査などの機能を通じて管理される。
4 〔文書事務の管理規程〕とは、文書の処理基準を定めるものであり、公正、的確、迅速性の確保、事務処理の経過の記録も定められるが、保存年限は定められない。
5 〔文書事務の管理組織〕とは、文書事務を機能的、統一的に行うための組織であり、組織の各部門に文書取扱主任が置かれ、庶務担当の主任が充てられる。

【職員ハンドブックP718】□□□□□
【№640】 **文書の管理方式**には、集中管理方式と分散的集中管理方式とがあるが、次のうち、「集中管理方式の特徴」として、妥当な組合せはどれか。

A 文書の企画統制は一つの部門で行い、各部門固有の文書は部門ごとに行う。
B 実際の文書使用上の利便性に優れている管理方式である。
C 全組織の文書事務の管理を一つの管理部門で行う。
D 専門的担当者による効率的な運用管理が図られる。
E 他の事業部門は文書の出し入れに人手と時間を要する。

1　ＡＢＣ　　2　ＡＤＥ　　3　ＢＣＤ　　4　ＢＣＥ　　5　ＣＤＥ

【職員ハンドブックP719】□□□□□
【№641】 **文書処理の基本原則**の記述として、妥当なのはどれか。

1 〔法令適合の原則〕とは、文書事務は、法令等に基づいて行わなければならないとする原則であり、公文書の証拠能力は、民間の一般的な文書と同じである。
2 〔責任処理の原則〕とは、文書処理の権限と責任は一体であり、職員は、課長の命令を受けて文書を処理するため、文書の処理責任は、課長と職員の両者が負う。
3 〔即日処理の原則〕とは、到達文書は、その日のうちに処理するとする原則であるが、課長からの発議について指示があった文書の処理は、この原則によらない。
4 〔即日処理の原則〕は、文書処理の基本であるが、到達文書の処理に時間がかかる場合には、必要に応じて所属長に供覧するなど、事前措置をとる必要がある。
5 〔情勢適応の原則〕とは、提出された文書は、必ず受理し、状況に応じて適切に処理されなければならないとする原則である。

【職員ハンドブック P720】 □□□□□
【No. 642】 **文書取扱い上の一般的留意事項**の記述として、妥当なのはどれか。

1 公文書は、証拠能力の優位性が認められることから、公文書の場合は、正確性を優先し、処理期限までに済ませるという姿勢が大切である。
2 公文書は、その発生から使用、廃棄に至るまで丁寧に取り扱うことが要求され、紙面の汚破損、処理内容の誤りや不備がないように心がける。
3 公文書の処理状況は、常に明らかにしておく必要があるが、担当職員が不在である場合に、経緯が分からない他の職員が対応することは差し控える。
4 公文書は、不公開が原則であり、公文書の内容には個人のプライバシー等に係るものも多くあり、この保護には十分な配慮が必要である。
5 公文書の内容に関係する部課は、常に十分な連携を図る必要があるが、最終的には、それぞれの所管の意思に基づいて処理しなければならない。

【職員ハンドブック P721】 □□□□□
【No. 643】 **文書の収受及び発送**の記述として、妥当なのはどれか。

1 文書の収受とは、文書が到達したことを確認し、当該文書を受領した後、規定に定められた手続に従い処理を行うことをいう。
2 民法は、意思表示の効力の発生時期について到達主義の原則を採用しており、行政庁もこれを原則とし、収受印の時点で、意思表示の効力が発生する。
3 行政手続法では、申請が事務所に到達したときには、遅滞なく申請の審査を開始することを義務づけており、形式要件に適合しない申請も受理される。
4 文書の発送は、相手方に到達させるべき文書を郵送、使送する方法に限られ、電子メール、信書便による送付及び交換便による発送は、認められていない。
5 発送された文書は、原則として、相手方に到達したときに効力が発生するため、相手方が受領を拒否し又は不在である場合でも、効力を生じさせる。

【職員ハンドブック P721】 □□□□□
【No. 644】 **公文書作成上の基準**として、その基本的要件として、次の3つを挙げることができるが、妥当なのはどれか。

1 誠実・正確・平易
2 誠実・正確・簡潔
3 正確・平易・丁寧
4 正確・簡潔・体裁
5 正確・平易・簡潔

《問題編》

【職員ハンドブック P723】 □□□□□
【№ 645】 **基準の優先順位**の記述の空欄の語句として、妥当なのはどれか。

　公文書の作成には、　A　が定めた基準が優先的に適用され、「A」の基準に定められていない事項については、　B　が定めた基準が適用される。
　なお、区の基準は、ほぼ　C　の基準に準じて定められていることから、実際は「C」の基準とほとんど同じである。
　また、一般的な基準と特別な基準がある場合は、　D　が優先して適用される。

```
　　A　B　C　D
1　国　区　都　一般的な基準
2　区　国　国　特別な基準
3　区　都　国　一般的な基準
4　都　区　都　特別な基準
5　都　国　都　一般的な基準
```

【職員ハンドブック P723】 □□□□□
【№ 646】 **公文の文体、構成、表現等**の記述として、妥当なのはどれか。

1　文体は、「である体」を用いるのが原則であるが、公文の内容、性格などによって「ます体」を用いる。起案文や条例文の場合は「である体」を用いる。
2　公文は、『～されたい』などの口語体の表現を避け、『～してください』などの、易しい自然な文語体の表現を用いる。
3　文章は、なるべく短く区切って、接続詞や接続助詞などを用いて文章を長くすることを避け、一文が30字以下になるように心がける。
4　公文は、曖昧となる表現を避けるため、中止法(述語となっている動詞などの連用形を用いて文をいったん中止し、次に続ける述べ方)を、常に用いる。
5　公文の構成と表現については、一読して分かりやすい文章とするため、箇条書きの方法は、取り入れてはならないとされている。

【職員ハンドブック P724】 □□□□□
【№ 647】 **公文の用語**の記述として、妥当なのはどれか。

1　公文の用語は、法令や公用文に特有の用語は適切に使用し、必要に応じて言い換えることは避ける。
2　公文の用語は、外来語の場合には、日本語として定着しているものはその

まま使い、定着途上のものは避ける。
3　公文の用語は、専門用語の説明に当たっては、段階を踏んで説明し、意味がよく知られていない語の使用は避ける。
4　公文の用語は、紛らわしい言葉を用いないよう、誤解や混同を避けるとともに、曖昧さや冗長さを避ける。
5　公文の用語は、公文の目的や媒体に応じた言葉を使用し、敬語など、相手や場面に応じた気遣いの表現は避ける。

【職員ハンドブックP725】□□□□□
【№648】　**公文の用字**の記述として、妥当なのはどれか。

1　公文の「漢字」は、常用漢字表の定めるところによる。人名や地名などの固有名詞に対する場合も、例外ではない。
2　公文の「仮名」は、原則として片仮名とする。ただし、「かるた」「たばこ」などは平仮名で書いてもよい。
3　公文の「仮名遣い」は、現代仮名遣いの定めるところによる。また外来語の表記によるところにする。
4　公文の「数字」は、横書きの場合は、原則としてローマ数字を用い、数字の桁の区切り方は3桁区切りとする。
5　公文の「符号」は、文書を読みやすくするために用いることができるが、符号は、句点と読点に限られている。

【職員ハンドブックP725】□□□□□
【№649】　**公文の数字**の記述として、妥当な組合せはどれか。

A　公文の数字には、漢数字、アラビア数字、ローマ数字があるが、アラビア数字とローマ数字は、原則として使用しない。
B　公文の数字は、横書きの場合はアラビア数字を用いるが、固有名詞(新宿一丁目)、概数(数十日)を表す場合には、漢数字を用いる。
C　公文の数字の横書きの場合は、原則としてアラビア数字を用いるが、ただし、年号、文書番号、電話番号などには、区切り符号「,(コンマ)」を付けない。
D　公文の数字の縦書きの場合は、漢数字を用いる。条例や規則など、条文形式のもので条の項を表す場合にも、漢数字を用いる。

1　AB　　2　AC　　3　AD　　4　BC　　5　BD

《問題編》

【職員ハンドブック P725】 □□□□□
【№650】 **公文の配字位置**の記述として、妥当なのはどれか。

1 文の最初の行及び新たに起こした文の行の初めの1字分は、空白とする。これに対する例外はなく、表彰文の初めの1文字も空白とする。
2 文の項目を細別する記号の次には、読点又はピリオドを打ち、そして1字分を空ける。例えば、「第1．文書事務」とする。
3 完結した文の次に、「なお」、「また」、「おって」を使って文を補足説明するときは、原則として行を変えない。
4 句読点などの句切り符号は、原則1字分を使い、句切り符号の直前の文字が行の最後の位置にくるときは、次の行の頭に区切り符号を付ける。
5 文の行を変える場合と変えない場合とがあり、完結した文の次に、「ただし」、「この」、「その」を使って文を続けるときには、行を変えない。

【職員ハンドブック P727】 □□□□□
【№651】 **公文書管理法の概要**の記述として、妥当なのはどれか。

1 公文書管理法は、公文書の統一的な管理ルールと、歴史資料の保存を定める法律であり、利用のルールを定める法律ではない。
2 公文書管理法では、行政機関の現用文書の管理と、国立公文書館などにおける非現用文書の管理を統一的に規律し、保存期間基準なども規定している。
3 公文書管理法では、内閣総理大臣と各行政機関の長との協議が整ったものを移管し、行政文書の廃棄には、内閣総理大臣の事前同意を必要としている。
4 公文書管理法では、国立公文書館などにおける特定歴史公文書などの利用を、請求権として位置づけており、審査請求及び行政訴訟の対象としている。
5 公文書管理法は、基本的には、国及び独立行政法人などを対象とする一方、法第34条では、地方公共団体の文書管理に関する義務規定を定めている。

《問題編》

〔解答・解説編〕

第Ⅰ編　特別区と区政

第1章　23区のすがた（問題省略）

第2章　23区の現況

【No.001】　正解　1
1　正解。
2　23区の地形は、東京湾に向かってなだらかに下り、その面積は627.51km²であり、東京都全体の「28.5%」を占めている。「1/3に満たない」。
3　23区の地形は、洪積層と沖積層から成り立ち、「山の手台地」は硬い洪積層であり、「下町低地」は軟弱な地盤である沖積層である。
4　23区の地形は、青梅から始まる標高約180mの武蔵野台地が広がり、杉並区の西端あたりでは、標高が「約50m」となっている。
5　23区の下町は、「海抜約4m以下」の低地部であり、隅田川の東から江戸川の西までの荒川放水路周辺は、海抜0mのデルタ地帯である。

【No.002】　正解　3
3　正解。BとDが妥当である。
A　23区の総人口と密度をみると、令和6年1月の総人口は約964万3,024人であり、人口密度は市部に比べて「約2.9倍」である。
C　23区の世帯状況をみると、一般世帯数は増え続けているが、1世帯当たりの人員は平成22年に初めて「2人」を割り込み、令和2年には「1.85人」となっている。
E　23区の外国人数は、令和6年1月現在、約54万人であり、その割合は、都全域に住む外国人の「約84%」を占めている。

【No.003】　正解　5
1　23区内の令和3年1月1日現在の固定資産税の課税対象となる土地面積は、3万3,198haであり、都全体の「約32%」を占めている。
2　23区の地目別土地面積をみると、その割合は、宅地が一番大きく、宅地は昭和50年から令和5年の間に、「1,900ha」余り増加している。
3　23区の宅地の用途別内訳では、宅地地区が89.1%、商業地域が6.4%、工業地区が4.5%の順であり、宅地地区が80%以上を占める区が「18区」ある。
4　23区の中で商業地区の比率が高い区は、千代田区、中央区、「台東区」の

《解答・解説編》

3区であり、工業地区の比率が最も高い区は、「江東区」（職員ハンドブック
P55表2参照）である。
5　正解。

第3章　区民のくらしと区政

【No.004】　正解　2
1　世界の地震の「約2割」は日本列島で起こる予想で、東京は地震の危険性
　　が高い。
2　正解。
3　地球は、地球の構造と動きに関連する、主に「10数枚」のプレート岩盤か
　　らなる。
4　プレートは、太平洋側が年間約8㎝、フィリピン海側が年間3～5㎝「沈み
　　込んでいる」。
5　海のプレートの沈みにより、陸のプレートが反発するのは「海溝型地震」
　　である。

【No.005】　正解　4
1　都の想定地震では、都心南部直下地震、多摩東部直下地震、立川断層帯地震、
　　南海トラフ巨大地震及び「大正関東地震」の「5パターン」を想定している。
2　都の被害想定では、発生時間帯を、「冬時」、「昼時」、夕方の東京都の平均
　　風速を複数想定して算定している。
3　都の被害の最大地震としては、都心南部直下地震を想定し、今後30年以内
　　の発生確率を「70％」としている。
4　正解。
5　都の活断層地震としては、「立川断層帯地震」を想定し、震度6強の面積は
　　多摩地域に限定され、発生確率もあまり高くないとしている。

【No.006】　正解　5
1　国の中央防災会議は、切迫性の高い「M7クラス」の首都直下地震を想定し、
　　19のパターンの地震被害について想定している。
2　首都直下地震の被害想定では、建物の全壊・火災延焼棟数は最大約61万棟、
　　死者数は「最大約2万3千人」、経済的被害額を約95兆円と想定している。
3　首都直下地震対策特別措置法は、国に対しては緊急対策推進基本計画の作
　　成を義務づけているが、地方自治体に対しては、地方緊急対策実施計画を「作
　　成できる」としている。
4　首都直下地震の緊急対策を推進する必要がある区域としては、被災履歴等

《解答・解説編》

を配慮して、「1都」9県309「区市町村」を指定している。
5　正解。

【No.007】　正解　2
2　正解。
　　Aは「災害対策基本法」、Bは「災害救助法」、Cは「被災者生活再建支援法」である。

【No.008】　正解　1
1　正解。
2　災害対策基本法では、災害時における円滑かつ迅速な避難の確保を図るため、行政による避難情報の「避難勧告と避難指示を避難指示に一本化」している。
3　災害対策基本法では、甚大な被害のため各区市町村での対応に限界があるときは、各区市町村から「都道府県」に対し、自衛隊の災害派遣を要望できるとしている。
4　災害対策基本法では、地域防災会議の委員は、自治体の長を会長とし、「地域に関係する行政機関の職員で構成する」。
5　災害対策基本法では、一定期間滞在する避難所には学校などがあるが、安全性の一定基準を満たす施設や場所は、緊急時の「避難場所」にできるとしている。

【No.009】　正解　3
1　国には、法律に基づき中央防災会議が設置され、地方公共団体（都道府県と区市町村）には「条例」に基づき地方防災会議が設置されている。
2　国の中央防災会議は、内閣総理大臣を会長とし、防災担当大臣や全閣僚、「指定公共機関の代表者、学識経験者」からなる会議であり、地方公共団体の地方防災会議は、自治体の長を会長とし、「地域に関係する公共機関の職員」等が委員となる会議である。
3　正解。
4　防災計画には3種類があり、このうち「防災基本計画は中央防災会議」が作成し、「防災業務計画は指定行政機関及び指定公共機関」が作成し、地域防災計画は地方公共団体が作成する。
5　記述は「地域防災計画」である。

【No.010】　正解　3
1　土砂災害防止法では、土砂災害の危険性がある土地の調査と結果を公表し、かつ土砂災害警戒区域等を指定することは、「都道府県」の責務としている。

《解答・解説編》

2 水防法に基づき、荒川を管理する「国土交通省」は、荒川水系荒川における想定最大規模降雨による洪水浸水想定区域を指定し、これを公表している。
3 正解。
4 災害対策基本法に基づく地域防災計画は、防災会議に諮って作成し、この計画の修正を行った特別区は、すみやかに「知事」に報告しなければならない。
5 緊急地震速報は、「震度6弱」以上の強い揺れが予想される場合に発信され、特別警報と位置づけられている。

【No.011】 正解 5
1 特別区における避難場所の設置は、東京都の役割であり、「都」が5年ごとに見直しており、令和4年には221か所である。
2 阪神淡路大地震の教訓を踏まえて耐震改修促進法が制定されたが、この法律に基づく特別区の耐震改修促進計画の策定は「努力義務」である。
3 大規模災害等が発生した場合に対応するための業務継続計画は、行政サービスの継続提供計画であり、「全区で策定されている」。
4 特別区の災害時に、高齢者や障害者などの避難を支援する避難行動支援全体計画の策定は、「災害対策基本法」に基づいている。
5 正解。

【No.012】 正解 2
2 正解。AとCが妥当である。
 B 熊本地震は、M7であり、これまで震度7以上の地震は東日本大震災や能登半島地震のほか、阪神淡路大震災など「6件」あるが、同一地震で震度7以上が2度記録されたのは初めてであった。
 D 記述は災害救助法ではなく、「災害対策基本法」である。

【No.013】 正解 4
1 刑法犯の認知件数は、令和5年は、全国は約70万件と2年連続で増となったが、都内の刑法犯の認知件数は約8万件で、「前年度より減少した」。
2 来日外国人の犯罪件数は、令和5年中、検挙件数と検挙人数は増加傾向にあり、特に中国とベトナムの2か国で、外国人全体の約「6割」を占めている。
3 都内の少年非行事犯は、令和5年でみると、刑法犯少年が一番多く、次いで「特別法犯少年」、「ぐ犯少年」の順となっている。
4 正解。
5 特殊詐欺は、令和5年中の全国の認知件数は1万9,038件で、前年比1,468件増加しているが、都の認知件数は2,918件で、前年比300件「減少」している。

《解答・解説編》

【No.014】 正解 1

1 正解。
　割れ窓理論は、米国の犯罪心理学「ジョージ・ケリング」が提唱した理論である。「割れた窓をそのままにしておくと、その周辺は人の目が及ばないと思われ、いたずらや小さな犯罪を誘いやすくなり、やがて罪悪感が薄れてきて、その結果軽犯罪が多発し、その軽犯罪が引き金となって連鎖的に凶悪犯罪にまで発展し、その地域全体が荒れてしまう理論」をいう。

【No.015】 正解 2

1 国民保護法は、外国から弾道ミサイル攻撃などの武力攻撃や「大規模テロが発生した場合」などの対処法である。
2 正解。
3 知事は、国の指針に基づき国民保護計画を策定しなければならず、また区市町村長は、国の基本指針と「都道府県の国民保護計画」等に基づき、区市町村国民保護計画を作成しなければならない。
4 国民保護法には、区市町村長を会長とした国民保護協議会の設置規定があり、この機関は、国民保護措置に関して広く住民の意見を求める意見聴取機関であるとともに、「施策を総合的に推進することを目的とする機関でもある」。
5 武力攻撃の事態が発生した場合に、国は、警報を発令し、その内容を知事に通知し、知事はこれを区市町村に通知しなければならないが、正確迅速に伝達するために、「消防庁」は、全国瞬時警報システム（J－ALERT）を整備している。

第2節　少子高齢社会

【No.016】 正解 3

1 全国の令和5年の出生数は、72万7,277人で前年より減少し、そのうち特別区は6万6,137人で、特別区の傾向をみると、平成18年から増加傾向が続いていたが、平成28年から「減少傾向に転じている」。
2 全国の令和5年の合計特殊出生率は1.20で、前年に引き続き低下する一方、特別区の令和4年は1.04で、平成29年より前年を「下回る」傾向にある。
3 正解。
4 全国の将来人口の推計では、令和27年の約1億880万人を経て、「令和38年には1億人を割り込み」、その中で令和27年の平均寿命は、男性は84.03歳を超え、女性は90.08歳と推計されている。
5 全国の将来人口推計から生産年齢人口の推移をみると、生産年齢人口は減少を続け、構成比も、令和2年の59.5％から令和23年には、「55％」を割ると推計されている。

《解答・解説編》

【No.017】 正解　1
1　正解。
2　国の人口動態統計（令和5年）によると、出生数は72万7,277人で、出生数と死亡数の差は「マイナス」となり、数・率ともに17年連続で減少している。
3　都の令和6年1月現在の総人口は、1,410万5,098人で、人口増減は、1年間で増加となっており、この変動要因は、「社会増減の増加」が一番の要因となっている。
4　特別区の人口は、令和6年1月現在979万1,293人であり、前年に比べ約7万人の「増加」である。特別区の人口は「平成7年まで減少傾向が続いていたが、平成8年以降は令和3年中を除き増加している」。
5　特別区の令和6年1月における前年の区別の人口増の上位の地域は、江東区、大田区、台東区の順となっており、また、人口増減率の増の地域は、「台東区、港区、墨田区の順」となっている。

【No.018】 正解　5
1　都の総人口は、「令和12年」に1,424万人でピークを迎え、それ以降は団塊の世代の加齢に伴い自然減が強まり減少過程に入る見込みである。
2　特別区の総人口は、令和2年の973万人から、「令和17年」の999万人まで増加し、以後は減少過程に入る見込みである。
3　特別区の総人口は、増加を続けており、平成27年から令和2年の5年間でみても、「全ての区で増加し、人口が減少した区は存在しない」。
4　特別区の総人口は、令和12年までに全体の「5割強」の区が人口減少となり、令和22年から令和27年には、「都心3区、文京区、品川区、渋谷区を除く区において」、人口が減少する見込みである。
5　正解。

【No.019】 正解　4
4　妥当でない。
　高齢社会白書（令和4年版）では、65歳以上の高齢化率は28.9%となっており、このうち前期高齢者人口は約1,754万人であり、総人口の割合でみると「14.0%」で、「15%を超えていない」。

【No.020】 正解　3
3　正解。
　我が国の65歳以上の高齢者人口は、昭和25年に総人口の5％に満たなかったが、昭和45年に「A.7％」を超えた。
　一般に高齢化率が「A.7％」を超えた社会を『高齢化社会』といい、平成6

年には「B．14％」を超えた。「B．14％」超えた社会を『高齢社会』という。
　そして令和3年10月現在、「C．28.9％」に達し、本格的な高齢社会となっている。
　諸外国との比較でみると、我が国の高齢化率は世界一（P105 図14）であり、次に「D．イタリア」、そしてドイツが続いている。「E．21％」を超えた社会を『超高齢社会』と呼ぶ場合がある。

【No.021】　正解　5
1　日本の高齢化率は、令和2年の28.6％で3.5人に1人を上回る状態から、50年後の令和52年には38.7％に達し、「2.6人に1人」が老年人口になると予測されている。
2　全国の高齢者人口は、「令和25年」のピークまで増加し、それ以降は減少すると予測されている。
3　令和2年の65歳以上の人口の値を100としたとき、令和32年の指数が100未満となるのは26都道府県にのぼるが、「東京都、愛知県、沖縄県」では一貫して増加すると予測されている。
4　都道府県別の高齢化率は、30％を超える都道府県は令和2年に30道県であったが、これが令和22年までには「東京都以外の46道府県で」30％を超えると予測されている。
5　正解。

【No.022】　正解　3
3　妥当でない。
　都の高齢者人口を地域別でみると、区部の高齢者人口は約202万人で、市町村部の約109万人に比べ区部の方が多いが、高齢化率では「逆に、市町村部（26.2％）が区部（22.2％）を上回っている」。

【No.023】　正解　1
1　正解。
　C　高齢者人口に占める一人暮らし高齢者の割合は、男性が約15.0％、女性が約22.1％で、男性の「約7人に1人」が、女性の約5人に1人が、一人暮らし高齢者である。
　D　世帯規模の縮小は、都市部で顕著であり、1世帯当たりの人員は、全国平均は2.21人が、東京都では1.92人であり、全国で「最も低い値」となっている。

【No.024】　正解　5
5　正解。BとDが妥当である。

《解答・解説編》

A　65歳以上の世帯主の世帯数の予測では、令和2年に対し15年後は、都全体では13.2%の増加に対し、「区部は12.1%増加する」。したがって、「区部は都全体の増加率より低い」と予測されている。
　C　65歳以上の単独世帯の男女別の予測では、令和2年に対し15年後は、都全体では女性は男性の1.6倍に対し、区部では「1.5倍」で、「都全体以上の倍率にならない」と予測されている。

【No.025】　正解　2
2　正解。
　我が国の高齢社会対策の基本的枠組みは、「A．高齢社会対策基本法」による。この法律の基本理念に基づき「B．国及び地方公共団体」に対し高齢社会対策計画を策定し、実施する責務を課している。
　また同法に基づき、内閣府に「C．内閣総理大臣」を会長とし、委員を関係閣僚とする高齢社会対策会議が設置されている。
　高齢社会対策の最初の大綱は平成8年に誕生し、平成30年の大綱では、①「D．エイジレス社会」を目指す、②高齢期の暮らしを描ける地域コミュニティを作る、③技術革新の成果を可能にする高齢社会対策を志向するとしている。

【No.026】　正解　4
4　正解。
　A：エンゼルプラン―「ウ」
　B：新エンゼルプラン―「イ」
　C：少子化社会対策基本法―「エ」
　D：子ども・子育て応援プラン―「ア」

【No.027】　正解　1
1　正解。
2　子ども・子育て支援新制度は、幼児期の保育や「学校教育」、地域の子ども・子育て支援を、総合的に推進するための制度である。
3　子ども・子育て支援新制度は、従来の共通の給付である「施設型給付」に、財政支援を一本化するとともに、新たに「地域型保育給付」を創設している。
4　子ども・子育て支援新制度では、子育てを行う家庭の経済的負担の軽減を図るため、「3歳から5歳の子供と、0歳から2歳の住民税非課税世帯であって、保育の必要な子どもを対象に」、幼児教育や保育事業の無償化を実施している。
5　子ども・子育て支援新制度の充実策として、少子化社会対策大綱が決定され、「希望出生率1.8」の実現に向けた社会づくりを推進するとしている。

《解答・解説編》

【No.028】 正解　5

5　正解。
　　令和5年4月に「A．子ども基本法」が施行となり、こども家庭庁が設立された。この年に子ども大綱が閣議決定され、大綱では、これまで別々に作成・推進されてきた少子化社会対策基本法などの法律に基づく「B．3つの大綱」を一つに束ね、こどもまんなか社会の実現を目指している。
　　また、こども未来戦略が閣議決定され、未来戦略では、日本のラストチャンス「C．2030年」に向けて、次元の異なる少子化対策を進めるとしている。
　　特に、少子化の原因となっている若者・子育て世帯の「D．所得向上」と少子化対策を両輪として進めていくために、今後3年間の具体的施策を「E．加速化プラン」として明らかにしている。

第3節　健康・福祉

【No.029】 正解　4

1　保健衛生行政とは、公衆衛生の向上及び増進を目的として、行政の主体である国及び地方公共団体が行う活動であるが、この活動は「憲法25条を根拠とする」。
2　公衆衛生とは、健康教育、疾病の早期診断と治療のための医療や、看護事業の組織化及び「地域社会の全ての人たちに健康を保持するに足る生活水準を保障する概念である」。
3　WHO憲章の健康の定義では、『健康とは疾病がなく、虚弱でないだけでなく、身体的や精神的に完全によい状態にあること』と定義されているが、この定義に対しては「非現実的、観念論的であるという意見もあり、定着していない」。
4　正解。
5　WHO世界保健機関は、オタワの国際会議で、ヘルスプロモーションを提唱したが、ここでのヘルスプロモーションでは、健康増進を個人の生活習慣改善に「限定して捉えるのではなく、社会的環境の改善を含むとしている」。

【No.030】 正解　2

1　健康日本21は、21世紀における第3次国民健康づくり対策として、「健康寿命」の延伸と健康格差の縮小を目的とする運動であり、現在第3次健康日本21が始動している。
2　正解。
3　健康日本21では、健康状態を示す包括的指標として「健康寿命」の概念が提唱され、その延伸を求めて、健康格差の縮小の実現を目指している。
4　健康日本21では、区市町村の健康増進計画が「法定化されており」、当該計画を策定し、生活習慣病に関する目標の設定と評価を実施するとしている。

《解答・解説編》

5 健康日本21の目標の一つに心の健康づくりがある。自殺対策基本法は「健康日本21との関連性がある」。

【No.031】 正解 4
4 正解。BとCが妥当である。
　A　我が国の出生数が200万人を超えたのは、「第2次ベビーブーム時代であり」、それ以降、低下を続け、令和元年には半分以下（約86万人）まで減少している。
　D　我が国の総人口に占める65歳以上の高齢者の割合をみると、令和5年は29.1％であるが、都は23.5％で、「全国より低い数値」となっている。

【No.032】 正解 1
1 正解。
　人口の高齢化や生活様式の欧米化に伴って、我が国の疾病構造は大きく変化し、主要要因も「A．感染症」から生活習慣病に移ってきている。東京都の調査では、昭和56年以降、死因順位の第1位は『悪性新生物』であり、第2位は「B．心疾患」、第3位は「C．脳血管疾患」であったが、第3位については平成23年から「D．肺炎」、平成29年には再び「C．脳血管疾患」、そして平成30年には「E．老衰」となっている。
　また要介護の原因をみると、主に「C．脳血管疾患」と骨関節疾患であり、生活習慣病が深く関わっていることがわかる。

【No.033】 正解 3
1　保健衛生行政は、「地域保健法」に基づき、保健所と市町村保健センターが、主体的に地域保健対策を担うこととされている。
2　23区は、保健所を設置する基礎自治体であり、公衆衛生機能と「直接サービス」の提供を併せ持ち、包括的に保健衛生行政を推進する立場にある。
3　正解。
4　地域保健対策では、地域に根差した信頼や社会規範、ネットワークといったソーシャル・キャピタルを活用した自助及び「共助」の支援が重視されている。
5　地域保健対策では、新型コロナへの対応を踏まえ、保健所の機能強化と「人材育成」が地域保健の基軸事項として示されている。

【No.034】 正解 5
1　母子保健は、子どもが健康に生まれ育つように、母子保健法に基づき、妊娠中から「学齢前」までの期間に行われる包括的なサービスである。
2　成人保健は、生活習慣病などの予防に着目した「高齢者医療確保法」と、健康な人を対象に保健事業を推進する「健康増進法」との、2本立てで行わ

《解答・解説編》

れている。
3　感染症法の対象の一つである結核は、二類感染症に位置づけられており、特別区の結核罹患率は9.5と全国平均8.2と比較して「高い」。
4　予防接種法に基づく定期の予防接種には、ジフテリアや百日せきなどがあるが、「高齢者肺炎球菌ワクチンや新型コロナウイリス感染症も予防接種として指定されている」。
5　正解。

【No.035】　正解　4
1　成人保健を推進するため、各特別区では、健康日本21「（第2次）」に基づき健康増進計画を策定し、生活習慣病に関する目標の設定と評価を実施している。
2　成人保健制度として定着していた老人保健法は、高齢者医療確保法に改正されており、「40歳から74歳」に対する生活習慣病の予防が重点化されている。
3　成人保健制度を支える高齢者医療確保法では、特定健康診査や特定保健指導の実施が「義務づけられている」。
4　正解。
5　健康増進法では、健康増進事業として健康診査以外の保健事業を位置づけており、老人保健法で実施されてきた「がん検診は、健康増進法に引き継がれている」。なお、令和5年度から新規事業として中間受託者を介したがん検診の受診勧奨策等実行支援事業が開始されている。

【No.036】　正解　3
1　精神保健の対策は、精神保健福祉法に基づき「区市町村」の責務であり、保健所では、通院医療費助成の申請受理や社会復帰支援などを行っている。
2　障害者総合支援法は、精神障害者も支援の対象に含め、身体障害者、「知的障害者」、精神障害者の3障害者の自立支援を目的に、障害の種別なく、共通の福祉サービスが一元的に行われている。
3　正解。
4　公害健康被害者の認定更新事務は、公害健康被害補償法に基づき実施されており、法改正により、「新たな健康被害者の認定は行っていない」。
5　大気汚染に係る健康被害者対策として、都は、条例に基づき、国が対象としていない「気管支ぜん息に限らず」、「大気汚染の影響を受けた」と推定される疾病患者に対し、医療費の助成を行っている。ただし、18歳以上の認定はしていない。

【No.037】　正解　1
1　正解。

2　食中毒の対応業務では、食中毒の発生を探知した段階で「患者調査や関連の食品関係施設などの調査」を行い、「原因が判明した段階で」営業停止の措置などの処分を行っている。
3　衛生環境の確保業務では、特定用途の延床面積が「3千㎡以上」の建築物のうち「多数の人が利用する建築物」を対象に、ビル設計時の図面審査や、建築物の立入検査などを行っている。
4　医薬品等の対応業務では、薬局や医薬品販売業、医療機器販売等の施設に対する監視指導のみならす、「許可事務も行っている」。
5　レジオネラの対応業務では、「循環式の浴槽を持つ施設」や公衆浴場など、不特定多数の利用施設を持つ営業者及び管理者に対し、水質検査や定期的な監視指導を行っている。

【№038】　正解　2
1　地域保健医療計画は、「医療法」に基づき都道府県が策定する計画であり、都の保健医療計画は、医療提供体制の確保にとどまらず、「包括的な保健医療体制の整備も」基本方針としている。
2　正解。
3　医療体制は、サービスの一貫した提供と医療体制の連携を図る体制であり、一次保健医療圏は基礎的な圏域である区市町村の区域、「二次保健医療圏は都内13の区域」（区部は7）、「三次保健医療圏」は東京都全域としている。
4　医療機能連携は、地域医療の連携であり、特別区全体では、「二次保健医療圏」ごとに脳卒中、糖尿病、周産期医療などの医療連携体制の構築に取り組んでいる。
5　医療安全支援センターは、医療相談や医療情報の提供などを担うセンターであり、医療法では、都道府県、保健所する設置する区市に「センターを設けるように努めなければならない」としている。「設置は義務ではなく任意である」。

【№039】　正解　5
1　社会福祉は、社会保険、公的扶助、保健医療、公衆衛生とともに、「社会保障を構成する要素としている」。
2　社会福祉に関しては、憲法25条2項は、国は、社会福祉の向上及び増進に努めなければならないと、「努力義務の規定を置いている」。
3　国の社会福祉は、「戦後」の戦争による負傷者や孤児等の生活困窮者の救済の福祉三法から始まり、社会福祉事業法の成立により、社会福祉協議会や福祉事務所が設置されている。
4　平成12年に社会福祉事業法が社会福祉法に改称され、福祉サービス利用の制度化を進める一方、財政負担を介護保険のように「拠出制」によるものの

ほか、「応能負担から応益負担を原則としている」。
5　正解。

【No.040】　正解　3
1　高齢者の福祉計画には、老人福祉法に基づく老人福祉計画と、介護保険法に基づく介護保険事業計画があり、それぞれ「一体的」に策定されている。
2　介護保険は、高齢者の介護ニーズに対し、高齢者福祉と高齢者保健の制度を再構築し、「保険制度」として施行されている制度である。
3　正解。
4　成年後見制度とは、判断能力が十分でない者に代わって、後見人等が契約や財産を管理する制度であり、「法定後見制度」と任意後見制度が制度化されている。
5　高齢者虐待防止法では、高齢者虐待の防止、虐待を受けた高齢者保護、適切な養護者への支援の３点については、「区市町村」が第一義的に責任を持つとしている。

【No.041】　正解　1
1　正解。
2　障害者総合支援法は、裁判で、サービス支給量を制限し、応益負担を強いる障害者自立支援法は、違憲であるとの「訴訟提起」を受け、国と訴訟原告団・弁護団とが「和解した結果」を受け、障害者自立支援法に代わる新たな法律として誕生している。
3　障害者虐待防止法は、国及び地方公共団体、「国民の責務」を定めるとともに、障害者福祉施設従事者や使用者による障害者虐待の防止措置、障害者虐待を受けたと思われる障害者を発見した者に対する通報義務を規定している。
4　改正障害者差別解消法は、不当な差別的取扱いの禁止と合理的配慮の提供を求めているが、合理的配慮の提供とは、障害者から社会的障壁の除去の意思表示がある場合に合理的な配慮を求める規定であり、「行政機関のみならず、事業者も義務」とされている。
5　障害者雇用促進法は、雇用の分野における差別禁止等を定めており、法定雇用率を令和６年から民間企業が「2.5％」、国や地方公共団体が「2.8％」へ引き上げるとともに、この算定基礎には精神障害者を加えている。

【No.042】　正解　4
1　東京都の障害者手帳の交付数（令和４年）では、身体障害者手帳の交付（約48万人）が最も多く、次いで「精神障害者保健福祉手帳（約15万人）、知的障害者愛の手帳（約10万人）の順」となっている。
2　区市町村には、障害者総合支援法に基づく障害福祉計画の策定の義務があ

り、「児童福祉法」に基づく障害児福祉計画と併せて事業が展開されている。
3 区市町村が取り組む課題には、自立支援の観点から、施設入所者数を「減少」させ、地域包括ケアシステムを構築し、地域生活支援拠点を整備する必要がある。
4 正解。
5 児童発達支援センターは、「障害児の地域支援体制の中核施設として設置されている」。重症心身障害児を支援する施設は、「児童発達支援センターではなく」、「児童発達支援事業所や放課後等ディサービス事業所」である。

【No.043】 正解 2
1 〔平成28年〕‥「児童福祉法」の改正により、特別区も児童相談所を設置できることとなり、法的権限を持って、子どもと家庭の課題解決を担うこととなっている。
2 正解。
3 〔令和2年〕‥児童虐待防止法に規定された親権者等による体罰禁止が施行され、令和4年には「民法の子の懲戒規定は削除されている」。
4 〔令和4年〕‥児童福祉法が改正され、妊産婦の支援、児童の意見聴取の仕組みの整備のほか、「児童を一時保護する司法の関与」が規定されている。
5 〔令和5年〕‥子ども基本法が施行され、これまで内閣府や厚生労働省が担ってきた子ども政策が一元化され、「子ども家庭庁」が設置されている。

【No.044】 正解 1
1 含まれない。
  子どもの権利条約には、「生きる権利」、「育つ権利」、「守られる権利」、「参加する権利」の4つの権利を守ることが定められている。

【No.045】 正解 3
1 保育所は、児童福祉法に基づき区市町村が運営する施設であり、平成27年の改正児童福祉法により、入所方式は、「保育に欠ける」から「保育の必要性」となっている。
2 都では、13時間以上の開所などの独自基準を設けた「認証保育所」を創設し、これまでの「認可保育所」では応えきれなかった保育ニーズに応えるとしている。
3 正解。
4 「子ども・子育て支援法」に基づき、幼稚園、保育所、認定こども園などを利用する3歳～5歳児と住民税非課税世帯の0歳～2歳児の利用料は、無料となっている。
5 都では、多様な他者との関わりの機会の創出事業を開設し、都内の保育所

等において、「保護者の就労等の有無にかかわらず」、０歳６か月から２歳児の預かり保育を開始した。

【No.046】 正解 5
1 学童クラブは、「児童福祉法」に基づき、制度化されている制度である。
2 学童クラブは、保護者が昼間家庭にいない「児童」に対する事業である。
3 学童クラブは、適切な遊びや生活の場の確保と、「健全育成の場でもある」。
4 学童クラブの需要は、全国や東京都でも、年々伸びている。「特別区には、令和５年５月現在、2,245人の待機児童がいる」。
5 正解。

【No.047】 正解 1
1 正解。
2 ひとり親家庭への支援には、各種給付のほか、自立促進のための支援を提供する生活支援施設があり、この施設は、「母子が一緒に入所できる施設」である。
3 児童手当は、国からの手当であるが、令和５年のこども未来戦略方針に基づき所得制限は撤廃され、「支給期間も高校生世代まで延長されている」。
4 児童相談所は、児童に関する相談を本人や家族、関係機関や地域の方から受けて対応する機関であり、この相談には「母子保健やＤＶ対策も含まれる」。
5 子どもの貧困解消対策推進法には、子どもの貧困を解消し、貧困による困難を、子ども達が強いられることがない社会をつくると明記されている。なお、ヤングケアラーの支援を対象としている法律は「子ども・若者育成支援推進法である」。

【No.048】 正解 4
1 無差別平等の原理とは、生活保護は、生活に困窮する全ての国民に対し、生活困窮に陥った「原因のいかんにかかわらず」、保護が受けられるとする原理である。
2 最低生活保障の原理とは、生活保護は、健康で文化的な「最低限度」の生活水準を保障するとする原理であり、その自立を助長する原理でもある。
3 補足性の原理とは、生活保護は、生活困窮の状態にあって、「自己の資産などを利用した後で」保護の対象とする原理である。
4 正解。
申請保護の原則とは、生活保護は、本人や家族の申請に基づくことを原則とするが、生死の緊急状況等があるときは、福祉事務所長や区長の判断で行うこともできる例外を認める原則である。
5 必要即応の原則とは、生活保護は、個々の保護を必要とする「個人及び世帯」

《解答・解説編》

の事情に合わせて行うとする原則である。

【No.049】　正解　5
1　生活保護の要否では、扶養義務者がいる場合の扶養の可否が判定に「影響を及ぼすものではなく」、扶養義務者の履行が期待できないと判断される扶養義務者には、「基本的には直接の扶養照会を行わない」取扱いとしている。
2　生活保護の種類には、8つの種類があり、単独で給付又はいくつかの扶助を組合せて給付され、医療扶助や介護扶助の給付を「除き」、原則として現金で給付されている。
3　生活保護の基準は、要保護者の年齢別、世帯構成別、所在地域別等に分けて、「厚生労働大臣」が「毎年」、改定を行っている。
4　生活保護の決定及び実施は、第一号法定受託事務として行われており、東京都の場合、区市又は都が福祉事務所を設置し、その所長に「権限を委任」している。権限の委任であるから、所長は、所長の名と責任で処理することになる。
5　正解。

【No.050】　正解　1
1　正解。AとBが妥当である。
　C　生活困窮者自立支援法では、生活困窮者からの相談に早期かつ包括的に応ずる相談窓口となり、課題の評価・分析し、課題を踏まえた「自立支援計画を作成する」こととされている。
　D　生活困窮者自立支援法に基づく自立相談支援事業の実施や住居確保給付金の支給は、「福祉事務所設置自治体は必ず実施しなければならない」必須事業と位置づけられている。

【No.051】　正解　3
1　路上生活者対策は、バブル経済崩壊に伴う路上生活者を救済するために、「東京都と23区が協定を締結し」、冬期臨時宿泊事業などの対応が始まりである。
2　路上生活者の数は、特別区の区域内では、事業開始当初は5,600人を超えていたが、令和6年1月には「372人」と、「15分の1以下に減少している」。
3　正解。
4　路上生活者対策として、都区共同の枠組みで、生活者を一時的に保護し、社会復帰の支援を行う緊急一時保護センターや自立支援センターの運営を、「ブロック毎に」、「各区順番に5年間ずつ設置することとしている」。センター設置は一巡したが、現在の都区共同での枠組みで推進していくとしている。
5　令和4年の路上生活者に対する全国調査でみると、目に見える路上生活者では、50歳以上が89.6％、路上生活期間5年以上が59.1％と、「中高年層」で、

路上生活期間が長い人が多いことが分かった。

【№.052】　正解　2
2　正解。
　公的年金制度は、会社員や自営業者などの現役世代が保険料を支払い、その保険料を財源として高齢者世代に給付する「A．賦課方式」による世代間扶養の仕組みとなっている。
　以前は、私的な貯蓄で老後生活を送るのが一般的であったが、昭和に入って、「B．第一次産業」の労働者の老後不安を解消する目的で、昭和17年に労働者年金保険法が制定され、その後、昭和29年に「C．厚生年金保険法」として、全面改正され、現在に至っている。
　一方、公的年金がなかった自営業者やその配偶者などに対して、昭和36年に「D．国民年金法」が施行され、国民皆保険が実現した。
　現在では、全人口の約「E．3割」が公的年金を受給し、高齢者世帯の収入の6割を公的年金が占めている。

【№.053】　正解　4
4　正解。
　公的年金制度は、2階建ての仕組みである。
　1階部分は、全国民が共通に加入する国民年金（基礎年金）である。1階部分のうち、会社員及び公務員などの被用者が「A．第2号被保険者」、その配偶者で主として生計を維持する者が「B．第3号被保険者」、これらの者以外の者が「C．第1号被保険者」となる。
　2階部分には、会社員及び公務員などに対し厚生年金保険による比例報酬年金の上乗せ制度があり、自営業者などにも「D．任意加入」の上乗せ制度として国民年金基金がある。

【№.054】　正解　1
1　正解。
2　社会保険方式とは、加入者が保険料を出し、それに応じて年金を受ける方式である。無業者など保険料を出せない者も加入しなければならないため、保険料の免除制度があるほか、保険料負担が困難な「年齢50歳未満の者」には保険料納付猶予制度がある。
3　公的年金の種類には、老齢年金、障害年金、遺族年金の「3種類」があり、納付期間が「10年以上」あれば、老齢年金の対象者となる。
4　年金生活者支援給付金は、所得額が一定の基準を下回る障害基礎年金受給者と、遺族年金基礎年金受給者のほか、「一定の基準を下回る老齢基礎年金受給者」にも支給される給付金である。

《解答・解説編》

5 23区の国民年金事務は、第1号法定受託事務として行っており、資格届出や保険料免除などの受理事務のほか、「これらの審査事務も行っている」。

【№ 055】 正解 5
1 国民健康保険の制度は、「都道府県と区市町村が保険者となり」、賦課徴収する保険料と国庫負担金を財源とする医療保険制度であり、地域住民を対象とする地域保険である。
2 国民健康保険の被保険者は、区市町村内に住所を有する者であり、他の医療保険の適用者を除き、「本人の意思にかかわらず、法律上当然に被保険者となる」。
3 保険料は、国民健康保険事業費納付金の額や被保険者の人数、所得水準等により算定するため、「各市町村で保険料が異なる」。
4 給付は、国民健康保険法や関係法令の規定による法定給付と、区市町村が任意で実施する付加給付があるが、「葬祭費や出産育児一時金は、条例又は規約の定めるところにより行う任意の付加給付」である。
5 正解。

【№ 056】 正解 4
4 cとdが妥当である。
a かつて、国民健康保険法に基づく東京都の「調整条例」の下に、各特別区が一体的に運営した経緯をもつ。
b 「国は」、医療水準や所得水準の差が大きい東京都においては、将来的には保険料水準の平準化を目指すものの、直ちには困難との見解を示した。
c 各特別区が独自の激変緩和措置を平成30年度以降、6年間を目途に行い、段階的に法定外繰入を解消するとしたが、新型コロナウイルス感染症の影響により、「計画を2年延長し、解消は令和8年を目途としている」。

【№ 057】 正解 3
1 介護保険制度は、高齢者の介護を社会全体で支える仕組みであり、介護保険法に基づき、「区市町村」が保険者となっている。
2 介護保険制度は、65歳以上が第1号被保険者、40歳〜64歳までの医療保険加入者が第2号被保険者となるが、両者は、「サービスの利用要件や保険料の支払方法が異なる」。
3 正解。
4 介護保険制度は、条例に基づく保険料で運営され、その徴収額は、将来「3か年度分」の介護供給見込額を計画した上で、人数で割り返して決定される。
5 介護保険制度は、事業者が介護サービスを提供する仕組みであり、サービスの種類ごとに都道府県がその事業者の指定を行うが、ただし「地域密着型

サービス事業は、区市町村が事業者の指定を行う」。

【№058】 正解　1
1　正解。
　　要介護認定は、サービス利用を希望する本人又は家族などの申請を受けて、各特別区が手続を開始する。
　①最初に、各特別区は「A．調査員」を家庭に訪問させ、寝返りができるかなどの心身の状態の調査を行う。
　②次に、訪問調査の結果と主治医の意見書の一部をもとに、「B．全国共通」の判定システムにかけて一次判定結果を出す。
　③さらに、「C．介護認定審査会」において審査を行い、認定又は非該当と判定する。
　　認定の場合は、要介護と要支援に区分するが、「D．後者は」、区市町村が行うサービスであり、したがって、区市町村でサービスの内容が異なる場合もある。

【№059】 正解　2
1　地域支援事業は、予防重視型システムへの転換事業であり、地域の包括的・継続的なマネジメント機能を強化する点から「区市町村」が実施主体となっている。
2　正解。
3　地域密着型サービスとは、「認知症高齢者や一人暮らし高齢者」が、できる限り住み慣れた地域での生活が継続できるようにする事業である。地域密着型サービスは、「原則として」、当該区市町村の住民のみが利用可能である。
4　地域包括支援センターは、要介護状態でも、地域で生活を継続できる支援の中核機関であり、運営主体は「区市町村」であるが、委託することも可能である。
5　地域包括ケアシステムとは、重度な要介護者の医療や介護の重点的・一体的な提供を行う体制であり、特養老人ホームの入所者については、「要介護3以上」としている。

【№060】 正解　5
1　特別区の介護保険事業の第1号被保険者数をみると、約206万2千人であり、前年度と比較して、約1千人「減少している」。
2　特別区の要介護と要支援の認定者数をみると、第1号被保険者と第2号被保険者を合わせて約44万人であり、前年度と比較して「増加」している。
3　特別区の要介護と要支援の状態別でみると、要介護では「要介護1」が最も多く、要支援では「要支援1」が最も多い。

《解答・解説編》

4　特別区の介護保険事業費の内訳をみると、「保険給付費（約6,596億円）」が一番多く、次いで「地域支援事業費（約325億円）」である。
5　正解。

【No.061】　正解　1
1　正解。
2　運営の財源は、医療費から患者の自己負担を除いた額の約5割を公費、残り「約4割」を後期高齢者医療制度以外の各医療保険の被保険者からの支援金、「約1割を高齢者自身の保険料」で賄われる。
3　被保険者は、広域連合の区域内に住所を有する75歳以上の者のほか、「65歳以上75歳未満の者」のうち、一定の障害がある旨の認定を受けた者である。
4　役割分担は、広域連合は、「保険料の決定」、資格の認定、医療給付などを行い、区市町村は、「保険料の徴収」、資格の取得喪失の受付、被保険者証の交付などを行う。
5　医療給付は、他の保険制度と同様に、現物給付と「現金給付」とがある。なお医療保険と介護保険との自己負担の年間合計額が著しく高額となる場合には、高額介護合算医療費制度の適用がある。

【No.062】　正解　2
2　正解。AとCが妥当である。
　B　保険料の額は、被保険者に均等に賦課される応益分としての「均等割額」と、保険料負担能力に応じて賦課される応能分としての「所得割額」との合計で算定される。
　D　保険料の徴収方法は、年金からの天引きによる特別徴収が原則で、「ただし、年金受給額が年額18万円未満の者と、後期高齢者医療保険料と介護保険料との合計額が年金受給額の2分の1を超える者」は、「普通徴収」による。徴収方法は、介護保険の徴収の仕組みを踏襲している。
　E　保険料の「均等割額」については、同一世帯内の後期高齢者医療制度の被保険者、及び世帯主の総所得金額などをもとに、軽減措置がある。

第4節　産業・経済

【No.063】　正解　5
1　高度経済成長期は、昭和30年代が始まりで、東京タワーの完成、新幹線の開業、東京オリンピックの開催があり、日本のGNPは米国に次ぐ、「西ドイツを抜き世界第2位」となる。
2　オイルショックは、昭和48年に始まった中東戦争を原因とする原油価格の高騰によるショックであり、「2度」のオイルショックを経験するも、企業の合理化などで切り抜けた。

3　バブル崩壊は、過熱した経済を抑えるための公定歩合の「引き上げ」や、不動産の「抑制」を契機として、バブルが崩壊し、以後、景気低迷期に入る。
4　サブプライムローンとリーマンショックは、「米国」の住宅ローンと金融市場の混乱に伴う、世界的経済危機の発生であり、日本経済にも及んだ。
5　正解。

【No.064】　正解　1

1　正解。AとBが妥当である。
　C　国家戦略特区制度として、平成26年に東京圏が地域指定され、東京都と神奈川県のほか、「千葉県の千葉市と成田市が指定されている」。
　D　国家戦略特区制度には、住宅宿泊事業法に基づき、条例で民泊区域や営業期間を制限できる制度があり、この制度を活用して、「19区」で、条例が制定されている。

【No.065】　正解　3

1　都道府県別の民営事業所数と従業者数をみると、都には、全国の民営事業所の「12.2％」が存在し、全国の従業員の「16.6％」が存在している。
2　23区の事業所数は、令和3年6月現在、約50万4千所で、都全体の「80.2％」を示し、平成28年と比較して約9千所の増となっている。
3　正解。
4　23区の従業者数は、約811万人であり、都全体の「84.6％」を占め、従業者数が最も多い区は、港区、千代田区、中央区の順である。
5　都の企業は、平成28年の経済センサスの統計では、「98.8％」が中小企業となっている。

【No.066】　正解　2

1　23区の製造業は、中小規模事業所が多く、都の従業者別の構成比でみると、1～3人が「34.5％」、4から9人が34.0％と、9人以下の事業所数でみると「約7割」を占めている。
2　正解。
3　23区の小売業は、区民の日々の暮らしに必要な商品やサービスを提供する業であり、23区には令和4年10月現在「2,374件」の商店街がある。
4　23区のサービス業には、生活支援サービスとビジネス支援サービスとがあり、「後者」は、都心部を中心に集積している。
5　23区の医療・福祉の事業所数は、3万8,243所であり、都における医療・福祉の民営の事業所は増加傾向にあり、一般診療所数や歯科診療所数は全国を上回っているが、都道府県別で第1位であるのは、「歯科診療所数」である。

《解答・解説編》

【No. 067】　正解　4
1　融資制度とは、中小企業の資金調達を支援する制度であり、各区と金融機関と「東京信用保証協会」との「3者」の協議により成立している、間接的な融資制度である。
2　創業支援とは、各区が、「産業競争力強化法」に基づき、「新分野」の産業に挑戦するための起業支援や、創業支援の充実を図るために行う事業である。
3　地域ブランドは、各区が優れた製品・商品や高い技術力を認定して宣伝し、事業者のモチベーションを高め、販路拡大を図り、「区のイメージアップまで目指している」。
4　正解。
5　商店街振興策では、地域の歴史などと関連づけたイベントや、「全ての区」で、国の補助を受けたプレミアム付き商品券の発行を実施している。

【No. 068】　正解　5
1　東京の労働力人口は、約859万3千人で、「減少傾向」が続いていた完全失業者は、令和2年に増加に転じたが、「令和3年以降は再び減少している」。
2　東京の産業別就業者数でみると、「卸売業・小売業」（125万4千人）（15％）が最も多く、次いで「情報通信業」（97万2千人）（11.6％）、医療・福祉（91万3千人）（10.9％）の順に続いている。
3　東京の雇用状況をみると、正規雇用は約65.7％、非正規雇用は約34.3％となっている。「非正規雇用は令和2年と令和3年は減少したが、令和4年以降は再び増加に転じている」。
4　若年者の雇用情勢は、近年大きく改善し、売り手市場といわれるが、離職率でみると、高卒者の4割、大卒者の3割は、「3年以内」に離職している。
5　正解。

【No. 069】　正解　2
1　クーリング・オフ制度は、消費者の被害を防止するため、割賦販売のほか「訪問販売にも適用される」。
2　正解。
3　記述は逆である。消費者基本法は、「行政に保護される消費者の位置づけを転換し」、「消費者の自立支援や消費者の権利と尊重を消費者政策の基本とする法律」である。
4　消費者教育推進法に基づき、地方公共団体の消費者教育推進計画の策定や消費者教育推進地域協議会の設置は、「努力義務」とされている。
5　消費生活センターには、相談事務の重要性から、消費生活相談員を置くとされており、この相談員の設置は、「消費生活センターの設置要件となっている」。

《解答・解説編》

第5節　環境・清掃

【№070】　正解　1
1　正解。
①昭和42年‥日本経済は高度経済成長期に入り、産業型公害や人口集中による都市型公害が社会問題となり、国は「A．公害対策基本法」を制定した。
②昭和47年‥国連は、地球環境問題に対する国際的な取り組みとして、国連人間環境会議を開催し、「B．国連環境計画」を策定した。
③平成4年‥ブラジルで「C．地球サミット（国連環境開発会議）」が開催され、リオ宣言とその行動計画であるアジェンダ21が採択された。
④平成5年‥我が国では、地球規模の環境問題への対策を講じるべく「D．環境基本法」を施行した。

【№071】　正解　3
3　正解。
　地球温暖化の原因は、温室効果ガスの排出であり、世界の平均気温の上昇を1.5℃に抑えるためには、温室効果ガスを「A．実質ゼロ」にする必要がある。
　国の第6次環境基本計画では、現在及び将来の国民一人ひとりのウェルビーイング／高い生活の質を目標とし、それを実現するために「B．6つの重点戦略」を掲げている。
　都の環境基本計画2022では、未来を拓くグリーンでレジリエントな世界都市・東京を実現するため、「C．3＋1の戦略」により、各分野の環境問題を包括的に解決していくとしている。

【№072】　正解　4
1　地球温暖化の原因は、石炭や石油の化石燃料の大量消費が原因とされ、地球温暖化は、大気中の「二酸化炭素CO_2濃度」などが増加する現象と言われている。
2　地球温暖化の現状は、気候変動監視レポートでみると、令和5年の年平均気温は、世界は明治24年の統計開始以降、最高値となり、「日本も、明治31年の統計開始以降、最高値となっている」。
3　地球温暖化の〔影響〕は、海面水温に及び、世界の海面水温は上昇し、上昇率は100年当たり＋0.61℃であり、日本の上昇率は100年当たり＋1.28℃で、世界の海面水温より「高い」水温となっている。
4　正解。
5　地球温暖化の対策には、温室効果ガスを抑制する「緩和策」があり、その最大の対策でも気温上昇は避けられないため、「適応策」も進める必要がある。

《解答・解説編》

【No.073】 正解 1
1 正解。
2 国は、温室効果ガスを、令和12年度に平成25年度比で「26％削減」の草案を国連に提出し、この目標を達成するため、政府は、地球温暖化対策計画を策定している。
3 都は、令和12年までに、温室効果ガスを平成12年比で30％を削減する目標を掲げ、また、同様に、都内温室効果ガス排出量を「50％」削減するカーボンハーフを表明している。
4 特別区のみどり東京・温暖化防止プロジェクト事業は、特別区の共同事業から「都内全62区市町村の共同事業に拡大し」、さまざまな事業を展開している。
5 特別区長会は、脱炭素社会の実現を図るため「2050年」ゼロカーボンシティ特別区の実現に向けた特別区長会共同宣言を行っている。

【No.074】 正解 1
1 正解。
2 生物多様性に迫る危機として、日本においても、多様な危機にさらされているが、過去においても大量絶滅が「起きている」。
3 生物多様性の日本における危機の主な要因として、現在は、「人間活動」による影響が、一番大きいと言われている。
4 生物多様性の日本における危機でみると、日本の野生生物の「約3割」に当たる3,772種が、絶滅の危機に瀕している。
5 生物多様性の絶滅のスピードでみると、地球では、1千年間に0.1～1種が絶滅すると推定されたが、現在では、1年間に「4万種」になると予測されている。

【No.075】 正解 2
1 大気汚染対策では、近年、東京都のディーゼル車走行規制などにより、都内の二酸化窒素や浮遊粒子状物質の環境基準適合率は、「低い」状態が続き、「改善傾向にある」。
2 正解。
3 騒音・振動・悪臭対策については、法律や東京都環境確保条例に規制基準があり、各区が具体的な指導を行っているが、令和4年の公害苦情件数をみると、騒音や振動が最も多く、「公害苦情の60％を占めている」。
4 水環境対策では、「都は、下水道の普及、工場や下水処理場のなどの事業場に対する規制や指導」を行い、「各区は、地下水汲み上げ量に関する指導や雨水浸透施設設置などの促進を図っている」。
5 アスベスト対策では、大気汚染防止法は、「石綿や石綿をその重量の0.1％

《解答・解説編》

を超えて含有する」全ての物の製造や使用を禁止し、建築物の解体時のアスベスト飛散防止のため、事前報告を義務づけている。

【No.076】 正解 5
5 正解。
　対策は、「C．発生抑制（リデュース）」→「B．再使用（リユース）」→「D．再生利用（マテリアルリサイクル）」→「A．熱回収（サーマルリサイクル）」の順で行い、それでもやむを得ず循環利用が行われないものについては、適正な処分を行うという優先順位で行うこととしている。

【No.077】 正解 1
1 正解。
2 家電リサイクル法は、区市町村等において再商品化が困難な家電を、小売業者が回収する法であり、「エアコン、テレビ、冷蔵庫・冷凍庫、洗濯機・衣類乾燥機」がその対象となるが、「掃除機や扇風機は対象とならない」。
3 建設リサイクル法は、一定規模以上の建築物等の工事に伴い発生する建設資材廃棄物のリサイクル法であり、これらの廃棄物は、建設工事請負業者に義務づけられるほか、「施主には、知事への事前の届出義務が課せられている」。
4 小型家電リサイクル法は、小型家電の有用金属の回収活用法であり、回収は区市町村が行うが、回収品目や回収方法についても、「それぞれの区市町村が決定する」。
5 プラスチック資源循環法は、プラスチック資源の「循環」を推進する法律であり、プラスチック製品の「設計から廃棄物の処理」の、あらゆる主体における取組みを促進するとしている。

【No.078】 正解 3
3 正解。
　23区の令和5年度の資源回収量は、行政回収量と町会など自主的に行う集団回収量とに分けられるが、前者は約37万9千トンで全体の「A．約72％」で、後者は約14万5千トンで全体の「B．約28％」であり、両者合わせて「C．約52万4千トン」である。
　資源回収量を前年度比でみると、前者は2.3％の減少、後者は2.2％の「D．減少」であり、全体としては2.3％の「E．減少」であった。

【No.079】 正解 2
1 23区の清掃事業には、「一般廃棄物」を適正に処理する責務があるが、「産業廃棄物の適正な処理は都にある」。なお、事業系廃棄物は、事業者が自らの責任で処理することとしている。

《解答・解説編》

2　正解。
3　23区のゴミの量は、平成元年度の490万トンをピークに減少し平成12年度に350万トンまで減少した。その後「横ばい」が続いたが、「平成16年から再び減少し」、令和5年度では約半分の「249万トン」までに減少している。
4　23区のゴミは、可燃ごみ、不燃ごみ、粗大ごみ及び「資源」の「4種類」に分別しており、分別することで再生資源化し、ゴミの種類で異なる処理を行っている。
5　23区の粗大ゴミは、大型家具など、概ね「30cm角」を超える大きさのゴミが対象であるが、家電リサイクル法や資源有効利用促進法に該当する物は、排出物から除かれている。

【№080】　正解　5
1　23区で清掃工場がない区は、現在、「中野区、新宿区、荒川区、文京区、台東区、千代田区」の「6区」である。
2　23区のゴミの収集運搬の方法は、各区清掃事業所を中心に行っており、清掃車には、「各特別区が所有する直営車」と民間会社から運転手付き配車される雇上車とがある。
3　23区の家庭系の汲み取りし尿は、無料で行っており、また事業系のし尿の収集は、「全て民間で行っている」。
4　23区が収集した可燃ゴミは22施設の清掃工場で焼却され、「不燃ゴミは、江東区海の森にある中防不燃ごみ処理センターと大田区京浜島にある京浜島不燃ごみ処理センターの2施設で処理され」、「粗大ゴミは、江東区海の森にある粗大ごみ破砕処理施設で処理されている」。
5　正解。

【№081】　正解　4
4　正解。BとDが妥当である。
　A　特別区の清掃事業の負担では、清掃工場の所在する「16区」を設定し、自区内に発生したごみ量に、一定のごみ量を加算したものを各区の処理基準とし、その処理基準を超えたごみ量を金銭による負担としている。
　C　特別区の清掃事業の負担では、処理量が一定の処理基準に達しない清掃工場の所在する区（渋谷区）は、「その達しない量に応じて」金銭を負担し、また清掃工場の所在しない（一定の処理基準を設定できない区）6区は、自区内に発生したごみ量に応じて「それぞれ金銭を負担する」としている。

第6節 まちづくり

【No. 082】 正解 3
1 都市計画は、土地利用、道路、公園、開発、住宅など、対象事項はきわめて広範囲であり、「防災、環境、景観も、全て都市計画の対象事項である」。
2 都市計画は、都市の将来の姿を見通しながら決定する計画であり、「土地に関する財産権に相当の制約を加える計画でもあり」、財産権に対して、妥当性や公平性が求められる。
3 正解。
4 都市計画は、都市の将来を見通して土地の合理的な利用計画を策定し、この計画に基づき、土地取引や開発行為のほか、「建築行為」の適切な規制や誘導を図る計画である。
5 都市計画は、人口及び世帯の規模などの社会的条件、産業などの経済的条件、気候などの自然的条件、当該都市の沿革などの歴史的条件などを考慮した、「ハード面」での整備誘導を図る計画である。

【No. 083】 正解 3
3 正解。AとDが妥当である。
B 大都市圏レベルでは、「首都圏整備計画」に基づき、一極集中型の首都圏から対流型首都圏に転換するため、首都圏の防災力を高め確固たる安全安心を土台に、面的な対流を創出するなど、世界からあこがれる洗練された首都圏の構築を図るとしている。
C 東京都レベルには、都市、農業、森林、自然公園及び自然保全の5つの地域に区分した「土地利用基本計画（5地域区分計画）」があり、その計画に基づき都市計画区域が定められ、特別区の区域は23区で一つの東京都市計画区域を形成するとしている。

【No. 084】 正解 5
1 都市計画の目的は、国土の発展と公共福祉であり、都市計画の内容や手続を定め、国及び地方公共団体に対して都市計画の適正執行の責任を課しているが、「住民には都市環境の形成に努めることを求めている」。
2 都市計画の区域には、都市計画区域と準都市計画区域があり、都市計画区域は「行政区域にとらわれず」、実質上の都市を単位に、整備、開発及び保全する区域を「都道府県」が指定している。
3 都市計画の策定では、「知事」が、あらかじめ関係区市町村及び「都道府県」の都市計画審議会の意見を聴くとともに、国土交通大臣に協議し、同意を得て策定するとされている。
4 都市計画の区分では、市街化区域は、すでに市街地を形成している区域と、

概ね10年以内に優先的かつ計画的に「市街化を推進すべき区域」としている。「市街化を抑制すべき区域」は市街化調整区域として定めている。
5　正解。

【No.085】　正解　2
1　都市計画マスタープランとは、「線引き都市計画区域だけでなく、全ての都市計画区域について」、都道府県が、都市計画区域の整備、開発及び保全の方針を定めるものである。
2　正解。
3　都市計画区域マスタープランは、①都市計画の目標、②市街化区域及び市街化調整区域の区分の決定の有無、及び区分する場合にはその方針のほか、③「土地利用、都市施設の整備及び市街地開発事業に関する主要な都市計画の決定方針」の「3つ」を定めるものである。
4　都市計画区域マスタープランの策定に際しては、法定の手続を経て「関係区市町村の意向を十分に反映されることとされている」。
5　都市計画区域について、個別に定められる都市計画（区市町村マスタープラン）については、都市計画区域マスタープランに「即したものでなければならない」。

【No.086】　正解　5
5　正解。BとDが妥当である。
　A　地区計画は、都市計画区域内の土地を、その利用目的に応じて区分し、建築物や工作物などに「一定の制限を課し、規制するゾーニングである」。
　C　遊休土地転換利用促進区域は、概ね「5千㎡以上」の区域で、相当の期間、利用されない土地の有効、かつ適切な利用の促進を図る区域をいう。

【No.087】　正解　1
1　正解。
2　都市施設は、都市生活の基盤をなすものであるが、都市計画法で示す都市施設は、「全て都市計画で定める必要はない」。地域の特性、住民意思などで決められる。
3　市街地開発事業は、「面的」な開発整備の方法によって、良好な市街地を積極的に造成していくための都市計画であり、この事業には「7種類」がある。
4　市街地開発事業等予定区域は、大規模な面開発事業の円滑な実施を図るため、事業の種類、名称、施行区域、施行予定者などの「基本的な計画内容が明らかになった段階で」都市計画を定め、予定地を早期に確保する区域である。
5　記述は「市街地開発事業」である。

《解答・解説編》

【No.088】　正解　4
1　地区計画は、マクロな視点からの「都市計画法」と、ミクロな視点での「建築基準法」との、中間領域を埋めるための計画として位置づけされている。
2　地区計画は、比較的小範囲の地区を対象とし、その街区内の居住者などが利用する、道路や公園などの公共施設の整備、及びその他建築行為に関する土地利用の「制限」を計画として定めるものである。
3　地区計画は、基本的な使い方と特別な使い方に分類できるが、前者には、一般的な地区計画や「再開発等促進区を定める地区計画」がある。後者には、用途別容積型地区計画などがある。
4　正解。
5　地区計画は、区市町村主導の、地域住民の生活環境を整備保全する都市計画であり、規制の程度にも、誘導から規制までの「幅があり」、「比較的に柔軟に対応できる」。

【No.089】　正解　1
1　正解。
2　特別区の都市計画の決定は、「事前に知事に協議した後で、各区の都市計画審議会の議を経て決定」できる。「都知事の協議は、同意を要しない協議である」。
3　都市計画の立案には、住民の理解を得るため、「必要に応じて」説明会や、公聴会等を開催するとともに、「都市計画を立案する時点で」、公告縦覧を行う必要がある。
4　都市計画審議会は、都道府県は義務設置であるが、各区は「任意設置」である。都市計画審議会は、知識経験者などを委員として構成されるが、「相当数の当該議会の議員を委員とする」ことが定められている。
5　都市計画の決定は、「自治法及び都市計画法では、議会の議決事件としていない」。

【No.090】　正解　3
1　都市計画施設の区域や市街地開発事業の施行区域内では、建築物の建築が制限されるが、例外として、「移転や除却が容易な軽易な行為等の場合は、許可される場合もある」。
2　市街化区域は、原則 500㎡以上であり、主として建築物の建築等の目的で、土地の区画形質の変更を行う開発については、「許可制」としている。
3　正解。
4　市街化調整区域では、「例外的なものを除き」開発行為が制限されている。そのため、都市計画により制限される私権には、調整上から、固定資産税の軽減措置や買取り制度がある。

5 開発行為に違反した場合には、是正措置が執られ、許可を受けないで開発行為を行った場合には、「罰金が科せられる」。

【No.091】 正解 2
1 都市計画事業は、原則として、区市町村が知事の認可を受けて実施することとなっているが、「一部事務組合や公社なども、事業の実施主体となることができる」。
2 正解。
3 土地区画整理事業は、都市計画区域内の土地について、一定の区域を施行地区に定めて、宅地と公共施設の土地の区画形質の「変更を行う」、「面的事業」である。
4 都市計画以外の任意事業は、要綱に基づき実施されており、この任意事業には、不燃化促進事業のほか、「住民の自主的なまちづくり支援事業などもある」。
5 都市防災対策事業として、23区は、「都のマスタープランである防災街区整備方針に基づき」、木造住宅密集地域整備事業や都市防災不燃化促進事業を実施している。

【No.092】 正解 4
4 正解。
　都市計画における東京都と各特別区の役割分担が明確化されたのは、「A．平成12年」の都区制度の改正による。以前から、地区計画制度については、各特別区に決定権が「B．あった」。
　当時の都市計画法では、都市計画のマスタープランの策定は、「C．広域」地方公共団体とされていたが、各特別区、独自の地区計画などの策定も増えていた。
　「D．平成4年」の都市計画法の改正で、各特別区による都市計画のマスタープランの策定が明文化され、本格的な街づくりが始まる。
　加えて、平成14年に住民による都市計画の「E．提案制度」が創設された。
　また同年に、都市再生特別措置法が制定され、既存の用途地域等に捉われない自由度の高い都市再生特別区域の創設が可能となり、この都市再生特別区域は、「F．東京都」が決定することになる。

【No.093】 正解 5
1 建築行政は、建築基準行政と資格業務行政に大別され、このうち、建築物の質の向上を図り、都市計画に対応した建築物の指導監督に当たるのは、「前者」である。
2 建築基準法では、建築物の安全性に係る構造基準や防火基準などを定める

「単体規定」と建築物の用途制限や高さ制限を定める「集団規定」がある。
3 建築基準法に基づき、建築主事又は「指定確認検査機関」は、建築確認又は禁止事項の許可の行政処分を行う権限を有する。
4 建築や大規模修繕の場合には、事前に、建築主事又は指定確認機関の確認を受ける必要があり、一定の建築物については、「中間検査を受ける必要がある」。
5 正解。

【№.094】 正解 2
2 正解。AとCが妥当である。
B 建築監視員とは、建築行政に関する実務経験等のある職員の中から、特定行政庁が任命する者であり、違反建築物の監視指導に当たるほか、「緊急の必要性がある場合の違反建築物の使用禁止や、工事の施行停止権を持つ、独立の行政機関である」。
D 指定確認検査機関とは、建築確認や検査を行う機関であり、国土交通大臣や都道府県知事から指定を受けた「民間」の機関である。

【№.095】 正解 3
1 建築物のバリアフリー化が求められ、高齢者や障害者の円滑な移動等に配慮した建築設計が進められ、令和7年6月には、「トイレや駐車場のバリアフリー化が強化される」。
2 建築物の省エネルギー化が求められ、建築物分野の省エネルギー性能の向上を図るため建築物省エネ法が制定されており、省エネ基準の適合は、原則として「全ての建築物に義務化されている」。
3 正解。
4 建築分野にも脱炭素化が求められ、エネルギー消費量の「約3割」を占める建築分野での省エネ対策として、全ての新築住宅や非住宅において、省エネ基準の適合が義務化されている。
5 建築行政のデジタル化が求められ、デジタル行政推進法が施行されているが、国は、令和7年度末までに建築確認手続のオンライン利用率を「50％」とする達成目標を掲げている。

【№.096】 正解 5
1 23区では、山手線や中央線沿線で木造住宅密集地が多いため、都は、不燃化や耐震化の重点整備地区を定め、不燃領域率の目標を「70％」以上に設定している。
2 23区は、昭和49年の自治法改正で公営住宅の供給が可能となり、平成11年度までに「各区で」、住宅マスタープランが策定されたが、住宅を取り巻く

環境が変化しているため、「直接の住宅供給に捉われることなく」、多様な主体との連携による住まいづくりを推進している。
3　23区は、都営住宅を抱え、その活用が乏しい状況の中で、公営住宅法の入居者資格等の法改正があり、「各区、独自の基準による条例の制定が可能となった」ことから、これまで以上に住宅施策に主体的に取り組める範囲が拡大した。
4　23区では、住宅セーフティネット法に基づき、住宅確保要配慮者が民間賃貸住宅に入居できる環境を整備するために、令和6年3月末時点で「20区」で、居住支援協議会を設置している。
5　正解。

【№.097】　正解　1
1　妥当でない。
　　23区の骨格的な道路網としては、23区の範囲を一つの計画区域とした「都市計画法」に基づく東京都市計画に定められた東京都市計画道路がある。

【№.098】　正解　3
1　23区の道路行政の重点化に道路の維持管理があり、道路管理者は道路法に基づき道路を安全な状態に保つことが義務づけられており、笹子トンネル事故以降、「予防保全型管理」への転換が図られている。
2　23区では、道路のバリアフリー化を推進しており、その中でもバリアフリー法に基づき、移動等が特に必要な鉄道と公共施設等をつなぎ、高齢者や障害者が移動しやすい「特定道路」の整備を図っている。
3　正解。
4　23区内の特別区道上には、約45万本の電柱が設置されているが、都は「特に激甚化する自然災害への備えとして」無電柱化を加速化するとしている。
5　23区全体の都市計画道路の整備率は、完成区間と既成区間を併せて「8割強」に達しているが、それでも約320kmの未整備区間が残されている。

【№.099】　正解　4
4　正解。
　　都内の河川には、大き分けて法定河川と法定外河川があり、さらに法定河川には、国土交通大臣が指定する一級河川として「A.利根川水系」、荒川水系、多摩川水系がある。
　　一級河川以外の河川としては、都知事が指定する二級河川があり、一級河川及び二級河川以外で区市町村長が指定する「B.準用河川」がある。
　　一方、〔法定外河川〕には「C.普通河川」がある。また国の河川管理の権限を都知事に委任する場合、これを一級河川の「D.指定区間」という。

【No. 100】 正解　1
1　正解。AとBが妥当である。
　C　河川法の目的に河川環境の整備と保全があり、各河川における河川整備計画の策定時には、地方自治体や「地域住民の意見を反映させる」こととされ、流域連絡会などが発足している。
　D　低地河川の対策としては、都が隅田川以東に広がる東部低地帯を「伊勢湾台風級」の高潮から守る対策や、荒川と隅田川に囲まれた江東三角地帯では護岸損壊に伴う水害から守る対策を進めている。

【No. 101】 正解　2
1　公園緑地の効果には、一般に存在効果と利用効果があり、前者の効果にはヒートアイランドの緩和効果や「都市景観」などがあり、後者の効果には「休養、休息の場、スポーツの場などがある」。
2　正解。
3　特別区における区民一人当たりの公園面積は 4.35㎡（令和6年4月現在）であるが、「東京都（5.77㎡）や全国平均（10.8㎡）には及ばない」。
4　地域主権改革推進一括法を受けた都市公園法の改正により、全国一律に定められていた都市公園の配置や規模に関する技術的基準については、各特別区ごとに、区民一人当たりの都市公園の敷地面積、都市公園の配置及び規模、公園施設の設置などを、「条例」で定めることとなっている。
5　各特別区が整備する面積「1 ha 未満」の公園には、都市計画交付金などの財源保障が見込まれず、地価の高い特別区の事情に鑑みた財源確保が課題となっている。

【No. 102】 正解　5
1　放置自転車には、一般的な自転車のみならず、「原付・自動二輪車も含まれる」。
2　放置自転車がある駅を 451 調査すると、「1～99台の駅」が 402 駅で最も多く、次いで「100～499台の駅」が 39 駅であり、1千台以上の駅は存在していない。
3　駅周辺の自転車の乗り入れ台数と放置台数から平均放置率をみると、「約4.5%」となり、前年調査より 0.4% 減っている。
4　23区は、これまで自転車等の駐輪場の整備を図ってきた結果、令和5年8月末の駐輪場は公設と民設を併せて 1,898 か所、駐輪可能台数は「約54万台」である。
5　正解。

【No. 103】 正解　3

《解答・解説編》

A：平成4年―イ、全国自転車問題自治体連絡協議会が設立された。
B：平成5年―ウ、放置自転車等の等の中に50cc以下の原付も含まれた。
C：平成17年―ア、駐輪場が道路付属物に追加された。
D：平成27年―オ、改正道路交通法で、自転車運転者講習が義務づけられた。
E：令和2年―エ、都条例で、自転車利用者に損害保険の加入が義務づけられた。
なお、令和5年から乗車用ヘルメットの着用が努力義務となった。

第7節 教育

【No.104】 正解 2
1 生涯学習とは、人生の各段階での課題や必要に応じて、学習者が自発的に行う学習を意味するが、この概念には、「社会参画や地域貢献活動によるものも含まれる」。
2 正解。
3 東京都は、青少年教育振興の視点を、「これまでの困難を抱える青少年を対象としたターゲット・アプローチ」から、全ての青少年を対象とした「ユニバーサル・アプローチ」を重視するとしている。
4 都における地域教育とは、「教育基本法13条」の趣旨を踏まえてのものであり、地域の特性に応じて、多様な教育活動を振興する視点を持っている。
5 社会教育法は、国民の教育を受ける権利を学校教育以外の分野において保障し、これを支援する責務は、「国と地方公共団体」にあるとしている。

【No.105】 正解 2
1 幼稚園は、「環境」を通して行う教育を基本とし、幼児の主体的活動を促し、幼児にとって重要な学習である遊びを通しての指導に、重点が置かれている。
2 正解。
3 区部にある幼稚園は、令和5年5月現在682園で「700園を超えない」。このうち公立の幼稚園は155園で、「国立の幼稚園が1園あり」、それ以外は全て私立の幼稚園である。
4 幼稚園などを補完する認定こども園は、共働きなどの保護者の「就労状況の有無にかかわらず」受け入れる施設であり、都知事が都条例に基づき施設を認定する。
5 東京都の認定こども園には、幼保連携型、幼稚園型、保育園型、地域裁量型の4種類がある。幼保連携型は、従来の幼稚園と保育所双方の認可から、単一認可となっているが、「一番ではない」。一番の認定件数は「幼稚園型」である。

【No.106】 正解 4

1　憲法26条は、全て国民は、法律の定めるところにより、その保護する子どもに、普通教育を「受けさせる」義務を負っている。
2　学習指導要領は、どこでも、一定の水準の教育を受けられるための教育課程の基準であり、「文部科学大臣」が公示する要領である。
3　小中一貫教育には、同一設置者の下で義務教育学校に準じた、中学校併設型小学校と小学校併設型中学校とがあり、「設置者が異なる場合も認められる」。
4　正解。
5　インクルーシブ教育システムとは、障害児たちが「同じ場で」学ぶことを追求し、かつ個別の教育ニーズに的確に応える指導が提供できる、仕組づくりをいう。

【No.107】　正解　3
1　学校評価は、各学校が目標を設定し、達成状況を評価することで、学校として組織的・継続的な改善を図る制度であり、「自己評価と公表は、努力義務とされている」。
2　学校評議員制度は、地域住民の学校運営への参画の仕組みであるが、法律の定めるところにより「学校評議員を置くことができる制度である」。設置は任意である。
3　正解。
4　コミュニティ・スクールは、学校運営協議会とも言われ、学校と地域住民などが学校運営に取り組む制度であり、「教育委員会が学校を指定して」設置される。
5　コミュニティ・スクールの委員は、学校運営の基本方針や学校運営に関し、校長又は「教育委員会に対し意見を述べることができる」。

【No.108】　正解　5
1　大学や私立学校に関することは・・・・・・「長の権限」である。
2　学校備品に関し契約の締結を行うことは・・・「長の権限」である。
3　教育委員会の予算を執行することは・・・・・「長の権限」である。
4　教育財産を取得・処分することは・・・・・・「長の権限」であるが、教育財産の「管理」は教育委員会にある。
5　正解。

【No.109】　正解　2
1　特別区の教育改革では、教職員の任用その他身分の取扱いのほか、教育課程及び教科書その他の教材に関する事務は、「一般市の教育委員会と同様とされ」、「東京都の教育委員会に留保されていない」。

《解答・解説編》

2　正解。
3　改正地教行法では、教育行政の責任の明確化として、教育長と教育委員長を一本化した新教育長を置き、「地方公共団体の長が、議会の同意を得て直接任命を行う」としている。
4　教育機会確保法では、不登校児童生徒の教育機会の確保や夜間学校の教育機会の確保等を総合的に推進すると規定し、その責務は、「国と地方公共団体」にあるとしている。
5　GIGAスクール構想とは、Society5.0時代を生きる児童生徒が、ICT技術を習得できるように、「個別最適化」された創造性教育の実現を図る構想である。

【№110】　正解　1
1　正解。
2　教育振興基本計画は、「教育基本法17条」に基づき作成される計画である。
3　教育振興基本計画は、地方公共団体においても、国の教育振興基本計画を参酌し、地域の実情に応じた教育振興基本計画を定めるよう「努める」こととしている。「義務づけではない」。
4　教育振興基本計画は、教育の振興の施策に関する施策についての基本的な方針、及び講ずべき施策の基本的な計画であり、「5年単位」での計画である。
5　教育振興基本計画は、令和5年度時点では「20区」で、教育ビジョンの策定や改定等を通じて基本計画を策定している。

第Ⅱ編　自治制度と特別区

第1章　地方自治制度

【No.111】　正解　5
1　憲法は、地方自治を保障するため、独立の章（第8章）として「4つの条文」からなる章を設け、基本原則を規定している。
2　憲法では、地方自治の基本原則を定めているが、旧憲法には、「地方自治に関する規定がなく」、地方自治はもっぱら法律に基づいていた。
3　憲法では、地方公共団体の組織及び運営に関する事項については、地方自治の本旨に基づいて、「法律」でこれを定めるとしている。
4　憲法は、地方公共団体に関する基本事項については、地方自治の本旨に基づき運営されると規定し、制度的保障説に立ち、国の立法その他によって侵害されることのないように、「国の立法に対する制約を課したものである」。
5　正解。

【No.112】　正解　4
1　地方自治の本旨とは、地方自治のあり方を規定する重要な概念であるが、憲法では何を意味するかについて「説明していない」。
2　地方自治の本旨とは、住民自治と団体自治の2つの原理から成り立つとされており、この2つの原理は、「制度的に保障され、機能している」。
3　記述は「団体自治ではなく」、「住民自治」である。
4　正解。
5　地方自治の本旨である住民自治は、主として「イギリス」において発達した概念であり、団体自治は、主として「ドイツ」において発達した概念である。

【No.113】　正解　1
1　正解。
　　（A団体自治）（B団体自治）（C団体自治）（D住民自治）（E住民自治）

【No.114】　正解　5
1　憲法は、二元代表制として、地方公共団体に議事機関として議会を置くとしているが、執行機関を「置くとは規定していない」。なぜなら、執行機関は、当然に置く機関であるからである。なお議員と長を直接選挙と規定している。
2　正解。

《解答・解説編》

3 憲法は、二元代表制として、議事機関として議会を設置しなければならないと規定しているが、これは議決機関と執行機関を「対立させるものである」。
4 憲法は、二元代表制の枠組みとして、地方公共団体の組織は首長制（大統領制）に基づくとしているが、首長を国政における議院内閣制のような「議会の指名制にすることはできない」。
5 憲法の二元代表制は、住民の意思を反映させる制度であり、長と議会の議員、及び「その他の吏員」を直接選挙としている。この種の公選吏員の選挙については議論があるが、「憲法上では可能なものとしている」。

【No.115】 正解　3
1 自治権は、憲法94条の「団体自治」の原則に基づき保障されており、この自治権には、自治行政権、自治組織権、自治財政権及び自治立法権が包含される。
2 自治組織権とは、地方公共団体が自らの組織を編成する権能をいい、地方公共団体の基礎的な組織機構は「自治法で定め」、必要な内部組織は条例又は規則で定めるとされている。
3 正解。
4 自治財政権とは、地方公共団体が自らの資金を調達し運用する権能をいい、「憲法に直接の定めがなくても」、自治立法権や自治行政権を財政面から裏付ける。
5 自治立法権とは、地方公共団体が条例を制定する権能をいい、法令の規制を上回る「上乗せ条例」や、法令の対象外を規制の対象とする「横出し条例」も認められている。

【No.116】 正解　2
1 自治立法権とは自主法の制定権であるが、この自主法とは「条例のみならず規則も含まれる」。
2 正解。
3 自治立法権に基づく条例は、「法律の範囲内で」制定できる。
4 行政上の義務を課し、権利を制限することは「できる」が、この場合、条例事項とされている。
5 自治立法権に基づく条例が、法律違反か否かは、「両者の文言で対比されるのみではなく」、制定された趣旨・目的・内容・効果が矛盾・抵触するものでなければ認められる。

【No.117】 正解　4
4 正解。BとCが妥当である。
A 地方自治特別法は、「一の地方公共団体のみに」適用される法律であり、

法律の定めるところにより、その成立には住民投票を要件とする。
D　地方自治特別法は、制定に際して国会の議決のみならず、住民の同意を必要とする法律であるが、「過去に特別法に基づいて制定された法律がある」。例えば、首都建設法、平和都市、観光都市の建設に係る法律がある。

【No.118】　正解　5
1　地域住民は、成熟社会の多様化する個人の価値観に対応して、自らの判断と「責任」において地域の諸課題に積極的に取り組むことが求められる。
2　現在の少子高齢化と人口減少などに対応し、地域的な課題解決に対して、中央政府が関与すれば、どうしても画一的な処理がなされ、各機関が介在し効率性が「損なわれる」。
3　地方公共団体は、地域の公共的活動に包括的な責任を持つ団体であり、地域行政を総合的に把握し、総体として向上させる責務を有する。必ずしも「民間的活動に包括な責任を持たない」。
4　地方公共団体は、中央政府の「画一的な行政」及び縦割り行政の弊害を排除し、「弾力的な行政を推進するために」、更に、他の地方公共団体、民間団体との事業調整などが必要となっている。
5　正解。

【No.119】　正解　2
2　正解。AとDとEが妥当である。
　地方公共団体とは、一定の地域を画した「区域」を有し、その一定の地域内に住所を有する全ての者を団体の構成員「（住民）」とし、その区域内で「自治権」を行使する団体（自治体）である。すなわち、地方公共団体の構成3要素としては、場所的要件としての「A．区域」、人的な要件としての「D．住民」、法的要件としての「E．自治権」がある。

【No.120】　正解　3
3　正解。
　地方公共団体は、国と「A．別個」の独立した法人格を持つ公共団体である。地方公共団体の組織及び運営は、憲法第92条において「B．地方自治の本旨」に基づき自治法で定められている。地方公共団体に対する国の役割は「C．限定」される一方、地方公共団体は、「D．住民の福祉の増進」を図ることを基本とし、地域における行政を「E．自主的かつ総合的」に実施する役割を広く担うものとされている。

【No.121】　正解　1
1　正解。

《解答・解説編》

Aには「指定都市、中核市、その他の市町村」が入る。
（特例市は廃止されている。総合区は指定都市の中の区である）
Bには「一部事務組合と広域連合」が入る。
（特例一部事務組合は一部事務組合の中の一つである。また全部事務組合は廃止されている）
Cには「財産区」が入る。（地方開発事業団は廃止されている）
Dには「合併特例区」が入る。合併特例法は令和12年まで延長されている。

【No.122】 正解　2
1　普通地方公共団体とは、地方公共団体のうちで、目的や権能や組織が一般的かつ「普遍的」な性格を有する団体をいう。「特殊的な性格は特別地方公共団体である」。
2　正解。
3　普通地方公共団体の制度は、都道府県と市町村との2層7種類に区分されるが、この両者の間には、上下関係や監督被監督の関係は「存在しない」。
4　普通地方公共団体の都道府県と市町村は、広域的と基礎的な性格の違いがあるものの、基本的には相互に対等の立場にあり、「都道府県が市町村に対し一般的に優越な地位にはない」。
5　普通地方公共団体のうち、市町村は、住民に最も身近な基礎的な地方公共団体として位置づけられており、基礎的な地方公共団体の点では「特別区と同じくする」。

【No.123】 正解　3
1　市が成立するには、自治法で定める「人口5万人以上」であることの要件がある。
2　市が成立するには、自治法で定める「中心市街地」の戸数が全戸数の6割以上であることの要件がある。
3　正解。
4　町が成立するには、都道府県条例で定める町の要件を具えていることが必要であるが、自治法には、特に「人口1万人以上の規定はない」。
5　村の成立要件は「特にない」。

【No.124】 正解　1
1　正解。

制度上の差異	市	町村
1　正解。		
2　議会に代えて総会の設置	「設置できない」	「設置できる」
3　出納員の設置	「設置は義務」	「設置は任意」
4　福祉事務所の設置	「必ず置く」	「設置は可能」
5　複合的一部事務組合の設置	「設置できる」	設置できる

【No.125】 正解　5
1　指定都市は、政令で指定する「人口50万人以上」を有する市であることが要件とされており、「面積要件はない」。
2　中核市は、政令で指定する「人口20万人以上」を有する市であることが要件とされているが、面積要件はない。
3　記述の手続は、「中核市の場合であって」、「指定都市の場合にはこれらの手続を必要とせず、政令で指定される」。
4　指定都市には、「知事」の関与等をなくし、あるいは「知事」の関与等に代えて「主務大臣」の関与等を受けるなどの、関与の特例が設けられている。
5　正解。

【No.126】 正解　4
1　特別地方公共団体とは、地方公共団体のうち、「立法技術的な見地から、特定の存立目的のために設けられた団体である」。
2　特別区とは、都の区をいう。「東京以外に都が付く自治体ができ、区が置かれるとその区は特別区となる」。なお、特別区は基礎的な地方公共団体として位置づけられている。
3　地方公共団体の組合は、地方公共団体の事務の「一部」を共同処理する法人格を有する団体で、一部事務組合と広域連合の2種類がある。「全部事務組合は廃止されている」。
4　正解。
5　財産区とは、「当該市町村の中に設置され」、当該市町村等から独立して財産や公の施設を所有し、その管理、処分や廃止を行う特別地方公共団体である。「2つ以上の市町村にまたがって設置されることはない」。

【No.127】 正解　1
1　正解。AとBが妥当である。
　　C　合併特例区は、市町村の合併を促進し市町村の規模の適正化などを図る

《解答・解説編》

目的で設置され、合併関係の市町村の協議には関係議会の「議決を必要とする」。
D　合併特例区は、合併市町村の区域の全部又は一部の区域に、1又は2以上の合併関係市町村の区域を、その区域として設置される「特別地方公共団体」である。

【No.128】　正解　2
1　地方公共団体は、それぞれ固有の名称を持っているが、それらの名称は、「地方自治法施行時の名称が踏襲されている」。
2　正解。
3　市町村及び特別区の名称を変更するときは、条例で定める必要があるが、その際、あらかじめ知事に「協議」しなければならない。
4　地方公共団体の組合及び合併特例区の名称を変更するときは、それぞれの団体の「規約」で定めなければならない。
5　財産区の名称を変更するときは、あらかじめ知事に協議し、「条例」で定めなければならない。

【No.129】　正解　4
1　自治法上の普通地方公共団体の事務所とは、特別区の場合は区役所を指し、その事務所の位置は、住民の利用に最も便利であるように、交通事情及び他の官庁との関係に配慮する「必要がある」。
2　都道府県の事務所の位置を定め又は変更しようとするときは、「条例」に基づかなければならない。条例の改正には「住民投票を必要としない」。
3　区市町村が事務所の位置を定めるときは、条例で定め、当該議会において出席議員の「3分の2以上」の同意が必要である。条例において議会で3分の2以上の議決が必要なのは事務所条例のみであり注意を。
4　正解。
　　自治法156条に基づき、法律又は条例の定めるところにより、保健所、警察署その他の行政機関が設けられる。
5　普通地方公共団体のその他の施設として、都道府県に「支庁」及び地方事務所、区市町村に「支所」及び出張所の位置を定める場合には、条例で定める必要がある。この場合、議会において出席議員の過半数の同意が必要である。

【No.130】　正解　3
1　東京都には、自治法に基づき新たな特別区を設置できるが、東京都以外の自治体における特別区の設置は、「自治法ではなく、大都市地域特別区設置法による」。
2　東京都以外の特別区の設置は、指定都市単独又は指定都市と隣接する「市

《解答・解説編》

町村の区域」を合わせて、総人口200万以上であれば可能である。
3 正解。
4 東京都以外に特別区を設置するときには、「関係議会の議決を経た」特別区設置協議会を設置しなければならない。
5 東京都以外の特別区の設置には、関係市町村の住民の投票が必要であり、住民投票で「過半数」の賛成があったときに、総務大臣に対し設置を申請できる。

【No.131】 正解 5
1 区域は、地方公共団体の基本的な構成要素の一つであるが、地方公共団体の成立基盤である「住民及び自治権の及ぶ範囲を確定する要素でもある」。
2 区域は、その地域内の陸地だけでなく、その区域内にある水面及び陸地に接する海面のほか、「上空や地下にも及ぶ」。
3 区域は、団体の成立基盤であり、市町村の区域が「そっくりそのまま都道府県の区域となる」。
4 区域を変更する場合として、廃置分合、境界変更及び「所属未定地域の編入」の「3つ」の方法がある。
5 正解。

【No.132】 正解 1
1 正解。
A──ある地方公共団体を廃止し、その区域を既存のほかの地方公共団体の区域に加えることを「編入」という。
B──一の地方公共団体を廃止し、その区域を分けて数個の地方公共団体を置くことを「分割」という。
C──二つ以上の地方公共団体を廃止して、その区域をもって一の地方公共団体を置くことを「合体」という。
D──一の地方公共団体の区域の一部を分けて、その区域をもって新たな地方公共団体を置くことを「分立」という。

【No.133】 正解 5
5 正解。CとDが妥当である。
A 都道府県の廃置分合及び境界変更は、国家全般の行政に重大な影響を与えることから、「法律」で定めることとされている。
B 都道府県の廃置分合及び境界変更に関する「法律」は、憲法95条に規定する特別法に該当するため、この「法律の制定」には住民投票による過半数の同意を必要とする。

《解答・解説編》

【No.134】 正解　4
1　市町村の廃置分合及び境界変更については、関係市町村の一致した内容に基づき知事に申請しなければならないが、この申請には住民投票を「必要としない」。
2　市町村の廃置分合又は境界変更が都道府県の境界変更を伴うときには、「知事に決定権はなく」、関係する市町村と都道府県が一緒になり、「総務大臣に申請することになる」。
3　市町村の廃置分合のうち「市の廃置分合に限り」、国の立場からの検討も必要である理由から、事前に総務大臣に協議し、その同意を得なければならない。
4　正解。
5　市町村の廃置分合及び境界変更は、所定の手続を得て、知事は、直ちに総務大臣に届け出ることになるが、告示と国の関係機関の長に通知するのは「総務大臣」である。

【No.135】 正解　2
1　特別区の廃置分合又は境界変更については、自治法7条の規定が「適用されず」、自治法281条の4が適用されるが、その手続は市町村と同じである。
2　正解。
3　特別区の区域の変更では、法人格の変動を伴う区域の変更は認められないが、法人格の変動を伴わない境界変更は限定的に認められており、図②の都と県との境界にわたる特別区の境界変更が道府県の境界にわたる場合も「認められる」。ただし、この場合でも、特別区側が増える場合に認められ、減る場合は認められない。
4　図③の新たな特別区の誕生は、都内の市町村の区域の全部又は「一部による場合も認められる」。
5　特別区の区域の変更では、図④の都内の市町村の廃置分合又は境界変更を伴う特別区の境界変更において、市町村の設置を伴う場合には、「境界変更は認められない」。特別区の区域を含む新たな市町村の設置は認められていない。

【No.136】 正解　1
1　正解。
2　住民の範囲は、住所を有する、すなわち、住んでいれば住民となり、自然人であれば、性別、年齢、行為能力の有無を問わず、外国人も含まれ、また「法人も住民に含まれる」。
3　住民の所属は、本人の意思にかかわらず、当然その住所のある市町村の住民となるとともに、その市町村を包括する「都道府県の住民となる」。
4　住民の住所は、住民の生活の根拠地をいい、その認定は、その地に常住している客観的事実を基礎とし、「居住者のその地を生活の本拠とする主観的な

《解答・解説編》

居住意思を総合して決定される」。
5 住民の記録は、「区市町村」が住民基本台帳を整備する義務を負い、住民であっても住民登録によって、居住関係の公証、選挙人名簿の登録、児童手当などの対象となる。

【No.137】 正解 3
3 正解。AとDが妥当である。
　B 個人番号は、社会保障、税、災害対策の三分野のほか、「条例で定める場合も」認められている。
　C 個人番号は、住民票を有する者に付与されるため、「住民基本台帳に登録され住民票を有する外国人にも付与される」。

【No.138】 正解 5
1 住民は、「法律」の定めるところにより、その属する地方公共団体の役務の提供を等しく受ける権利を有し、経費を負担する義務を有する。
2 住民の義務に負担があり、この負担とは地方税のみならず、「分担金、使用料、手数料など、地方公共団体が課する全ての負担を指す」。
3 住民の権利としての選挙権は、「日本国民たる」当該団体の住民（外国人や法人は含まれない）であって、一定の要件を具備する者は、地方公共団体の長及び議会の議員を直接選挙する権能を有する。
4 住民監査請求は、当該地方公共団体の住民であれば、住民監査請求を行うことができる。この場合の住民には「法人も含まれる」。
5 正解。

【No.139】 正解 4
4 正解。
　「A．日本国民」たる年齢満18歳以上の者で、引き続き「B．3か月」以上、区市町村の区域内に住所を有する者は、その属する地方公共団体の議会の議員及び長の選挙権を有する。その選挙権を有する者で、年齢「C．満25年」以上の者は、議員の被選挙権を有する。
　また「A．日本国民」たる年齢「D．満25年」以上の者は、区市町村長の被選挙権を、年齢「E．満30年」以上の者は、都道府県知事の被選挙権を有する。

【No.140】 正解 3
3 正解。BとCが妥当である。
　A 成年被後見人は、欠格事由に「該当しない」。平成25年の公職選挙法の改正より、欠格事由から廃止された。

《解答・解説編》

D　被保佐人は、欠格事由に「該当しない」。
　　E　政治資金規正法で罰金に処せられ、裁判の確定日から「5年間」を経過しない者

【No. 141】　正解　2

直接請求の種類	選挙権者数	請求先
条例の制定改廃請求	A.　　50分の1	C. 長
事務の監査請求		D. 監査
議会の解散請求	B.　　3分の1（総数が40〜80万の部分と80万を超える部分の例外あり）	E. 選管
議員・長の解職請求		
主要公務員の解職請求		F. 長

1　Aの選挙権者数は、有権者の「50分の1以上」であり、Cの条例の制定改廃の請求先は長であるが、Dの事務監査の請求先は「監査委員」である。
2　正解。
3　Aの選挙権者数は、有権者の50分の1以上である。選挙権者数が40万人又は80万人を超えるときに例外規定があるのは「3分の1以上」の場合である。
4　Bの選挙権者数は、有権者の3分の1以上であり、Eの議会解散の請求先は「選挙管理委員会」であり、この請求は一般選挙があった日から「1年間」はできない。
5　Bの選挙権者数は、有権者の3分の1以上であり、Fの主要公務員の解職の請求先は長である。この主要公務員には教育委員は含まれるが、「人事委員は含まれない」。

【No. 142】　正解　3
1　条例の制定改廃の請求権は、既存の施策が適切でないなど、民意を反映していないとして、「選挙権を有する住民」が条例案を直接発案し、議会の議決を請求する権利である。
2　条例の制定改廃の請求権は、選挙権を有する者の総数の「50分の1以上」の者の連署をもって、その代表者から長に対して条例の制定改廃を請求する権利である。
3　正解。
4　条例の制定改廃の請求権の行使があるときは、長は、「20日以内に」意見を付してこの請求に係る条例案を議会に付議しなければならない。「付議する期間の制限がある」。
5　条例の制定改廃の請求権は、当該地方公共団体の「全ての条例に行い得る

ものではなく」、地方税の賦課徴収のほか、使用料や手数料の徴収条例は「請求の対象外」となる。

【No.143】 正解 1
1 正解。
2 事務の監査請求は、選挙権者の「50分の1以上」の者の連署をもって、その代表者が当該団体の事務の執行について、監査を求める請求である。
3 監査委員が事務の監査請求を受理したときには、「監査委員が直ちに請求の要旨を公表しなければならない」。「直ちに当該長にその請求の要旨を送付する規定はない」。
4 事務の監査請求は、「個別外部監査人の監査ができる条例」を持つ地方公共団体では、特例として、請求者は、監査委員の監査ではなく、「個別外部監査」による請求ができる。
5 事務の監査請求の監査結果に不服がある場合でも、住民監査請求と「異なり」、請求者は、裁判所に対し訴訟を提起することは「できない」。

【No.144】 正解 5
1 議会の解散請求は、議会が民意に反する場合に解散を請求する制度であり、当該団体に（3か月以上住民票のある）「選挙権を有する者」の3分の1以上の連署を必要とする。
2 議会の解散請求は、当該団体の「選挙管理委員会」に対して請求でき、解散の請求があったときは、「選挙人の投票に付され、投票者の過半数の同意があったときに」、議会は解散される。
3 議会の解散請求は、請求に基づく住民投票において、「投票者」の過半数の同意があったときに成立する。
4 議会の解散請求は、一般選挙があった日又は解散請求の投票日から「1年間」は、解散請求をすることができない制限がある。
5 正解。

【No.145】 正解 1
1 正解。
2 議員又は長の解職請求は、選挙権を有する者の「3分の1以上」の者の連署をもってその代表者から選挙管理委員会に対して請求できる。なお人口が40万を超えるなどの場合には例外規定がある。
3 議員又は長の解職の請求があったときは、選挙管理委員会は、「直ちに請求の要旨を公表するとともに」、選挙人の投票に付さなければならない。
4 議員又は長の解職の請求があったときは、選挙管理委員会は投票人の投票に付さなければならず、投票において「過半数」の同意があれば失職となる。

《解答・解説編》

なお、都議会議員の様に当該選挙区があれば、当該選挙区の選挙人の投票に付さなければならない。
5　議員又は長の就任の日又は解職の投票があった日から1年間は、「無投票当選の場合を除き」、解職の請求をすることができない。

【№146】　正解　4
1　主要公務員の解職請求は、副知事及び副区長、選挙管理委員、監査委員及び公安委員は、自治法に基づき対象となるが、「教育長及び委員は地教行法による」。なお、「人事委員は、直接請求の対象とならない」。
2　主要公務員の解職請求は、就任の日や議会の解職請求の議決日から、副区長は1年間、選挙管理委員や「教育長及び委員」は6か月間、請求できない。
3　主要公務員の解職請求は、選挙権者の総数の3分の1以上の連署で長に請求され、総数が40万を超え80万以下の場合と80万を超える場合に「例外規定の適用がある」。
4　正解。
5　長が付議した主要公務員の解職請求を議会が議決するときは、「議員定数ではなく」、「現任議員（又は議員数）」の3分の2以上の者が出席し、その4分の3以上の者の同意を必要とする。

【№147】　正解　4
1　住民監査請求の対象行為は、住民に損害をもたらす長、職員の違法な行為を制限し、禁止すべき行為に限らず、「不当な行為も対象としている」。
2　住民監査請求の請求者（B）は、住民が1人でも請求者となれるが、監査委員への請求内容は、①その防止、②是正、「③怠る事実を改める」、「④損害補てん」の「4つ」に限られている。
3　住民監査請求は、原則として監査委員の監査となるが、個別外部監査を「条例」で定める地方公共団体の住民に「限り」、理由を付して「個別」外部監査を選択することができる。外部監査の条例があり請求者が外部監査を選択してもそれを認めるか否かは監査委員の判断による。
4　正解。
5　住民監査請求の監査結果に不服がある者は、「住民監査請求を行った者に限り」、かつ「違法な行為又は怠る行為に限り」、住民訴訟を提起することができる。「不当な行為については住民訴訟を提起することができない」。

【№148】　正解　5
1　（請求の目的）―Aは「責任の所在の明白化」で、Bは「地方財政運営の健全化」である。
2　（請求の対象）―Aは事務全般で、Bは違法不当公金支出などで「予測も含む」。

3 （請求権者数）—Aは有権者の50分の1で、Bは住民なら1人でも可であり、「日本人に限らず外国人も可」である。
4 （監査の結果）—Aは執行機関などに「報告」でき、Bは執行機関などに「勧告」できる。
5 正解。

【No.149】 正解　2
1 議会の解散請求の直接請求には、自治法に基づき「住民投票を必要とする」。
2 正解。必要がない。
　市町村の合併に関する特別法に関し住民投票が必要なのは、「合併協議会の設置」についてであり、合併そのものは関係市町村議会の議決で決定される。
3 議員及び長の解職請求の直接請求には、自治法に基づき「住民投票を必要とする」。
4 都道府県の廃置分合又は境界変更は、法律の改正を必要とし、これは一の地方公共団体に適用される法律であるから、憲法95条に基づく特別法にあたり、「住民投票を必要とする」。
5 都道府県の名称変更は、法律の改正を必要とし、これは一の地方公共団体に適用される法律であるから、憲法95条に基づく特別法にあたり、「住民投票を必要とする」。

【No.150】 正解　3
1 請願の一般法として請願法があるが、地方議会に対して請願する場合には、「自治法」の規定に基づくとされる。
2 請願は、本質的には陳情と同じ内容であるが、議会に「請願」する場合には、議員一人以上の紹介が必要である。「陳情の場合は議員の紹介が不要である」。
3 正解。
4 議会の傍聴は、住民参政権の一つであり、会議公開の原則に基づく制度であるが、この議会の傍聴は、「本会議のみに適用され、委員会には原則として適用されない」。
5 住民は、議会の傍聴及び地方公共団体への請願により地方行政に参与できるが、これらの住民参政権は、「住民の権利として明文化されていない」。事実上の行為にすぎない。

【No.151】 正解　2
2 正解。AとCが妥当である。
　B　パブリック・コメント手続は、行政機関が、「法律ではなく」、「法律に基づく『命令等』」を定める場合に行われる手続に関する制度である。
　D　地方公共団体の機関がパブリック・コメント手続を行う場合には、「行政

《解答・解説編》

手続法の規定をそのまま適用することができず」、手続条例を定め、行政手続法の趣旨に沿って必要な措置を講ずるように努めるとされる制度である。

【No.152】　正解　1

1　正解。
　地方公共団体は、住民の「A．福祉の増進」を図ることを基本とし、地域における行政を「B．自主的かつ総合的」に実施する役割を担う。この趣旨を達成するために、国と地方公共団体との間で役割分担をするとともに、地方公共団体に関する制度の策定及び施策の実施に当たっては、地方公共団体の「C．自主性及び自立性」が発揮されるようにしなければならないとされている。なお、国は、国際社会における国家としての存立に関わる事務、「D．準則事務」、及び全国的な規模及び視点に立つ事務を分担するとしている。

【No.153】　正解　4

1　地方公共団体は、地域における事務を処理するが、この地域における事務に該当しない事務、例えば、その他の事務で、「法律又はこれに基づく政令により処理することとされている事務も処理することができる」。
2　地方公共団体の事務は、自治事務と法定受託事務に大別されるが、「自治事務」は、地方公共団体が処理する事務のうち、「法定受託事務」以外の事務をいう。
3　法定受託事務のうち第一号法定受託事務は「国」が本来果たすべき事務であり、第二号法定受託事務は「都道府県」が本来果たすべき事務である。
4　正解。
5　第一号法定受託事務は、都道府県及び「区市町村」が処理すべきとされる事務であり、第二号法定受託事務は市町村及び特別区が処理すべきとされる事務である。

【No.154】　正解　5

1　条例制定権は、自治事務も、「法定受託事務も」、法令に反しない限り及ぶ。いずれの事務も「法令の根拠の有無にかかわらず条例の制定が可能である」。
2　議会の権限は、自治事務では「労働委員会及び収用委員会の権限に属する事務を除き」及ぶ。これに対し法定受託事務は「国の安全、個人の秘密を害するおそれのある事務のほか、収用委員会の権限に属する事務を除き」及ぶ。
3　監査の権限は、上記の「議会の権限と同じである」。
4　行政不服審査は、自治事務は、原則として国などへの審査請求を「不可」とする立場であり、これに対し法定受託事務は、原則として国などへの審査請求を「可能」とする立場である。
5　正解。

【No.155】 正解 5
1 地方公共団体が処理すべき事務は、都道府県と市町村とが分担することとされており、相互に「競合しないようにしなければならない」。「努力義務である」。
2 記述は逆である。「市町村」は、地方公共団体の事務のうち「都道府県」が処理する事務を除いた全ての事務を処理するとされている。
3 都道府県は、広域の地方公共団体として、広域事務、「市町村に関する連絡調整事務」、及び一般の市町村が処理することが適当でない規模又は性質の事務の3つの事務を処理する。「統一事務は廃止されている」。
4 市町村が処理する事務には、地域事務のほか、その他の事務で法律又はこれに基づく政令により処理することとされている事務も「含まれる」。
5 正解。

【No.156】 正解 2
1 図①の事務の範囲のうち、知事の権限事務の一部の移譲の根拠は自治法に基づくが、教育委員会の権限事務の一部の移譲の根拠は、「地教行法に基づく」。
2 正解。
3 図③の要請とは、区市町村長が、知事に対し知事が処理する事務の一部を処理できるように行う要請であり、この要請には「議会の議決を経る必要がある」。
4 図④の国の関与とは、国の行政機関が区市町村に対して行う助言、是正の要求等を指すが、国の行政機関は「知事を通じて」行うことができる。
5 図⑤の代執行は、事務移譲のうち「法定受託事務」に係る区市町村の違法な事務処理又は不作為があれば、国（各大臣）は直接、代執行をすることができる。

【No.157】 正解 3
1 法令適合の原則に基づき、区市町村は、法令又は都道府県条例に違反して事務処理を行ってはならず、これに違反する区市町村の行為は「取消ではなく、無効」となる。
2 能率化の原則に基づき、地方公共団体は、能率的かつ効率的に事務を処理し、最少の経費で最大の効果を挙げるように「努めなければならない」。規定は「義務ではなく、努力義務」である。
3 正解。
4 合理化の原則に基づき「都道府県と区市町村」は、その事務を処理するに当たっては、相互に競合しないようにしなければならない。「都道府県の間又は区市町村の間の規定ではない」。

《解答・解説編》

5 総合性・計画性の原則に基づき、区市町村は、その地域における行政を自主的かつ総合的に実施する役割を広く担うものとされている。この規定から、総合的かつ計画的な行政運営を図るため、「総合的な計画」に即して事務を処理するとする原則である。「基本構想を制定する義務の規定は廃止されている」。

【No.158】 正解　1
1　正解。
2　地方公共団体が、住民に義務を課し、又は権利を制限する場合は、法令に定めがある場合を除き「条例で定めなければならない義務がある」。
3　条例は、自治事務、法定受託事務の別にかかわらず、議会の議決により制定できる。いずれも、「個別の法律の授権を必要としない」。
4　長の専属的な事務を条例で定めることはできない。地方公共団体の内部的事項に関する事務も長の権限に属するが、「条例で定めることを義務づけるものもある」。
5　条例は、自治法の規定のほか、地教行法、地公法など、その他の法律に基づいても、「制定することができる」。

【No.159】 正解　4
4　正解。BとDが妥当である。
　A　地方公共団体のうち、都道府県の名称変更に関する事項は「法律事項」であり、都道府県「以外」の地方公共団体の名称変更に関する事項が条例事項である。
　C　公の施設の設置及び「管理」に関する事項も、条例事項である。

【No.160】 正解　5
1　規則は、法令に違反しない限りにおいて、その権限に属する事務に関して制定できる、条例と同様に「自治立法の一つである」。
2　規則は、自治事務であると、「法定受託事務であるとを問わず制定することができる」。
3　議会は、議会の運営に関し会議規則を、また議長は、傍聴人規則等を「定めなければならない義務がある」。
4　長の制定する規則は、当該地方公共団体の規則として制定できるものもあるが、「他の執行機関の権限に属する事項に関しては制定することができない」。
5　正解。

【No.161】 正解　5

1　条例と規則は、それぞれ所管を異にしているため効力に優劣はないが、「長の専属的権限以外のものが競合する場合には、条例が規則に優先する」。
2　条例と規則の効力が及ぶ範囲は、原則として当該地方公共団体の区域内に限られるが、両者の効力が「区域外に及ぶこともある」。
3　条例と規則は、憲法に規定されている自治立法権に基づくとされているが、規則は、「当該地方公共団体の議会の議決を経る必要はない」。
4　条例は、違反した者に対して法規としての実効性を担保するために、刑罰を科する規定を設けることができるが、「規則には刑罰規定を設けることができない」。
5　正解。

【No.162】　正解　4
1　罰則は、刑罰と過料を含む概念であり、地方公共団体の法規である条例及び規則の実効性を担保するために科するものである。ただし、刑罰規定は「条例」で定めることができ、「規則の場合は、法律の委任がある場合を除き刑罰を科すことはできない」。
2　刑罰は、条例の所管事項とされているが、条例で定める刑罰の種類は、刑法に刑名のある拘禁刑、罰金、拘留、科料、没収刑に「限られている」。
3　刑罰は、条例に違反した場合に科することができ、「2年以下の拘禁刑」を科することができるし、また「100万円以下の罰金」を科すこともできる。
4　正解。
5　過料は、条例又は規則に違反したときに科することができるが、その過料の金額は、「それぞれ5万円以下で同じである」。

【No.163】　正解　3
1　条例の制定改廃の発案は、議会の委員会及び議員、長のほか、住民にも直接請求による発案権があるが、「議員又は長に専属する条例がある」。例えば、議会の委員会条例などは議員に発案権が専属し、庁舎や出張所の設置条例などは長に専属する。なお住民の直接請求の場合は地方税などに関する条例の発案権がない。
2　条例の成立には、専決処分を除き議会の議決が必要であり、その条例に対する議決は、「原則として」出席議員の過半数の賛成によって成立する。唯一の例外として「事務所の設置条例については3分の2以上の議決が必要である」。
3　正解。
4　条例の公布は、条例の議決書の送付の受理後に行われ、再議の措置を講じたときを「除き」、受理日から「20日」以内に公布手続を執る必要がある。
5　条例の施行は、条例に特別の定めがあればそれに基づくが、条例に特別の

定めがなければ、公布の日から起算して「10日」を経過した日から施行される。

【No.164】 正解 1

1 正解。
2 要綱行政は、地方公共団体が機敏に対応しなければならない必要に迫られ、法律などの不備及び欠陥を補うことが多いが、「法令の性格は持たない」。
3 要綱の役割は、内部管理的な分野における取扱いの基準、補助金及びサービス提供などの給付行政的な分野のほか、住宅開発及び住宅建設の規制、大規模店舗の進出に関する規制など「住民の権利義務に係る規制的な行政活動の基準とされる」場合もある。
4 要綱は、あくまでも内部的な規定であり、住民などに対する「法的拘束力を持たない」という特徴がある。
5 要綱は、議会の議決を「必要としない」ことから、要綱の多用は、議会機能を「忌避しているとの批判もある」。

【No.165】 正解 2

1 地方公共団体には、住民の意思を代表する議事機関として議会を設置すると規定している法的根拠は、「憲法93条」である。
2 正解。
3 議会政治は、間接民主主義政治を意味し、議事機関である議会は、住民が直接選挙する議員で構成されるとし、「間接選挙を認めていない」。
4 議事機関の議会は、予算及び重要な契約の締結に関する議決権など、行政作用に参与し決定する権能を有するほか、「監視権や統制権も有している」。
5 議事機関の議会は、法律の定めにより、「地方公共団体に設置しなければならないため」、都道府県、区市町村のみならず、地方公共団体の組合や財産区にも「設置する必要がある」。ただし、財産区には、固有の議会を置かず、財産区を設置する区市町村の長及び議会が財産区の執行機関及び議決機関として、財産区の権能を行使することとされている。なお、自治法94条に基づき、町村に限り議会に代えて総会を設けることができる。総会については、現在存在していない。

【No.166】 正解 5

5 正解。CとDが妥当である。
　A 議員の定数については、当該地方公共団体の実情に応じて条例で定めるとされている。「自治法で定める人口区分の上限の範囲内の規定は廃止されている」。
　B 議員の定数は、「都道府県及び市町村も、当該地方公共団体の条例で定められる」。

【No. 167】　正解　3
1　議員は、衆議院議員や参議院議員と兼職できないし、「他の地方公共団体の議会の議員とも兼職できない」。
2　議員は、選挙管理委員会の委員など、当該地方公共団体の行政委員会の委員と兼職することができないが、「全てではない」。「監査委員とは兼職できる」。
3　正解。
4　議員は、地方公共団体の常勤の職員と兼職できないし、非常勤の職員であっても、「短時間勤務職（暫定再任用職員又は定年前再任用短時間勤務職員）とは兼職できない」。
5　議員は、当該地方公共団体の構成員となっている一部事務組合や、組織している広域連合の議会の議員とは「兼職できる」。

【No. 168】　正解　4
1　議員の任期は、一般選挙の「日」から4年である。議員の任期満了前に選挙が行われたときは、任期満了の翌日から起算される。
2　議員の辞職理由が、一身上の都合による場合でも、原則として「議会の許可を必要とする」。例外は、議会が閉会中の場合は議長の許可で足りる。いずれにしても許可なしに辞職できない。
3　議員の身分は、議員の解職請求があるだけでは「喪失しない」。選挙人の投票により過半数の同意があるときに喪失する。
4　正解。
5　議員の身分は、任期の満了のみならず「被選挙権を有しない場合」でも喪失する。

【No. 169】　正解　2
2　正解。④と⑤が妥当である。
　①議決権は、地方公共団体意思の全てを決定する権限では「なく」、制限列挙されている。
　②法令等に基づき、自らの権限に属する選挙を「行わなければならない」。
　③検査権に基づき、事務の管理、議決の執行及び出納を検査し、監査委員に対し実地検査を求めることができるが、「議会自身が実地検査はできない」。
　⑥調査権は、当該団体の執行機関を喚問し、証言を求めえる権限であり、この権限は「第三者にも及ぶ」。
　⑦議会への請願は、住民に「限られない」。また当該団体の事務でない場合も受理を拒めない。
　⑧当該団体の「公益」に関する事件につき、国会又は関係行政庁に意見書を提出できる権限である。

《解答・解説編》

【No.170】 正解　5
5　正解。CとDが妥当である。
　A　議決権は、地方公共団体の団体意思を決定する権限であり、又議会における「機関意思を決定する権限でもある」。
　B　議決権は、自治法において議決事項が「制限列挙」されているが、条例で議決事項を拡大できる。拡大できる議決事項は「自治事務に限られず」、法定受託事務も対象となる。ただし、法定受託事務は、国の安全に関すること及びその他の事由により議会の議決すべきものとすることが適当でないものとして政令で定めるものは、除かれる。

【No.171】 正解　1
1　正解。
2　議決事件とされているのは「『条例で定める』財産の取得又は処分をする場合」である。条例に定めがない財産の取得又は処分は、議会の議決を経ずに、法律及び条例などに基づき行える。
3　議決事件とされているのは「『条例で定める』契約を締結する場合」である。条例に特段の定めのない契約は、長限りで契約できる。
4　議決事件とされているのは「『負担付きの』寄附又は贈与を受ける場合」である。寄附又は贈与に相手が条件（負担）を付けていない場合は、議会の議決なしに受け取れる。
5　条例で定める議決事件を議決する場合も議決事件ではあるが、その「全てではなく」、「当該地方公共団体が処理する法定受託事務のうち、国の安全その他事由により議会の議決すべきものとすることが適当でないものとして政令で定めるものは、議決することができない」。

【No.172】 正解　4
1　議会の選挙権は、法律又は「これに基づく政令」で与えられた議会の権限の一つである。「条例は含まれない」。
2　議会の選挙権は、自らの権限に属する「選挙を行わなければならない」権限である。
3　議会の選挙権は、議会の議長や副議長のみならず、「仮議長の選出」、選挙管理委員及び補充員にも「及ぶ」。
4　正解。
5　議会の選挙権は、単記無記名投票によるが、議員中に異議がないときは、投票手続によらず、「指名推選の方法によることもできる」。

【No.173】 正解　3

1　議会の検査権は、地方公共団体の事務の管理及び出納などの検査のほか、「議会が議決したものが執行されたか否かにも及ぶ」。
2　議会の検査権は、「原則として」当該地方公共団体の事務全般が対象となるが、ただし、「自治事務については、労働委員会及び収用委員会の権限事務で政令で定めるもの、法定受託事務については、国の安全又は個人の秘密を害するおそれのある事務のほか、収用委員会の権限事務で政令で定めるものは除かれる」。
3　正解。
4　議会の検査権は、議会の執行機関に対するチェック権能の一つであるが、「議会の議決がある場合に限り」、検査権の活動能力を有する。
5　議会の検査権は、長及び行政委員会の執行機関が対象となり、これらの機関が正当な理由がない限り検査を拒むことはできないが、「罰則の適用はない」。

【No. 174】　正解　4
4　正解。BとCが妥当である。
　A　議会の意見書提出権は、地方公共団体の「公益に関する事件」につき提出できる。
　D　議会の意見書提出権は、議会自身の権限であり、相手先は、意見書の受理義務はあるが、当該意見書に対し「回答する義務まではない」。

【No. 175】　正解　5
1　議会には、条例制定権及び予算議決権などの権限を有効・適切に行使する権限が付与されているが、「調査権の発動には議会の議決が必要である」。
2　議会は、当該団体の事務全般について調査権を有するが、「自治事務のうち労働委員会及び収用委員会の権限事務で政令で定めるもの、法定受託事務のうち、国の安全又は個人の秘密を害するおそれのある事務のほか、収用委員会の権限事務で政令で定めるものは、調査権の対象から除かれる」。
3　議会は、監視機能の一つとして調査権を有する。この調査権には実地調査が「含まれており」、「検査権と異なり」、監査委員に行わせる必要は「ない」。
4　議会は、真実を究明し、調査の実効性を上げるために、関係人を証人として喚問することができる。正当な理由なく証言を拒めば、「罰則による強制力も付与されている」。
5　正解。

【No. 176】　正解　1
1　正解。
2　請願者は、「自治法」に基づき議会に請願書を提出できる。

《解答・解説編》

3 　請願書は、形式が整っていても、「議員一人以上の紹介を必要とする」。
4 　請願者は、「当該団体の住民に限られない」。
5 　採択請願の措置は、執行機関に任されるが、議会は「その処理結果を請求できる」。

【No.177】　正解　2
2 　正解。AとCが妥当である。
　B 　議会の同意権は、執行機関の行為についての議会の関与であり、例として、副知事や副区長の選任の同意があるが、「会計管理者の選任は長の権限であり、議会の同意を必要としない」。
　D 　議会の諮問答申権に基づく答申は、尊重されるべきものであり、これを諮問した執行機関は、必ずしも議会の答申に「法的に拘束されない」。

【No.178】　正解　3
1 　議会には、定例会と臨時会のほか、通年の会期（通年議会）があり、「これ以外の議会はない」。
2 　定例会は、一般的な議会の方式であり、「毎年」（1月1日から12月31日）を単位として、「条例」で定める回数を定例的に招集される議会である。
3 　正解。
4 　臨時会は、必要があるときに長が招集する場合と、「議員が議員定数の4分の1以上又は議長が長に請求する議会である」。
5 　通年議会は、「条例」で定めるところにより、定例会や臨時会とせず、通年の会期とする議会である。

【No.179】　正解　1
1 　正解。
　　議員定数の4分の1以上の者又は議長が議会運営委員会の議決を経て長に行われた招集請求に対して、これに長が応じない場合には、議長が招集できる。
2 　議会の招集は、「定例会、臨時会に関係なく」、都道府県及び区市にあっては開会の日前7日まで告示しなければならない。ただし緊急を要する場合は通常の告示期間を必要としないが、告示は必要である。通年議会の場合は告示を必要としない。
3 　議会の招集は、議員定数の4分の1以上の者から又は議長から議会運営委員会の議決を経て請求され、招集される臨時会があるが、この場合、長は「20日以内」に招集する義務がある。
4 　議会の会期とは、議事機関としての議会活動を行える一定の期間であり、議会の会期及びその延長並びにその開閉に関する事項は、「議会」が決める。
5 　議会の会期は、通年議会においては、「条例」で定める日から翌年の当該日

までの会期とされ、「議会」は、会議を開く定例日を条例で定めなければならない。

【No.180】 正解　4
1　議会の委員会は、議会が本会議中心の運営であるが、地方行政の複雑化、専門化などに対応し、議会の審議の効率化などを図るために、分科会的に分かれて審議するために設置されるが、「委員会の設置は任意とされている」。
2　議会の委員会は、議会の議決により付議された特定の事件が審議未了の場合には、「議会の議決があれば」、閉会中も、継続して審議することができる。
3　議会の委員会は、「条例」に基づき設置され、その委員の選任方法やその他委員会について必要な事項も、「条例で定められる」。
4　正解。
5　議会の委員会は、当該地方公共団体の事務の調査のため必要があるときは、参考人の出頭を求めることができるが、「不出頭の場合に対する罰則規定はない」。

【No.181】 正解　5
1　委員会制度には、常任委員会、議会運営委員会及び特別委員会の３種類があり、いずれの委員会も、「設置することができる任意規定である」。
2　常任委員会は、その部門に属する事務に関する調査を行い、議案や請願等を審査する委員会であるが、「常任委員会の設置数については制限がない」。
3　特別委員会は、２つ以上の常任委員会を通ずる事件、又は特に重要案件を審議する必要があるなどの際に設置され、「議案や請願も審議される」。
4　特別委員会は、議会の議決により付議された特定の事件を審議する委員会であるが、審議が終われば会期中でも消滅するかは、「条例の規定による」。
5　正解。

【No.182】 正解　2
2　正解。ＡとＣとＤが妥当である。
　Ｂ　いずれの委員会も、「議会の議決」があれば、継続審査ができる。
　Ｅ　「議員の委員会の所属関係は条例事項である」。条例事項は自治体ごとに異なる。

【No.183】 正解　1
1　正解。
2　定足数の原則とは、「議員定数」の半数以上が出席しなければ会議を開くことができないとする原則であり、この原則は会議開会の要件であり、「会議継続の要件でもある」。

《解答・解説編》

3　会議公開の原則とは、議会の「会議（本会議）」を公開とする原則であり、「委員会を公開とする原則ではない」。例外として、議長又は議員３人以上の発議により、出席議員の「３分の２以上」により秘密会を開くことができる。
4　会期不継続の原則とは、会期中に議決に至らなかった事件は会期終了とともに消滅し、後会に継続しないとする原則であり、この原則の例外として、「議会の議決」があれば閉会中の継続審査が可能となる。
5　一事不再議の原則とは、同一会期中に一度議決された同一事件は、再び意思決定をしないとする原則であり、この原則は条理上の原則で、「自治法上は明文で定められていない」。

【No.184】　正解　3
1　議事の表決は、議員定数の半数以上が出席し、その「出席議員」の過半数で決することとする原則であるが、これに対する例外がある。
2　議事の表決は、原則として多数決の原則に基づくが、可否同数のときには、議長は「裁決権」を有する。
3　正解。
4　議事の表決は、多数決の原則に基づくが、この原則の例外には「２つ」あり、出席議員の３分の２以上の賛成を必要とするものと、「議員数（現任議員）の３分の２以上が出席し４分の３以上の賛成を必要とするもの」とがある。
5　議事の表決は、出席議員の過半数で決することとする原則であるが、この場合、議長は「議決に加わる権利を有しない」。ただし、可否同数のときは、議長の決するところ（裁決権）による。

【No.185】　正解　5
1　議会は、「会議規則」の定めるところにより、議案の審査又は議会の運営に関し、協議又は調整を行うための場を設けることができる。
2　議会の会期、その延長及びその開閉に関する事項は、議会が定めるとされているが、会期中の会議の開閉は「議長の権限」である。
3　議員は、議案に対する修正の動議を提出することができるが、この修正の動議は、「議員定数の12分の１以上の者」の発議によらなければならない。
4　議長及び議員は、自己又は一定範囲の親族の一身上に関する事件などには、その議事に参与できないが、「議会の同意があれば、会議に出席し、発言することもできる」。
5　正解。

【No.186】　正解　1
1　正解。
2　議員が議案を提出するに当たっては、「議員定数の12分の１以上」の者の

《解答・解説編》

賛成を必要とし、文書をもって提出しなければならない。
3　議会に提出できる議案には、団体意思を決定する議案と機関意思を決定する議案がある。団体意思を決定する議案は、原則として長及び議員の双方に提出権があるが、機関意思を決定する議案は「議員のみに」提出権がある。
4　議員が、議会の議決すべき事件である条例などの議案を議会に提出する場合には、その議案の提出については文書をもってしなければならない。「予算に関する議案の提出は認められていない」。
5　議会の委員会は、「その部門に属する当該地方公共団体の事務に限り」、委員会における調査や審査を反映した議案についても提出することができる。

【No.187】　正解　4
1　議会の懲罰は、議員が、自治法及び議会の委員会条例に違反した場合のほか、「会議規則に違反した場合」に、議会の議決により科される。
2　議会の懲罰には、まず発議が必要であり、この発議には、議員定数の「8分の1以上」の者の発議を必要とする。
3　議会の懲罰事由には、法令違反や議会の体面を害する行為などがあるが、議会の運営と全く関係のない私人としての非行などは「含まれない」。
4　正解。
5　議会の懲罰のうち、戒告、陳謝、出席停止は、通常の議決である議員定数の半数以上が出席し、その過半数が賛成したときに決定されるが、「除名の場合」には、「議員数」の3分の2以上が出席し、その4分の3以上が同意したときに決定される。

【No.188】　正解　3
3　正解。BとEが妥当である。
　A　会議録とは、会議の内容を記録しておくものであり、議長は、事務局長又は書記長をして、会議録を「作成させなければならない」。作成は任意ではなく義務である。
　C　公聴会や参考人の制度は、議会の本会議のみならず、「議会の委員会にも採用できる」。
　D　公聴会では、議会は、予算など重要な議案のほか、「請願・陳情などに関しても」、利害関係者や学識経験者から意見を聴くことができる。

【No.189】　正解　5
5　正解。
　A　意見書の提出・・・・・・・・・・・「議会の権限」
　B　不信任議決・・・・・・・・・・・・「議会の権限」
　C　専決処分・・・・・・・・・・・・・「長の権限」

《解答・解説編》

D　事務に関する調査（調査権の発動）・・・「議会の権限」
　　E　議会の解散・・・・・・・・・・・・・「長の権限」
　　F　再議の請求・・・・・・・・・・・・・「長の権限」

【No. 190】　正解　5
5　正解。
　　Aの異議があるときの再議（条例予算を除く）は、「議決の日」から10日以内に、理由を示して再議に付することができる（任意）。この再議は、出席議員の過半数で確定する。
　　Bの場合は、議決書の送付を受けた日から再議に付することができる。再議の結果、出席議員の「2/3以上」の賛成で確定する。
　　Cの違法な議決・選挙の場合には、都道府県は総務大臣に、区市町村は知事に「審査申立て」を行うことができ、審査の結果に不服があれば、出訴も可能である。
　　Dの場合において、過半数で議決が改まらなかったときは、長はその経費及び収入を予算に計上して「原案執行権」を行使することができる。
　　Eの場合において、過半数議決で議決が改まらなかった場合は、長は、その議決を「不信任（議決）」とみなし、議会を解散することができる。

【No. 191】　正解　3
1　一般的拒否権は、当該長が、議会の議決について異議がある場合に再議を求める拒否権である。再選挙の再議は「特別的拒否権の再議である」。
2　議会の議決について異議があるときとは、当該長は、その議決の日（条例又は予算の議決の場合は、その議決書の送付を受けた日）から10日以内に、「理由を付して」、再議に付することができる。
3　正解。
4　議会の議決について異議があるときは、当該長は、これを「再議に付することができる（任意である）」が、「議案が否決された場合は再議の対象とならない」。
5　異議がある条例又は予算に関する議決は、出席議員の「3分の2以上」、それ以外は「過半数」で再び議決したときは、その議決は確定し、出訴はできない。

【No. 192】　正解　1
1　妥当でない。
　　「収入又は支出に関し、執行不能な議会の議決がなされたときの特別的拒否権は、廃止されている」。

【No. 193】　正解　4

1 　特別的拒否権は、議会の議決又は選挙が法令又は会議規則に違反するときのほか、「議会の議決又は選挙がその権限を超えるときにも認められる」。
2 　特別的拒否権は、議会が義務的経費の削減議決をしたときに発動でき、長が再議に付してもなお、議会の議決が改まらないときには、長は、その経費及び収入を予算に計上してその経費を支出する原案執行権を発動できる。だが、「その議決を不信任議決とみなすことはできない」。
3 　特別的拒否権は、議会が非常災害経費の削減議決をしたときに発動でき、長が再議に付してもなお、過半数で議決が改まらないときには、「長は、その議決を不信任議決とみなし、議会を解散することができる」。
4 　正解。
5 　特別的拒否権は、再議又は再選挙に付さなければならない拒否権をいい、再議に基づく議会の議決は、原則として通常の「過半数」の議決で足りる。

【No.194】 正解 2
1 　不信任議決は、長に対し不信任の議決をすることであり、不信任案の可決のほか、「信任案の否決、辞職勧告決議案の議決なども不信任議決に当たる」。
2 　正解。
3 　不信任議決があった場合には、長は、その「通知を受けた日」から10日以内に議会を解散しない限り、自動的にその職を失う。
4 　不信任議決は、長と議員の「いずれか一方」がその職を失う事態であり、長が議会を解散すれば、長は、「その職を失わない」。長が議会を解散しなければ10日経過後に、長がその職を失う。
5 　不信任議決に基づく議会の解散・選挙後、新議会での再度の不信任議決は、「議員数」の「3分の2以上」が出席し、その「過半数」の同意によって成立する。

【No.195】 正解 3
3 　正解。AとDが妥当である。
　B 　議会の解散権が認められるのは、長に対する不信任の議決があった場合に「限られず」、「不信任議決があったとみなす場合」（災害応急復旧施設費又は感染症予防費の削減の議決が、再議によっても改まらなかった場合）にも「認められる」。
　C 　議会の解散権の行使は、長の提出した重要議案が否決された場合や、決算を認定しない議決があった場合には「認められない」。

【No.196】 正解 1
1 　正解。
2 　法律に基づく専決処分を行ったときは、地方公共団体の長は、「次の」議会に報告し、その承認を求める必要がある。

《解答・解説編》

3 法律に基づく専決処分を行った後に、議会の承認を得られないときでも、「効力に影響を及ぼすことはない」。
4 法律に基づく専決処分が議会において承認されないときは、長は、「条例・予算に限り」、長は速やかに必要な措置を講じ、議会に報告しなければならない。
5 議会の委任に基づく専決処分を行ったときは、当該事項は 長の権限となり、これを専決処分したときは、長は、「すみやかに」議会に報告すれば足り、「その承認を求める必要はない」。

【No.197】 正解　5
5 該当しない。「副知事又は副区市町村長の選任同意を否決したときは、専決処分を行うことができない」。

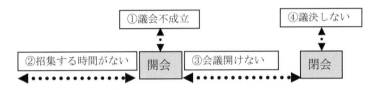

　なお、法律に基づく専決処分には、①議会が成立しないとき、②特に緊急を要するため議会を招集する時間的余裕がないことが明らかであると長が認めるとき、③会議を開くことができないとき、④議会が議決すべき事件を議決しないときの4つがある。

【No.198】 正解　2
1 執行機関には、長のほか行政委員会があり、これらは独自の執行権限を有し、その担任事務について自ら意思決定を行い、「外部に表示できる機関である」。
2 正解。
3 執行機関は、長のほか、「全ての行政委員会」が、それぞれ独自の執行権限を持つ機関であり、「独任制の監査委員も執行機関に含まれる」。
4 執行機関の組織は、長の統轄のもとに、それぞれ明確な範囲の所掌事務と権限を有する機関によって系統的に構成される。統轄とは、長と他の執行機関の関係を表す。したがって、他の執行機関は「長と対等の関係にあるのではなく」、長に統轄代表権がある。
5 執行機関は、議会の議決や他の執行機関との関係に「配慮しながら」、法律、条例、規則等に基づく事務について、自らの判断と責任で、管理執行する義務を負う。

【No.199】 正解　3

1 長は、住民の直接選挙によって選任されるが、その被選挙権の年齢に関する要件では、「知事は満30歳以上」、「区市町村長は満25歳以上」であり、「同じではない」。
2 長の任期は4年であるが、自ら自発的に退職して住民の信を問うための選挙で当選した場合には、「前職の残任期間である」。
3 正解。
4 長は、当該団体に対し請負をする法人の役職員に就けないが、例外として、当該団体が資本金の2分の1以上を出資する法人の役職員には「就ける」。
5 長は、自らの健康上の理由により退職するときでも、当該団体の議会の「議長に、一定期日前（区市町村長は20日前）に申し出なければならない」。

【No. 200】 正解 4
1 長の選挙の無効、又は当選の無効が「確定したとき」は失職するが、「訴訟が提起されているときは、確定するまでの間は失職しない」。
2 長は、退職により失職するが、その長の退職の申出は「議長に対して行う」とされている。その退職をする日前、知事にあっては30日前、区市町村長は20日までに議長に申し出ることとされている。
3 議会の長に対する不信任議決があり、「議会を解散しないとき」に失職する。「解散したときは失職しない」。
4 正解。
5 住民の解散請求があり、住民投票で「投票者」の過半数の賛成があったときに失職する。

【No. 201】 正解 1
1 正解。
2 長は、取消停止権を有しているが、これは、「その管理に属する行政庁」の処分が法令、条例又は規則に違反すると認めるときに発動でき、その管理に属する行政庁「以外には及ばない」。
3 長は、事務の管理執行権を有しているが、法令により他の執行機関の権限とされる事務については、「処理できない」。
4 長は、指揮監督権を有しており、「議会の議決に基づいて」、当該団体の区域内にある公共的団体に対する監督権を有している。
5 長は、予算の調製執行権を有しており、「議会」及び教育委員会などの他の執行機関に対する、予算の調製権及び執行権を有している。

【No. 202】 正解 5
5 正解。CとDとEは、長の担任事務である。
　A 予算の調製権は長にあるが、決算の調製権は「会計管理者」にある。

《解答・解説編》

B　議会の会議規則を定めるのは「議会」の権限である。

【№203】　正解　2
1　代理とは、長が自らの権限行使が困難なときの代理であり、「長」の名で他の者が権限を執行し、長の行為として効果が生ずることをいう。ただし、法定代理の場合は、法定代理者の名と責任で行う。
2　正解。
3　代理には、法定代理と授権代理とがあり、法定代理は、「法律上の代理関係が生ずる場合」をいう。長の任意の授権によって代理関係が生ずる場合を「任意代理」という。
4　委任とは、長の権限のうち、その権限の一部をあらかじめ受任者に移し、受任者の名と責任において権限を行使し、その効果は、「受任者」に帰属する。
5　補助執行は、代理又は委任と異なり、内部的に長の権限を補助執行させるものであり、対外的には、補助執行者は、「長」の名で行う場合をいう。

【№204】　正解　1
1　正解。
2　長の補助機関は、内部的に長を補助し執行する機関であり、副知事及び副区市町村長は、その代表格で、選任は議会の同意を必要とするが、「解職は議会の同意を必要とせず」、任期中でも解職できる。
3　長の補助機関は、執行機関が意思決定したものを外部に表示するに当たり補助する機関であり、副区長は長の補助機関であるが、「行政委員会は執行機関であって補助機関ではない」。
4　長の補助機関として、「原則として」区市町村にも、会計管理者の事務を補助させるために出納員その他の会計職員を置かなければならない。ただし、「町村には出納員を置かないことができる」。
5　長の補助機関として職員を置くことができ、その職員の任免は長が行い、「常勤の職の定数」は条例で定められる。

【№205】　正解　4
1　副知事・副区長は、前者は都道府県条例、後者は区条例で定められるが、「一人を原則としていない」。また副知事・副区長「ともに」条例で置かないこともできる。
2　副知事・副区長は、知事又は区長が議会の同意を得て選任し、その任期は4年であるが、知事又は区長は、副知事又は副区長を「特別の事由にかかわらず」任期中でも解職できる。
3　副知事・副区長は、知事又は区長が当該議会の同意を得て選任するが、副知事・副区長の選任には「年齢制限はない」。

4 　正解。
5 　副知事・副区長は、議会の同意を得て選任されるが、任期中に退職するときは、いずれも、20日前までに、「知事又は区長」に申し出なければならない。

【No. 206】　正解　5
1 　会計管理者は、「法律（自治法）」に基づき必ず置くとされるが、その身分は「一般職」である。
2 　会計管理者は、「普通地方公共団体」に一人置くとされ、したがって、「町村でも置かなければならない」。
3 　会計管理者は、区長が「区長の補助機関に属する職員」のうちから任命する。したがって、教育委員会などの補助機関に属する職員のうちから任命することはできない。
4 　会計管理者の事務を処理させるために、出納員その他の会計職員を置くことができるが、これらの職員は、「区長の補助機関である職員」のうちから、「区長が任命する」。
5 　正解。

【No. 207】　正解　3
3 　正解。BとDが妥当である。
　A 　専門委員は、調査や研究のため「常設」又は臨時に置くことができる。
　C 　専門委員の選任には、「議会の同意を必要としない」。長の判断で選任される。
　E 　専門委員は、長から委託を受けて調査や研究に当たる「独任制」の機関である。

【No. 208】　正解　2
1 　行政委員会は、公正中立な立場での行政執行が求められるため、原則として複数の執行機関による「合議制」の機関である。監査委員のみ独任制の機関である。
2 　正解。
3 　行政委員会は、長への権限の集中による弊害を防ぐため、長から独立した執行機関であるが、自治法では、これらの執行機関も「長の所轄の下に置かれる旨を明らかにしている」。（法138条の3）
4 　行政委員会は、それぞれの権限とされた事項に関して、企画立案、調査等の一般的行政権を有するほか、「準司法的権限」や「準立法的権限」も有している。
5 　行政委員会に対して、長は、総合調整権を有することから、行政委員会事務局の組織及び職員の身分取扱いについて「勧告権等の権限を有する」が「決定権まで有しない」。

《解答・解説編》

【No.209】　正解　1
1　正解。
　　○都道府県に限り設置される行政委員会には、「公安委員会」「労働委員会」「収用委員会」「海区漁業調整委員会」「内水面漁場管理委員会」の5つがある。
　　○都道府県及び市町村のいずれにも設置される行政委員会には、「教育委員会」「選挙管理委員会」「人事委員会又は公平委員会」「監査委員」の4つがある。
　　○市町村に限り設置される行政委員会には、「農業委員会」「固定資産評価審査委員会」の2つがある。なお、特別区の場合、特別区の区域の固定資産税を都が徴収していることから、固定資産評価審査委員会は都に設置されている。また特別区に置かれる農業委員会は農地がある区のみが設置している。

【No.210】　正解　4
4　正解。

		政治的中立性を確保	公平公正な行政を確保	利害関係の調整	審判・裁定の機能
1	教育委員会	●	「●」		
2	選挙管理委員会	●	「●」		
3	監査委員		「●」		
4	人事委員会	（正解）	●		●
5	農業委員会			「●」	

【No.211】　正解　5
1　長は、行政委員会と協議の上、長の権限に属する事務の一部を、行政委員会に「委任」し、又はその補助職員に対し「委任もしくは補助執行」することができる。
2　長は、行政委員会と協議の上、長の補助職員を、行政委員会の事務を補助する職員と兼ねさせ、若しくは「その職員に充て」、又はその事務に従事させることができる。
3　長は、行政委員会の事務をつかさどる機関の組織、職員の定数、職員の身分取扱いについて、必要な措置を講ずべきことを「勧告」することができるが、「命じることはできない」。
4　長は、行政委員会の公有財産に関する総合調整権を有するが、長の権限の一部が委任されることにより、「行政委員会が公有財産の取得や管理の権限を有する場合がある」。なお、例外として、教育委員会は、地教行法により公有財産の管理権を有している。
5　正解。

【No.212】 正解　4
1　教育委員会の設置は、「地教行法」に根拠があり、学校その他の教育機関を管理し、学校の組織編制などに関する事務を行い、執行するために設置される。
2　教育委員会の組織は、区市町村の場合、教育長と4人の教育委員で組織されるが、条例で定めれば、「都道府県及び区市」は、教育長と5人以上の教育委員、逆に町村は、教育長と2人以上の教育委員で組織できる。
3　教育委員の選任は、当該団体の長の「被選挙権」を有する者で、人格が高潔で、教育、学術及び文化に関し識見を有する者から選任される。被選挙権の関係では、区市町村の教育長及び委員は満25歳以上、都道府県の教育長及び委員は満30歳以上となる。
4　正解。
5　教育委員会の会議は、教育長が招集するが、会議は、「教育長及び在任委員の過半数」の者の出席が、開催の成立要件とされる。

【No.213】 正解　5
1　教育長は、当該地方公共団体の長の被選挙権を有する者で、人格が高潔で、「教育行政」に関して識見を有する者でなければならない。教育、学術及び文化に関して識見を有する者は「教育委員」の場合である。
2　教育長は、区市町村の場合でも「義務」設置とされる。地公法が「適用されない」ことから、その身分は「特別職」に属する常勤の地方公務員である。
3　教育長は、教育委員と同様に議会の同意を得て任命されるが、その任期は教育委員（任期4年）と「異なり」、「3年」である。
4　教育長は、会議の招集権を有するため、「委員定数の3分の1以上」の教育委員から付議事件を示して会議の招集請求があるときは、会議を招集しなければならない。
5　正解。

【No.214】 正解　1
1　正解。
2　教育に係る歳入歳出予算を調製し、かつ執行する権限は、「長にある」。
3　教育委員会は、学校その他の教育機関の用に供する財産を「管理」する権限を有するが、財産を「取得」する権限は「長にある」。
4　教育委員会は、学校給食を行う権限を有するが、「学校給食に伴う契約を締結する権限は長にある」。
5　教育委員会は、児童生徒の入学並びに転学などを行う権限を有するが、「児童生徒の懲戒を行う権限は校長にある」。

【No.215】 正解　3

《解答・解説編》

1　教育総合会議は、「地方公共団体の長」が設置する会議である。
2　教育総合会議は、「長と教育委員会」で構成される。
3　正解。
4　教育総合会議は、必要に応じ「地方公共団体の長」が招集する。
5　教育総合会議は、原則として「公開」とする。

【No.216】　正解　2
2　正解。AとCが妥当である。
　B　教育委員会は、法令又は条例に違反しない限りにおいて規則を定めることができるが、あらかじめ長に協議する必要がある規則は、「新たに予算を伴う規則を定める場合」である。
　D　教育委員会の教育事務の管理及び執行が法令などに違反する事実があれば、教育委員会に対し当該違反などを是正し又は改める指示ができるのは、「長ではなく」、「文部科学大臣」である。

【No.217】　正解　4
1　選管の設置は、自治法に根拠があり、選挙事務の公正中立な執行を確保するために設置される「執行機関」である。「附属機関ではない」。
2　選管の定数は、自治体の規模にかかわらず「4人」となっている。「定数を条例で変更できる規定はない」。
3　選管の委員は、「選挙権を有する者」で、人格が高潔で、政治及び選挙に関し公正な識見を有する者のうちから、「議会の選挙によって選任される」。
4　正解。
5　選管の会議は、委員長が招集するが、会議は、「3人以上の委員」の出席を要件とするとともに、その議事は「出席委員」の過半数で決する。可否同数のときは委員長の決するところによる。

【No.218】　正解　5
1　監査委員は、都道府県と人口25万以上の区市の場合は4人、その他の区市と町村の場合は2人であるが、いずれも「その定数を条例で増加することができる」。
2　監査委員は、識見を有する者の委員と議員の委員で構成され、選任にあたり、「いずれの委員も」、「長が議会の同意を得て任命する」。
3　監査委員は、他の行政委員会の委員と同様に、兼職兼業の禁止規定が適用され、定年前再任用短時間勤務職員と「兼ねることはできない」。
4　監査委員の任期は、「識見を有する者の委員は4年」、「議員の委員は議員の任期」による。ただし任期が来ても、後任者が選任されるまでの間はその職務を行える。

5　正解。

【No.219】　正解　3
1　監査委員の定数は、都道府県及び政令で定める「人口25万以上」の区市にあっては4人、その他の区市町村は2人とされる。
2　定数規定に基づき、いずれの自治体も監査委員の数を「増」できるが、この場合、条例で定数を「増」できるのは、識見を有する監査委員の場合である。「減できる規定はない」。
3　正解。
4　議員のうちからの委員の定数は、都道府県及び政令で定める区市（人口25万以上）は、2又は1人、その他の市区は及び町村は1人である。ただし、「条例で議員のうちから監査委員を選任しないことができる」。
5　定数規定に基づき、識見を有する者の委員が2人以上の場合は、「少なくてもその数から1を減じた人数以上」は、当該団体の常勤職員及び定年前再任用短時間勤務職員でなかった者でなければならない。

【No.220】　正解　4
4　正解。BとCが妥当である。
　A　代表監査委員は、監査委員を代表する立場で事務を行う者であり、監査委員のうち、「識見を有する監査委員の中から選任される」。
　D　監査基準とは、法令に基づく監査、検査、審査などの充実強化を図るために、「国が定める指針に基づき」、「監査委員が合議により定める基準」をいう。

【No.221】　正解　5
1　監査委員の権限は、当該団体の事務のうち、「自治事務は労働委員会及び収用委員会の権限事務、法定受託事務は収用委員会の権限事務のほか国の安全及び個人の秘密に関する事務については、除かれている」。
2　監査の種類には、一般監査、特別監査及びその他の監査の3種類があり、一般監査には必ず行う「財務監査」と、「必要に応じて」一般行政事務である事務の執行や事務処理の手続等を監査する行政監査とがある。
3　財務監査には、毎会計年度少なくとも1回以上期日を定めて行う定例監査と、監査委員が必要と認めるときに行う「随時監査」がある。特別監査とは、他機関からの要求等に基づく監査である。
4　特別監査とは、「住民」、議会又は長からの要請による、監査委員とは別の主体が監査の必要性を判断し、それを受けて監査委員が監査するものである。「住民からの事務監査請求や住民監査請求もこれに含まれる」。
5　正解。

《解答・解説編》

【No.222】 正解　1
1　該当しない。
　　経営に係る事業の管理に関する監査は、「一般監査」である。

【No.223】 正解　2
1　監査委員は、監査結果に関する報告を合議で決定し、この報告書を長及び関係のある執行機関のみならず、「議会にも提出しなければならない」。
2　正解。
3　監査委員は、監査結果の報告に添えて、必要があるときは、地方公共団体の組織及び運営の合理化に関する「意見を提出することができる」。「提出は任意であり、義務ではない」。
4　監査委員は、監査結果の報告のうち、特に措置を講ずる必要がある事項については、議会及び長等に必要な措置を講ずべきことを「勧告」することができる。「命ずることはできない」。
5　外部監査を導入する際には、長は、あらかじめ監査委員の意見を聴くこととされており、監査委員は、「長の求めに応じて意見を述べなければならない」。「関与がある」。

【No.224】 正解　4
1　地方公共団体は、行政執行の前提として「法律又は条例」の定めるところにより、執行機関に附属機関を置くことができる。「規則で附属機関を置くことはできない」。
2　附属機関を組織する委員その他の構成員は、非常勤とされており、「条例で常勤にはできない」。
3　附属機関は、一般に自治法に基づく自治紛争処理委員、審査会、審議会といわれる機関であり、条例に基づく機関としては情報公開審査会、基本構想審議会などがあるが、「青少年問題協議会は、法律に基づき設置される」。
4　正解。
5　附属機関の庶務については、執行機関からの独立性を確保するため、法令で定める場合を除き、その属する「執行機関」において処理する。

【No.225】 正解　3
1　地域自治区は、市町村の合併の中で、新しい地域自治の仕組み及び組織を整備するために生まれた制度であるが、「既存の都市にも導入できる」一般的な制度である。
2　地域自治区は、「区市町村」に限り、地方公共団体の長の権限に属する事務を分掌させるなどのために設置される。
3　正解。

4 地域自治区には、自治区単位で条例により事務所が置かれ、その事務所の長には、当該地域自治区を設置した「地方公共団体の職員」が充てられる。
5 地域自治区には、長が選任した者で組織される地域協議会を「置かなければならない」とされている。この地域協議会は、設置団体の諮問に応じて意見を述べることができる。

【No.226】 正解　1
1 正解。
2 一般法主義の原則とは、関与の基本的類型と立法指針は、「原則として」自治法に規定するものに限られるとする原則である。したがって、個別法においても、自治法の類型の中から「関与を定めることができる」。
3 公正・透明の原則とは、関与は、「行政手続法の考え方などに基づき」、公正・透明でなければならないとする原則である。
4 最小限度の原則とは、関与は、その目的を達成するために必要最小限度のものとする原則である。この原則は地方公共団体の自主性及び自立性に「配慮するとした原則でもある」。
5 第三者機関調整の原則とは、国の関与に不服がある自治体は、第三者調整機関である「国地方係争処理委員会」に判断を求めることができるとする原則である。「自治紛争処理委員は都道府県の関与に不服がある場合の第三者調整機関である」。

【No.227】 正解　5
5 正解。

関与の種類	自治事務	法定受託事務
技術的助言・勧告・資料提出要求の要求	○可	○可
A　是正の要求	○可	○第二号法定受託事務は可（ただし、緊急を要するときその他特に必要と認める場合等に限る）
同意・許可・認可・承認	△制限あり	○可
B　（是正の）指示	△制限あり	○可
C　協議	△制限あり	△制限あり
D　代執行	△できる限り行わない	○可

【No.228】 正解　1
1 正解。

《解答・解説編》

2 関与のうち、総合的な見地の関与として、組織及び運営の合理化を図る関与があり、この関与は、総務大臣のみならず「知事」にも認められている。
3 関与は、各大臣又は知事が担任する事務に関して、自治法に定める是正の要求や是正の勧告の関与ができるし、「都道府県の執行機関も関与することができる」。
4 処理基準とは、事務処理の統一性を図るための基準であり、国及び都道府県は、「法定受託事務に関して」処理の基準を定めることができる。
5 処理基準は、一般的な基準として定められるものであり、「自治法上の関与には当たらない」。したがって、「処理基準を国地方係争処理委員会の審査の対象とすることはできない」。

【No.229】 正解 3
3 正解。
　国地方係争処理委員会は、「A．総務省」に設置され、「B．5人」の委員で構成される。委員は優れた識見を有する者のうちから、国会の「C．両議院」の同意を得て、「D．総務大臣」が任命する。ただし、委員の「E．3人」以上が同一の政党その他の政治団体に属してはならないとする制限と併せて、法に規定されている事由以外には、その意に反して罷免されないとする身分保障がなされている。

【No.230】 正解 4
1 国地方係争処理委員会は、地方公共団体に対する国又は都道府県の関与のうち、「国の行政機関が行うものに関する」審査の申し出につき、自治法に定められている事項を処理する。
2 国地方係争処理委員会に審査の申し出ができる場合としては、公権力の行使又は処分に対し不服があるとき、協議が整わないときのほか、「不作為があるとき」の3つの場合に「限られている」。
3 公権力の行使又は処分に不服があるとの審査の申し出がある場合、当該委員会は、自治事務は違法性と妥当性を審査するが、「法定受託事務については違法性のみ」を審査する。
4 正解。
5 国の不作為に対し不服があるとの審査の申し出がある場合、当該委員会は、審査の結果、理由があると認めるときには、国の行政庁に必要な「勧告」をすることができる。

【No.231】 正解 4
1 ①国の関与のうち、権力的な又は違法な処分、不作為のほか、「協議が整わないとき」に、国地方係争処理委員会に審査の申し出ができる。

《解答・解説編》

2　②の審査の申し出は、是正の要求、許可の拒否その他の処分、その他国の公権力の行使に対し不服があるときに行うことができるが、「助言・勧告」、資料の提出要求は「公権力の行使に当たらない」。
3　③の勧告は、自治事務の審査の申し出を認めるときに、国に対して必要な措置を講ずる必要があるときの勧告であり、法定受託事務の場合も同様に「勧告」となる。
4　正解。
　　国の関与に関して国地方係争処理委員会への審査を経ずに、直接、訴訟を提起することはできない。
5　⑥の国の訴えの提起は、「国が地方公共団体に是正の要求をしても応ぜず、かつ、地方公共団体が国地方係争処理委員会への審査の申し出もしないときに」、国が提起できる不作為の違法確認訴訟である。

【No.232】　正解　5
1　自治紛争処理委員が処理する事務は、地方公共団体相互の間の紛争を処理する事務などであり、調停、審査及び審理のほか、連携協約の紛争を処理するための「処理方策の提示」の「4つ」の事務を担当する。
2　自治紛争処理委員の構成員は、3人であり、事件ごとに、優れた識見を有する者のうちから、「都道府県が関係しない事件については知事が、都道府県が関係する事件については総務大臣」が任命する。
3　自治紛争処理委員は、非常勤であり、法に定める事由以外は罷免されず、一連の手続が終了すると失職する、臨時の「附属機関」である。
4　自治紛争処理委員の審査の対象は、関与のうち是正の要求など公権力の行使に当たるものに「限られず」、「不作為や協議も審査の対象とする」。なお、「助言・勧告、資料の提出の要求は、公権力に当たらないため、審査の対象とならない」。
5　正解。

【No.233】　正解　4
1　Aの各大臣は、是正の要求に関して、区市町村が審査の申し出もせず、かつ何らの措置も講じないときは、各大臣は、都道府県の執行機関に対して訴訟の提起を「指示できる」が、各大臣が直接、「訴訟を提起することはできない」。
2　Bの各大臣の是正の要求の指示を受けた都道府県の執行機関は、「高等裁判所」に対し、区市町村の不作為の違法確認の訴えを提起しなければならない。
3　Cの条例による事務処理の特例に基づき、区市町村が処理する都道府県の自治事務に対し、都道府県の執行機関は是正の要求を行うことができるし、「各大臣の指示がなくても」、訴訟を提起することができる。
4　正解。

《解答・解説編》

5 Eの各大臣は、区市町村の第一号法定受託事務に対し、都道府県の執行機関に対して必要な是正の指示を行うことができるし、区市町村の不作為の違法確認を求める訴えの提起を「指示することもできる」。

【No.234】 正解 2
1 地方公共団体の協議会は、「法人格を有しない機関」であり、この協議会を設置する場合には、「連絡調整のための協議会を除き」、関係議会の議決を経なければならない。
2 正解。
3 機関及び職員の共同設置は、「議会事務局を含め」、教育委員会や監査委員と幅広く共同が認められており、共同設置された機関等の行為は各地方公共団体に帰属する。
4 職員の派遣は、自治法に基づき、当該団体の事務処理のため特別の必要があると認めるときに、他の地方公共団体の長又は「行政委員会に対し」職員の派遣を求める方法であり、「当該長のみならず行政委員会も派遣を求める権限を有する」。
5 事務の代替執行は、協議により規約を定め、事務の一部を「当該地方公共団体の名において」、他の地方公共団体の長等に管理・執行させる方法である。

【No.235】 正解 1
1 正解。
2 地方公共団体の組合には、一部事務組合と広域連合があり、複合的一部事務組合や特例一部事務組合は「一部事務組合」の一部である。
3 「一部事務組合及び広域連合は、普通地方公共団体以外に特別区も設置することができる」。
4 記述は複合的一部事務組合ではなく、「特例一部事務組合」である。
5 複合的一部事務組合とは、共同処理事務のうち、ある事務の一部のみを共同処理する場合でも設立できるが、これを設立できるのは「市町村と特別区に限られている」。

【No.236】 正解 3
1 地方公共団体の組合は、関係地方公共団体が協議して「規約」を定め、その事務の一部を共同処理するために設立する協力方式の一つである。
2 地方公共団体の組合は、組合を設立した地方公共団体の共同事務を処理するが、組合を設立した関係地方公共団体は、共同事務に関して「権能を持たないことになる」。
3 正解。
4 地方公共団体の組合が処理できる事務は、「自治事務に限られず」、「法定受

託事務を含む」関係地方公共団体で処理する一切の事務である。
5　地方公共団体の組合は、特別地方公共団体であるが、地方公共団体の組合の運営方法については、都道府県や市町村に関する規定が「包括的に準用される」。

【No. 237】　正解　5
5　正解。BとDが妥当である。
A　一部事務組合は、関係地方公共団体の長の協議により規約を定めて設立されるが、この規約には「関係議会の議決が必要である」。
C　一部事務組合が処理する事務は、同一事務に限られているが、例外として、区市町村に限り、「異なる事務を処理する複合的一部事務組合を設立することができる」。

【No. 238】　正解　5
1　一部事務組合の組織として議会が設置され、その議会の議員の定数及び任期については、一部事務組合の「規約」で定められる。
2　一部事務組合の議会は、一部事務組合の規約で定めるところにより、当該一部事務組合の議会を、構成団体の議会をもって組織することも「認められている」。
3　一部事務組合の執行機関として、当該組合を統括する管理者が置かれるほか、法人格を有する以上、執行機関の多元主義が「採用され」、監査委員及び公平委員会は「必置の機関とされる」。
4　一部事務組合の議員、管理者その他の職員は、組織を構成する地方公共団体の議会の議員又は長その他の職員と「兼務することができる」。
5　正解。

【No. 239】　正解　2
1　広域連合は、都道府県、「市町村及び特別区」において設置することができる。人口による設置制限はない。又幅広い権能を持ち、広域連合の処理事務は、全く同一事務でなくても構わない特徴を持つ。
2　正解。
3　広域連合は、都道府県が加入するものは総務大臣の許可、その他は知事の許可を得て設置されるが、広域連合の条例で「協議会を置くこともできる」。
4　広域連合は、構成地方公共団体の基本計画と調和のとれた「広域計画を作成」し、その広域計画に基づいて、事務処理をしなければならない。「広域計画を作成するのは構成地方公共団体ではなく、広域連合である」。
5　広域連合における議員及び長の選出は、規約に基づく直接選挙又は間接選挙となるが、一部事務組合と「異なり」、「直接請求の対象となる」。

《解答・解説編》

【No. 240】 正解　4
1　特別区の存する区域には、都区制度という大都市一体性が適用されるが、自治法上、特別区の発展形態としての自治体は、「23区以外にも想定されている」。例えば、都内の市町村による特別区の設置を予定している。なお、自治法の規定ではなく大都市地域特別区設置法の規定に基づく特別区の設置もある。
2　特別区の存する区域の都区制度は、大都市としての一体性を確保するための制度であり、上下水道、消防などは一体性から都が処理することとされているが、「交通は、大都市の一体性に含まれていない」。
3　都区制度改革で、都は、広域の地方公共団体と位置づけられ、特別区は、基礎的な地方公共団体と、「法律に明記されている」。
4　正解。
5　都区制度に基づき、特別区は、区民の密着事務を都に優先して処理する「特別区優先の原則が適用され」、特別区は、「区民に第一義的な責任を負う自治体である」。

【No. 241】 正解　3
3　正解。
　特別区は、原則として「A．地域」における事務、並びにその他の事務で法令により「B．市」が処理することとされているもの、及び法令により特別区が処理することとされているものを処理する。この限り、特別区の処理する事務は「B．市」の処理する事務と同様である。
　また特別区は、「C．地方自治法」に定める一般の「B．市」が処理することとなる事務のうち、大都市地域の行政の一体性及び統一性の確保の観点から「D．都」が一体的に処理することが必要であると認められる事務を除く点で、「B．市」と異なっている。

【No. 242】 正解　5
1　特別区は、自治法281条に規定する①地域における事務並びにその他の事務で②法令により一般の市が処理することとされている事務のほか、「③法令により特別区が処理することとされている事務（保健所事務など）」の「3つ」の事務を処理する。
2　特別区は、自治法281条に基づき、基礎的な地方公共団体とされる市町村と同等の位置づけであり、特別区の担任する事務は、市町村と「ほぼ同一」であるが、「都が処理する事務は除かれる」ため、「全く同一ではない」。
3　特別区と都との間では、自治法281条の2に基づき、都は、特別区を包括する広域地方公共団体として、広域事務、連絡調整事務のほか、「規模及び性質におい

て一般の市町村が処理することが適当でないと認められる事務を処理する」。
4 特別区と都との間では、自治法281条の2に基づき、特別区は、基礎的な地方公共団体として事務を処理するときには、法令により都が処理する事務を除き、一般的に「市町村」が処理する事務を処理する。
5 正解。

【No.243】 正解 1

1 正解。
2 特別区優先の原則は、都に対し特別区は、「第一次」の基本的な地方公共団体として、法律制度的にも実体的にも、優先的に取り扱われるとする原則である。
3 特別区優先の原則は、都と特別区の間における事務の役割分担の原則に基づき、法の定めのない事務が発生したときに、「都が都で処理することが必要であると言わない限り」、特別区は都に優先して処理できるとする原則である。
4 特別区優先の原則は、特別区の存する区域における全体としての一体性及び統一性の要請がある事務については、特別区は、都に優先して処理することが「できない」。
5 大都市地域の行政の一体性及び統一性を確保するだけでは、大都市事務とは「認められず」、その事務が、都が一体的に処理することが「必要である」と認められる場合に限り、都が処理する大都市事務となる。都が処理する事務とされているものには、特別区優先の原則は適用されない。

【No.244】 正解 5

1 都知事は、特別区に対し、都と特別区及び特別区相互の間の調整上、特別区の事務処理について助言や勧告ができるし、また「事務の処理基準を示すこともできる」。
2 都は、都と特別区及び特別区相互間の財政の均衡化を図るため、都の「条例」に基づき、特別区に対し特別区財政調整交付金を交付するとされている。
3 都が特別区に交付する特別区財政調整交付金は、「都」が課する市町村民税法人分、固定資産税及び特別土地保有税のほか、「法人事業税交付金」を調整財源としている。なお、令和3年度から令和8年度までの間は、固定資産税減収補填特別交付金が加わる。
4 都と特別区の事務処理について、都と特別区及び特別区相互の間の連絡調整を図る制度として、都と特別区で構成する「自治法に基づく義務設置の」都区協議会を設けている。
5 正解。

【No.245】 正解 4

1　特別区財政調整交付金は、都と特別区の間のみならず、「特別区相互間」の財源の均衡化を図るために交付される交付金でもある。
2　特別区財政調整交付金は、特別区の行政の自主的かつ計画的な運営を確保するために、「都」が、特別区に交付する交付金である。
3　特別区財政調整交付金は、都が課する市町村民税法人分、固定資産税、特別土地保有税及び「法人事業税交付金」を調整財源として特別区に交付する交付金である。なお、調整財源として、令和3年度から令和8年度までの間は、固定資産税減収補填特別交付金が加わる。
4　正解。
5　特別区財政調整交付金は、特別区が等しく事務を遂行できるように措置する交付金であり、異なる財政力の調整を行う交付金でも「ある」。

【No.246】　正解　3
1　都区協議会は、自治法の規定に基づき「義務設置」される、連絡調整機関であり、また特別区財政調整交付金の条例制定などの意見聴取機関でもある。
2　都区協議会は、主として連絡調整を図る役割を持つ機関であり、都と特別区の事務処理の意思決定機関では「ない」。また執行権を持つ機関でも「ない」。
3　正解。
4　都区協議会は、都と特別区の円滑な関係を構築するため、多数決による運営を想定せず、都側と区側の数を同数にしている。都側は、都知事及びその補助機関のうち都知事が指名する者7名の計8名、区側は「特別区の区長の中からその協議により指名する者8名」の合計16名により構成される。
5　都区協議会は、都側と区側の委員によって構成されるが、委員の任期は、自治令に基づき、「区長である委員の任期のみ2年」とされ、会長は「委員の互選」とされている。

【No.247】　正解　4
1　人事・厚生事務組合は、特別区の事務の一部を共同処理するために、自治法に基づく「一部事務組合」として設立されている。
2　人事・厚生事務組合の最初の設立のきっかけは、地公法の改正に伴い、各特別区が独自に採用した「特別区固有職員」について人事委員会の設置が義務づけられたことなどによる。
3　人事・厚生事務組合の最初の設立は、古く昭和26年8月であり、都知事の許可を得て設立され、当初の名称は「特別区人事事務組合」であった。
4　正解。
5　人事・厚生事務組合の運営に必要な財源は、各特別区からの分担金、「都支出金」及び受託事務収入などによって賄われている。

《解答・解説編》

【No. 248】 正解　2
1　特別区人事・厚生事務組合は、自治法上の「一部事務組合」である。
2　正解。
3　特別区協議会は、「公益法人法上の公益財団法人」である。
4　東京二十三区清掃一部事務組合は、自治法上の「一部事務組合」である。
5　東京二十三区清掃協議会は、自治法上の「協議会」である。

【No. 249】 正解　1
1　正解。
2　特別区競馬組合は、特別区で最も「古い」一部事務組合であり、23区全体で地方競馬を実施する市町村としての指定を受けて設立された組合である。
3　特別区協議会は、「公益財団法人」であり、主として特別区の自治に関する調査研究などを行っている。
4　特別区長会は、23区長が組織する「任意の団体」であり、特別区間の連携を図り、特別区政の円滑な実施に資することを目的に、各種事業を行っている。
5　特別区議会議長会は、特別区議会議長、特別区競馬組合議会議長のほか、「東京二十三区清掃一部事務組合議会議長」で組織する任意の団体で、全国市議会議長会にも加入している。

【No. 250】 正解　3
1　競馬組合は、特別区の区長が内閣総理大臣に開催の許可申請を行い、指定を受けた後に、「都知事」の一部事務組合の許可を受けて実施されている。
2　区営競馬は、競馬法に基づき実施されており、その目的は、「区財政への寄与が主たるものであり」、馬事畜産振興及び「健全娯楽の提供は副次的である」。
3　正解。
4　競馬組合は、規約に基づき設置され、議決機関と執行機関を持ち、事業の特殊性から開催執務委員は「設置しなければならない組織」である。
5　競馬組合議会は、各区議会の議長をもって組織され、また執行機関に置かれる管理者は「当該議会が区長の中から選挙」され、管理者のほかに、副管理者及び監査委員も置かれる。

【No. 251】 正解　1
1　正解。
2　清掃一組は、23区を構成団体として設立された組合であり、自治法第284条の一部事務組合の規定に基づく「特別地方公共団体である」。
3　清掃一組は、議決機関である議会は23人の議員で構成され、議員には各特別区議会の「議長」が充てられる。

《解答・解説編》

4 　清掃一組は、執行機関として、管理者、監査委員が置かれている。管理者は23特別区の区長から「互選により選出される」。この場合、清掃一組の議会の同意を得る必要はない。ただし、監査委員は、管理者が清掃一組の議会の同意を得て選任される。
5 　清掃一組に置かれる経営委員会は、管理者、副管理者、区長会の役員区長により構成されるが、「評議会は、管理者、副管理者を除いた23区の区長で構成」されている。

【No. 252】 正解　5

5 　正解。BとDが妥当である。
　A　東京二十三区清掃協議会は、清掃事業の特別区への移管に際し、23区及び「東京二十三区清掃一部事務組合」を関係団体として設立された協議会である。
　C　東京二十三区清掃協議会は、会長と22人の委員をもって組織され、いずれも、23区の「区長」から選任される。

【No. 253】 正解　4

1 　この広域連合は、「高齢者の医療の確保に関する法律」に基づき設置される。
2 　この広域連合は、「都内の全ての区市町村」が加入する特別地方公共団体である。
3 　この広域連合は、組織として執行機関と「議決機関を持つ」。
4 　正解。
5 　この広域連合の令和5年度の被保険者数は「約173万人」である。

【No. 254】 正解　5

1 　特別区協議会は、昭和22年に任意団体として発足したが、特別区有物件災害共済事業を事業化するために、その後、「公益財団法人」として運営されている。
2 　特別区協議会は、自治の調査研究や普及啓発及び特別区の事務事業の支援事業を行うほか、「東京区政会館の管理運営を行う」法人である。
3 　特別区協議会は、特別区の共通課題の検討や調整を主体的に提携するため、従来委嘱を受けて設置していた会議体の部（調査部、議事第一部、議事第二部）を廃止し、「新たに」区長会事務局と区議会議長会事務局を設置している。
4 　特別区協議会は、「公益目的事業会計、収益事業等会計」及び法人会計の「3会計」で経理し、必要な経費は、基本財産及び特定資産の運用収入の他に、事業収入、各特別区の分担金などで賄っている。
5 　正解。

第2章　地方税財政制度

【No.255】　正解　4
1　財政とは、国や「地方公共団体」がその目的を達成するために財貨を調達し、管理し、支出する経済活動の総称であり、この経済活動には「地方公共団体も含まれる」。
2　今日の経済活動は混合経済と呼ばれるが、これは公共部門と民間部門とが相互に密接な「関係を保ちながら」経済活動を実施しているからである。
3　公共部門における公共財とは、「民間部門」の経済活動によって供給されない財やサービスが、「公共部門」によって供給される財のことを指す。
4　正解。
5　公共部門の活動を支えるために国や地方公共団体が徴収する租税は、単に財源を調達する機能だけでなく、「累進税率の適用によって所得再配分の機能も有する」。

【No.256】　正解　1
1　正解。
　今日の経済は、「A．混合経済」といわれる。それは、公共部門と民間部門が密接な関係を保ちながら経済活動を行っているためである。
　公共部門の財政機能は、一つには効率的な「B．資源配分」機能を担い、二つには税の調達や累進課税による「C．所得再分配」機能を図り、三つには経済安定化機能を実現する役割を担っている。特に、民間部門では十分に供給されない財を公共部門において供給する財のことを「D．公共財」という。

【No.257】　正解　5
5　正解。
　A．資源配分機能は「う．公共財」。B．所得再分配機能は「い．累進税率の適用」。C．経済安定機能は「あ．財政支出」である。

【No.258】　正解　2
1　財政自主権は、地方公共団体が自らの意思と責任において処理する事務の財政的側面の自主権であり、「憲法に基づき保障されている権利である」。
2　正解。
3　財政自主権は、地方自治の本旨である、自らの意思と責任で事務を処理する財源の自主権であり、「自治体が自らの責任で課税する課税自主権も、地方自治を財政的側面から保障する財政自主権の一つである」。

《解答・解説編》

4　財政自主権には、課税自主権を中心とする財源確保の自主権と、予算編成自主権を中心とする財政支出の自主権が「ある」。
5　財政自主権は、地方公共団体の固有の権利ではあるが、「絶対的な権利ではない」。

【№259】　正解　3

3　正解。
　　令和4年度の国の財政と地方財政の重複部分を控除した歳入純計額で比較すると、国と地方の割合は、「A．6対4」の割合で推移しており、「B．所得税から住民税」に税源移譲が行われた平成19年度以降、地方の割合が若干「C．増えた」。
　　他方、歳出純計額で比較すると、国と地方の割合は、おおむね「D．4対6」の割合である。また、道府県税と市町村税で比較すると、おおむね「E．4対6」の割合で推移している。

【№260】　正解　4

1　平成5〜12年度改革──平成5年に始まった第1次地方分権改革は、平成12年の地方分権改革一括法により結実し、自治体を国の下請け機関とみなしてきた「機関委任事務制度」が見直された。機関委任事務の一部が法定受託事務となる。
2　平成14〜17年度改革──第2次地方分権改革として、平成14年に三位一体改革が決定され、「国庫補助負担金」の見直し、税制改正で所得税から住民税への「税源移譲」、地方交付税の削減の三位一体の改革が行われた。
3　平成18〜22年度改革──第2次地方分権改革（平成18年度以降）以降の改革では、国のひも付き補助金や条例制定権の拡大などが議論の中心となり、補助金の一括交付金化では基本的には地方が自由に使える一括交付金に改め、23年度以降「段階的（第一段階は都道府県分、次に指定都市）」に実施された。
4　正解。
5　平成24〜令和元年度改革──平成24年に社会保障と税の一体改革が決定され、新たな枠組みとして消費税率の引上げ分の「全て」が社会保障の財源となり、消費税率10%のうち地方消費税分は「2.2%」に引き上げられた。

【No.261】 正解　3
3　正解。

	一般財源	特定財源
自主財源	A．地方税	C．使用料・手数料
依存財源	B．地方交付税 　　地方譲与税	D．国庫支出金 　　地方債 　　都道府県支出金

【No.262】 正解　1
1　正解。
2　記述は「負担分任の原則」である。なお、収入普遍性の原則とは、地方公共団体に普遍的に存在する税源が望ましいとする原則であり、この原則には住民税などがある。
3　記述は「収入普遍の原則」である。なお、住民税の均等割は「負担分任の原則」を反映したものである。
4　応益課税の原則とは、住民が受益に応じた租税を負担すべきであるとする原則であり、地方税は、国税に比較して応益性が「高い」税である。
5　税制自主権の原則とは、地方公共団体が自主権を持ち得る税制でなければならないとする原則であるが、この「原則に基づき」、法定税と法定外税がある。

【No.263】 正解　5
1　収入普遍の原則とは、どの地方団体にも税源が存在し一定以上の税収が期待できる税目が望ましいとする原則であり、固定資産税はどの地方団体にも税源が存在し「普遍性がある」。
2　伸長性の原則とは、増加する住民のための行政経費に対する税収を上げる税目が望ましいとする原則であり、「住民の所得割など」が該当する。固定資産税は「安定性は高いが伸長性に乏しい」。
3　記述は「負担分任の原則である」。住民税の均等割は負担分任の原則に該当する税目である。
4　応益課税の原則とは、公共財から受ける便益の大きさに応じて税を負担すべきとする原則であり、「地方税は国税より」応益性が重視される。
5　正解。

【No.264】 正解　2
2　正解。
　　Aの特別土地保有税は「市町村税」であり、事業税は「道府県税」である。
　　Bの都市計画税は「市町村税」であり、軽油引取税は「道府県税」である。

《解答・解説編》

Cの記述の中で市町村税は「特別土地保有税」である。
　Dの記述の中で市町村税は「都市計画税」である。

【No.265】　正解　1
1　正解。AとCが市町村税の普通税である。
　A　軽自動車・・・・・・市町村税の普通税
　B　都市計画税・・・・・市町村税の「目的税」
　C　市町村たばこ税・・・市町村税の普通税
　D　入湯税・・・・・・・市町村税の「目的税」
　E　事業所税・・・・・・市町村税の「目的税」

【No.266】　正解　4
4　正解。BとCが妥当である。
　A　地方税は、課税団体の種類から道府県税と市町村税に区分され、さらにその「使途」からみて普通税と目的税に区分される。
　D　目的税は、普通税に対応する税目であり、「応益の原則」に基づいて、その税収入を特定の目的のために利用しなければならない税である。

【No.267】　正解　5
1　法定税とは、地方税法に税目や税率の定めがある税であるが、地方公共団体は、地方税法で定めた税目以外の税目を「設定することができる」。これが法定外税である。
2　法定外税は、地方公共団体が課税自主権に基づいて独自に税目を起こして課税することができる税であり、この税には法定外普通税のほかに、「法定外目的税がある」。
3　法定外税の新設や変更は、あらかじめ総務大臣に協議し同意を得る手続が必要であるが、同意後に税率引下げ、課税期間の短縮、廃止など、税負担を軽減する変更の場合には、「協議や同意の手続を必要としない」。
4　法定外税の協議の申し出を受けた総務大臣は、一定の要件を満たしていれば、これに同意しなければならないが、その際にも、地方財政審議会の「意見を聴く必要がある」。
5　正解。

【No.268】　正解　3
3　正解。
　令和4年度における地方税の歳入決算額をみると、道府県税収入額の税目別内訳では、「A.地方消費税」が30.9％と最も大きく、次いで「B.道府県民税」が26.8％となっており、両税で道府県税総額の「C.6割」近くを占めている。

《解答・解説編》

また、市町村税収入額の税目別内訳では、「D．市町村民税」が45.5％と最も大きく、次いで「E．固定資産税」が41.5％となっており、両税で市町村税の約「F．9割」近くを占めている。

【No. 269】 正解　2
1　住民税とは、一般に、「市町村民税と道府県民税を合わせた税」を指しており、個人及び法人を対象とし、均等割と所得割（法人は法人税割）とを合わせて課税する税である。
2　正解。
3　事業税は、事業を行う法人「及び個人」に課される道府県税であり、事業者が行う収益活動と行政サービスとの応益関係に着目して、担税力で課せられる。
4　外形標準課税は、資本金などが「1億円」を超える法人を対象とする法人事業税への課税であり、営業活動の資本金額、売上金額、家屋の床面積、従業員数等の外形によって課税される。
5　固定資産税は、土地、家屋、償却資産の所有者に対して課税を行う市町村税であるが、「大規模償却資産については、特例分として道府県による課税が認められている」。

【No. 270】 正解　1
1　正解。
2　地方税は「直接税」中心であり、国税は「間接税」中心である。
3　地方税は、国税に比べ税目は多くあるが、零細的な税目が「多い」。
4　地方税は、国税に比べ税収入に占める財産課税の比重が「大きい」。
5　「国税」の方が累進的な課税の色彩が濃厚である。

【No. 271】 正解　4
1　地方譲与税は本来地方の税源であるが、「形式上」、「国税」として徴収した特定の税を一定の配分基準に基づき地方公共団体に譲与する税である。
2　地方譲与税は、実質的には地方の財源とされているものについて、課税上の便宜その他の事情から徴収事務を「国」が代行しているにすぎない。
3　地方譲与税は「使途が制限されない税であり」、財源調整機能を有しており、地方税と地方交付税との中間的な性格を持つ税とされている。
4　正解。
5　地方譲与税のうち、森林環境譲与税は、森林整備及びその促進に関する事業を幅広く弾力的に実施する財源として、「都道府県」及び「区市町村」に配分される。

《解答・解説編》

【No.272】 正解　5
5　正解。
　　交付金は、「A．法律」に基づき、「B．道府県税」の一定割合を市町村に交付する交付金であり、例えば、「C．利子割交付金、地方消費税交付金、ゴルフ場利用税交付金、軽油引取税交付金（指定都市のみに交付）」などがある。これらの税は、本来は「D．市町村税」として課税すべきものであるが、特別徴収義務者の負担軽減などの観点から「E．道府県税」のみを課税する代わりに、市町村に対して交付するものである。

【No.273】 正解　4
1　地方交付税の目的は、地方財源の均衡化を図り、かつ地方行政の計画的な運営を保障するために、「地方交付税法」に基づき交付する税である。
2　地方交付税の財源は、国税のうち、所得税、「法人税」、酒税及び消費税の4税分、並び地方法人税の収入見込額の合算額である。
3　地方交付税の機能には、①地方間の財政力の格差を是正する財源調整機能と、②地方財源の総枠を保障するマクロの財源保障機能と、③「必要な財源を保障するミクロの財源保障機能」の「3つ」がある。
4　正解。
5　普通交付税の交付では、地方自治の本旨を尊重し、「これに条件をつけたり又はその使途を制限してはならない」とされている。

【No.274】 正解　3
3　正解。BとCが妥当である。
　A　普通交付税の算定は、必要な一般財源の所要額ではなく、「標準的な財政需要」により所要額が算定される。
　D　特別交付税の算定は、基準財政需要額に捕捉されなかった特別の財政需要がある場合や、災害等のための特別な財政需要がある場合に「限られず」、「基準財政収入額に過大に算定された財政収入がある場合、すなわち、財政収入の減少がある場合にも算定され、交付される」。

【No.275】 正解　2
1　国庫支出金とは、地方公共団体における「特定の支出」に充てるため、一定の目的と条件のもとに、国庫から支出される財政資金をいう。
2　正解。
3　国庫支出金は、補助金、負担金、交付金、助成金、補給金、委託費などの名称で交付されるもので、相当の反対給付を「受けない」国の支出金を指す。
4　国庫支出金は、国庫負担金、国庫委託金、国庫補助金の3つに分類されるが、このうち、国に経費の全額負担を義務づけるのは「国庫委託金」である。

5 〔国庫補助金〕は、国が地方公共団体に任意に交付する国庫支出金であり、地方財政法に基づき、仕事の奨励的補助金と「財政援助的補助金」に限り、交付できるとしている。

【No.276】 正解 1
1 正解。
2 国庫支出金の機能には、地方における行政水準の確保と地域格差の解消があり、使途を「特定した」財源が地方に配分される。
3 国庫支出金の機能には、税源調整や財源確保を図る機能があり、「特定財源」として国の施策に沿って地方を誘導できる点がある。
4 国庫支出金の機能には、地方公共団体に対する財政援助の面があるものの、国庫支出金の一部負担により、地方行財政運営の自主性、効率性、総合性が阻害され、地方の実情に即した事業の実施を「困難」にする。
5 国庫支出金の課題には、行政の責任が「不明確」である課題や、地方財政を圧迫する超過負担問題や国の縦割り行政が現れることなどの課題がある。

【No.277】 正解 3
1 地方債は、地方公共団体が必要な資金を調達するために借入れる長期の債務であり、「単に予算執行上の資金繰りの一時借入金は地方債に含まれない」。
2 地方債は、「地財法第5条」のただし書きに規定する交通・水道など公営企業の経費や、道路、公園、学校等の公共施設の整備、災害復旧事業などが対象となる。
3 正解。
4 地方債は、一時的に多額の経費を要する事業を担保できるとともに、その経費の支払を平準化できるなどの利点があるが、「将来の住民に後年度負担をもたらす」。
5 地方債は、これを起こす場合は「予算」で定め、「予算」では、①起債の目的、②限度額、③起債の方法、④利率及び⑤償還方法の5つを定めなければならない。

【No.278】 正解 5
1 Aの場合は、協議において同意を得られた場合であり、この場合公的資金を借入れることが可能となり、元利償還金についても、地方財政計画や地方交付税を通じて「財源措置が講じられる」。
2 Bの場合は、協議において同意を得られない場合であり、協議制度の下では、協議を経ることにより、「民間等資金による地方債の発行が認められる」。
3 Bの場合は、協議において同意を得られない場合であり、協議を経ることにより民間等資金を調達できるが、その際には、「あらかじめ議会に報告する

必要がある」。
4 Cの場合は、一定の財政状況を有する自治体（例えば、実質公債費比率が18％未満の団体）が「民間等資金」を資金として地方債を発行する場合であり、この場合は協議を不要とし、事前の届出で足りる。
5 正解。

【No.279】 正解 5
1 地方債の資金は、大別すると公的資金と民間等資金があり、公的資金は、投下資本の回収に「長期間」を要する事業が対象となる。
2 公的資金には、財政融資資金と「地方公共団体金融機構資金」があり、これらの資金により財政力の弱い地方公共団体などは、低コストで社会資本の整備が可能となる。
3 民間等資金は、公的資金に頼らない場合の資金の調達方法であり、この民間等資金には、市場公募資金と「銀行等引受資金」とがある。
4 市場公募資金とは、広く投資家に地方債の購入を募る方法であり、都道府県「及び指定都市」が全国に発行する全国型市場公募地方債と、地域住民の事業資金の提供による住民参加型市場公募地方債がある。
5 正解。

【No.280】 正解 3
1 地方債依存度は、「歳入総額」に占める地方債の割合を示した指標である。
2 地方債依存度は、「平成7年度」をピークとして、その後は、景気の動向に合わせて推移している。
3 正解。
4 地方債依存度を、令和4年度でみると、都道府県（7.4％）が一番高く、次いで「市町村（6.1％）」、そして「特別区（0.7％）」の順である。
5 地方債依存度を、地方債現在高の最近の推移でみると、総額はおおむね横ばいであり、臨時財政対策債等や赤字債の残高も「おおむね横ばいで推移」している。

【No.281】 正解 1
1 正解。
令和4年度目的別歳出決算額の構成比をみると、都道府県では「A．教育費（16.3％）」が最も大きく、次いで民生費（15.0％）の順である。
また、市町村でみると、「B．民生費（37.2％）」が最も大きく、次いで「C．総務費（12.7％）」の順である。

【No.282】 正解 2

1 　地方公共団体の経費は、いくつかの分類方法があるが、経済的な性質によって分類すると、義務的経費、投資的経費及び「その他の経費」の「3つ」の経費に大別される。
2 　正解。
3 　投資的経費とは、資本的な形成に役立つ経費であり、道路、橋梁、公園、公営住宅、学校の建設などに要する普通建設事業費のほか、「災害復旧事業費及び失業対策事業費から成り立っている」。
4 　地方全体における義務的経費は、令和4年度決算の性質別歳出決算額の構成比では45.0%であるが、投資的経費は12.9%で「10%を超えている」。
5 　令和4年度決算の義務的経費のうち任意に削減が困難な人件費の構成比は、「都道府県（20.1%）が市町村（16.0%）を上回って」おり、逆に、扶助費の構成比は、「市町村（24.2%）が都道府県（2.1%）を上回っている」。

【No.283】　正解　5
1 　経常収支比率とは、経常経費に充当された一般財源が経常一般財源の合計額に対しどの割合かを見る指標であり、その数値が「高い」ほど、財政が硬直化している。
2 　経常収支比率は、財政構造の弾力性の度合いを判断する指標の一つであり、適正水準については、一般に「70～80%」と考えられている。
3 　実質公債費比率は、義務的経費の中でも、特に弾力性が「乏しい」公債費の動向に留意する必要性から、その負担の割合を判断する指標として用いられている。
4 　実質公債費比率とは、地方債の発行に協議の地方公共団体と許可の地方公共団体を判定する指標であり、この比率が「18%以上」になると発行に許可が必要となる。
5 　正解。

【No.284】　正解　4
1 　経常収支比率は、地方公共団体は、財政構造の「弾力性」が確保されていなければならないことから、この「弾力性」の度合いを判断する指標の一つとされている。
2 　経常収支比率とは、地方公共団体の毎年度経常的に支出される「経常的経費」（臨時的な経費を除く）に対して、「経常一般財源」がどれだけ充当されたかを見る割合をいう。
3 　経常収支比率に用いられる経常的経費とは、人件費、扶助費、物件費のほか、「公債費も含まれる」。法令上の定めはないが、総務省では臨時的経費を示し、この臨時的経費以外の経費を経常的経費としている。
4 　正解。

経常的一般財源とは、地方税や、地方交付税のうち普通交付税をいうが、正確には、経常一般財源＋減税補てん費＋臨時財政対策費となる。
5　経常収支比率を令和4年度でみると、都道府県は92.6%で一番高く、次いで市町村が92.2%ある。特別区は「76.7%」で適正水準を「超えていない」。

【No.285】　正解　3
3　正解。
　実質公債費比率は、実質的な公債費に充当された一般財源の「A．標準財政規模」に占める割合で表す指標である。
　具体的には、地方債の元利償還金（繰上償還等を除く）や公営企業債に対する繰出金などの公債費に準ずるものを「B．含めた」実質的な公債費相当額から、これに充当された特定財源及び一般財源のうち普通交付税の算定で基準財政需要額に算入されたものを「C．除いたもの」が、「A．標準財政規模」に対し、どの程度の割合になっているかを見るものである。
　この実質公債費比率が「D．18%以上」の地方公共団体は起債にあたり許可制となっており、25%以上の地方公共団体は一定の起債が制限され、35%以上の地方公共団体は更に制限の度合いが高くなる。
　なお、平成24年度からの起債の届出制の適用は実質公債費比率が「E．18%」未満の地方公共団体である。

【No.286】　正解　5
1　財政健全化法に基づく財政の健全化とは、地方公共団体が、財政の悪化で自主的な健全化が困難な場合に、「地方公共団体の自主的な改善努力により」健全化を図ることをいう。
2　財政の健全性を表す指標には、実質赤字比率、連結実質赤字比率、実質公債費比率、「将来負担比率」及び公営企業の資金不足比率がある。
3　長は、財政の健全性に関する財政指標を整備し、これを毎年度監査委員の審査に付して「議会に報告し」、公表することが義務づけられている。
4　地方公共団体は、財政指標及びその算定の基礎となる事項を記載した書類を公表する義務があり、これを「当該地方公共団体の事務所に備えて置かなければならない」。
5　正解。

【No.287】　正解　2
1　図のAは、実質赤字比率を指し、実質赤字比率は、一般会計及び「特別会計のうち普通会計に相当する会計」における実質赤字の標準財政規模に対する比率をいう。
2　正解。

《解答・解説編》

3 図のCは、「実質公債費比率」を指し、「実質公債費比率は、公債費及び公債費に準じた経費に係る一般財源額の標準財政規模に対する比率をいう」。
4 図のDは、「将来負担比率」を指し、「将来負担比率は、地方債残高などのほか、債務負担行為、退職手当負担見込額や第三者セクターの負債などの標準財政規模に対する比率をいう」。
5 図のEは、資金不足比率を指し、資金不足比率は、公営企業会計「ごと」の資金不足の比率をいう。

【№.288】 正解 1
1 正解。
2 健全化判断比率の一つでも早期健全化基準以上であれば、地方公共団体の長は、財政健全化計画を策定し、「議会の議決を経て」、速やかに公表しなければならない。
3 健全化判断比率のうち、将来負担比率を除く指標のいずれかが財政再生基準以上となった場合には、「国の関与による確実な財政再生を図る段階へ移行する」。
4 財政再生計画のみならず「財政健全化計画」についても、その実施状況について、毎年、議会に報告し、公表しなければならない。
5 公営企業の資金不足比率が経営健全化規模以上である場合には、「経営健全化計画」の策定が義務づけられる。

【№.289】 正解 4
4 正解。
　国は、平成27年に「A．固定資産」の整備と「B．複式簿記」の導入を前提とした財務書類の作成に関する統一的な基準を示した。
　財務書類の作成は、所有する全ての「A．固定資産」について、「C．取得価格」、耐用年数等のデータを網羅した台帳の作成で、この財務書類を予算編成等に積極的に活用することが要請されており、特別区では全ての区で作成済みとなっている。
　地方公会計の導入によって「D．減価償却費」などのコスト情報と、「E．資産・負債」といったストック情報が『見える化』され、「F．現金主義」会計では見えにくいコストやストックが把握できるとしている。

【№.290】 正解 3
1 特別区の課税権は、地方税法の規定により「特例が設けられており」、その課税権の範囲は、「大都市行政の確保から」、市税相当分の税目が都と特別区に配分されているため、「特別区の課税権の範囲は一般の市より限られている」。

《解答・解説編》

2 　特別区は、都区制度改革によって都市計画事業を実施できるようになったが、市町村の目的税である都市計画税については「課税権が都に留保されている」。ただし、特別区も都市計画の事業を実施していることから、別途、都独自の都市計画交付金が特別区に交付されている。
3 　正解。
4 　特別区の法定外普通税は、地方税法に定める税目以外に条例で設ける普通税で、この税の新設や変更は「総務大臣」に協議し、その同意を得る必要がある。
5 　特別区の特別区たばこ税は、従前は、都がたばこ税の賦課徴収に合わせて徴収し、徴収後に、特別区に払い込むとする特例が設けられていたが、「現在は、特別区が直接、賦課徴収している」。

【No.291】　正解　1
1 　正解。
　　特別区の課税権は、地方税法により特例が設けられている。
　　都は、特別区の存する区域において、普通税として「A．固定資産税」、市町村民税法人分、特別土地保有税の3税を賦課徴収している。
　　特別区が賦課徴収している税は、市町村普通税では、特別区民税個人分、「B．軽自動車税」、特別区たばこ税であり、市町村目的税では、「C．入湯税」である。
　　なお、普通税のうち「D．鉱産税」、目的税のうち水利地益税、共同施設税、宅地開発税、国民健康保険税については、特別区においては課税実績がない。

【No.292】　正解　5
5 　正解。
　Aは、都区財政調整の調整財源として都が課税していることから、「固定資産税」となる。
　Bの地方消費税と事業税は、「道府県税」であり、市町村税には含まれていない。したがって、普通税で特別区が課税する税は、ここでは「特別区たばこ税」となる。
　Cの水利地益税は市町村税の目的税であるが、現在「課税していない」。特別区で課税している目的税は、「入湯税」のみである。
　Dの宅地開発税は市町村税の目的税であるが、現在「課税していない」。したがって、市町村税かつ目的税で、都が課税している税となると、ここでは「都市計画税」となる。

【No.293】　正解　2
1 　都区合算規定は、地方交付税の特例で、都と特別区の事務配分及び税源配

分が他の団体と異なることから導入された制度である。しかし、都が常に不交付団体になるとは「限らない」。
2　正解。
3　都区合算規定とは、都の算定は、都分と特別区の全区域を1つの市とみなして市町村分を合算する規定である。それは基準財政需要額の算定のみならず「基準財政収入額にも適用される」。
4　都区合算規定は、都分と特別区分を別々に計算し、いずれか一方に交付税の算定上財源不足が生じた場合でも、「都区全体として財源超過額が生ずる場合には交付されない」。
5　都区合算規定は、都分と特別区分を別々に計算し、都区ともに財源不足を生じた場合でも「地方交付税は都に対して交付され、特別区には直接、交付されない」。

【№294】　正解　3
1　都区財政調整制度は、大都市制度としての都区制度の特殊性を踏まえ、地方交付税に準じた制度となっており、都と特別区の間のみならず「特別区相互との間」の財源を調整する制度である。
2　都区財政調整制度は、基本的な事項が自治法上に規定され、「法律上の財源保障制度と位置づけられており」、都が都条例に基づき、特別区に特別区財政調整交付金を交付する制度となっている。
3　正解。
4　都区財政調整制度では、固定資産税、特別土地保有税、市町村民税「法人分」及び法人事業税交付金について、都と特別区の共有財源としている。なお、令和3年度から令和8年度までの間は、固定資産税減収補塡特別交付金が加わる。
5　財源超過区から超過分を納付させる納付金制度や、算定上財源不足を生じた場合に都の一般会計から借入れる総額補てん制度は、「いずれも廃止されている」。

【№295】　正解　5
5　正解。CとDとEが妥当である。
　A　平成12年度の都区制度改革により、特別区が地方債を発行する場合には「従前の」特別的な取扱いによる総務大臣の許可制から、市町村と同様に「都知事の許可制に変更された」。特別区も市町村並みになる。
　B　特別区の起債の許可条件は、「従前は」自らの普通税のほか、都の全ての普通税の税率が標準税率以上である場合とされていたが、平成12年度の都区制度改革により、自らの普通税のほか、「都税の対象である都区財政調整における調整財源である市町村民税法人分と固定資産税に限定された」。

【No. 296】 正解　4
4　正解。
　　令和7年度の特別区財政調整交付金は、調整3税のほか、法人事業税交付金と固定資産税減収補塡特別交付金（令和8年度まで）の合算額を総額とする。このうち、調整3税で金額が一番大きいのは「A．固定資産税」である。
　　特別区への配分割合は、総額の「B．56.0%」である。このうち、普通交付金として「C．94%」が、特別交付金とし6%が交付される。
　　なお、基準財政収入額の算定方法では、特別区民税や特別区たばこ税などは、収入見込額の「D．85%」で算定される。

【No. 297】 正解　2
1　財政調整交付金には、普通交付金と特別交付金があり、普通交付金は、「基準財政需要額」が「基準財政収入額」を超える特別区に対して不足額が交付される。
2　正解。
3　普通交付金は、各特別区ごとに計算されるが、各特別区ごとに計算した財源不足額の合計と普通交付金の総額とは「必ずしも一致しない」。普通交付金の総額が不足する場合には、割り落とすなどにより調整される。
4　特別交付金の総額は、交付金総額に（1－普通交付金の割合）を乗じた額であり、その割合は、令和7年度は6%であるが、「常に一定ではない」。以前は5%であった。
5　特別交付金は、普通交付金の額の算定後に生じた災害等の特別の財政需要などがある場合に、「該当特別区の申請に基づき」「年2回」に分けて特別区に交付される。2回の交付後にも特別交付金に残額があれば、当該年度の4月1日現在の人口割合に応じて各区に配分される。

【No. 298】 正解　1
1　正解。
2　基準財政需要額は、原則として議会総務費、教育費などの経費の種類ごとに一定の計算式により算定されるが、一般的な測定単位は「人口」である。
3　基準財政需要額は、測定単位の数値×補正係数×単位費用で計算されるが、その単位費用は、「標準区」において、合理的かつ妥当な水準と考えられる特別区の行政費用を設定して行われる。
4　基準財政収入額は、一定税目等の収入見込額を算定するものであり、一般財源である特別区税のほか、都の交付金や国の譲与税も含まれるが、「使用料、手数料は特定財源であり、基準財政収入額に含まれない」。
5　基準財政収入額は、原則、調定額等を基礎として、客観的かつ合理的に算

定され、特別区税などの場合は収入見込額の85％が算入されるが、地方揮発油譲与税など収入見込額の<u>「100％算入項目もある」</u>。

【No.299】 正解 3
3 正解。AとDが妥当である。
　B 特別交付金は、基準財政需要額で捕捉されなかった特別の財政需要がある場合などに、各区からの申請に基づき、<u>「年2回」</u>に分けて交付される。
　C 特別交付金の算定後に、その算定額が特別交付金のフレーム額に満たない場合、すなわち、残額が出た場合は、各区の<u>「人口」</u>の割合に応じて配分される。

【No.300】 正解 5
1 地方交付税は、各自治体の提出する資料に基づく財政力指数に応じて交付されるのに対し、都区財政調整は、<u>「都区協議会」</u>における合意により都条例に基づき交付される。
2 地方交付税は、国税を原資とした国と地方との財政調整であるが、都区財政調整は、<u>「市町村財源」</u>が原資の、都区間及び特別区相互間の財政調整である。
3 地方交付税は、基準財政収入額の<u>「75％」</u>の算入率であるが、都区財政調整は、原則として、特別区税などの<u>「85％」</u>の算入率である。例外として、地方譲与税及び交通安全対策特別交付金の場合は100％の算入率である。
4 地方交付税は、<u>「所得税、法人税、酒税及び消費税」</u>の<u>「一定割合」</u>並びに<u>「地方法人税の収入見込額を交付税の総額とする」</u>が、都区財政調整は、市町村民税法人分、固定資産税及び特別土地保有税の全額と、<u>「法人事業税交付金（特別区分）及び固定資産税減収補填特別交付金（令和8年度まで）を交付税の総額とする」</u>。
5 正解。

【No.301】 正解 4
4 正解。
　次の『主要5課題』として整理された。
　第1、<u>「A．清掃事業」</u>に要する経費については今後とも協議する。
　第2、小中学校の校舎改築需要への対応を協議する。
　第3、<u>「B．大都市事務」</u>の役割分担を踏まえた財源配分のあり方は今後とも協議する。
　第4、区も新たな役割を担う<u>「C．都市計画事業」</u>は、都区双方の実施状況に見合った交付金の配分を検討する。
　第5、今後とも制度や新たな事態が発生したときは、財政調整の配分割合を協議する。

《解答・解説編》

以上を踏まえて、平成12年度から区側の配分割合を、従前の区側44％から「D．52％」で合意した。

【№302】　正解　1
1　正解。
　　特別区全体の財政規模は、平成時代は増減を繰り返してきた。平成16年度以降は上昇傾向にあったが、平成22年は「A．リーマンショック」等の影響を受け、前年を下回った。
　　令和時代に入り、「B．2年度」には過去最高の財政規模を記録するも、翌年度はコロナ感染症事業の終了で11年ぶりに前年を下回った。
　　以後、回復に転じ、令和5年度の財政規模は、歳入が率にして3％の増、歳出は「C．3.3％」の増となった。
　　令和5年度の特別区の財政規模を構成団体で見ると、歳入総額が最も小さい千代田区と、最も大きい世田谷区で比較すると、歳入総額及び歳出総額において「D．約5倍」、人口規模で「E．約13.4倍」の開きがある。

【№303】　正解　4
1　令和5年度特別区全体の歳入決算額から歳出決算額を単純に差し引いた形式収支は、前年度と比べて、額、率ともに「減少」している。
2　地方公共団体の決算が黒字か赤字かをみる実質収支でみると、令和5年度の特別区全体の実質収支は黒字であるが、前年度に比べて黒字額が「減少」している。
3　令和5年度の財政収支を区別でみると、実質収支は全ての区で黒字となっているが、単年度収支では「16区」が赤字となっており、「前年と同数であった」。
4　正解。
5　財政の弾力性を示す経常収支比率は、数値が「高いほど」財政が硬直化していることを示しているが、令和5年度の特別区全体では76.5％と、「3年連続」で70％台を推移している。

【№304】　正解　3
3　正解。
　　Cは歳入総額Aから歳出総額Bを単純に差引いたものであるから「(イ)は形式収支」である。
　　EはC（形式収支）から、その年度に債務が発生しているものや、何らかの理由で当該年度に実施できず翌年度に財源として繰越されたDを差引いたものであるから「(ロ)は実質収支」である。
　　Fの単年度収支の「(ハ)はE（実質収支）から前年度の実質収支」を差引いたものである。Jの実質単年度収支の計算式である「(ニ)にはF＋G＋H

－Ⅰ」が入る。

【No.305】 正解 5
5　BとDが妥当である。
　A　令和5年度の特別区全体の歳入決算総額の内容を大別すると、一般財源の構成比は「57.3％」で、特定財源は「42.7％」である。
　C　一般財源の内訳をみると、特別区税と特別区財政調整交付金の二つで、全体の「87.4％」を占めている。

【No.306】 正解 4
4　妥当でない。
　D：特別区の課税権が、本来、及ぶところの「普通税」である市町村民税法人分、固定資産税及び特別土地保有税は、都が課税徴収している。

【No.307】 正解 3
1　特別区税は、特別区全体で「1兆円を超えており」、歳入全体に占める割合は25.3％と、主要な財源となっている。
2　地方譲与税は、特別区全体の歳入に占める割合は小さいが、地方揮発油譲与税、自動車重量譲与税、航空機燃料譲与税及び「森林環境譲与税」の「4税」が交付されている。
3　正解
4　国庫支出金は、特定財源の中で大きな比重を占め、新型コロナウイルス感染症対策に係る給付事業の「減少」などにより、前年度より「減少」している。
5　その他の歳入では、都支出金や地方債等があるが、地方債に占める歳入の割合は2％程度である。「地方債を発行していない区は6区もある」。

【No.308】 正解 1
1　正解。
　　Aの歳入は「特別区税」、Bの歳入は「特別区財政調整交付金」、Cの歳入は「都支出金」、Dの歳入は「特別区債」である。

【No.309】 正解 4
1　歳出を目的別の構成比で見ると、民生費（50.8％）が最も大きく、次いで「教育費（14.3％）」、「総務費（13.2％）」、土木費（9.3％）の順であり、この4つの経費で歳出全体の87.6％を占めている。
2　歳出の性質別の構成比で見ると、義務的経費が歳出全体の約半分の「45.9％」、投資的経費が約「13.1％」、「その他の経費が41.0％」を占めている。
3　歳出の義務経費の一つである人件費は、前年度と比較して2.8％の「減」

となり、歳出全体に占める人件費の割合は、12.9％となっている。
4　正解。
5　歳出に占める公債費は、各特別区の起債抑制努力と償還により、「額と構成比ともに減少傾向にあった」が、「令和5年度は繰上償還等により前年度に比べ12.1％の増となっている」。

第3章　地方分権

【No. 310】　正解　3
3　正解。AとDが妥当である。
　B　シャウプ使節団は、我が国の税財政改革のため招へいされ、その使節団は市町村に固定資産税、府県に付加価値税、国に所得税の改革を勧告するとともに、地方の「一般財源」の拡充を求め、地方財政平衡交付金制度（現在の地方交付税制度）の創設を求めた。
　C　神戸委員会は、シャウプ勧告を受けて設置され、同委員会は国庫補助金や行政事務配分に関する勧告を行ったが、「その勧告は生かされなかった」。

【No. 311】　正解　2
2　正解。AとCが妥当である。
　B　昭和56年の第2次臨時行政調査会は、補助金や社会保障の削減、官から民への事務移譲、「機関委任事務について初めて取り上げたが、廃止まで提起していない」。この結果、答申の具体化を図るべく臨時行政改革推進審議会が設置されることになる。
　D　平成2年の臨時行政改革推進審議会は、広域社会経済圏への対応として、道州制の導入について踏み込んだ考えを示し、「都道府県を廃止し」、国と基礎的な自治体の間に位置する広域自治体のあり方を見直すことで、国と地方の双方の政府を再構築する答申を行っている。

【No. 312】　正解　1
1　正解。
2　地方分権推進法（平成7年）が成立し、この推進法の基本方針には国と地方自治体の役割分担は明記されたが、「機関委任事務の廃止は明記されなかった」。
3　第1次地方分権改革の成果として、地方分権一括法（平成11年）が成立し、機関委任事務制度の廃止により、機関委任事務は、①事務自体の一部を廃止、「②国の直轄事務」、③自治体が行う法定受託事務、④自治事務の「4つ」にそれぞれ整理された。
4　地方分権推進委員会の勧告を受けて、国の権限を都道府県へ、都道府県の

権限を市町村に移譲する自治法の改正が行われ、権限を移譲するために「人口20万人以上の市」を特例市とする制度が創設された。(特例市は現在廃止されている)
5 　地方分権一括法(平成11年)に基づく地方分権改革では、地方分権推進委員会の市町村の合併に関する答申を受けて、自治体数を「1000」とする目標を示し、そのために合併特例債などの支援措置を講ずるとした。

【No.313】 正解　3
1 　平成14年の骨太の方針2002では、地方分権を、事務、権限、財源の三位一体で検討することとなったが、地方六団体は、「地方財政基盤」の確立は不可欠と、不満を表し、国の改革案は先送りされた。
2 　平成16年の骨太の方針2004では、三位一体改革として、税源移譲は概ね3兆円、所得税から個人住民税への税源移譲を実施するとしたが、「国庫補助金は具体案をまとめてからとし、廃止は見送られた」。
3 　正解。
4 　第2次地方分権改革は、地方への規制緩和として、義務付け・枠づけの見直しと条例制定権の拡大を図るほか、制度改正の提案を募る「提案募集方式の導入を図っている」。
5 　地方分権改革推進委員会の勧告を受けて、国は、国と地方の協議の場に関する法律を施行し、関係各大臣並びに都道府県知事及び議長、市長及び市議会の議長などとの協議の場を新設し、「平成23年に第1回が開催されている」。

【No.314】 正解　2
2 　正解。AとCが妥当である。
　B　国の地方指示権は、国民の安全に影響を及ぼす事態への対応として、「国民の生命等の保護のために特に必要な場合に」、発動できる権限である。
　D　国の地方指示権は、「法的拘束力を持って地方公共団体を従わせる強い指示権である」。

第4章　特別区制度の沿革

【No.315】 正解　5
1 　府の区は、江戸が東京に改名され東京府が設置されたのが始まりで、東京府を市街地と村落地に分け、さらに市街地を「50区」、村落地を「5区」に分けたのが東京の始まりである。
2 　東京府は、明治11年に戸籍法による大区小区を廃止し、市街地を再編して15の区を誕生させ、各区に官選の役人である区長を任命し、翌年、各区に「公

選」の議員による区会（議会）が設けられ、東京の区が始まる。
3　明治22年に、市制特例による市として東京府15区域を市域とする東京市が誕生し、市会を「含む」府知事・書記官・名誉職参事会員で組織する市参事会をもって東京市が成立した。
4　東京市の区域に、府からの独立を望む東京市は、昭和7年に5郡（82町村）を吸収合併して新たに「20区」を誕生させ、従来の15区と併せて「35区」からなる東京市を形成した。
5　正解。

【No.316】　正解　2
1　昭和22年、区は特別区という名称で「特別地方公共団体」として位置づけられ、35区から22区へ再編され、同年練馬区が誕生し現行の23区となる。
2　正解。
3　昭和27年、都も特別区も市の事務を処理するため、事務の調整困難が続き、27年に区は都の内部的団体に位置づけられ、そのため区長公選制が「廃止」された。
4　昭和49年、自治法が改正され、区長公選制が「復活」し、保健所設置市の事務が都から特別区に移管された。
5　平成12年、特別区は「基礎的な地方公共団体」として位置づけられ、基礎自治体の事務とされる清掃事務の一部が都から区に移管された。

【No.317】　正解　3
3　正解。
　C　（明治26年）多摩地域が、神奈川県から東京府に編入された。
　B　（明治31年10月）市制特例が廃止され、東京市が一般市制へと転換した。
　E　（昭和18年7月）東京府と東京市を一体化した東京都制が施行された。
　D　（昭和22年8月）東京都の区が35区から23区に再編された。
　A　（昭和50年4月）区長公選制が復活した。

【No.318】　正解　4
4　正解。BとDが妥当である。
　A　明治26年に現在の「多摩（三多摩）全域」が、主として水源確保との関連で「神奈川県から」東京府に編入された。
　C　昭和22年に自治法が施行され、特別区が誕生し、基礎自治体と「位置づけられたが」、現実的には何ら変わらなかったため、自治権拡充を求める運動が開始されることになる。
　E　「昭和27年」に、大都市制度の統一性から特別区の区長公選制が廃止され、区議会が都知事の同意を得て区長を選任する方式とされたが、「昭和50年」には区長公選制が復活した。

《解答・解説編》

第Ⅲ編　組織と仕事

第1章　組織と職員

【No. 319】　正解　4
1　制度としての地方公共団体の設置は、「憲法及び自治法に根拠を置く」。
2　地方公共団体の組織目的は、住民の福祉の増進を図ることにあり、地域における行政を自主的かつ「総合的」に実施する役割を担うものとされている。
3　地方公共団体の組織は、長の所轄の下に、それぞれの明確な範囲の所掌事務と権限を有する「執行機関」によって、系統的に構成されている
4　正解。
5　組織される執行機関相互の間に、その権限につき疑義が生じたときは、各執行機関を統括する権限を有する「長」が調整機関としての役割を担う。

【No. 320】　正解　1
1　正解。
2　組織とは、一般に、協働のために、「意図的」に調整された、複数の人間からなる行為のシステムであると言える。
3　地方公共団体の組織の目的は、住民福祉の増進にある。この組織の目的は、区市町村のみならず、「都道府県にも適用される」。
4　地方公共団体の組織は、明確な範囲の所掌事務と権限を有する内部組織に細分化され、「組織の具体的な到達すべき目標が示される」。
5　組織を構成するメンバーには、組織目標を実現するために、一人ひとりに遂行すべき仕事が与えられるが、「協働」して行動することが望ましい。

【No. 321】　正解　3
3　正解。
　組織について、「A．バーナード」は、『組織は、意識的に調整された2人又はそれ以上の人々の活動及び諸力のシステム』と定義し、その成立のための条件として、「B．共通目的（組織目的）、協働意思（貢献意欲）、コミュニケーション」を組織の3要素として示した。

【No. 322】　正解　2
2　正解。
　組織の目的を達成するために行う仕事の総体を「A．業務」といい、業務を

種類などによって職員一人ひとりの仕事に分けたものが「B．職務」である。
　B（職務）を遂行するには「C．権限」が必要となり、「B．職務」を遂行することで、その結果「D．責任」が生まれる。

【No. 323】　正解　5
1　組織の目的を達成するために行う仕事の総体を「業務」といい、「業務」を一人ひとりの仕事に分けたのが「職務」である。
2　職務と権限と責任は、「三位一体をなす関係に置かれている」。
3　記述は職務ではなく、「権限」である。
4　「職務」とは、人と業務が結びついて生まれたものであるが、職務をやり遂げる義務は「責任」である。
5　正解。

【No. 324】　正解　4
1　命令一元化の原則とは、命令は、1人の上司から一元的に行わなければならないとする原則であり、命令が多岐にわたると部下の混乱を招くからであり、この原則は「機械的に適用してはならない」。
2　権限委譲の原則とは、権限は、組織の各階層に適切に配分しなければならないとする原則であり、特に「日常的な仕事」の権限は、部下に委譲しなければならない。「非日常的な仕事は上司が担当することになる」。
3　監督範囲適正化の原則とは、1人の上司が直接指揮や監督する部下の人数は制限されなければならないとする原則であり、上司の管理能力の数量的な限界を超えると、管理監督機能が「失われる」。
4　正解。
5　階層短縮平準化の原則とは、組織の管理階層はできるだけ短くかつ平準が望ましいとする原則であり、管理階層が長いと、命令が部下に到達するまでに時間がかかるし、「その際に、命令の内容がわい曲される可能性が大きくなる」。

【No. 325】　正解　1
1　正解。
2　命令一元化の原則に従うと、命令は、一元的に受け取ることが「原則」であるが、「絶対的なものではない」。命令ルートが多元・複数になると、命令の内容が食い違ったりすることがある。
3　命令一元化の原則は、「ライン組織」には有効に働くが、逆に、「ファンクショナル組織」は、命令一元化の原則に反する組織である。
4　命令一元化の原則は、上司の上にさらに上司がいる場合、上の上司は、中間の上司を飛ばして直接、部下に命令を出すことを「制限する」原則である。

《解答・解説編》

5　命令一元化の原則は、命令ルートを一元化・単純化することで、「部下の混乱を防ぎ」、かつ直上の上司の信頼を確保することにある。

【No.326】　正解　5
1　権限委譲の原則とは、上司が有する権限のうち「例外的な権限（非日常的な権限）は上司に留保」され、それ以外の「日常的な業務の権限が部下に委譲され」、上司から委譲された権限に対応して責任が付与される。
2　権限委譲の原則から言えば、権限の委譲内容が明瞭でなく、方針も十分でなくても、部下は、委譲された職務の「遂行結果に対し責任を負わなければならない」。
3　権限委譲の原則によって、遂行責任は部下に移るが、全体の結果責任は「部下に移らない」。したがって、権限委譲の原則によって上司の「負担は軽減される」が、「責任は軽減されない」。
4　権限委譲の原則に従って、権限は、組織の各階層に適切に配分され、意思決定の統一性がより確保されるが、意思決定の質の向上が図られるとは「限らない」。
5　正解。

【No.327】　正解　2
1　権限と責任の原則では、職務を行う際には当然に権限と責任が伴うが、権限と責任は、常に「権限＝責任」、「バランスがとれ均衡していなければならないとする原則」である。
2　正解。
3　権限と責任の原則では、「責任」とは、担当する職務を果たすべき義務であり、「権限」とは、担当する職務の決定と行為をすることができる権限である。
4　権限と責任の原則では、部下は、上司から委譲された権限の範囲において結果責任を負うが、「全てではない」。権限が部下に委譲されている場合、「上司にも全体の結果責任が残る」。
5　権限と責任の原則では、権限を認められた者の行為は、「常に組織体の行為とみなされ」、同時に権限に見合った責任を持つことになる。

【No.328】　正解　4
1　監督範囲適正化の原則とは、1人の上司が直接に指揮監督する部下の人数は、「適切」に「制限されなければならない」とする原則である。
2　監督範囲適正化の原則によれば、上司の管理能力の「数量的」限界を超えると、管理監督者は管理能力を失い、同時に、部下の人材育成も困難になるという。
3　監督範囲適正化の原則によれば、スパン（幅）は、「一定の数字で示すこと

《解答・解説編》

ができない」。さまざまな条件、部下の訓練程度、権限委譲の程度、職務計画のち密さ、手続及び方針の変化の早さ、コミュニケーション能力や手段に伴って「伸縮する」。
4 正解。
5 監督範囲適正化の原則によれば、監督範囲に限界があるため、管理範囲を狭めると管理階層の上下に長い組織ができるものの、「監督は確かなものとなる」。だが、管理者の数は増える。

【No. 329】 正解 3
1 階層短縮平準化の原則によって、職場でのセクショナリズムを「払拭できるとは限らない」。
2 階層短縮平準化の原則によれば、管理階層が短く平準になれば、組織の上からの伝達内容が「正確に維持されやすくなる」。
3 正解。
4 階層短縮平準化の原則によれば、意思決定がスムーズになるが、責任の所在が「明確になるとは限らない」。
5 階層短縮平準化の原則によって、組織は「簡素化」されるため、組織の上からの意思伝達に「時間がかからない」。

【No. 330】 正解 5
5 正解。

A群	B群	C群
Ⅰ	う	Y
Ⅱ	あ	Z
Ⅲ	い	X

【No. 331】 正解 1
1 正解。
2 ファンクショナル組織は、水平的な分業を基盤とする組織であり、係員は「複数の上司から命令を受ける」。ただ1人の直接の上司から命令を受けるため、命令一元化が期待できるのは「ライン組織」である。
3 ライン・アンド・スタッフ組織は、ライン組織を骨格にし、ライン組織にスタッフを付置した組織であるが、命令系統が直接的に確保しやすい組織は「ライン組織」である。
4 記述は「マトリックス組織」である。
5 記述は「プロジェクト組織（チーム）」である。

【No. 332】 正解 2

1　ライン組織は、最も伝統的な、しかも基本的な組織であり、簡単明瞭な組織形態であるため、「単純」な仕事を処理するのに適している組織形態である。
2　正解。
3　ライン組織は、上司と部下の関係のみで指揮命令と報告とが行われるが、権限と責任の所在は「わかりやすく、明確な組織形態である」。
4　ライン組織では、上司は高度で専門的な知識を必要とするが、組織が拡大するに伴って、上下間及び横のコミュニケーションが「取りにくくなる」組織形態である。
5　ライン組織は、基本的な組織形態ではあるが、「職能分化が進む」地方公共団体の組織においても、「ライン・アンド・スタッフ組織」の形態が多く見受けられる。

【No. 333】　正解　3
3　正解。
　Ⅰ群の組織図で、Aは「ファンクショナル組織」であり、Bは「マトリックス組織」である。
　Ⅱ群のその特徴をみると、（ア）の記述の「直系組織はライン組織のことである」。他の記述はファンクショナル組織のことであり、ファンクショナル組織では各専門職の上司がその職能に関して全ての係員に対して指揮命令権を持っている。（イ）の記述は「ライン・アンド・スタッフ組織」であり、（ウ）の記述は「ファンクショナル組織」の特徴である。

【No. 334】　正解　4
1　ファンクショナル組織は、各専門職の上司が、「その職能に関して」、全ての係員に指揮命令権を持つ特殊な組織形態である。
2　ファンクショナル組織では、係員は、複数の専門職の上司から指揮命令を受けるため、その指揮命令の「優先度の判断に困難が伴う」。
3　ファンクショナル組織は、分業を高度に進めた組織であり、専門職は各分野に専門化できるため、「高度の仕事に適する組織である」。
4　正解。
5　ファンクショナル組織は、命令一元化の原則が「働きにくい」組織であり、専門職の上司の間に対立が起きやすい組織形態である。

【No. 335】　正解　5
5　正解。
　ライン・アンド・スタッフ組織は、「A．ライン組織」に職能分化の原則を加えた組織形態である。「A．ライン組織」における「B．命令一元化の原則」を貫きながら、専門的な対応を必要とする場合に機能させる。高度に専門的

《解答・解説編》

な能力を持った「C．スタッフ」が、ライン・アンド・スタッフ組織の管理者に「D．助言」し、その管理者が、「B．命令一元化の原則」の命令系統に従って部下へ命令を出す。命令の権限と責任は管理者が負う。これが原則的なライン・アンド・スタッフ組織の行動である。最上位の管理者は、あらかじめ、部下の管理に「C．スタッフ」の「D．助言」を受けることを承諾している必要がある。

【No.336】 正解 2
1 ライン・アンド・スタッフ組織は、「ライン組織」を骨格とし、ラインの課長に必要な情報収集や計画などを専門的に行うスタッフを配置する組織である。
2 正解。
3 ライン・アンド・スタッフ組織では、スタッフ部門の活用があり、スタッフの役割は、ラインの課長の適切な判断に貢献するとともに、「課長の負担を軽減するために助言することである」。
4 ライン・アンド・スタッフ組織では、ラインの課長はスタッフ部門の課長に助言を求めなければならないが、スタッフの助言が有意義なものとなるように、「助言を求めるに当たり、情報を付与する必要がある」。
5 ライン・アンド・スタッフ組織では、スタッフ部門である法務、財務、人事等の専門的事項の担当課長が、「ライン部門」である区民課長や福祉課長に助言するなどの例がある。

【No.337】 正解 1
1 正解
2 事業部門別組織は、民間企業における事業部の組織であり、長の権限が大幅に委譲された事業部組織の構築が見られる点から、「地方公共団体の組織にも導入されている」。
3 事業部門別組織は、事業部ごとに調達、製造、販売などの重複した職能を持つ組織形態であるため、経営資源において「重複による無駄が生まれる」という「短所」がある。
4 事業部門別組織は、事業運営に必要なあらゆる機能を持ち、責任を負う組織形態であるが、「部門の意思疎通やコーディネート機能の確保などに課題がある」。
5 事業部門別組織は、企業の持つ硬直化を打破しようとする組織であり、業績向上に対する「インセンティブが働きやすい長所を持つ」組織形態である。

【No.338】 正解 3
3 正解。AとDが妥当である。

B　カンパニー制組織は、本社の下に、独立・自立性が強い組織を置き、「あたかも単独会社のような組織形態である」。
　C　カンパニー制組織は、全社的な観点からは、「非効率性が生まれやすく」、絶えず「編成替えを必要とする」組織形態である。

【No. 339】　正解　4
4　正解。
　マトリックス組織は、「A．二つ以上」の組織形態を重ねてとる。上図のように縦横軸をとる形態が一般的であるが、立体形は「B．ある」。
　また複数の目標を同時に追求「C．できる」点、及び組織の行動が「D．複雑に」なるなどの特徴がある。
　上図で見ると、縦割りの「E．職能別組織」と横割りの「F．事業部門別組織」の二つの基軸で編成され、地方自治体においても、支所及び事業所を「F．事業部門別組織」とみると、この例は多い。

【No. 340】　正解　1
1　正解。
2　マトリックス組織は、タテに流れる権限とヨコに流れる権限の構成基準、すなわち、性質の「異なる」2つ以上の組織形態を重ねてとる形態である。
3　マトリックス組織は、通常のタテに流れる組織とヨコに流れる組織とのバランスをとる組織が一般的であるが、「立体形にした軸の形態もある」。
4　マトリックス組織は、複数の目標を同時に「追求したり」、それぞれの特徴を「同時に達成できる」「利点」がある。
5　マトリックス組織は、タテの職別組織とヨコの事業部門別組織の両基軸を持った組織形態であり、「自治体でも多く見られる」組織である。

【No. 341】　正解　5
1　プロジェクトチームは、通常の組織では実施しがたい課題を処理する「課題対応型」の組織形態の代表的なものである。
2　プロジェクトチームは、組織の仕事を進める上において、「縦割の弊害」を乗り越える場合に有効な組織である。
3　プロジェクトチームは、特定の目的を達成するために作られる「機動的」な組織であり、チームは、編成した目的が達成されると「解散される」。
4　プロジェクトチームは、チーム編成の目的や課題は明確であり、「メンバーには、目的達成に必要な権限が与えられている」。
5　正解。

【No. 342】　正解　5

《解答・解説編》

1　フラット組織とは、管理階層を減らし、階層ピラミッドを「縮めた」組織形態のことをいう。
2　フラット組織は、「組織長だけが突出してその他のメンバーは並列に扱われる文鎮型組織である」。単に中間階層をなくし、管理監督者数を削減し、管理職の持つ部下数を多くしただけでは「フラット組織とは言えない」。
3　フラット組織に限らず、組織管理機能があいまいだと、管理監督者がメンバー個人の行動を「掌握できない状態が生まれる」組織である。
4　フラット組織では、常にメンバー個人のモチベーションが高いとは「限らない」。したがって共通のビジョンや目標の確認、その方向を一致させるという運営が「必要である」。
5　正解。

【No.343】　正解　2
2　正解。
　　フォーマル組織とインフォーマル組織という概念は、1930年から1950年代にかけ、メイヨーらを中心とした「A．ホーソン工場の実験」の成果として、労働者は職場の人間関係に規制されて行動していることが明らかにされ、「B．人間関係論」で論じられたものである。
　　「B．人間関係論」の理論においては、生産能率に影響をもたらす主たる要因は、人間関係など職場の「C．インフォーマル組織（非公式組織）」のあり方であることが判明した。これを受けて、労働者の心理学的側面が強調された。

【No.344】　正解　3
1　フォーマル組織は、共通の目的を達成するために作られた組織であり、かつ「意識的に作られた組織である」。
2　フォーマル組織は、制度化された「公式的」な組織であり、目的に向け、意識的に調整された複数の人間活動の体系である。
3　正解。
4　インフォーマル組織は、フォーマル組織を「阻害する場合もあり、また促進する場合もある」が、フォーマル組織を運営していくためには「インフォーマル組織の存在を無視することはできない」。
5　「人間同士が接触し交流することによって作られる組織はインフォーマル組織」である。人々の活動を合理的に体系化することが課題となる組織は「フォーマル組織」である。

【No.345】　正解　1
1　正解。
2　意識的につくられる組織では「ない」。

3 　団結力は「大きい」。
4 　人為的につくられた集団では「ない」。
5 　必ずしも明確な目的を「持っていない」。

【No. 346】　正解　4
4 　正解。BとCが妥当である。
　A 　コミュニケーションは、個人又は「集団」が、双方向の意思の伝達によって相手方と共通の理解に到達するための手段である。「集団の場合もコミュニケーションを必要とする」。
　D 　コミュニケーションは、言語による手段に「限られず」、表情、しぐさ、雰囲気などの、人が感じることができる「非言語的な手段も含まれる」。

【No. 347】　正解　5
1 　フォーマル・コミュニケーションは、役所や企業などのフォーマルな組織を構成する人々の活動を共通の目的に向けて統一するために、「意図的」に行われるコミュニケーションである。
2 　インフォーマル・コミュニケーションは、人々が組織の中で日常的に相互に接触することから、「自然発生的」に形成され、どちらかといえば、「インフォーマル組織」の中で行われるコミュニケーションである。
3 　フォーマル・コミュニケーションは、管理的コミュニケーションともよばれ、フォーマル組織の職能の上下関係、横の水平関係の中で、上から下へ、下から上へ流れ、そして「横へ流れる」。
4 　組織を構成する人々の間で行われるコミュニケーションには、フォーマル・コミュニケーションと「インフォーマル・コミュニケーション」とがある。
5 　正解。

【No. 348】　正解　3
1 　上から下へのコミュニケーションは、組織階層間の権限関係の中では、命令や指示など上から下への流れが中心となるが、「下から上への流れと合わせて」、双方向のコミュニケーションがあることが望ましい。
2 　横のコミュニケーションは、上下のコミュニケーションの副次的なものとして行われることが多いため、「自発的に連絡を取り合い」、協調的に行わなければならない。
3 　正解。
4 　会議によるコミュニケーションは、重要な手段であるが、スケジュールの調整や仕事の中断といったコストが掛かる。「一同に会しての会議の代わりにWeb会議がある」。
5 　電子メールによるコミュニケーションは、相手が不在でも情報を届けるこ

とができるなどの特徴を持つ。しかし、重要な組織的なメールには、「すぐに回答せず、手続を経た上で回答する」ことが必要である。

【No.349】 正解　4
1　コミュニケーションとは、送り手の考えていることが受け手に伝わり、理解されるための手法であるが、「相手の意欲を引き出すことにもつながる」。
2　コミュニケーションは、メンバーのやる気を高めるために必要であり、「仕事のやり方を改めたり、メンバー個人の能力を高めたりする場合にも必要である」。
3　コミュニケーションは、仕事にとって必須であるが、そのスキルは、自然に、かつ自動的に身につかないため、「特定の学習によってスキルの向上を図る必要がある」。
4　正解。
5　コミュニケーションにおいて、管理監督者に必要なスキルにコーチングがあり、コーチングとは、「相手の自発性とやる気を引き出し、自ら行動し、成果を挙げられるようにサポートするコミュニケーションのスキルである」。

【No.350】 正解　2
2　正解。
　　現在は、前例やマニュアルだけで物事が進まない時代である。それだけに職員一人ひとりに問題解決力が期待されている。その仕事を進める基本的な心構えとしては、「A．組織目的」、「B．進行管理」、「C．相互調整」の3つを挙げることができる。「A．組織目的」の問題解決の基本的視点は、行政運営の「D．効率化と公正の確保」である。

【No.351】 正解　1
1　正解。AとBが妥当である。
　C　PDCAサイクルのPDCAとは、Plan（計画）、Do（実行）、Check（検証）及び「Action（改善）」の4段階の頭文字を、順に並べ表現している。
　D　PDCAのサイクルのCheck（検証）では、計画の検証・計画の達成度の評価を行う。「必要な改善や見直しを行うのはAction」である。

【No.352】 正解　3
3　正解。
　　仕事とは、「A．問題」を解決することである。「A．問題」とは、目標と現状とのギャップの解決である。
　　ギャップを解決するためには、上図のa、b、cの3つのタイプに分けて考えることができる。図のaのタイプは「B．発生型」で、基準からの逸脱、目

標の「C．未達問題」といえる。図のbのタイプは「D．探索型」で、新しい目標を現在の目標よりも高い水準に置くことによって意識的にギャップを作り出すタイプであり、方法の改善問題や体制の強化を図る必要がある。図のcのタイプは「E．設定型」で、将来を予測して取り組むタイプであり、機会開発や「F．危機回避」がある。

【No.353】 正解　5
1　ここで問題とは、目標と現状とのギャップの解決であり、目標には『「あるべき姿」、望ましい状態、期待される結果』があり、現状には『実際の姿、「予想される状態」、予期しない結果』がある。
2　問題解決に大切なことは問題認識を持つことである。当事者意識がない場合や解決不能であることが分かっているような場合には「問題といえない」。
3　問題の解決には、最も重要な問題から解決する方法が採られるが、それの解決で容易なものと困難なものがあるときは、「他の問題をより早く、容易に解決できるものから着手する」ことが全体の問題解決の早道となる。
4　原因把握のためには情報を意識的に集めなければならない。「一見、無駄と思われる情報であっても、その中に解決のヒントが見つかることもある」。いかに質のよい、有用な情報を集めるかがカギとなる。
5　正解。

【No.354】 正解　4
1　解決案の作成では、解決目標を実現する手段及び方法を具体的に示したものを作成すべきであり、全ての解決目標がなるべく達成できるような解決案を「複数」考える必要がある。
2　解決案の評価では、目標を絶対目標と希望目標とに分けた場合には、「絶対目標」を達成し得ない解決案は不適当という評価になる。
3　解決案の決定には、複数の解決案を比較検討し、単純に評価点の多い解決案を採用することは「避けたい」。評価点の多い解決案について、さらに総合判定を行い、「戦略性を加味することも必要である」。
4　正解。
5　解決策の効果検証では、改善効果を評価することが重要であり、かつ、費用や環境性や安全性などの「多元的な評価も必要である」。

【No.355】 正解　2
2　正解。記述は「ＫＪ法」である。

【No.356】 正解　1
1　正解。図は「特性要因図」である。

《解答・解説編》

【No. 357】 正解　5
5　該当しない。「発言平等は4原則に該当しない」。

【No. 358】 正解　3
1　ブレーン・ストーミングは、米国のオズボーンが考え出した創造的な「アイディア」を得るための会議法である。「単純な」意思決定にしか使えない。
2　ブレーン・ストーミングは、通常、「5～10人のメンバーにより1時間程度」で、一つのテーマについてアイディアを自由に出し合う技法である。
3　正解。
4　ブレーン・ストーミングは、メンバー間の連鎖反応を「促進」することにより、問題解決のアイディアを求める技法である。
5　ブレーン・ストーミングは、出されたアイディアを1日程度おいてから、「半分程度メンバーを入れ替えて」、有効性や実現可能性の観点から徹底的に批評して絞り込む技法である。

【No. 359】 正解　4
1　KJ法は、創始者の川喜多二郎の氏名のイニシャルから付けられた技法で、「アイディアを発見する創造性開発技法・発想法である」。
2　KJ法は、一見まとめようもないデータを「含め」、多種多様な事実をありのままに捉え、それを構造的に統合することで、新しい意味やアイディアを発見する技法である。
3　KJ法は、あるテーマ・問題に関する情報やデータを一枚ずつカードに記入し、それらのカードに書かれた内容の「類似性」によって整理する技法である。
4　正解。
5　KJ法は、カードをグループ化、統合化することによりイメージ化を図り、「図解化や文章化したりすることによって」、新しいアイディアを発想できる。

【No. 360】 正解　1
1　正解。
　　特性要因図は、「A．日本（川崎製鉄）」で誕生した技法である。この技法は、いま取り上げている問題点に影響を与えている「X．原因」を系統的に洗い出し、その「X．原因」と「Y．結果」との関係を表そうとするものである。
　　つまり、問題点を「Y．結果」と考え、その「X．原因」を順次遡って追究していく問題解決技法の一つである。この技法は「B．ブレーン・ストーミング」で散発的に出された意見を収束させる技法の一種でもある。

【No.361】　正解　4
　4　正解。BとCが妥当である。
　　A　特性要因図は、川崎製鉄の現場の討論の中で生まれ、製品の品質の「問題（特性）」に影響するいろいろな「原因（要因）」を整理して、その関係を表した図である。
　　D　特性要因図は、問題を結果と考え、その原因を追究する技法であるが、問題発生の原因追究だけでなく、「将来の姿を検討する場合にも利用できる」。

【No.362】　正解　2
　1　チェックリスト法は、問題についてチェックすべきポイントをあらかじめリストアップしておき、これを用いて多角度の「モレをなくする技法である」。
　2　正解。
　3　チェックリスト法の代表的なものを挙げれば、オズボーンの「発想チェックリスト（9項目）」が有名である。
　4　仕事を進める際の6Ｗ2Ｈ（When. Where. Who. What. Why. Whom. How. How much 又は How many）なども、「チェックリスト法の一類型である」。
　5　チェックリスト法は、あらかじめチェックすべきポイントが書かれたチェックリストを用いる方法であり、「業務の内容や実態に合ったもの」を、各職場であらかじめ作成・用意して活用することが必要である。「統一性にこだわる必要はない」。

【No.363】　正解　5
　1　ロジカルシンキングとは、「相手」の立場に立って、筋道を作って、わかりやすく、「納得してもらうように」考えることである。その紹介の方法は色々である。
　2　ロジカルシンキングには、3つの思考法と、「3つ」の基盤スキル及び「3つ」のツールを、思考法から順番に影響を与えていくプロセスである。
　3　ロジックツリーとは、その名のとおり、ロジックを表現するのに最も適した方法であり、「用途及び目的によって」、原因を追究する場合は「WHYツリー」、方法論よりブレイクダウンさせる場合は HOW ツリー、内容をより具体化させる場合は WHAT ツリーなどを「使い分ける必要がある」。
　4　記述はツールではなく、「思考法」である。
　5　正解。

【No.364】　正解　3
　3　正解。AとDが妥当である。
　　B　ロジックツリーの論理的樹木図は、主要課題の原因や解決策をより「演繹的」にとらえ、ツリー状に、上からブレイクダウンするツールである。

《解答・解説編》

C　ロジックツリーには、原因を追究する「WHYツリー」、方法論によりブレイクダウンさせる「HOWツリー」、内容を具体化させるWHATツリーがある。

【No.365】　正解　1
1　正解。
　「A．事務」とは、意思決定の基礎となる情報を作り出したり、処理したりする作業をいい、また、「B．能率」とは、一定の時間内及び一定の労力の投入に対して、仕事のはかどる割合をいう。この「A．事務」の「C．能率化」を図ることを事務改善という。
　「A．事務」の「C．能率化」のためには「D．目的＝手段」の状態でなければならない。具体的には、帳票の様式の見直し、事務処理フローの見直し、ICT活用など、「E．区役所（組織）」におけるあらゆることが改善の対象となる。
　なお、目的＝手段は能率的である。目的＜手段は無駄が生じている。目的＞手段は無理が生じていることを表している。

【No.366】　正解　3
1　事務改善の手順としては、まず「現状把握の調査が必要であり」、現場での調査や資料収集に当たり、その結果を踏まえ、「現状分析として問題点の検証や検討を行う」。
2　事務改善には、問題点の洗い出しが必要であり、問題点は、問題意識を掘り下げるために「具体的なものでなければ解決できない」。また多種多様な問題点や改善アイディアがありすぎても「とりまとめに困難となる」。
3　正解。
4　事務改善の実施には、推進担当部門が必要となるが、この推進担当が「前面に出すぎる」と、指示する側とやられる側という意識が生まれ、「失敗原因」となることもあるので注意が必要である。
5　事務改善の評価は、事務改善の促進を高めるとともに、導入による新たなる問題点を早期に発見し、さらなる改善を図るためにも必要となり、「改善の実施者を認める意味合いもある」。

【No.367】　正解　4
1　接遇とは、思いやりの温かい気持ちを形にして相手に伝えることであり、そのための3つの知るとして、自分を知る、相手を知る、「仕事を知る」必要がある。
2　接遇の5段階とは、まず快く迎える、「用件を聴く」、「用件を判断する」、用件を処理する、そして満足感をもってもらえるように締めくくる順番をいう。

3　接遇では、区民と接する職員一人ひとりが窓口であり、窓口対応が粗雑であればイメージダウンにつながる。また「区役所の顔であるという認識を持つ必要がある」。
4　正解。
5　接遇は、人と人とが接触し、お互いが気持ちよく目的を果たす心構えであるが、相手を知るためには、「先入観を持たずに」、相手の話を聴く必要がある。

【No.368】　正解　2
1　電話の話し方では、要領よくスピーディに話を進める必要があるが、内容や言葉づかいが「あいまいなものとなってはならない」。
2　正解。
3　電話の受け方では、電話番号を間違ってかけてくるおそれもあるため、「相手が出たらすぐ名のり」、「相手を確かめる必要がある」。
4　電話の取次ぎ方では、名指しの人に正確に取り次ぐ必要があり、外部の相手に対しては、「自分の職場の上司でも敬称をつけない」。
5　電話の置き方では、先に受話器をおいては先方に不快感を与えるため、「先方が切ったのを確認してから受話器を置く」ように心掛ける。

【No.369】　正解　5
1　クレームには、謙虚な気持ちで応対することが必要であるが、「こちらに非がなくてもクレームになる余地がある」から、相手に誤解を与え、迷惑をかけた場合には、「素直に謝ることも必要である」。
2　クレームがあった場合には、その内容を整理し、「上司及び関係部署に報告し」、その後、よく調査し、対応策を検討することが必要である。
3　クレームには、相手の話をよく聴くことが必要であり、よく分らない点や疑問の点は「相手の話が一段落してから質問」、内容をよく確認することが必要である。
4　クレームの迅速な解決策の要求に対しては、「できる限り回答する姿勢が必要であるが、その前に事実関係の正確な把握が大切である」。
5　正解。

第2章	区政運営

【No.370】　正解　3
1　行政広報は、行政情報を発信することで社会的な説明責任を果たすとともに、「住民との協働で行政課題を共に解決することを目的とする」。
2　行政広報では、良い知らせはもちろん、「悪い知らせであっても、住民の信

頼関係を築く観点から遅滞なく情報提供が必要である」。
3　正解。
4　行政広報には、情報発信機能としての広報と、住民の意見を収集する情報収集機能としての広聴があり、両者は「密接不可分」の関係にある。
5　行政広報は、行政が抱える課題を「住民との協働で」解決する手段であり、住民とのより良いコミュニケーションを構築するために不可欠となっている。

【No. 371】　正解　1
1　正解。
2　説明責任は、国の地方分権の推進により、これまでより「強められている」。
3　説明責任は、決まったことの結果を住民が納得するように説明する責任に「とどまらず」、「その経過をも説明する責任である」。
4　説明責任は、情報を逐次提供する責任と、タイミングも「重視される」。
5　説明責任は、「住民の立場」で常にスピード感を持ち、説明する責任である。

【No. 372】　正解　4
1　広報活動は、広報を専門的に行う主管課である「広報課だけで行うものではなく」、各行政部門で行う広報活動を含め、行政全体で形成している。
2　広報課で行う広報活動を「一般広報」といい、各行政部門で行う個別的・日常業務的な性格の広報活動を個別広報といい、相互に補完関係にある。
3　広報活動の中で、広報の主管課である広報課は、区長の「スタッフ」部門として位置づけられており、区全体の広報活動の計画の作成などに当たる。
4　正解。
5　フェイス・ツー・フェイスのパーソナル・コミュニケーションに近い効果が期待できるのは、広報課の一般広報より、各行政部門で行う「個別広報」の方である。

【No. 373】　正解　2
2　妥当でない。
　日常業務的な性格の濃いものは「個別広報」である。

【No. 374】　正解　5
1　紙媒体による広報活動は、正確性、浸透性、記録性、経済性、速報性を備えることが望ましいが、印刷物は「浸透性」や「記録性」の点でその役割は大きい。
2　印刷物は、ユニバーサルデザインに配慮するとともに、「二次元コード」を表示してデジタル情報と連動させる工夫により、質を高めていく必要がある。
3　ホームページは、広報紙では伝えきれない情報を取り扱うことができるが、

高齢者、障害者、外国人にも容易に情報伝達を可能にする「アクセシビリティが課題となっている」。
4 電子メール配信は、緊急時のお知らせとして導入する区が多い。これは「登録制であり」、携帯電話やパソコンに区のメッセージを配信する仕組みである。
5 正解。

【No.375】 正解　1
1 正解。
2 都市型CATVは、「有線」による地域テレビであり、地域情報及び行政情報など地域に密着した放送局として、「23区の全ての区」で放映されている。
3 記者会見には、区長の記者会見や予算のプレス発表があり、メディアに取上げられる確率が「高く」、区長の発信は区政への信頼性や親近感を高めている。
4 東京ＭＸテレビは、放送番組であり、区のイベントやお勧めスポットなども放映しており、この電波料は「特別区競馬組合」が負担している。
5 広報ビデオ・ＤＶＤは、地域の文化財や地場産業を紹介するビデオ等であり、地域ＣＡＴＶに制作を依頼する区が多いが、「制作は減少傾向にある」。

【No.376】 正解　3
1 パブリシティは、「依存媒体」とも言われ、行政側が持つ情報を、新聞や放送などの報道機関にニュースとして報道してもらう広報手段をいう。
2 パブリシティは、マスコミへのニュース素材として情報提供を行う広報活動であり、迅速性、伝達範囲の広さなどの特性を持ち、「費用負担は小さい」。
3 正解。
4 パブリシティでは、マスメディアを選択することはあっても、「自らの経費によって行う広報活動ではない」。だが、マスコミにニュースとして報道された情報に対する住民の信頼度は高い。
5 パブリシティでは、マスコミの伝達力を上手に活用し、「インフォメーションにつながる期待が大きいことから」、情報提供や取材協力は大切である。

【No.377】 正解　5
5 正解。
　広聴活動の3つの課題とは、①Ｃの「区民の意見や要望に対し、速やか、正確かつ誠実に回答すること」。②Ｄの「ハードクレームへには時間的な限界設定と組織的に対応すること」。③Ｅの「声なき大衆を反映するサイレント・マジョリティ対策を行うこと」である。

【No.378】 正解　4

《解答・解説編》

1　広聴活動は、上図のように大きくA広聴とB広聴に分類できるが、前者は「一般広聴」であり、後者は「個別広聴」である。
2　上図のA広聴は一般広聴であり、住民の意見、要望、苦情などの収集活動が該当するが、日常業務的性格の強い広聴は「個別広聴」である。
3　上図のB広聴は個別広聴である。政策形成過程に関して行われる専門的性格の強い広聴で、かつ積極的・計画的なものは「一般広聴」である。
4　正解。
5　上図のA広聴の調査広聴は「一般広聴」の一つであり、世論調査やモニター制度に代表され、世論調査では、対象者を無作為に抽出して調査が行われる。

【No.379】　正解　2
1　タウンミーティングとは、区長などが区政の課題について区民と直接話し合う集いなどを指し、パーソナル・コミュニケーションが「期待できる」点に特徴がある。
2　正解。
3　区民意識意向調査は世論調査に代表されるが、区民の意識や意見を組織的、統計的な手法で把握する広聴であり、一般的には「満20歳以上」の区民を対象に無作為抽出で行われる。
4　モニター制度は、区民の声を「質的」に把握する手法で、随時継続的に、区政に関する調査やアンケートを求め、テーマ会議に出席してもらう制度である。
5　記述は「パブリック・インボルブメント」である。
　〔パブリック・コメント〕とは、「行政が政策などの立案を行う場合に、事前に案を公表し、住民の意見を募集し、それを基にして意思決定を行う手法である」。

【No.380】　正解　1
1　正解。
2　アクセス権とは、住民側から、行政機関に集積された情報へアクセスする権利であり、「情報公開制度と個人情報保護制度の2つの制度がこれを保障する」。
3　個人情報保護制度は、行政情報へのアクセスを保障する法制度であり、プライバシー権の保護や自己情報のコントロールという問題と「結びついている」。
4　アクセス権は、行政機関が保有する情報にアクセスする権利であり、住民に行政情報の開示請求権を与える仕組みは「情報公開制度」として整備されている。
5　アクセス権は、住民が行政の保有する自己情報にアクセスする権利であり、

「個人情報保護制度」は、自己情報に関する開示や訂正などを認める制度である。

【No.381】 正解　5
5　正解。
　職員ハンドブックに掲げる情報公開の制度化の意義として、「C．行政情報の公開に係る請求権を住民の具体的権利として認める」。「D．情報公開は、行政に対する住民の信頼を高める」。「E．情報公開によって行政への住民参加を促す」。以上の3点がある。

【No.382】 正解　1
1　正解。
　情報公開の3要素とは、Aの「権利性」、Bの「公開原則」、Cの「救済手続の保障」を指す。

【No.383】 正解　4
1　情報公開法の目的とは、行政文書の開示請求権を保障することにより、公正で民主的な行政の推進に資することと、「政府の説明責任（アカウンタビリティ）を明らかにすることにある」。
2　情報公開法の対象機関は、内閣官房や人事院など、国家行政組織法3条2項で定める行政機関（省、委員会、庁）のほか、「警察庁、検察庁及び会計検査院も対象機関である」。ただし、特殊法人は別の法律で定められている。
3　情報公開法の文書は、行政機関が職務上作成した文書のほか、「取得文書を含め」、図画や電磁的記録で組織的に用いるものとして行政機関が保有するものをいう。
4　正解。
5　情報公開法の審査請求では、行政不服審査法に基づく審査請求が認められているが、審査請求の裁決をすべき行政機関の長には、情報公開・個人情報保護審査会への「諮問義務がある」。

【No.384】 正解　5
1　特別区の情報公開は、対象となる情報の範囲を文書にとどまらず、「図画、写真、電磁的記録などの区の作成物のほか、取得した情報も対象としている」。
2　特別区の情報公開は、請求権者は、何人にもとして「範囲を制限しない区もあれば」、「限定している区もある」。請求権者であるか否かで審査請求ができるか否かに差が生ずることになる。
3　特別区の情報公開は、情報の公開義務を持つ実施機関を、区長、行政委員会及び議会を一本の条例で実施している「区もあれば」、「議会単独の条例を持つ5区もある」。

《解答・解説編》

4　特別区の情報公開は、公開や非公開の決定については、請求日の「翌日」から14日以内とし、「60日の期間延長の規定のある区もある」。
5　正解。

【No.385】　正解　2
1　情報公開の実施機関の非公開処分に対し審査請求による救済制度があるが、審査請求ができるか否かについては、「請求権者であるか否かで差異が生じる」。
2　正解。
3　非公開又は一部公開に不服がある請求権者に対する救済機関としては、情報公開審査会などの、第三者的な「附属機関」が設置されている。
4　実施機関は、非公開の処分に対して請求権者から審査請求があるときは、「必ずではなく、原則として」、情報公開審査会等に諮問してから決定しなければならない。「例外として、審査請求が不適法で却下する場合などのときは、情報公開審査会などに諮問しないことができる」。
5　情報公開審査会などは、第三者的な機関であり、情報公開制度について知識経験を有する委員の5名程度で構成されている。「この構成員には議員は含まれない」。

【No.386】　正解　2
2　正解。AとCが妥当である。
　　B　個人情報に関する情報であって特定の個人が識別され得る情報は、非公開情報となるが、「不動産登記簿謄本などは非公開情報とならない」。
　　D　区政執行に関する情報、例えば、各種審議会の意思形成に著しい支障を生じるものは、非公開情報となるが、「各種審議会委員名簿は非公開情報とならない」。
　　E　公正又は適正な行政を執行する情報で、例えば、「公務員などの職務執行情報は非公開情報とならない」。

【No.387】　正解　5
5　妥当でない。
　　　記述が逆である。「情報の質の相違では、情報公開の場合は生の情報でなければならないが、情報提供の場合は加工した情報も可能となる」。

【No.388】　正解　3
1　プライバシーとは、他人に知られたくない私人の秘密であり、個人情報のうち、何が他人に知られたくない私的な情報かは、「個人差がある」。
2　プライバシー権は、十分に尊重されなければならない。情報化社会の個人

情報の利用に伴って「プライバシー権には侵害の危機が生じている」。
3 正解。
4 プライバシー権は、住民基本台帳法の住民票コード化において、「法に保護措置が規定されている」ものの、保護の観点から懸念する意見がある。
5 プライバシー権は、憲法13条の幸福追求権に含まれるが、最高裁は、住民基本台帳ネットワークの収集・管理・利用行為は、憲法13条で保障された上告人らの権利ないし自由を侵害するものでは「ない」と判示した。

【No. 389】 正解 5
5 正解。BとDが妥当である。
A OECD8原則とは、OECD（経済協力開発機構）の理事会で採択された原則であり、「日本を含めた世界各国の個人情報保護の考え方の基礎となっている」。
C 利用制限の原則に基づき、データ主体の同意がある場合や法律の規定による場合を「除いて」、収集データを目的以外に利用してはならないとしている。

【No. 390】 正解 3
1 地方公共団体は、これまで、国の行政機関個人情報保護法等の規定が「適用されなかったため」、独自に条例を制定し、個人情報の保護に努めてきた。
2 個人情報保護法は、従前の個人情報保護法、行政機関個人情報保護法、及び「独立行政法人等個人情報保護法」の「3本」の法律が1本の法律に統合された法律である。
3 正解。
4 地方公共団体は、個人情報保護法で共通ルールが設定されたことにより、個人情報保護法に基づき実施することとされたが、「個人情報保護法の範囲内で必要最小限の独自の保護措置を定めることはできる」。
5 地方公共団体は、国と同じ手続の下で個人情報の開示等の手続を行うが、「監視監督の機能なども含め、全体の所管は、国の個人情報保護委員会に一元化されている」。

【No. 391】 正解 4
1 個人情報保護法では、個人情報取扱事業者は、その取り扱う個人データの漏えい等の防止に適切な措置を講じなければならないとしているが、「個人データをUSBメモリー等で持ち運ぶことを禁止しているわけではない」。
2 個人情報保護法では、個人情報取扱事業者は、その従業者に個人データを取り扱わせるに当たっては個人データの安全管理が図られるよう、「必要かつ適切な監督を行わなければならない義務としている」。

《解答・解説編》

3 　個人情報保護法では、個人情報取扱事業者は、個人データの全部又は一部を委託する場合でも、個人データの安全管理について「受託者に必要かつ適切な監督を行わなければならない」としている。「再委託は禁止していない」が、同様な安全管理を行うとしている。
4 　正解。
5 　前科照会事件では、前科及び犯罪経歴の保護に関し、市が弁護士法23条の2の照会に漫然と応じた事件に関して、最高裁は、「公権力の違法な行使に当たる」として、市に損害賠償責任を命じた。

【No.392】　正解　1

1 　正解。
2 　行政手続は、国民の権利利益を手続的な面から防御する手段であり、民主主義の原理に基づき、国民が行政過程を手続的に「統制する手段でもある」。
3 　行政手続の適正手続の原則には、国民が自己の権利利益を手続的に防御する「自由主義的側面」と、手続的に国民の合意形成を図る「民主主義的側面」とがある。
4 　行政手続の事前手続とは、行政手続ともいい、行政の意思決定が行われるまでのプロセスの手続的規律を指すが、この行政手続の「一般法」として行政手続法が制定されている。
5 　行政手続の事後手続とは、行政が一定の意思決定をした後、国民が行政機関に対し審査請求などを求める手続であり、行政型ADR（裁判外紛争解決手続）は「事後手続に含まれる」。

【No.393】　正解　2

2 　正解。

		申請に対する処分	不利益処分	行政指導	届出	命令等の制定
根拠	法律・政令等	手続法	手続法		手続法	
	区条例・規則	条例	条例	条例	条例	条例

　行政手続法は、処分（申請に対する処分・不利益処分）、行政指導、届出、命令等の制定に関する手続法である。
　これらのうち、「A．処分（申請に対する処分・不利益処分）、届出」の根拠が、地方公共団体の条例や規則にある場合には手続法が適用されるが、「B．行政指導、命令等の制定」については、地方公共団体の行う全てが手続法の適用除外となっている。

【No. 394】 正解　1
1　適用除外とならない。
　　地方公共団体の機関が行う処分のうち「法律」に基づき行われる処分は「適用除外とならない」。「肢1以外は行政手続法の適用除外となる」。

【No. 395】 正解　5
1　行政庁が申請の処分をする場合に備え、審査基準を定めることは「努力」義務であるが、この審査基準を策定した場合にこれを公表することは「義務」である。
2　行政庁が標準処理期間を定めることは「努力」義務であるが、定めた場合、その標準処理期間を事務所に掲示することは義務である。だが、この期間は処分の目安であり応答の義務期間ではない。
3　申請書に不備がある又は添付書類がないときは、申請の補正を求め又は「申請の許認可などを拒否することもできる」。
4　申請者からの申請に係る審査の進行状況、及び処分の時期の見通しの求めに対する行政庁の情報の提供は、「努力」義務である。
5　正解。

【No. 396】 正解　3
1　不利益処分とは、行政庁が、特定の者を名宛人として、直接に義務を課し又は権利を制限する処分である。処分の基準の策定及び公表はいずれも「努力」義務である。
2　不利益処分には、聴聞又は弁明の意見陳述が必要な場合と意見陳述が不要な場合があり、必要な場合には、聴聞又は弁明の機会の付与の「いずれか」を与えなければならない。
3　正解。
4　不利益の程度が重大な場合は「聴聞」、不利益の程度が小さい場合は「弁明の機会の付与」となる。
5　不利益処分を行うときには、行政庁は、「原則として」その名宛人に対し当該不利益処分の理由を示さなければならない。ただし、「差し迫った必要がある場合」にはこの限りでない。

【No. 397】 正解　4
1　聴聞の通知とは、聴聞の期日までに、処分の名宛人に対し不利益処分の内容や原因となる事実などを「書面」で行う通知をいう。
2　聴聞の参加人とは、当事者以外の者であり、不利益処分の「利害関係を有すると認められる者に対し」聴聞に参加させることができる。
3　聴聞の代理人とは、当事者のために聴聞に関する一切の行為を行うことが

できる者であり、「聴聞の参加人にも代理人の選任が認められている」。
4　正解。
5　聴聞の主宰者とは、行政庁が指名する職員等を指し、この職員等の等にはその他政令で定める者が該当し、「当事者及び参加人は主宰者になれない」。

【No.398】　正解　1
1　正解。
2　聴聞では、主宰者が処分内容や根拠を説明し、当事者等に意見陳述の機会が与えられるが、当事者等の一部が出頭しないときであっても、主宰者は「聴聞期日に審理を行うことができる」。
3　聴聞では、当事者のプライバシーが侵害されるおそれがないように配慮する必要があるため、行政庁が公開することを相当と認めるときを除き、「原則として公開しない」。
4　聴聞後の処分の決定は、聴聞の審理経過の調書、及び当事者等の主張に理由があるかどうかなどを記載した「主宰者」の報告書に基づき、「行政庁」が行う不利益処分の決定のことをいう。
5　聴聞に関する審査請求は、聴聞の処分が事前手続に付随して行われる派生的処分であるため、聴聞の処分に関しては「行政不服審査法に基づく審査請求ができない」。

【No.399】　正解　2
2　正解。AとCが妥当である。
　B　弁明は、「不利益処分の一つの手続であり」、聴聞に関する手続規定が「準用される」。
　D　弁明は、弁明書を提出して行うものであるが、弁明に際して、証拠書類なども一緒に「提出できる」。

【No.400】　正解　5
1　行政指導とは、一定の行政目的を実現するために、特定の者に対して行う指導、勧告、助言その他の行為を指し、「処分に該当しないもの」をいう。
2　行政指導に当たっては、行政機関の任務及び所掌事務の範囲を逸脱できず、相手方が指導に従わないときでも、「これを理由に不利益な取扱いをしてはならない」。
3　許認可などの行為者に対し、行政機関は、当該権限を行使し得る旨をことさらに示し、相手方に「行政指導に従うことを余儀なくさせてはならない」。
4　法令違反の是正を求める勧告等の行政指導に対しては、相手方は、行政指導が法律要件に違反すると思料するときは、「行政指導の中止を求めることができる」。

5 正解。

【№ 401】 正解 3
3 正解。AとEが妥当である。
　B 行政指導の中止等の求めは、上級行政庁ではなく、「当該行政指導を行った行政庁」に申し出なければならない。
　C 処分等の求めは、「何人も（一般人から）」求めることができる。処分等の求めは、法令に違反する事実があり、処分又は行政指導が是正されないときに、行政機関に対して申し出ることができる。
　D 処分等の求めは、法令に違反する事実を知る者からの申し出を端緒として、職権による調査の発動の端緒を得るに止まるものであり、「処分又は行政指導を求める権利を付与するものではない」。

【№ 402】 正解 4
1 届出とは、行政庁に対し一定の事項の通知をする行為であって、「（申請を除く）」、法令に基づき直接に当該通知が義務づけられているものをいう。
2 届出は、一定の事項を公の機関に知らせる通知行為であり、申請と異なり、「行政庁の諾否の応答が予定されていないもの」である。
3 届出は、提出先とされている機関の事務所に「到達した時点で」、届け出をすべき手続上の義務が履行されたものと見なされる。
4 正解。
5 届出は、行政庁の意思及び判断の介在する余地の「ない」行為が届出の対象とされているため、行政庁は、「届出の内容的要件の審査権限を有しない」。

【№ 403】 正解 3
1 意見公募手続は、行政機関が「命令等」を定める場合に、当該「命令等」の案及びこれに関する資料をあらかじめ公示して、意見を求める手続である。
2 意見公募手続は、パブリック・コメントと呼ばれ、命令等の案は、具体的かつ明確な内容のもので、かつ「根拠法令の明示を必要とする」。
3 正解。
4 意見公募手続は、広く一般の意見を求めるために行う手続であるが、「意見提出のための期間を定める必要がある」。意見提出期間は、原則として命令等の案を告示した日から起算して30日以上でなければならない。
5 提出意見を考慮して命令等を定めた場合には、当該命令等と一緒に、提出意見、考慮した結果、及び「その理由を公示しなければならない」。

【№ 404】 正解 4
1 憲法では、地域のことは地域の住民が決める原則を明記している。地方自

《解答・解説編》

治機構の制度としては間接民主制としながらも、「一部、直接民主制を採用している」。
2　憲法の地方自治の規定では、主権者である国民は、自らの地域に関する事項について直接参画する権利と「義務」を有するとしている。
3　地域主権戦略大綱や地域主権推進大綱では、住民に身近な行政は地方に委ねる観点から、地方行政の中心的な役割を担う「基礎自治体」に重きを置き、「都道府県の権限を区市町村に移譲」する方向で行うとしている。
4　正解。
5　地方分権改革では、特別区のような住民に最も身近な基礎自治体の役割が増すことを念頭に、「住民自治」の推進を図る必要があるとしている。

【No. 405】　正解　5
1　地方自治は民主主義の学校と言われているが、地域社会には自治の原型ともいえる伝統的な町会などの地縁団体である「共助」の姿が存在する。
2　地域コミュニティでは、住民同士がある程度の文化や歴史を共有し、価値観や生活様式が「同質」であるため、その特性に応じた解決を「容易かつ的確になし得る」としている。
3　地域コミュニティは、高度情報化や社会経済状況の複雑化で、「小さなコミュニティ単位」での住民間においてさえ要望や価値観が多様化し、コミュニティは崩壊の危機にあるとしている。
4　地域コミュニティとして地縁団体の役割は「重要かつ不可欠であることに変わりはなく」、一方では、地縁団体以外の多様な機能団体（NPOなど）が存在感を増している。
5　正解。

【No. 406】　正解　1
1　正解。
2　ソーシャル・キャピタルとは、人々の「協調行動」を活発にすることであり、社会の効率性を高めることのできる信頼、規範、ネットワークなどの社会組織のことである。
3　ソーシャル・キャピタルは、個人の協調行動を促し、社会全体の利益を高め、「費用負担を少なくし」、社会的な効率性を向上させる。
4　ソーシャル・キャピタルが豊かな地域では、市民意識が高いため、政策効果が高くなり、「犯罪が少なくなる」。
5　ソーシャル・キャピタルによる効果には、豊かなネットワークにより政治、社会、経済へ良い影響を与える効果があり、「失業者を減らす効果もある」。

【No. 407】　正解　5

1　協働の本質は、区民、すなわち自治会、町内会、地域団体、NPOのほか、「営利企業も」公共主体になり得るところにある。
2　協働には、区民自身がイニシアチブをとって、行政と対等な立場で政策づくりや実施に関わることも含まれ、「住民参加とは、意義や意味において大きく異なる」。
3　近年の成熟社会では、「従来の要求型や対立型の行動方式では、かえって社会的なロスとなっている」。
4　協働とは、役所まかせにしていた「公共的な分野に」区民自身が関わり、問題を解決していくことであり、持続可能な社会を構築する方法である。
5　正解。

【No. 408】　正解　4
1　協働の仕組みの地域自治区とは、基礎自治体の一体性を損なわないように、「法人格を有しない地域組織と位置づけされている」。
2　協働の仕組みの地域自治区には、協働を進める行政運営のため「地域協議会の設置を義務とし」、その地域協議会の委員を公募によることもできるとしている。
3　協働の仕組みの合併特例区とは、合併に際し地域住民の意見を反映させる制度であり、「合併特例法」を根拠として設置することができる。
4　正解。
5　行政と住民の協働によって条例を作成する自治体が増えているが、住民が作成段階から議論に参加する「パブリック・インボルブメントの手法も採用されている」。

【No. 409】　正解　3
3　正解。BとDが妥当である。
　A　自治基本条例は、国の関与の「縮小」と自治体が主体的に活動できる範囲が広がる中で、自治運営の基本となる条例が制定された経緯を持つ。
　C　自治基本条例は、理念型、権利保障型、住民自治型及び行政指針型の4つに分類されるが、自治基本条例の多くは「理念型」である。
　E　自治基本条例に類する条例を制定する区は、令和5年4月現在、新宿区、文京区、墨田区、中野区、杉並区、豊島区、練馬区、足立区の8区で、「半数に満たない」。

【No. 410】　正解　1
1　正解。
2　NPO法は、「阪神・淡路大震災」によりボランティア活動などの重要性が認識されたことを契機として成立した法律である。

3　NPOとは、営利を目的とせず、公益の増進に寄与することを目的として、住民が主体的に取り組む活動を継続的に行う「団体を指す」。個人の場合はボランティアとなる。
4　NPO法での活動分野には20の分野があるが、「福祉事業に限定されず」、公益活動を広くとらえている。
5　NPO法に基づく特定非営利活動法人になると、税制上の優遇処遇を受けられるが、この認定事務は所轄庁である「都道府県知事・指定都市の市長」が行っている。

【No.411】　正解　2
1　自治体経営は、憲法の理念のもとに経営されるが、自治法では、最少の経費で最大の効果の規定や組織及び運営の合理化などの「規定を置き」、「自治体の効率的・効果的な執行体制や運営を要請している」。
2　正解。
3　自治体経営は、地域の住民の安全と生活を守ることのみならず、「住民が豊かで幸せに暮らせることも目的とする」。
4　「これまでの自治体経営は」、行政と住民・団体あるいはサービス提供者と受益者との関係性のもと経営目標を設定し、最大の効果をめざすことにあった。
5　自治体経営は、NPOなどとの協働など自治体を取り巻く外部環境のほかに、「内部要因を考慮しながら」、最適な戦略の選択を行うことにある。

【No.412】　正解　3
3　正解。
　　NPM（New Public Management）とは、民間部門の行動原理である経済効率性、「A．顧客満足度」、説明責任などを公的部門にも働かせ、公的部門が、国民や住民に提供する財やサービスの質を向上させるとともに、それにかかる財政負担を極力少なくしようとする理論であり、1980年代以降「B．欧米」で導入された。
　　NPM理論では、コスト（税負担）に対し、最も価値のある行政サービスの提供を目指す「C．Value For Money」が優先されるが、これに加えて、有効性や顧客満足度の向上を目指すこと、すなわち、「D．Best Value」が基本的な考え方とされている。

【No.413】　正解　5
1　公民連携PPPは、公共と民間による事業の連携や共同を意味する概念であり、「NPM理念に基づいた概念である」。
2　PPPは、国や地方自治体の公共サービスに民間の資金や技術、ノウハウを

取り入れた手法であり、「英国のブレア政権」において打ち出された概念である。
3　PPPのスタイルとしては、NPO方式やPFI方式などのほか、第3セクター方式や独立行政法人化も「含まれる」。
4　PPPを貫く理念としてBestVFM（Value For Money）があるが、このBestVFMは、「公共セクターの機能を分離し」、公民の協力や連携を図るところに特徴がある。
5　正解。

【No. 414】　正解　1
1　正解。
2　PFIは、公共施設の建設、維持管理、運営等などに民間の資金や経営能力、技術的能力を活用する方法であり、この方法は、「国の事業」や地方公共団体の事業に採用されている。
3　PFI法が施行され、PFI法の基本方針では、民間事業者の募集や選定、民間事業者の責任の明確化のほか、「税制上の措置」などの事項が定められている。
4　PFIの導入効果としては、①低廉かつ良質な公共サービスの提供、②民間の事業機会の創出による経済の活性化のほか、「③行政改革の促進に結び付けられる」点が挙げられている。
5　PFI法による公共施設等運営権（コンセッション方式）は、利用料金を徴収する事業に限られているが、「公共施設等運営権の設定を受けたPFI事業者」は、利用料金を自らの収入として受け取れる。

【No. 415】　正解　2
1　指定管理者制度は、公の施設の管理を営利企業やNPO法人、市民グループなどに包括的に代行させる制度であるが、あくまで団体であって「住民個人には認められていない」。
2　正解。
3　指定管理者制度は、導入に際して議会の議決が必要であり、従来の業務委託と「異なり」、「その法律効果の性格は行政処分である」。
4　指定管理者制度は、自治法に基づく制度であり、制度の活用は地方公共団体の自主性に委ねられている。「指定期間については自治法に定めがなく」、各地方公共団体で定めることとされている。
5　指定管理者制度は、議会の議決を経て導入される制度であり、指定管理者の指定は「単なる価格競争による入札とは異なる」ものである。

【No. 416】　正解　4

《解答・解説編》

1　市場化テストは、官の世界に競争原理を導入し、官と民が対等な立場で競争入札を実施し、「価格と質の面で」、優れた主体を落札者とする制度である。
2　市場化テストは、公共サービスの提供を担う官と民の競争入札のみならず、公共サービスの民と民との間の移行を前提とした「民間の競争入札にも認められている」。
3　市場化テストは、経費削減のみならず、公共サービスの質の向上面で効果を挙げているが、この制度は、すでにアメリカ、イギリス、オーストラリアなどで実施されており、「日本独自の制度ではない」。
4　正解。
5　市場化テスト法では、法令の特例が適用される特定公共サービス制度を設けており、地方公共団体関連の事業では、「窓口5業務」に特例が設けられている。

【No.417】　正解　3
1　FMは、「アメリカ」で生まれた新しい経営管理方式であり、全ての施設及び利用環境を経営的視点から総合的に活用する経営管理活動である。
2　FMが自治体で関心が集まる理由には、人件費の次に多額の「固定費」を要する施設関係費の合理化に着目しなければ、行政改革を進められないことにある。
3　正解。
4　FMの効果としては、施設の実態が明らかになり、最適な経営管理ができ、管理経費を抑えられる効果のほか、FMは、「地球環境などの課題にも対応できるマネジメント手法である」。
5　FMは、自治体の公の施設が抱える課題を解決する一方法として、多くの自治体で脚光を集めており、特別区でも「FMを導入する区がある」。

【No.418】　正解　1
1　正解。
　行政評価とは、政策、「A．施策」、事務事業からなる政策体系を対象に、その成果や実績などを事前、中間、事後において、有効性や効率性などの観点から評価するものと定義されている。
　そのプロセスは、「B．PDCA」によって施策の立案や改善につなげるものである。
　行政評価の方法には、階層別に①政策評価、②「A．施策」評価、③事務事業評価などがあり、また内部評価に加えて「C．外部評価」を実施する自治体もある。
　行政評価の効果としては、①効率的・効果的な行政運営、②行政の説明責任の確保、③「D．職員の意識改革」の3つが期待されている。

【No.419】 正解　5
1　構造改革特区は、「国があらかじめモデルを示すのではなく」、地方公共団体や民間機関が地域特性に合わせて規制の改革を提案し、認められれば、特区計画で活用できる規制改革の項目に追加され、特区となる。
2　構造改革特区により、幼保一元化など、特区事業に成果が出た場合には「特区認定が取消され」、「全国的なスタンダードとなる」。
3　総合特区は、経済成長のエンジンとなる国際戦略総合特区と、地域資源を最大限に活用する地域活性化総合特区の「2つのパターン」がある。
4　総合特区は、構造改革特区と「異なり」、特区の要件を満たす地域であるならば、自治体に「限定されず」、国と地方の協働プロジェクトとなる。
5　正解。

【No.420】 正解　2
1　シティ・プロモーションは、都市の再生と活性化の促進を基軸にしつつ、都市の魅力を、自治体の「内外」に向けてアピールする手法である。
2　正解。
3　シティ・プロモーションは、企業や大学などの誘致を実現させるプロジェクト手法であり、「観光客の増加を目指す手法でもある」。
4　シティ・プロモーションには、イメージ戦略、雇用創出、都市基盤整備などがあり、これらの「多角的なアプローチによって」事業が展開される。
5　シティ・プロモーションは、「行政機関を中心に」、市民、大学、研究機関、NPO、企業など、多くの関係機関との協働で進められる手法である。

【No.421】 正解　4
1　政策形成の類型には、代表利害調整型、投機型、創造型があり、今日的な政策形成としては、「創造型」が最も多く受け入れられている。
2　代表利害調整型とは、利害関係者間で利害を調整する方法であり、権限や財源の確保が目的となりやすく、「地域の要望や実態からかけ離れた施策になる」。
3　投機型は、住民ニーズを、「一定の価値観や考え方に基づくことなく、無秩序に受け止めて」、「場当たり的な対応の施策を」展開する形態である。
4　正解。
5　創造型の場合には、限られた資源配分の見直しや優先順位、「平等イコール公平ではないため、公平性の確保の配分基準を明確にする」など、これらの政策形成に留意する必要がある。

【No.422】 正解　1

1　正解。
2　政策法務とは、政策形成された自治体活動の設計図を実施する上でその根拠となる法令を作成することであり、この法令とは「法律と条例に限られない」。「規則や要綱なども含まれる」。
3　政策法務とは、自主的に条例立案などに当たる行為のみならず、自己責任の下に法令を「自主的に解釈し、執行や運用をすることであり」、立法や事務執行の見直しにつなげることにある。
4　政策法務は、社会公共の問題解決のための政策そのものであり、また「政策実現の手段でもある」。
5　政策法務では、法令解釈や法令適用などが求められるため、行政に携わる「全ての職員」の問題意識や、改善への積極的な姿勢が求められる。

【No.423】　正解　5
5　CとDが妥当である。
　A　政策形成における戦略決定は、明確な方向性に基づく決定でなければならず、その要素としては、組織の活動範囲や組織の「長期的」な方向性などがある。
　B　戦略性を持つ事業計画を作成する上で把握する4分析には、①付加価値を創造する能力があるか。②競争力を持っているか。③「組織文化のあり方はどうか」。④競争相手や協力者がいるか、いないかがある。

【No.424】　正解　5
5　正解。CとDとEが妥当である。
　A　官民データ活用推進基本法では、行政手続のオンライン利用の原則化など、官民データの活用に資する各種施策の推進を国の取組みとして義務づける一方、「地方公共団体の責務も明記している」。
　B　高度情報通信ネットワーク社会形成基本法などに基づく『デジタル・ガバメント推進方針』では、国民や事業者の利便性向上に重点を置き、行政のあり方そのものを「デジタル前提で見直す」デジタル・ガバメントの実現を目指している。

【No.425】　正解　2
1　電子自治体推進指針は、平成15年に作成されている。総務省が電子自治体の取組みを推進し、この結果、各自治体におけるホームページの開設や庁内ＬＡＮの構築などを整備したのは「平成19年」の「新電子自治体推進指針」の策定に基づくものである。
2　正解。
3　総務省が進める自治体クラウドとは、自治体が「情報システムを庁舎内で

保有・管理するのではなく、外部のデータセンターで保有・管理し」、通信回線を経由して利用できるようにする取り組みである。
4　平成27年、総務省は、電子自治体の推進としてマイナンバーカードを活用した地域経済好循環システムの構築や公的個人認証サービスの提供などのほか、「情報セキュリティ監査に関するガイドラインを策定し、提供を行っている」。
5　平成27年、総務省は、自治体の情報セキュリティを強化するため、ネットワーク構成を「3つ」に分離・分割するように自治体に要請し、これを受けて、インターネット接続に都道府県と区市町村が協力して自治体情報セキュリティクラウドを構築した。

【No.426】　正解　4
4　正解。
　A―イ：1960年代　汎用電子計算機の導入を図る。
　B―ア：1970から1980年代　データベースの構築やオンライン処理を図る。
　C―エ：1990年代　インターネットの普及に伴いホームページの開設を図る。
　D―ウ：2000年代　庁内LANやグループウェアの導入を図る。
　E―オ：2010年代　情報システムの運用の最適化、基盤の再構築を図る。

【No.427】　正解　2
1　GovTech東京事業とは、都と都内の区市町村が共同して電子自治体を実現する事業であり、「電子申請サービスと電子調達サービス」が実施されている。
2　正解。
3　マイナポータルとは、「国」が運営するオンラインサービスで、マイナンバー制度に基づく情報照会などができる、自分専用のポータルサイトである。
4　住民基本台帳ネットワークシステムとは、居住関係を公証する住民基本台帳のシステムであり、氏名、性別、住所、「生年月日」の4情報の本人確認を可能とする。
5　公的個人認証サービスでは、利用者に電子証明書を発行し、なりすましやデータ改ざんの防止を可能とする。「外国人の住民も電子証明書を取得できる」。

【No.428】　正解　3
3　正解。
（A.イ：LGWAN）（B.ア：LGPKI）（C.ウ：eLTAX）
（D.オ：JPKI）　（E.エ：ICT-BCP）

【No.429】　正解　5

1 マイナンバーカード制度は、複数の機関に存在する情報の「身元（個人）（同一人の情報）」の確認と個人番号の記載を確認するための基盤として導入された制度である。
2 マイナンバー制度は、社会保障や税などの効率性や透明性を高める制度で、「区市町村長」が個人番号を指定し、希望する住民にマイナンバーカードを交付する。
3 マイナンバー制度では、個人情報を「一元管理できない仕組（分散管理）」を構築し、システム上の安全管理を図るなど、高度な個人情報保護が図られている。
4 マイナンバー制度では、個人番号の利用はマイナンバー法で厳密に定められているが、「法人番号の利用は自由とされている」。なお、個人番号の利用に違反した場合には拘禁刑や罰金が科せられる。
5 正解。

【No.430】 正解 1
1 正解。AとBが妥当である。
　C 報告書では、インターネットリスクには三層の構えで対応するとし、その一つにマイナンバー利用システムと他のシステムのネットワークとの分離があるが、これは「総務省の補助金事業として、各区のネットワーク構成などに合わせて、対策が実施されている」。
　D 報告書では、インターネットリスクの対策としては、区市町村インターネット接続口を「都道府県」に集約し、自治体情報セキュリティクラウドで、高度なセキュリティ対策を進めるとしている。

【No.431】 正解 5
1 ＡＩの活用は各区でも進んでおり、保育所入所選考や路面状況の点検などに活用され、「ＡＩチャットボットの利用も図られている」。
2 RPAとは、ソフトウェアが入力や転記などの作業を代行し、自動処理するシステムであるが、「多くの区が検討段階であり、本格的な導入はまだである」。
3 SNSは、区民に浸透し、ツイッターなどで活用され、情報発信も区民が欲するジャンルを選択し通知を受ける「プッシュ型」の通知などにも活用されている。
4 オープンデータは、「二次利用可能なルール」が適用され、コンピュータなどの判読に適したデータであり、「無償」で利用できる。
5 正解。

【No.432】 正解 4

1　リスクとは、被害や損害が発生する可能性のある事象をいい、「危機とは、リスクが変化し」、被害や損害が甚大となるおそれのある事態をいう。
2　危機とは、リスクが変化したものであり、危機は、リスクの段階を通り越し、「最初から危機として事態を把握すべきこともある」。
3　一般にリスクとは、「リスクと危機の両者を包括する概念である」。
4　正解。
5　リスクを、外的要因と内的要因とに分けると、公共施設の老朽化は「内的要因」によるリスクであり、情報漏えいは「外的要因」によるリスクである。

【No. 433】　正解　1
1　正解。
2　リスクマネジメントとは、リスクで生ずる不測の損失や被害を処理するため、最少の費用で最善の効果を挙げる経営管理手法であるが、危機管理とは「リスクマネジメントのうち、より重大な結果をもたらすおそれのある危機に対する管理」をいう。
3　リスクマネジメントの類似の危機管理とは、より重大な結果をもたらすおそれのある危機に対する管理をいい、リスクの変化したものが危機であるから、リスクマネジメントに「含まれる」。
4　リスクマネジメントの評価は、特定されたリスクが顕在化する確からしさの把握や、評価の下に「対策を実施すべきリスク」と受容リスク（特に対応を必要としないリスク）とに分け、「対策を実施すべきリスク」の優先の順位を決める。
5　リスクマネジメントは、リスクマネジメント・プログラムとして計画し、「組織の実態に合わせて個々に実施してもよいし、個々に分けずに一連のものとして実施しても差し支えない」。

【No. 434】　正解　3
3　正解。
　あ——ヒューマン・ファクターに関する記述は「B」である。
　い——リスクファイナンスに関する記述は「A」である。
　う——BCP（事業継続計画）に関する記述は「C」である。
　え——BCM（事業継続マネジメント）に関する記述は「D」である。

【No. 435】　正解　4
1　リスクマネジメントの組織は、単純な指揮命令系統を持った組織であり、できるだけ簡素な「トップダウン型の組織」が望ましい。
2　リスクマネジメントの組織は、リスクが切迫する中で、必要とされる行動を速やかに決定して、担当部門に指示するトップダウン型が望ましいが、的

《解答・解説編》

確な決定をもらうためにも、補佐役を置く「必要がある」。
3 リスクマネジメントの組織は、災害や事件、事故の発生が予測される場合に「限らず」、日常的に、部や課に、リスクマネジメント担当者をおく必要がある。
4 正解。
5 リスクマネジメントの組織は、あらかじめ要綱などで定め、組織の構成員が緊急時の対応が十分できるように、「対内的のみならず対外的にも」、整備しておく必要がある。

第3章　人事

【No. 436】　正解　4
1 全体の奉仕者とは、公務員は、「国民に奉仕するために勤務しなければならないとし」、その奉仕の対象は、国民全体であって、一部ではないとする理念である。
2 全体の奉仕者とは、憲法を受けた理念であり、公務員は、主権者である国民全体の奉仕者として位置づけられているが、この理念は、「一般職に限らず、全ての公務員に適用される」。
3 成績主義の原則とは、公務能率の増進の観点から、広く優秀な人材を確保するとする原則であり、職員の任用や給与等は「成績主義（メリット・システム）」に基づかせるとする原則である。なお、猟官主義（スポイルズ・システム）は、縁故又は個人的つながり等に基づいて任用する制度である。
4 正解。
5 勤労者としての地方公務員とは、一般職員の勤務条件を「条例」に基づかせることによって、勤労者の権利を保障し、地方公務員の勤労者としての性格を認めている。

【No. 437】　正解　3
1 地方公務員の範囲について、地公法2条では、地方公務員を地方公共団体の全ての公務員と定義づけており、普通地方公共団体に勤務する者のみならず、「特別地方公共団体に勤務する者も含まれる」。
2 地方公務員の範囲には、特別区及び地方公共団体の組合に勤務する者のほか、財産区に勤務する者も「含められる」。
3 正解。
4 地方公務員であるか否かは、従事職務が地方公共団体の事務で、任命行為があり、報酬の支払いがあるの3点の判断基準によって判断されるが、最終的には、「任命権者」が決めることとなる。

5　地方公務員の範囲には、地方公共団体から勤労の対価として給与（報酬）を受ける者のみならず、「民生委員のように無報酬の者も含められる」。

【No.438】　正解　5
1　地公法は、地方公務員を一般職と特別職とに区分し、一般職にも特別職にも属さない、地方公務員の存在を「予定していない」。
2　地公法は、地公法の適用については、「原則として」一般職の地方公務員のみに適用するが、例外として、「特別職にも適用される条文がある」。
3　地公法は、一般職の職員を原則として定年に達するまでの勤務形態としているが、特別職と「同様」に、「定年前再任用短時間勤務職員や会計年度任用職員のように任期が定まっている一般職がいる」。
4　地公法は、まず、特別職の範囲を限定列記した上で、「特別職を除いた」一切の地方公務員を「一般職」として位置づけている。
5　正解。

【No.439】　正解　1
1　妥当でない。
　区長の補助機関である『常勤の者』の中には副区長も含まれ、「副区長は特別職であるため」、妥当では言えない。
　その他の肢の、企業職の職員、臨時的任用職員、定年前再任用短時間勤務職員、会計年度任用職員は、一般職の者である。

【No.440】　正解　2
2　正解。AとCが妥当である。
　A　審議会の臨時又は非常勤の委員・・・・・・・地方公務員の「特別職」である。
　B　地方公共団体の長の秘書・・・・・・・・・地方公務員の「一般職」である。
　　　（注意：条例に基づく秘書は特別職である）
　C　非常勤の調査員・・・・・・・・・・・・・地方公務員の「特別職」である。
　D　警視正以上の階級にある警察官・・・・・・国家公務員の「一般職」である。
　　　（注意：都道府県で採用される警察官は地方公務員の一般職であるが、昇格して警視正以上になると、身分は国家公務員の一般職となる）
　E　会計管理者・・・・・・・・・・・・・・・地方公務員の「一般職」である。

【No.441】　正解　4
1　特別職には、公職選挙法などに基づき公選によって就任する職があり、長や議会の議員はこれに該当するが、「公安委員会の委員などは議会の同意による」。
2　特別職には、議会の同意によって就任する職があり、副区長、教育長、監

査委員、人事委員会の委員などがこれに該当する。「会計管理者は議会の同意によらない」。
3　特別職には、議会の選挙によって就任する職があり、選挙管理委員会の委員がこれに該当するが、「選挙管理委員は選挙権を有する者でなければならない」。
4　正解。
5　特別職には、任命権者が任意に任用する自由任用職があり、必ずしも成績主義によらず、他の要素で任命権者が任用する職で、長や議長などの「条例で指定する秘書」がこれに該当する。

【No.442】　正解　3
3　正解。AとDが妥当である。
　B　人事機関とは、人事行政について最終的な権限を有する機関をいい、このうち任命権者とは、知事、区市町村長、「行政委員会」などを指す。「教育長は任命権者ではなく、教育委員会の任命権者は教育委員会自身である」。
　C　任命権者とは、地公法並びにこれに基づく条例のみならず、「規則や規程に基づき与えられた権限を行使する者を指す」。
　E　人事委員会とは、任命権者の人事権が、適正に行われているか否かをチェックする人事機関であり、議会及び長から「独立した人事行政の専門機関である」。

【No.443】　正解　1
1　正解。AとBが妥当である。
　C　「選挙管理委員会」・・選挙管理委員会事務局の職員
　D　「教育委員会」・・・教育委員会事務局の職員
　E　「区長」・・・・・・出納員その他の会計職員

【No.444】　正解　5
1　人事委員会は、都道府県及び特別区も、ともに「条例」で設置される。
2　人事委員会は、任命権者の人事権に対し助言や審査などを担う機関であり、長及び議会から独立した人事行政の専門的な「執行機関」である。
3　人事委員会は、その性質に応じて、「準」立法的権限、「準司法的権限」及び行政権限の「3つの権限」を持つ。
4　人事委員会は、「3人」の委員で組織され、原則として「全員（3人）」の委員が出席しなければ、会議を開くことができない。
5　正解。

【No.445】 正解　3
3　正解。妥当であるのは、AとBとDの3か所である。

	人口規模	人事委員会	公平委員会
A	都道府県／指定都市	○	
B	人口15万以上の市	△いずれかを必置	
C	特別区		
D	人口15万未満の市		○
E	地方公共団体の組合 （広域連合・一部事務組合）		「○」

【No.446】 正解　4
1　人事委員会は、準立法的権限として、法律又は「条例」に基づき、その権限に属する事務に関して人事委員会規則を定めることができる。
2　人事委員会は、準立法的権限として、権限事務に関し人事委員会規則を定めることができるが、この規則は、「地方公共団体の機関が定める規則に該当するものである」。
3　人事委員会は、準司法的権限として、その権限を行使できる事項は限られているが、不利益処分の審査請求及び勤務条件の措置要求のほか、「職員団体の登録の取消しに関する口頭審理がある」。
4　正解。
5　人事委員会は、準司法的権限として、任命権者と職員との間の紛争を裁定する権限を有しており、不利益処分の審査請求に対する審査・「裁決」・「指示」ができる。

【No.447】 正解　2
1　人事委員会は、当該地方公共団体の「職員に関する」条例の制定改廃について、当該地方公共団体の議会及び長に対して意見を申し出ることができる。
2　正解。
3　人事委員会は、人事行政の運営に関して、「任命権者」に対し、専門機関としての立場に立って勧告することができる。
4　人事委員会は、毎年、給料表に関し、当該地方公共団体の議会及び長に対し報告しなければならないが、勧告は「必要あるときに」、「勧告できるにとどまる」。
5　人事委員会は、当該地方公共団体の「非現業職員」の勤務条件に関し、労働基準監督機関としての職権を行使することができる。現業職員の勤務条件に関しては、労働基準監督機関が職権を行使することとなっている。

《解答・解説編》

【No. 448】 正解 5

1. 任用とは、任命権者が特定の者を特定の職に就ける行為であり、職員の職に「欠員が生じた場合に限り」、採用、昇任、降任及び転任の方法による。
2. 任用は、受験成績、人事評価その他の能力の実証に基づいて行わなければならず、その他の能力の実証には「資格や免許の保持も含まれる」。
3. 任用は、受験成績などの能力の実証に基づき行うことを原則とし、「スポイルズ・システムを排除し」、公正な任用によって行政の専門性や中立的性格を確保する必要がある。
4. 任用の根本基準として、地公法は、成績主義の原則（地公法15条）と平等取扱いの原則（地公法13条）のほか、「職員団体活動等による不利益取扱いの禁止（地公法56条）も、明示している」。
5. 正解。

【No. 449】 正解 1

1. 正解。
2. 任用には採用があり、採用は、職員以外の者を職員の職に任命する行為であるが、採用は正式任用の方法の一つであることから、「正式任用ではなく臨時的な任用の場合、すなわち、臨時的任用職員の場合は採用から除かれている」。
3. 任用には昇任があり、昇任とは、職員をその職員が現に任命されている職より上位の職に任命することである。「要件を満たしている限り、職員は昇任発令を拒むことができない」。
4. 任用には降任があり、降任は、職員をその職員が現に任命されている職より下位の職に任命することである。降任は、分限処分として行われる行為であるから「処分事由を必要とする」。処分事由があれば、任命権者の裁量で行われる。なお、役職定年による降任もある。
5. 任用には転任があり、転任は、職員を現に任命されている職以外の職に任命することであり、「昇任や降任に該当しないもの」であるが、その転任にも「能力の実証が必要となる」。（法15条）

【No. 450】 正解 5

1. 標準職務遂行能力の基準は、「任命権者」が定めるものとされている。
2. 標準職務遂行能力の「職制上の段階」とは、部、課、係のような段階を意味する。職務の種類とは「行政、教育、福祉、医療などの業務を意味する」。
3. 標準職務遂行能力を、「地方公共団体の長及び議長以外の任命権者が定めるときは」、あらかじめ「当該地方公共団体の長」に協議する必要がある。議会（議長）は、議決機関であることから、長の協議を不要としている。

4　標準職務遂行能力は、任用の基準であり、「人事評価の基準となる」。
5　正解。

【No. 451】　正解　4
1　欠格条項とは、職員となる資格を認めない条項であり、認めないことが「合理的である場合において」、任用の資格要件として定められている条項である。
2　欠格条項に該当する者は、職員となるための競争試験を受けることができないし、また、「選考を受けることもできない」。
3　現に職員である者が欠格条項に該当することとなったときには、当然に、その職を失うが、「条例で特別の定めがある場合は、地公法28条④の規定に基づき救済される場合もある」。例えば、交通事故を起こし、拘禁刑以上の刑に処せられた者に対し、条例で、その情状により特例を認める場合がある。
4　正解。
5　欠格条項に該当する者を採用した場合は、無効となるが、採用以降、その者に支払われた給料は、「労働の対価として、返還を求める必要はない」。

【No. 452】　正解　3
1　欠格条項は、拘禁刑以上の刑に処せられ、その執行を終わるまでの者、又はその執行を受けることがなくなるまでの者（刑の執行猶予期間中の者）も「該当する」。
2　欠格条項は、当該地方公共団体において「懲戒の免職処分」を受け、当該処分の日から2年を経過しない者である場合も該当する。免職には分限の免職もあるが、欠格条項に該当するのは懲戒の場合の免職である。
3　正解
4　欠格条項は、人事委員会又は公平委員会の委員の職にあって、「地公法」に規定する罪を犯し、刑に処せられた者が該当する。法律でも、地公法の罰則規定に該当した場合に欠格条項に該当する。
5　成年被後見人や被補佐人は、「地公法の改正で欠格条項の該当者でなくなり」、又は破産手続の開始の決定を受けた者は、「欠格条項に該当しない」。

【No. 453】　正解　2
1　職員の任命の方法については、裁量権が任命権者に与えられているが、「職員の職に欠員が生じた場合に」行使することができる。
2　正解。
3　職員の任命の方法については、人事委員会を置く地方公共団体においては、「人事委員会」が、一般的基準を定めることができるとされている。
4　職員の任命を行う場合には、任用する期間を定めることなく任命することが原則とされているが、任用期間を限る場合があり、「この任用期間を限る任

命には、条件付採用のほかに、臨時的任用や任期付採用がある」。
5　職員の任命の方法には、採用、昇任、降任及び転任があり、これらの任命権は、任命権者が有しているが、この任命のうち、「降任」は、職員に対する「不利益な取扱いとなる」。

【No.454】　正解　5
5　正解。
　「（A．兼職）（B．充て職）（C．事務従事）（D．出向）」。

【No.455】　正解　1
1　正解。
2　採用の方法は、人事委員会を置く地方公共団体では「競争試験」が原則であり、人事委員会規則で定める場合には選考の方法による。人事委員会を置かない地方公共団体では「競争試験又は選考の方法」のいずれかによるとされる。
3　採用の試験は、人事委員会又は任命権者が行うものとされるが、国又は他の地方公共団体の機関に「試験を委託して行うこともできる」。
4　採用の資格は、一定の受験資格を有する「全ての国民」にあり、ここでいう国民とは日本国籍を有する者をいい、「原則として外国籍の者は含まれない」。なお、人事委員会等は、受験資格として必要な最少かつ適当な限度の、客観的かつ画一的な要件を「定めなければならない」。
5　採用の手続では、試験に合格した者の「氏名と得点」が採用候補者名簿に登録され、任命権者が、当該名簿に記載された者の中から採用を行うこととなる。

【No.456】　正解　2
2　正解。AとDが妥当である。
　B　職員の昇任は、任命権者が、職員の受験成績、「人事評価」、その他の能力の実証に基づき合格した者の中から行う。
　C　職員の降任は、人事委員会は関与せず、任命権者が、人事評価などから標準職務遂行能力及び適性を判断して行えるが、降任の場合は「処分の事由が必要となる」。
　E　職員の転任には、職の属する職制上の段階の標準的な職に係る標準職務遂行能力、及び任命する職の適性が判断されるが、判断資料として「受験成績はない」。

【No.457】　正解　3
1　選考による採用は、競争試験とともに、能力の実証のための最も基本的な

方法であり、その目的は、「採用試験と同じである」。
2 選考による採用は、競争試験と「同様に」、当該選考の職の属する職制上の段階の標準的な職の標準職務遂行能力の「ほか」、当該選考の職の適性の有無を判定するために行われる。
3 正解。
4 選考による採用は、特定の者を対象とし、「受験者を競争関係に置かず」、「職務遂行能力があるかどうか」を判定する方法で行われる。受験者を競争関係に置き、職務遂行能力の優劣を判定するのは採用試験の場合である。
5 選考による昇任は、「人事委員会を置く・置かないにかかわらず」、競争試験又は選考によることとされている。

【No. 458】 正解 2
1 条件付採用は、職員の職務遂行能力及び職の適性を、実務を通じて確認する制度であるが、能力及び適性が確認された場合でも、「条件付の期間の短縮はできない」。
2 正解。
3 条件付採用の期間は、6か月間であるが、職務遂行能力の実証が得られない場合には、「人事委員会（人事委員会を置かない地方公共団体では任命権者）」は、その期間を、1年を超えない範囲内で延長することができる。
4 条件付採用期間中の職員には、制度の趣旨から、身分取扱い上の特例が定められており、原則として分限に関する規定は適用されないが、条例で分限に関する事項を定めることができることから、「全く適用されないとは言い切れない」。
5 条件付採用期間中の職員には、正式任用職員と同様に、「勤務条件の措置要求は認められる」が、「不利益処分の審査請求は認められない」。

【No. 459】 正解 5
1 臨時的任用の制度は、正式任用の例外であり、一定の事由がある場合に限り、人事委員会を置く地方公共団体では、任命権者が「人事委員会の承認を得て」任用できる。
2 臨時的任用の条件は、常勤職員に欠員が生じた場合に、緊急のとき、臨時の職に関するとき及び採用候補者名簿がないときの、「いずれか一つに該当する場合」に限り、人事委員会規則の定めに従って任用することができる。
3 臨時的任用の期間は、原則として6か月以内であるが、さらに6か月以内に限り、「1回に限り」更新することができる。
4 臨時的任用の特例は、任用制度の趣旨から設けられており、身分取扱い上、分限処分や不利益処分に関する審査請求の規定は「適用されない」。
5 正解。

《解答・解説編》

【No. 460】　正解　1
1　正解。AとBが妥当である。
　C　任期付法には、①専門的な知識経験に着目したもの、②時限的な業務に対応したもの、「③短時間勤務職員に係るもの」との、「3種類」の任期付採用が定められている。
　D　任期付職員採用の専門的な知識経験者を採用する場合で、このうち高度の専門的な知識経験者を一定期間活用する場合の職員を「特定任期付職員」という。
　E　地方育休法に基づく任期付採用職員は、育児休業する職員の代替要員のほか、「育児短時間勤務に伴う短時間勤務職員の代替要員の場合にも、認められている」。
　F　配偶者同行休業に伴う任期付職員は、「地公法」に基づき、配偶者同行休業の職員の業務を処理するため、申請期間を限度として、任期を定めて採用される職員である。

【No. 461】　正解　5
1　特別区の職員の職は、職務の複雑さと責任の度合いに基づいて、主事、副参事、参事の3つの職に区分されるが、これを「職層名」という。
2　特別区の職員の職名は、職層名と職務名とによるが、○○部長、□□課長、△△係長、一般事務など、職務内容を具体的に表す場合、これを「職務名」という。
3　特別区における職員の職層名については、幾つかの職層があるが、「課長補佐」以下の職員を、主事という同一職層名で統一している。
4　特別区の事務系の標準的な職は、係員から部長級まで「6層制」に区分されており、このうち、主任職及び課長職への昇任には、昇任選考が実施されている。
5　正解。

【No. 462】　正解　3
1　特別区での採用は、特別区人事委員会が実施する採用試験及び採用選考のほか、「特別区人事委員会が任命権者に委任する採用選考」の、「3つ」の方法で行われる。
2　特別区での採用で特別区人事委員会が実施する採用試験は、Ⅰ類からⅢ類のほか、「就職氷河期世代を対象とする採用試験」の4種類があり、職種は、「Ⅰ類」は事務系、福祉系、一般技術系、医療技術系の4つがあるが、「Ⅱ類とⅢ類」は「事務系と一般技術系」の2つであり、「就職氷河期世代を対象とする採用試験」は事務系のみである。

3　正解。
4　特別区での幼稚園教諭の採用は、一般行政職員の採用と「異なり」、「特別区人事・厚生事務組合教育委員会」が採用選考で行っている。
5　特別区での昇任は、全て「選考」により行われ、このうち管理職「選考」は、特別区人事委員会が実施し、それ以外の選考は、特別区人事委員会から選考権限の委任を受けて、任命権者が行っている。

【No. 463】　正解　4
4　正解。
　　Aは「失職」、Bは「欠格条項該当」、Cは「退職」、Dは「辞職」である。

【No. 464】　正解　3
1　離職とは、職員の身分の喪失であり、職員が一定事由で当然に離職する場合を「失職」といい、任命権者の行政処分によって当然に離職する場合を「退職」という。
2　離職には失職と退職とがあり、免職、「死亡退職」及び辞職は退職に、欠格条項該当、「定年による退職」及び任用期間の満了は失職に、それぞれ分類される。
3　正解。
4　定年による退職は、失職に分類されるが、定年年齢は、「一般的な国の職員の定年年齢を基準として」、条例で別に定めることとされている。
5　退職による離職の法的効果は、「職員が任命権者から退職させる旨の辞令交付を受けたときに生じる」と、解されている。

【No. 465】　正解　4
1　定年制は、職員が一定の年齢に達した場合に、本人の意思にかかわらず当然に退職させる制度であり、その年齢は「条例」で定められる。
2　定年年齢は、国家公務員の定年引上げに伴い将来65歳となり、令和5年度から、「2年に」1歳ずつ段階的に引き上げられる。
3　定年前再任用短時間勤務制は、60歳以後に退職した職員で、本人が希望すれば、「従前の勤務実績等に基づく選考により」、定年退職日（65歳）まで採用される制度である。
4　正解。
5　定年延長は、当該職員の職務と責任に特殊性がある場合、又は、「欠員の補充が困難な場合に」、特例として条例に基づき引き続き勤務することができる。

【No. 466】　正解　2
1　役職定年制は、組織の新陳代謝を確保し、「組織活力を維持するために導入

された制度である」。
2　正解。
3　役職定年制は、管理監督職に就いている職員を「60歳に達した日の翌日から最初の4月1日までの異動期間に」、管理監督職以外の職へ降任または転任させる制度である。
4　役職定年制は、臨時的任用職員のほか、「任期付職員など、他の法律により任期を定めて任用される職員には適用されない」。
5　役職定年制は、地公法に基づく制度であるが、役職定年年齢に達した以後においても、一定の要件に該当する場合には、「引き続き管理監督職として勤務することができる特例規定がある」。

【No.467】　正解　5
1　会計年度任用職員の制度は、行政の多様化に対応し、公務の能率的かつ適正な運営を確保するために導入された制度であり、身分は「一般職」の非常勤職員である。
2　会計年度任用職員の類型は、常勤職員の勤務時間と同一のフルタイムの者と、「常勤職員」の勤務時間に比し短いパートタイムの者の2つがある。
3　会計年度任用職員の採用は、人事委員会を置く又は置かないにかかわらず、すなわち、地公法17条の2の採用の方法の規定にかかわらず、「競争試験又は選考による」。
4　会計年度任用職員の条件は、任期が一会計年度に限られているため、条件付期間は、原則6か月のところ「1か月」とする特例が設けられている。
5　正解。

【No.468】　正解　1
1　正解。
2　勤務条件とは、職員の生活を支える基盤であり、労働関係法規において一般の雇用関係についていう所の労働条件に「相当する」ものである。
3　勤務条件には、勤務の提供に伴う給与その他の経済的給付に関する事項と、「勤務の提供の仕方に関する事項がある」。
4　勤務条件とは、一般的に給与、旅費、労働時間などが該当し、この勤務条件については、地公法などの規定に基づき「条例」で定められる。
5　勤務条件の経済的給付に関する事項には、勤務の提供に対する反対給付があり、「給与はこれに該当する」が、「旅費は反対給付ではない」。

【No.469】　正解　3
3　正解。
　「Aには、給与（給料・手当その他）」、「Bには旅費・被服等の支給」、「C

には公務災害補償」、「Dには勤務時間・休日・休暇・休憩」、「Eには宿日直・時間外勤務」が該当する。

【No. 470】 正解 5
1 条例主義の原則とは、職員の給与のほか、「勤務時間その他の勤務条件についても、条例で定めるとする原則である」。
2 条例主義の原則とは、職員の給与、勤務時間その他の勤務条件を条例で定めるとする原則である。この原則では、給与等の勤務条件の基本的事項は条例で定められ、規則に委任することができないため、「規則で定めるものには適用されない」。
3 条例主義の原則とは、給与等が直接・間接に住民の負担につながるものであることから、「住民の意思を反映した条例で決定されるべきとする原則である」。
4 条例主義の原則は、地公法24条の規定に基づく原則であるが、一般職の地方公務員でも、教育職員、企業職員、単純労務職員については、それぞれ任用、服務の基準を異にし、職務の性格も異なることから、給与等についても法律上特例的な取扱いが行われており、「この原則の適用には例外がある」。
5 正解。

【No. 471】 正解 4
1 平等取扱いの原則は、憲法に規定する法の下の平等の理念に基づく要請であり、全て国民は法の下に平等であるが、民主主義の理念からみて、全ての差別を禁止する趣旨ではなく、「合理的な差別は許される」。
2 人種、信条、性別、社会的身分若しくは門地によって差別されてはならず、この平等取扱いの原則に違反した場合には、「地公法上の刑罰に処せられる」。
3 平等取扱いの原則は、全ての国民について適用される原則であるが、この国民には「外国人は含まれない」。任用に際して、外国人の任用は原則として自由である。ただし、公権力の行使又は地方公共団体の意思決定に参画させる職員（管理職）として外国人を任用することはできない。
4 正解。
5 個々の職員の給与を、職務の困難性や責任の度合いなどによって決定することは、「平等取扱いの原則に反しない」。

【No. 472】 正解 2
1 情勢適応の原則とは、職員の給与、勤務時間その他の勤務条件を社会一般の社会経済の情勢に適応させるとする原則であり、その措置を「地方公共団体」に求めている。
2 正解。

《解答・解説編》

3 情勢適応の原則は、職員の勤務条件が、社会一般の情勢に適応するように、「随時」、適当な措置を講じなければならないとする原則である。
4 情勢適応の原則に基づき、人事委員会は、職員の勤務条件について調査を行い、必要に応じて講ずべき措置について議会及び長に「勧告できる」のであって、勧告は「義務ではない」。
5 「民間企業の労働者」の勤務条件は、社会情勢の変化及び経済の変動に即応して弾力的、機動的に変更することが比較的容易となっているが、職員の場合は、議会の議決を経て、条例を改正するなどの手続が必要であり、弾力的に対応することが、「比較的困難」となっている。

【No.473】 正解 4
1 給与とは、職員の勤務に対する報酬として支給される金銭その他の有価物をいい、給料や諸手当及び一定範囲の現物給与を含む概念であるが、「実費弁償の旅費は含まれない」。
2 給料とは、職員について定められた正規の勤務時間による、勤務に対する報酬であり、給与の中から「諸手当と現物給与を除いたものである」。
3 給料表は、その適用を受ける職員の職務の内容と「責任の度合い」（職務給）に応じて、いくつかの級が設けられ、さらに各級は、いくつかの号給に分けられる。
4 正解。
5 現物給与とは、被服、食事、公舎等の支給であって、これらは勤務に基づいて支給されるものであるが、「被服が貸与される場合には給与に該当しない」。

【No.474】 正解 1
1 正解。
2 職務給の原則とは、職員の給与は、職員の職務と責任に応じて決定されなければならないとする原則であるが、職務給の原則だけでは、生活が困難となるため、職員の給与には、「生活給や年功給が加味されている」。
3 均衡の原則とは、職員の給与は、生計費並びに国及び他の地方公共団体の職員並びに「民間の従事者の賃金」などを考慮して決定するとする原則であり、人事委員会の給与勧告は、「均衡の原則に基づく措置である」。
4 給与の支払い三原則とは、職員の給与は、通貨で、直接職員に、その全額を支払わなければならないとする原則であり、この原則は、地公法に基づく原則である。「毎月払・一定期日払の原則は、労働基準法に基づく原則」である。
5 重複給与支給の禁止とは、職員が他の職を兼ねる場合においても、重複して給与の支給を受けることができないとする原則であり、「同一の勤務時間について」、二重に給与を受けることを防止する趣旨である。

【No. 475】　正解　3
1　三原則とは、通貨で、直接職員に、その全額を支払わなければならないとする原則であり、この原則の例外は、法律又は「条例」に特に認められた場合に限られる。
2　三原則の通貨とは、強制通用力のある貨幣をいい、原則として現物支給も制限しているが、「条例」に根拠規定がある場合に限り可能である。
3　正解。
（企業職員及び単純労務職員には労働基準法4条が適用される）
4　三原則の直接とは、給与を、職員に直接支給しなければならないとする原則であり、例外として口座振替が認められるのは、「条例の有無にかかわらず、本人の同意がある場合に限り」可能である。
5　三原則に基づき、職員に給与を支払わなければならないが、この三原則以外にも、「労働基準法（毎月払・一定期日払など）による支払の原則」の規定がある。

【No. 476】　正解　5
5　正解。BとDが妥当である。
　A　労働基準法は、さまざまな労働条件の規定を設けているが、これらの規定は、「標準的な労働条件を定めたものではなく」、「最低基準」の労働条件を定めたものである。
　C　労働基準法は、地方公務員については、地公法に特に明文をもって「適用除外とされているものを除き」、全て適用するとしている。

【No. 477】　正解　3
3　正解。
　職員の給与は、条例主義の原則にのっとり、条例をもって定めることとされている。地公法第24条では、職員の給与は、その「A．職務」と「B．責任」に応ずるものでなければならないと「C．職務給」の原則を掲げ、地公法25条3項では、給与条例に掲げる具体的な事項として、①給料表、②「D．等級別基準職務表」などを挙げている。

【No. 478】　正解　2
1　給料月額は、初任給決定によって決定され、その後は、昇格・降格、昇給・降給のほか、「転職に伴い変更される」。
2　正解。
3　記述の最初の昇格は昇格ではなく、「昇給である」。
4　昇給とは、現に受けている号給より、1号以上上位の号給に変更することをいい、良好な成績で勤務した職員の昇給の号給数を、「4号給」を標準に決

《解答・解説編》

5 転職とは、現に属する職種から他の職種に転ずることをいい、原則として現給と同額又は「直近上位の号給に決定される」。

【No. 479】 正解 4
1 昇給の定義で、昇給とは、給料月額を、同じ職務の級の上位の号給の給与月額に変更することをいい、管理職員、「係長等」及び「一般職員」の「3区分」で決定される。
2 昇給の決定は、「勤務成績に応じた昇給（昇給区分ごとの昇給の号給数－昇給の抑制）」に、号数加算措置及び名誉昇給などを加え、それから減じる必要がある調整号数を減じる方法で行われ、昇給日に昇給する号給数が決定される。
3 昇給の成績は、勤務成績に応じ昇給区分のA～Eに決定され、昇給区分ごとの昇給の号給数は上限を「8号」とし、特別区人事委員会の承認を得て決定される。
4 正解。
5 昇給の復調（復職時調整）は、昇給日に病気又は育児休業等の休職中の職員が対象となり、休職中に号給数が「調整され」、それが「復職日に措置される」。

【No. 480】 正解 1
1 正解。
2 記述は「特殊勤務手当」である。
3 扶養手当は、扶養親族のある職員の全てに対し支給される手当であり、ここにいう扶養親族とは、所得税法上の扶養親族の認定要件と「異なる」。
4 住居手当は、住居費の一部を補うため、世帯主（住民票上の世帯主に限らない）等である職員のうち、居住の住宅を借り受け、「月額2万7千円以上の家賃」を支払っている者が対象となる。
5 地域手当は、民間賃金の地域間格差を考慮する手当であり、特別区の区域内での支給額は、給料月額と「管理職手当と扶養手当」の合算額の「20％」となっている。

【No. 481】 正解 3
1 初任給調整手当は、民間企業の初任給との水準調整を図るとともに、専門的な知識を有する職員の採用を容易にする手当であり、現在、特別区では「医師と歯科医師のみが対象」となる。
2 通勤手当は、運賃などを負担する実費弁償的な性格を有する手当であるが、通勤のため自転車のみを使用する職員に対しても、「通勤距離により支給される」。
3 正解。

4 単身赴任手当は、公署を異にする異動などに伴う転居のため、配偶者と別居し、単身で生活する職員に支給される「生活給的な手当」である。
5 特殊勤務手当は、業務に危険、不快、不健康などの事実がある場合に支給される手当であり、「その状況が著しく、かつ恒常的である場合に限って」支給される。

【No.482】 正解 1
1 正解。
2 超過勤務手当は、①正規の勤務時間以外、②週休日や休日の超過勤務した場合の通常の超過勤務と深夜（22時～5時）の超過勤務のほか、③あらかじめ定められた1週間の正規の勤務時間を超えて週休日に正規の勤務時間を割り振られた場合の「週休日変更」による場合の「3区分」がある。
3 超過勤務手当は、超過勤務の時間で支給割合が「異なる」。午後10時から午前5時までとそれ以外、また月60時間までとそれ以外などで、支給割合が異なる。
4 超過勤務手当は、週休日における、正規の勤務時間に当たる時間に勤務したときに、同一週内に週休日の振り替えをしたときには「支給されない」。
5 超過勤務手当は、1時間を単位として計算され、給与期間中の全時間を合算したものに、1時間未満の端数がある場合には、「30分以上は1時間」とし、「30分未満は切り捨て」となる。

【No.483】 正解 5
1 期末手当は、わが国の生活習慣上から、民間における賞与などのうち「一律支給分に相当する生活給」として支給される手当である。能率給の性格を有するのは勤勉手当である。
2 期末手当は、各職員の在職期間に応じて支給される手当であり、特別区では、「6月期（夏季）と12月期（年末）」に支給される。
3 期末手当は、一律支給分としては、給料月額＋扶養手当＋地域手当（給料月額＋扶養手当の合算額×「0.2」）＝の算式で計算される。勤勉手当の場合は、期末手当の算定基礎から扶養手当が除かれているため注意を。
4 勤勉手当は、各職員の勤務成績に応じて支給される能率給としての性格を有する手当であり、特別区では、期末手当と同様に、一律分の支給のほか、「職務段階別加算や管理職加算の措置がある」。
5 正解。

【No.484】 正解 2
1 退職手当の種類には、一般の退職手当と特別な退職手当があり、特別の退職手当には、「予告を受けない退職者の退職手当」と失業者の生活保障的な退

《解答・解説編》

職手当とがある。
2　正解。
3　退職手当は、職員の勤務を報償する趣旨を有することから、「懲戒免職」を受け退職した場合には制限されるが、「分限免職による退職の場合には制限されない」。
4　退職手当の支給率は、退職の種類で異なり、普通退職は最高39.75月、定年退職及び整理退職等は最高47.7月、「非違勧奨退職の場合でも最高39.75月未満が支給される」。
5　退職手当の返納は、退職後に懲戒免職等を受けるべき行為をしたと認めた場合に、退職者又は「遺族に対し返納を求めることができる」。

【No.485】　正解　1
1　正解。
2　給与の支給時期は、昇給の場合は、その発令の日から新給料が支給され、職員が離職したときはその日まで支給され、「死亡したときはその月まで支給される」。
3　給与の減額は、超勤代休時間、休日、年次有給休暇、「病気休暇、特別休暇」、その他勤務しないことについて承認があった場合以外に行われる。したがって、「病気休暇及び特別休暇の場合は減額されない」。
4　給与の勤務1時間当たりの額の対象は、給料月額、給料月額に対する地域手当、初任給調整手当、特地勤務手当、「特殊勤務手当」の5種類である。「住居手当は対象とならない」。
5　休職者等への給与の支給には特例があり、病気休職には「1年」に達するまで100分の80が支給され、また「刑事休職の場合にも100分の60が支給される」。

【No.486】　正解　3
1　生死不明者の場合は、「70/100」の給与が支給されるが、水難、災害又は通勤災害によるときは、他法の適用を受けない限り「100/100」の額が支給される。
2　病気休職者の場合は、「80/100」の給与が支給されるが、支給期間は「1年」に達するまでの期間とされる。
3　正解。
4　公務災害者の場合は、100/100が地方公務員災害補償法に基づき補償されるため、給与条例による給与は支給されないが、手当として「期末手当と勤勉手当のみが支給される」。
5　学術調査研究者の場合は、70/100の給与が支給され、当該休職において必要がある場合は、「人事委員会」の承認を得て減額することができる。

【№ 487】 正解　2
2　正解。AとCが妥当である。
　B　定年前再任用短時間勤務職員には、諸手当も原則として定年前職員と同様であるが、「扶養手当、住居手当、初任給調整手当、特地勤務手当、寒冷地手当及び退職手当は支給されない」。
　D　定年前再任用短時間勤務職員には、期末手当や勤勉手当も支給されるが、支給月数は「定年前職員と異なる」。

【№ 488】 正解　4
1　幼稚園教育職員に適用される給与制度は、原則として一般職員と同様であるが、教育公務員としての特殊性から、初任給決定及び支給手当の種類などに「相違点がある」。
2　教員特殊業務手当は、幼稚園教育職員のみに支給される手当であり、幼稚園の管理下で、非常災害時等の緊急時に従事した場合に対象となるが、「管理職員特別勤務手当を受ける職員には支給されない」。
3　義務教育等教員特別手当は、幼稚園教育職員のみに適用される手当であり、教育職員に優秀な人材を確保するため、「人材確保法の趣旨を根拠に」、条例で支給される特別手当である。
4　正解。
5　幼稚園教育職員には、「超過勤務手当は支給されない」。超過勤務手当に代わるものが「教職調整額」である。「教職調整額」は、職務の級が1級又は2級の者に対して、給料月額×0.04の額が支給される。

【№ 489】 正解　5
1　旅費の性格は、職員が公務のための旅行において、生じた交通費などを実費弁償するものであり、給与に含まれないため、「非課税所得となっている」。
2　旅費の支給は、職員が公務のための旅行中に「欠格条項又は懲戒処分の事由により」退職、免職、休職、失職した場合には「支給されない」。ただし、死亡の場合は支給される。
3　旅費の計算は、最も経済的な通常の経路及び方法で計算し、経路が2つ以上ある場合は、運賃が安い経路によるが、この経済的とは、「運賃などが安いというだけでなく、旅行日数も考慮される」。
4　旅費の調整は、定額支給の建前をとりながらも、実際上の旅費の額に違いがある場合には、旅費を旅行実態に合わせて、減額調整のみならず「増額調整も認められる」。
5　正解。

《解答・解説編》

【No. 490】　正解　4
1　記述は帰住ではなく「赴任」である。帰住とは、職員が退職又は死亡し、その職員若しくはその扶養親族又は遺族が生活の本拠地となる地へ旅行することをいう。
2　内国旅行の旅費は、近接地内旅費と近接地外旅費とに区分される。共通に支給される旅費に、鉄道賃、船賃、車賃、旅行雑費、宿泊料、食卓料、移転料があるが、「日当は近接地外旅費に限られている」。
3　外国旅行の旅費は、外国旅行の特有性から、支度料や渡航手数料なども支給され、内国旅行の旅費の種類に「準じて支給される」。
4　正解。
5　旅費は、職員が公務のための旅行で、生じた交通費などを実費弁償するものであるが、研修受講及び健康診断などのために旅行する場合にも「支給される」。

【No. 491】　正解　5
1　勤務時間とは、職員が、任命権者の指揮監督の下に、職務に専念することを義務づけられている正規の勤務時間をいい、この勤務時間には、正規の勤務時間のみならず、「超過勤務時間、休日勤務及び宿日直勤務の時間も含まれる」。
2　正規の勤務時間は、「休憩時間を除き」、1週間当たり38時間45分であり、正規の勤務時間は暦日を単位として、月曜日から金曜日までの5日間に、1日当たり7時間45分が割り振られる。
3　勤務時間の割り振りにおいて、育児又は介護を行う職員が請求した場合には、「職務に支障がある場合を除き」、午後10時から翌日午前5時までの勤務が制限されている。
4　任命権者は、公務のため、臨時又は緊急の必要があるときには、超過勤務を命ずることができるが、この場合、「原則として」事前に命令し、必ず、事後に確認する手続を執る必要がある。
5　正解。

【No. 492】　正解　1
1　正解。
2　休憩時間は、「正規の勤務時間に含まず」、「労働基準法」に基づいて、勤務時間の途中において「必ず与えなければならない時間である」。
3　休憩時間は、労働時間が6時間を超える場合は少なくとも45分、8時間を超える場合は少なくても1時間を与えるとされているが、この基準を上回っても問題がないため、「特別区の条例で労働基準法と異なる時間を設けることができる」。特別区の場合は6時間を超える場合には1時間と設定されている。

4 休憩時間には、労働基準法上、①勤務時間の途中に与える。②同一事業所の全職員に一斉に与える。③職員の自由に利用させるの３原則があり、このうち、「同一事業所の全職員に一斉に与える原則と、職員の自由に利用させる原則には、例外がある」。
5 休憩時間は、勤務時間の途中である、通常正午からから13時までの時限とされているが、職務の性質によりこれにより難い職員には、「業務の実態に応じて個別にその時限を定めることができる」。

【No.493】 正解　2
2 正解。ＡとＣが妥当である。
　Ｂ　週休日とは、労働基準法の休日で、土曜日と日曜日がこれに当たるが、「祝日と年末年始は休日である」。
　Ｄ　週休日は、労働基準法では、毎週少なくとも「１回」与えるのが原則であるが、「４週を通じて４日」を与えることもできる。
　Ｅ　定年前再任用短時間勤務職員の週休日は、日曜日と土曜日に加え、「月曜日から金曜日の５日間において週休日を設けることができる」。

【No.494】 正解　3
1 休日とは、正規の勤務時間を割り振られて「いる」が、特に勤務を命ぜられる場合を除き、勤務することを要しない日をいう。
2 休日は、①国民の祝日に関する法律に規定された休日と、②12月29日から翌年の１月３日までの年末年始の休日、③国の行事が行われる日で人事委員会の承認を得て「特別区の規則で定める日」の「３種類」がある。
3 正解。
4 休日に勤務を命ぜられ、現に勤務した場合には、その勤務した全時間のうち、「正規の勤務時間に対しては休日給が支給される」が、「正規の勤務時間外の時間に対しては、超過勤務手当が支給される」。
5 休日に勤務する職員は、当該休日に代わる日として、他の勤務日をして、その日の勤務が免除されるが、当該振替は、休日勤務日の「前後」で認められる。

【No.495】 正解　5
1 休暇は、職員が特別の事由がある場合に、任命権者の承認を得て取得できるものであり、「勤務しないことを権利として保障したものである」。
2 休暇には、年次有給休暇、病気休暇、特別休暇、介護休暇、介護時間、「子育て部分休暇」及び組合休暇も認められている。
3 休暇には、法令上の休暇と条例上の休暇に大別され、法令上の休暇には、公民権行使等休暇、年次有給休暇、「妊娠出産休暇」などがある。

《解答・解説編》

4　休暇は、職員が特別の事情又は条件により勤務を要する日において、法律又は「条例」に基づく場合に、職務専念義務が免除される。
5　正解。

【No.496】　正解　4
1　年次有給休暇の根拠を、労基法と条例とに分けると、「前者」に属する。
2　年次有給休暇と給与の関係では、「有給」の休暇と位置づけされている。また各特別区の給与条例でも、給与の減額を行わないとしている。
3　年次有給休暇の取得は、「職員が請求した時に発生する」。
4　正解。
5　年次有給休暇は、「原則として」、職員の希望の時季に付与されるが、例外として、任命権者は、「職務に支障のある場合において時季変更権を有する」。

【No.497】　正解　2
1　特別休暇とは、選挙権の行使、結婚、出産その他の特別の事由により、勤務しないことが相当である場合の休暇である。「介護（休暇）は特別休暇ではない」。
2　正解。
3　災害休暇は、住居が災害により滅失又は損壊したときの復旧作業などのための休暇であり、職員が当該住居に居住していない場合は「含まれない」。
4　出産支援休暇は、男性職員が配偶者の出産にあたり、子の養育その他家事などを行うための休暇であり、原則として、暦日を単位に「2日以内」の範囲で認められている。
5　慶弔休暇は、職員が結婚又は職員の親族が死亡した場合などのときの休暇であり、結婚の場合は、引き続き7日以内で承認されるが、「親族の死亡の場合は、親族によって日数が異なる」。

【No.498】　正解　1
1　正解。
2　夏季休暇は、夏季の期間において、職員の心身の健康の維持や増進のみならず、「家庭生活の充実を図ることを目的として」認められる休暇である。
3　育児時間の休暇は、生後1年3か月に達しない子を育てる職員に対して、保育のために、「休憩時間とは別に」、勤務時間中に与えられる休暇である。
4　妊娠出産休暇は、出産の女性職員の就業を制限することによって、母体保護を図ることを目的とした休暇であり、「産前産後」を通じて16週間の休暇が付与される。
5　リフレッシュ休暇は、心身の活力回復及び増進し、又は「自己啓発に努めることにより」、公務能率の向上に資するため、勤務しないことが相当と認め

られるときに与えられる休暇である。

【No. 499】 正解　3
3　正解。AとDが妥当である。
　B　配偶者同行休業とは、公務において活躍を期待される職員の継続的な勤務を促進するため、「外国」で勤務する配偶者と生活を共にするための休業である。
　C　育児休業とは、子を養育する職員の職場生活と家庭生活の調和を図ることで職員の福祉増進を図るための制度であり、かつ「行政の円滑な運営に資することを目的とする休業である」。

【No. 500】 正解　1
1　正解。
2　育児休業の対象となる職員は、原則として一般職であれば男女を問わず、両親が「同時に取得することができる」制度である。
3　育児休業は、常勤職員に限られ、非常勤職員や臨時的任用職員などは、育児休業の対象とならない」。
4　育児休業中の職員には、育児休業の期間中は給料が支給されず、また期末手当や勤勉手当も「支給が制限される」。
5　育児休業は、日を単位として承認される制度であるが、1日の勤務時間の一部を勤務しない、「部分的な休業も認められている」。

【No. 501】 正解　4
1　分限の制度は、公務「能率」の維持と公務の適正な運営を確保する制度であり、分限を受ける場合が限定され、その意味で職員の身分保障の限界をいう。
2　分限の種類は、降任、免職、休職及び「降給」の4種類であり、職員は「地公法で定める事由によらなければ降任又は免職」を、また「地公法又は条例によらなければ休職又は降給の処分を受けることがない」。
3　分限の性格は、職員が一定の事由で職務を果たすことができない場合に、「本人の意に反する」不利益な身分上の変動をもたらす処分である。
4　正解。
5　分限の手続及び効果は、免職等が職員の意に反する処分であるため、法律に特別の定めがある場合を「除くほか」、条例で、これを定めなければならない。

【No. 502】 正解　5
1　人事評価に照らし勤務実績がよくない場合は、「免職又は降任」の処分にできる。
2　心身の故障で職務の遂行に支障がある場合は、「免職又は降任」の処分にで

きる。
3　条例で定める事由に該当する場合は、「休職又は降給」の処分にできる。
4　刑事事件に関し起訴された場合は、「休職」の処分にできる。
5　正解。

【No. 503】　正解　2
2　正解。AとCが（○）妥当である。
　B（×）──条件付採用期間中の職員や臨時的任用職員は、身分保障のない職員であるため、分限処分に関する規定が適用されず、また不利益処分の審査請求の規定も「適用されない」。
　D（×）──任用には、採用、昇任、降任及び転任があり、そのうち降任処分は、職員の意に反する分限処分で「あり」、任命権者は「法律の事由によらなければ」降任処分を行うことが「できない」。
　E（×）──分限処分には、職員が刑事事件に関し「起訴された場合」の休職処分があるが、「起訴されなければ（裁判にならなければ）休職処分とはならない」。

【No. 504】　正解　3
1　懲戒処分は、職員の一定の義務違反に対する道義的責任を問うことにより、地方公共団体における規律と「公務秩序」を維持することを目的とする。
2　懲戒処分により受ける不利益処分は、処分の性格から、その事由は、①法令等に違反した場合、②全体の奉仕者としてふさわしくない非行があった場合のほか、「③職務上の義務違反又は職務を怠った場合」の3つに限定されている。
3　正解。
4　懲戒処分には、免職、停職、「減給」、戒告の4つの種類の処分が法定されており、これ以外の懲戒処分を科することはできない。
5　懲戒処分の事由に該当する場合には、懲戒権者（任命権者）は、その程度、性質によって、4つの種類の処分の「いずれかの処分を行うことができる」。懲戒の事由に該当しても、「懲戒処分を行うか否かは自由裁量であり、義務ではない」。

【No. 505】　正解　1
1　正解。
2　懲戒の免職とは身分を失わせる処分である。その事由は、全体の奉仕者たるにふさわしくない非行があった場合に「限られず」、「法令違反等、及び職務上の義務違反等の場合にも行われる」。
3　懲戒の停職とは、懲罰として、職員を一定期間職務に従事させない処分で

あり、この期間中は「給与は支給されない」。
4　記述は分限の降給であり「懲戒の減給ではない」。懲戒の減給とは、職員の義務違反に対する制裁として、「職員の給料の一定割合を、一定期間、減額する処分である」。
5　懲戒の戒告とは、職員の規律違反の責任を確認するとともに、将来を戒める処分であるが、「昇給等に影響をもたらす処分である」。

【No. 506】　正解　4
4　正解。AとEが（〇）妥当である。
　B（×）——懲戒免職を受け、当該処分の日から2年を経過しない者は、当該地方公共団体の職員となることができないが、当該地方公共団体以外の地方公共団体の職員となることは「できる」。欠格条項を参照のこと。
　C（×）——懲戒処分は、現職に科せられる処分であるが、いったん退職し、引き続き特別職地方公務員等に就いた後、「再度職員となった場合には」、退職前の事由が懲戒処分の対象となる。
　D（×）——懲戒処分は、戒告、減給、停職及び免職の処分に限定され、これ以外の処分はなく、この懲戒手続は、法律に特別の定めがあるほか、「条例」で定められる。

【No. 507】　正解　5
1　職員が職務の執行に関連して、故意又は過失により、区民及び区に財産上の損害を与えた場合には、公法上の賠償責任のみならず、「私法上の賠償責任を負うこともある」。
2　公金（現金）の亡失は、故意又は「過失」で足り、有価証券の亡失は故意又は重大な過失がある場合に賠償責任を負う。
3　現金の支出等を、法令に違反して行った場合には、賠償責任を負わなければならず、また、予算執行職員の法令違反や怠る損害にも「賠償責任を負わなければならない」。
4　公権力の行使にあたる職員が、故意又は過失によって、「違法」に他人に損害を与えた場合に「限り」、区が賠償責任を負う。「適法な行使の場合には損害賠償を負わない」。
5　正解。

【No. 508】　正解　5
1　資金前渡を受けた職員が、「故意又は過失」によりその保管していた現金を亡失したときには、生じた損害を賠償しなければならない。
2　物品を管理する職員が、故意又は重大な過失により、その物品を損傷させたときには、賠償責任が生じるが、故意又は重大な過失の事実の認定は「地

方公共団体の長」が行う。
3　支出負担行為をする職員が、「故意又は重大な過失」により、法令に違反して損害を与えたときには、生じた損害を賠償しなければならない。
4　会計管理者の事務を補助する職員が、「故意又は重大な過失」により、その保管に係る有価証券を亡失したときには、生じた損害を賠償しなければならない。
5　正解。

【No. 509】　正解　1
1　正解。
2　国家賠償法は、公権力の行使に際し、「故意又は過失がある」ことを要件としている。
3　国家賠償法は、公権力の行使にあたる職員の「違法による行為」を要件としている。
4　国家賠償法は、他人に損害を与えた場合には、「国又は地方公共団体（区の職員の場合は区）」が責任を負うとしている。
5　国家賠償法は、区が他人に損害賠償を行った後、職員に故意又は「重大な過失」がある場合に限って、職員に対し求償権が及ぶとしている。

【No. 510】　正解　3
3　正解。
　服務とは、職務を遂行するに当たって職員が守るべき義務ないし規律を意味し、この服務義務は、地方公共団体の行政の遂行を職員に信託した「A．住民全体」に対し、行政の「B．民主的かつ能率的」な運営を確保するものでなければならない。職員には、服務義務以前に「C．公務員倫理」が求められ、汚職があれば、「D．刑法」の収賄罪となる。
　ゆえに、常に公務員であることを意識し、自らに対して厳しい「E．道徳律」を課していかねばならない。

【No. 511】　正解　3
1　服務の根本基準は、地公法30条に全体の奉仕者として勤務すると規定されているが、この規定は、「国家公務員法の規定ではなく、憲法の規定を受けたものである」。
2　服務の根本基準は、職員が現に職務を遂行している「勤務時間中に限らず」、「勤務時間外、休職中の職員、停職中の職員にも適用される」。
3　正解。
4　服務の根本基準は、地公法の根幹をなす基準であるが、この規定自体は、倫理的、基本となる精神を明示する規定であり、「この根本基準の規定違反は、

懲戒処分の対象とならない」。
5 　服務の根本基準を実現する地公法上の義務は、職務上の義務と身分上の義務とに分類されるが、「両者には本質的な違いがあるわけではない」。

【№ 512】　正解　2
2 　正解。
　　職務上の義務には、「服務の宣誓、法令等に従う義務、上司の職務命令に従う義務、職務に専念する義務」がある。
　　身分上の義務には、「信用失墜行為の禁止、秘密を守る義務、政治的行為の制限、争議行為等の禁止、営利企業への従事等の制限」がある。

【№ 513】　正解　1
1 　正解。
2 　服務の宣誓は「職務上の義務」であり、職員が宣誓を行わなかった場合には、職務上の義務違反と「なり」、懲戒処分の対象となる。
3 　服務の宣誓は、公務を、民主的かつ能率的に運営すべき責務を自覚し、誠実かつ公正に職務を執行することを、「住民全体」に対して行う行為である。
4 　服務の宣誓は、職員が義務を負うことを確認し宣誓する行為であり、採用時において、「条例」の定めるところにより宣誓をしなければならない義務とされている。
5 　服務の宣誓は、職員が服務上の義務を負うことを「受諾する行為ではない」。「服務上の義務は、採用発令により当然に生ずる義務」である。宣誓を行うことによって、公務員としての身分が付与される「わけではない」。なお、服務の宣誓は採用発令を受けた後に行われる。

【№ 514】　正解　5
1 　法令等に従う義務の法令等とは、「法令一般と解釈するのではなく」、職員の「その職務の遂行に当たって関係がある法令等に限られている」。
2 　法令等に従う義務の法令等には、法律、条例、規則、規程のほか、「訓令や通達なども含まれる」と解されている。
3 　法令等に従う義務は、職務と無関係な一市民として法令に違反した場合には、「この義務に対する違反の問題は生じない」。
4 　法令等に従う義務は、公務に携わる職員に課せられる義務であり、原則として「勤務時間中に限り課せられる」。
5 　正解。

【№ 515】　正解　4
4 　正解。bとcとdとfの4か所が誤りである。

《解答・解説編》

a 妥当である。
b 誤り。──職務命令は原則として「要式行為とされていない」。文書でも口頭でもよい。
c 誤り。──二人の上司の職務命令に矛盾があるときは、「より上位の命令」が直近上位の命令より「優先する」。部長と課長の職務命令に矛盾があれば、部長の命令が優先する。
d 誤り。──職務命令に重大かつ明白な瑕疵があるときは「無効」となる。
e 妥当である。
f 誤り。──職員は「職務命令に対する審査権を有しない」。
g 妥当である。

【No.516】 正解 1
1 正解。
職務命令が違法である場合には、『有効』な命令となるが、『明らかに違法』及び『まったく違法』の場合は、無効な命令となる。
2 職務命令が、明らかに違法である場合には、「無効」な命令となる。
3 職務命令に『重大な瑕疵』がある場合又は『明白な瑕疵』がある場合には、「有効」な命令となるが、重大と明白の「両方の瑕疵」があるときは、無効な命令となる。
4 職務命令に、重大かつ明白な瑕疵がある場合には、「無効」な命令となる。
5 職務命令に、取消原因の瑕疵がある程度では、「有効」な命令となる。

【No.517】 正解 4
1 職務に専念する義務は、身体的活動のみならず、「精神的活動の全て」を職務に集中しなければならないとする義務である。
2 職務に専念する義務の対象となる職務は、職員の勤務する地方公共団体の自治事務に「限られず」、法定受託事務も「含まれる」。
3 職務に専念する義務は、条例で定められた正規の勤務時間中に「限られず」、超過勤務時間中や休日勤務時間中にも「適用される」。
4 正解。
5 職務に専念する義務が免除される例としては、研修を受ける場合や、職員の厚生に関する計画の実施に参加する場合があるが、これらは「条例」に基づく免除である。

【No.518】 正解 1
1 正解。
2 信用失墜行為には、職員の職全体の不名誉となる行為のみならず、「その職の信用を傷つける行為も、禁止行為に該当する」。

3　信用失墜行為は、直接職務を遂行する際の失墜行為で、かつ信頼を損なう行為の禁止であり、また「職務時間外の行為も、禁止行為に該当する」。
4　信用失墜行為は、職員の職務に関連する非行的な行為のほか、「私的な非行的な行為（暴行及び詐欺など）も、禁止行為に該当する」。
5　信用失墜行為の判断は、地公法に「具体的な規定はなく」、「任命権者が社会通念に基づいて個々に判断することとされている」。

【No.519】　正解　2
1　職員は、在職中のみならず、「その職を退いた後も、職務上知り得た秘密を漏らしてはならない」。自己の職務上の秘密に「限らず」、秘密を守る義務を負う。
2　正解。
3　職務上知り得た秘密とは、職員の職務上の所管に属する秘密に「限定されず」、職務上の秘密よりも範囲が「広い」。
4　職員が、法令による証人又は鑑定人等となり「職務上の秘密」に属する事項を発表する場合は、任命権者の許可を受けなければならない。職務上知り得た秘密を法令による証人又は鑑定人等となり発表する場合には、任命権者の許可を必要としない。
5　職員が、万一、職務上知り得た秘密を漏らした場合には、住民の行政への不信の念を助長することから、懲戒処分の対象となり、また「罰則の対象ともなる」。

【No.520】　正解　3
1　地公法は、職員が、一党一派に偏し行動をとることが、全体の奉仕者として相容れないことから、「特定の」政治的行為を行うことを「制限」している。
2　地公法は、行政の公正な運営を確保するために、政党勢力の不当な支配を排除しているが、これは「職員を政治的影響から保護するためでもある」。
3　正解。
4　地公法は、何人も、政治的行為を行うことを求め、職員をそそのかし、若しくはあおってはならないとしているが、これに違反しても「罰則の適用はない」。
5　地公法は、政治的中立性から、公権力の行使に当たる一般職の政治的行為を制限しているが、企業職員や単純労務職員は、その性格及び職務が一般行政事務の職員と異なる特殊性を有することから、「政治的行為の制限規定は及ばない」。

【No.521】　正解　5
1　職員は、「当該区域の内外において」、特定の政党その他の政治的団体を支持する目的をもって、「文書又は図画を庁舎等に掲示することはできない」。
2　職員は、「当該区域内に限り」、特定の候補者を支持する目的をもって、寄

附金その他の金品の募集に関与することができないが、「職員自身が寄附金を与えることは差し支えない」。
3　職員は、当該区域の内外で、政党その他の政治的団体の役員に就任することができないが、役員以外の「構成員となることはできる」。
4　職員は、「当該区域内に限り」、特定の政党を支持する目的をもって、公の選挙において投票するように、又はしないように勧誘運動をすることができない。
5　正解。

【No.522】　正解　1
1　正解。
2　争議行為等の禁止規定、職員が使用者たる「住民」に対して、同盟罷業、怠業その他の争議行為を禁止する規定であり、かつ、地方公共団体の機関の活動能率を低下させる「怠業的行為も禁止している」。
3　地公法は、「何人も」としており、「一般の職員のみならず特別職、その他住民等」が、争議行為等を企て又はその遂行を共謀し、争議行為をあおることを禁止しており、その違反者には罰則の適用もある。
4　争議行為等の禁止規定は、公務員は、住民から信託を受け、全体の奉仕者として住民に奉仕すべき地位にあるため、一般労働者が有する労働基本権を「制限」している。例えば、一般行政職員の労働基本権の団結権は制限していないが、団体交渉権は一部制限し、争議権は禁止としている。「全て禁止ではない」。
5　争議行為等の禁止規定は、技能労務系職員や企業職員には適用されないが、これらの職員には地公労法の規定が適用されるため、「一般行政職員と同様に、争議行為等が禁止されている」。

【No.523】　正解　2
1　営利企業とは、商業、工業又は金融業その他の営利を目的とする私企業をいい、「営利を目的とする場合には農業も含まれる」。
2　正解。
3　営利企業への従事等の許可は、任命権者が有するが、任命権者ごとに許可基準が不統一にならないように、「人事委員会」は、規則でその基準を定めることができる。
4　営利企業に従事等をする場合には、「勤務時間の内外にかかわらず」、職員は、任命権者の従事許可を受けなければならない。
5　営利を目的とする会社その他の団体の役員に就くときには、任命権者の許可を必要とし、この役員以外の地位として「顧問や評議員その他これに準ずる者も含まれる」。

【No.524】 正解 3
1 公務員倫理とは、公務員が公務員として「社会一般」に受け入れられ、期待されている行動原理をいい、公務員は職業倫理に加え公務員倫理を併せ持つ。
2 職業倫理とは、その職業にふさわしい行動原理であり、職業が果たすべき役割として必要不可欠なものであり、「法令に規定され、強制される場合もある」。
3 正解。
4 国家公務員倫理法は、公務に対する国民の信頼を確保するための法律であり、「倫理原則などの基本事項が規定されており」、この法を受けた「国家公務員倫理規程」において、倫理行動基準、贈与等に関する規制などが規定されている。
5 公務員倫理の確立は、国家公務員に限らず、地方公務員にも求められることから、国家公務員倫理法では、地方公共団体に倫理施策を「講ずるよう努めなければならない」としている。「努力義務である」。

【No.525】 正解 4
1 退職管理の元職員による働きかけの規制は、営利企業等へ再就職した元職員に対してであり、「離職前の職務に関して」、現職員への働きかけを禁止している。
2 退職後に再就職した営利企業等とは、営利企業のほか非営利法人も含まれるが、「国、国際機関、地方公共団体、特定地方独立行政法人などは含まれない」。
3 働きかけの規制は、元職員が再就職した営利企業等と元在籍していた地方公共団体との間の契約のほか、「営利企業等に対する処分に関する事務も含まれる」。
4 正解。
5 退職後に営利企業等に再就職した元職員は、「退職後2年間」、「退職前5年間の職務上の行為」をする又はしないように、要求や依頼することが禁止されている。

【No.526】 正解 5
1 原則、再就職者は、離職前5年間に在職した当該地方公共団体との間における契約等事務であっても、「一般競争入札に参加するなどの行為は禁止されていない」。例外がある。
2 原則、再就職者は、離職前5年間の職務に関し、現職員に対して、「離職後2年間は」、契約等事務に関し、要求や依頼の働きかけができない。
3 在職時に上位の職にあった再就職者は、在職中に自らが決定した契約や処分に関して、「期間の制限なし」に現職員に働きかけができない。
4 地方公共団体の長の直近下位の内部組織の長であった再就職者には、「離職5年前より前の職務」にも、契約等事務に関して上乗せ規制が課されている。

《解答・解説編》

5　正解。

【No.527】　正解　4
1　現職員に職務上不正な行為をするよう要求又は依頼することが禁止されており、職務上不正な行為を求めた元職員に対しては、過料又は「刑罰」が科せられる。
2　元職員から禁止されている要求又は依頼の働きかけを受けた現職員は、「人事委員会又は公平委員会」に対し、その旨を届け出なければならない。
3　働きかけ規制に違反する行為の疑いがあると思料するときは、「任命権者」が調査に当たり、「人事委員会又は公平委員会」は、調査が公正に行われるように監視に当たる。
4　正解。
5　地方公共団体は、退職管理の適正な確保のために必要な措置を講ずる場合には、条例で定めれば、元職員に対し再就職情報の届出義務を規定できるし、届出の義務違反に対し「罰則（過料）を科する規定を設けることもできる」。

【No.528】　正解　3
1　地公法は、職員には、その勤務能率の発揮及び増進のために、「研修を受ける機会を与えなければならない」と定めている。
2　地公法は、職員研修は、「任命権者」が、職員一人ひとりの能力の向上を図るため、効果的、計画的に実施しなければならないと定めている。
3　正解。
4　地公法の規定を受けて、研修に関する計画を作成し、職員に対する研修の必要の程度を調査し、積極的に研修を行う義務を「任命権者」に課している。
5　地公法では、人事委員会が、研修に関する計画の立案その他研修の方法について、「任命権者」に対し勧告することができると定めている。

【No.529】　正解　3
1　人事考課制度は、大きく人事評価と自己申告制度で構成され、勤務成績の適正な評価と「人材育成を図る制度である」。
2　人事評価は、職員が職務遂行に当たり発揮した能力や、挙げた業績を把握する制度であり、評価を任用や給与のほか、「分限の基礎にもできる」。
3　正解。
4　自己申告とは、職員が自己の職務目標及び成果、職務に関する希望等を上司に申告する制度であり、「職員の士気を高め、公務能率を図る制度である」。
5　人事評価は、能力や業績の両面の評価を人事管理の基礎とする評価制度であり、人事委員会は、人事評価の実施に関して「任命権者に対し勧告することができる」。

【No.530】 正解 1

1 正解。
　職員には、公務員としての地位に基づく基本的な権利として、その身分が保障され職務を執行する権利と、その生活を維持するための経済的権利がある。
　具体的に、職員の権利を支える権利としては、「A＝ア．保障請求権」があり、経済的な権利を支える権利としては、「A＝ア．保障請求権」と、「B＝イ．労働基本権」がある。
　さらに、「A＝ア．保障請求権」には、経済的な権利としては、「C＝ウ．勤務条件に関する措置要求権」があり、職務を執行する権利としては、「D＝エ．不利益処分に関する審査請求権」がある。

【No.531】 正解 5

1　勤務条件の措置要求の制度は、職員の勤務条件を社会一般の情勢に適応させるものであり、かつ「労働基本権の制約に基づく代償措置である」。
2　勤務条件の措置要求の対象は、勤務条件の適正を確保するために、一般職のうち「単純労務職員及び企業職員を除く」職員を対象とする制度であり、特別職はその対象としていない。
3　勤務条件の措置要求の内容となるものは、給与、勤務時間その他の勤務条件であり、その範囲は広く、職員の具体的な権利・利益に影響を及ぼすものであれば要求の対象とすることができるが、「管理運営事項は勤務条件の措置要求の対象とならない」。
4　勤務条件の措置要求を審査する機関は、人事委員会又は公平委員会であり、この審査機関から当該地方公共団体の機関に行われた勧告には「法的拘束力はない」が、勧告を受けた機関は、これを尊重しその実現に努力すべきであるとされている。
5　正解。

【No.532】 正解 2

2　正解。

措置要求ができる者	措置要求ができない者
・一般行政職の職員	・特別職の職員
・教育職の職員	・単純労務職員
・条件付採用期間中の職員	・企業職の職員
・臨時的任用職員	・特定地方独立行政法人の職員
・会計年度任用職員	・退職者
・定年前再任用短時間勤務職員	・職員団体
・任期付職員	

【No.533】 正解　4

4　正解。BとDが妥当である。
　A　地方公共団体の機関が自らの責任で執行する行政企画などの「管理運営事項は対象外」である。
　C　給与、勤務時間その他の勤務条件であっても、「当局の権限に属さない事項は対象外」である。
　E　職員の定数の増減や予算額の増減に関する事項は「対象外」である。

【No.534】 正解　5

1　勤務条件の措置要求に対しては、先ず要件審査が行われ、提出要件が具備していなければ受理されず、不適法な措置要求として「却下」される。
2　適法な勤務条件の措置要求として正式に受理されれば、審理に入り、審理では、「書面審理が原則」であるが、「審査機関が必要と認めたときは、口頭審理による」こともできる。しかし、「審理の公開は法定されていない」。
3　審査機関の審理の判定は、要求の内容に理由がない場合には「棄却」となり、要求の内容に理由があれば要求内容の全部又は一部の「認容」となる。なお、審理が行われ要件等を具備せず、不適法であれば「却下」となる。
4　判定の結果に基づいて審査機関は、当該事項に関して権限を有する機関に対し必要な勧告をしなければならないが、「この勧告は法的に関係者を拘束しない」。
5　正解。

【No.535】 正解　3

1　不利益処分の審査請求は、任命権者が行った、職員の意に反する違法又は「不当」な処分を救済する制度である。
2　不利益処分を受けた職員は、自己の身分保障を実質的に担保するために、「人事委員会又は公平委員会」に対し、行政不服審査法に基づく審査の申立てができる。
3　正解。
　　審査請求期間には、天災その他のやむを得ない理由は、認められていない。それは、職員が国民と異なり、当然に制度及び期間を熟知しているべきであるという理由による。
4　不利益処分の審査請求の審理には、書面審理、口頭審理、その併用があるが、審査機関は、処分を受けた職員から「口頭審理又は口頭審理を公開して行う請求があるときは、この請求に従わなければならない」。
5　不利益処分の審理結果に対して、任命権者が、その指示に故意に従わなかった場合には、「1年以下の拘禁刑又は50万円以下の罰金」に処せられる。

【No. 536】 正解　4
1　一般職の職員でも、「企業職員、単純労務職員、条件付採用期間中の職員、臨時的任用職員、会計年度任用職員の条件付期間中は、不利益処分の審査請求ができない」。それ以外の職員は審査請求ができる。
2　単純労務職員や企業職員は、分限処分や懲戒処分などの不利益処分を受けた場合でも、地公労法附則⑤及び地方公営企業法39条に基づき、組合交渉で解決すべきとされており、「不利益処分の審査請求ができない」。
3　条件付採用期間中の職員は、いかなる処分であれ、地公法29条の2に基づく「不利益処分の審査請求ができない」。
4　正解。
　　職員としての地位にあることを主張している懲戒免職を受けた元職員は含まれる。
5　臨時的任用職員は、いかなる処分であれ、地公法29条の2に基づく「不利益処分の審査請求ができない」。

【No. 537】 正解　1
1　正解。
2　不利益処分とは、分限処分と懲戒処分に「限られず」、「職員の意に反し、かつ客観的にみて不利益を与えている処分も該当する」。
3　不利益処分のうち懲戒処分の場合は、免職、停職、減給及び戒告の処分が該当し、分限処分の場合は、免職と降任のほか、「休職及び降給の処分も該当する」。
4　訓告及び給与の減額のような事実行為や職員の休暇などの申請に対する不作為などは、「不利益処分に該当しない」。
5　不利益処分が職員の意に反していても、職員にとって、客観的にみて不利益な処分でない場合には、「不利益処分に該当しない」。

【No. 538】 正解　1
1　正解。
2　不利益処分の審査請求の審査機関の裁決には、原処分の承認、修正、取消し及び却下があるが、処分を受けるべき理由がない場合は、原処分の「取消し」となる。承認とは任命権者の処分を適法かつ妥当と認めた場合の判定をいう。この場合は棄却となる。
3　原処分の修正又は取消しの裁決には、形成的効力が「あり」、原処分の修正の場合は、当初から修正後の処分があったことになる。
4　不利益処分の審査請求を審査機関が裁決したときには、任命権者に対して、原処分の修正又は取消しの「指示」を行わなければならない。

《解答・解説編》

5 不利益処分の審査請求ができる処分については、裁判所に対して、処分の取消しの訴えのみならず、「裁決の取消しの訴えも提起できる」。

【No.539】 正解 2
1 厚生福利制度とは、職員一人ひとりが安心して職務に精励できるための福祉施策であり、厚生制度と共済制度の「2つ」の制度がある。「公務災害補償制度は、厚生福利制度とは別の制度である」。
2 正解。
3 厚生福利制度には、地公法に基づき実施する事業と、特別法に基づき実施する事業とがあり、前者を「法定外厚生福利」、後者を「法定厚生福利」と呼んでいる。
4 記述は「厚生制度」である。
5 厚生制度の一環として特別区職員互助組合があるが、この組合は特別区職員互助組合の「条例」で設置され、特別区に「常時勤務する職員など（退職者などを含む）」が対象となる。

【No.540】 正解 5
1 地方公務員共済組合は、相互救済の精神に基づき、「地公法43条」に基づく制度であり、具体的な実施は、特別法の地方公務員等共済組合法による制度である。
2 共済組合には、地方職員共済組合、東京都職員共済組合などがあり、特別区の職員は、「東京都職員共済組合」の組合員である。
3 共済組合の事業は、①健康保険法による保険給付に相当する短期給付事業と、②厚生年金保険給付（老齢厚生年金、障害厚生年金、障害手当金、遺族厚生年金）と退職等年金給付で構成される長期給付事業のほか、③健康づくりや疾病予防への支援、保健施設運営、保養施設運営、住宅資金貸付けなどの「福祉事業」の「3本立て」により実施されている。
4 共済組合の救済は、職員の病気、負傷、出産、休業、災害、退職、障害若しくは死亡、又はその被扶養者の病気、負傷、出産、死亡若しくは災害に関して相互救済を目的とするほか、「遺族の生活の安定と福祉の向上に寄与することを目的とする制度でもある」。
5 正解。

【No.541】 正解 3
1 公務災害補償は、地方公務員の公務上の災害により負傷、疾病にかかり又は身体的な障害が発生したときのほか、「死亡した場合も補償する制度である」。
2 公務災害補償では、通勤の途上で発生した災害も対象としているが、その

494

通勤経路を逸脱し又は中断した場合には、「その後の移動中の災害は、公務災害補償の対象とならない」。
3　正解。
4　公務災害補償の具体的な実施方法としては、地方公務員災害補償基金という名の法人が設置され、「地方公務員」について、統一的な補償を行っている。「国家公務員には別の制度がある」。
5　地方公務員災害補償法の適用を受ける職員は、原則として一般職の常勤職員（「定年前再任用短時間勤務職員などを含む」）（特別職の場合は副区長など常勤勤務者を含む）である。議員や行政委員会の委員等の非常勤は、条例による公務災害補償とされている。

【No.542】　正解　4
4　正解。

区分	団結権		団体交渉権	
	職員団体	労働組合	職員団体	労働組合
A　カ単純労務職	○	○	△	○
B　ア一般職員 　　ウ教育職員	○	/	△	
C　エ警察職員・オ消防職員	×	×	×	
D　イ企業職員	/	○	○	

【No.543】　正解　1
1　正解。
　公務員が勤労者の性格を有することについては、学説・判例ともに「A．異論のない」ところである。しかしながら、公務員の労働基本権、特に、「B．争議権」の制限については、様々な説があり、統一されていない。判例の動向としては、「C．全農林警職法事件」における最高裁判決以降、国民全体の共同利益の見地から、公務員の労働基本権にやむを得ない限度の制限を加えることは可能であるとする考え方が定着している。

【No.544】　正解　5
1　職員団体とは、職員が、その勤務条件の維持改善を図ることを目的として、組織する団体又はその連合体であるが、職員団体と労働組合との連合体は、「職員団体ではない」。
2　職員団体とは、職員が組織する団体であり、ここでいう職員とは「警察・消防職員及び企業職員を除く」、地公法の適用を受ける一般職に属する職員を指している。

《解答・解説編》

3　職員団体の形態は、職員が職員団体を結成し、若しくは結成せず、又はこれに加入し、若しくは加入しないことができる、いわゆる、「オープン・ショップ制」が採用されている。
4　単純労務職員は、「一般行政職員と同様に職員団体を組織できるし」、また一般行政職員と異なり、地公労法に基づく「労働組合を結成することもできる」。この単純労務職員の労働組合の場合には、労働協約を締結することができる。
5　正解。

【No. 545】　正解　2
1　区職労は、特別区人事委員会に登録された職員団体であるが、特区連（特別区職員労働組合連合会）は、「登録された職員団体ではない」。
2　正解。
3　特区連は、特別区統一交渉事項、及び23区職労から一致して委任された事項について、交渉権及び「交渉の妥結権を有している」。
4　特別区における「労働組合」には、清掃事業に従事している職員で構成されている東京清掃労働組合がある。
5　特別区の幼稚園教育職員による職員団体としては、「東京都」教職員組合（都教組）と、「東京都」公立学校教職員組合（東京教組）の支部がある。

【No. 546】　正解　4
4　正解。BとCが妥当である。
　A　職員団体の登録制度は、登録機関である「人事委員会又は公平委員会」が、職員団体が登録要件に適合することを確認して、正常な労使関係を確立することを目的とする制度である。
　D　登録を受けた職員団体は、当該登録職員団体の役員として、その業務にもっぱら従事する在籍専従職員を「置くことができる」。

【No. 547】　正解　3
1　職員団体等との交渉は、職員の給与、勤務時間その他の勤務条件に関し交渉できるし、又これに附帯する社交的又は厚生的活動も「交渉できる」。
2　職員団体等との交渉では、管理運営事項を交渉の対象にできないが、管理運営事項の処理結果、影響を受ける勤務条件については、「交渉の対象にできる場合もある」。
3　正解。
4　職員団体等との交渉は、当局が指名した者と、「原則として」職員団体がその役員の中から指名した者とが行うが、特別な事情があれば、職員団体は「役員以外の者を指名することもできる」。

5　記述は逆である。職員団体は、労働組合と異なり、交渉の結果、法的拘束力を有する「労働協約」を締結できないが、道義的拘束力を有する「書面協定」を締結することはできる。

【No.548】　正解　1
1　正解。
2　公務災害補償の実施に関する事項は、地方公務員災害補償法に基づき、地方公務員災害補償基金が実施するものであり、その限りで、職員団体と当局との「交渉事項ではない」。他団体の内容については交渉できない。
3　地方公共団体の組織に関する事項は、管理運営事項であり、「交渉事項ではない」。
4　職員の定数及びその配置に関する事項は、管理運営事項であり、「交渉事項ではない」。
5　転任の命令に関する事項は、管理運営事項であり、「交渉事項ではない」。

【No.549】　正解　3
3　正解。AとDが妥当である。
　B　職員団体が交渉することができる当局は、具体的な交渉の当事者となる者であり、地方公共団体の当局の指名は、要式行為ではないから、「口頭又は書面」により指名された者である。
　C　職員団体側の交渉の当事者は、「原則として」職員団体が職員団体の役員の中から指名する者であるが、「特別の事情がある場合」には、職員団体の役員以外の者（例えば弁護士など）を指名することが「できる」。

【No.550】　正解　4
1　交渉のルールとして、地公法は、交渉事項の考え方、交渉の当事者、予備交渉、書面協定の性格などを規定し、具体的な細目は「当局と職員団体との話合いに委ねている」。
2　交渉のルールには、交渉主体が適法な当局と職員団体であること、適法な交渉事項であること、「必ず」予備交渉を経ていることなどがある。
3　交渉のルールとして、地公法は、交渉に先立って予備交渉を「義務づけている」。予備交渉が不成立であった場合には「予備交渉を経たことにはならない」。
4　正解。
5　予備交渉で取り決める事項は、交渉に当たる者の員数、議題、「時間、場所」及びその他必要な事項の「5点」である。

【No.551】　正解　5

《解答・解説編》

1 書面協定は、交渉の結果、合意に達したときに結ばれるが、「必ず結ばなければならないわけではない」。
2 書面協定は、「法的拘束力を有しない」。
3 書面協定は「職員団体が締結するもの」であり、労働組合は法的拘束力のある「労働（団体）協約」の締結となる。
4 書面協定は、労働協約と「異なる効力」を持つ。書面協定は道義的拘束力を持つが、労働協約は法的拘束力を持つ。
5 正解。

【No.552】　正解　1
1 正解。
　　職員の勤務条件に関する各特別区の労務交渉は、「A．各区長」とその職員の属する職員団体、労働組合ごとに行われるのが原則である。
　　しかし、特別区は、特別区人事行政運営要綱の中で、特別区職員の任用及び給与等にかかる共通基準の範囲として定められている「B．16項目」を統一交渉事項として、区長側が指名した交渉委員（「C．副区長」など「D．9人」）と、特区連及び「E．清掃労組」の間で、統一的に交渉を行っている。
　　なお、統一交渉に含まれない交渉事項は、各特別区の交渉事項とされている。

【No.553】　正解　2
2 正解。AとBとEが妥当である。
　C　共通基準の範囲には、任用及び給与などに係る16項目があり、これらに関係する事項のうち「職員の勤務条件及びこれに係る事項」が、統一交渉事項となっている。
　D　共通基準の範囲のうち、職員の勤務条件及びこれに係る事項が統一交渉事項である。統一交渉に含まれない事項は「各区における交渉の対象事項となっている」。

【No.554】　正解　3
1 ながら条例とは、条例で定める場合を除き、「給与を受けながら」職員団体のため、その業務を行い又は活動をしてはならないとする地公法の規定を受けた条例である。
2 ながら条例は、職員が勤務時間中に、当該条例の定めに従って職務専念義務の免除を「得て」、職員団体の活動に一時的に従事できる条例である。
3 正解。
4 ながら条例による休暇は、組合休暇とも呼ばれるが、交渉以外の勤務時間中の組合活動は、一部の機関運営に限定して「年間30日以内」の範囲で認められている。

5　ながら条例は、勤務時間中に、「職務専念義務の免除を得て」職員団体の活動等に従事することを認める条例であるが、「給与支給の条例化は原則できない」。例外として適法な交渉に限って有給となる。

【№.555】　正解　5
1　在籍専従制度は、「任命権者」が相当と認めた場合に、「登録職員団体」又は労働組合の業務に専ら従事することができる制度である。
2　在職専従の許可を受けた場合には休職扱いとなるが、職員としての身分を「保有する」ことから、他の職員と「同様に」身分上の義務と責任を「負う」。
3　在職専従の許可要件には、①「登録」職員団体又は労働組合の、②役員として、③当該「登録」職員団体又は労働組合の業務に「専ら」従事することの3つの要件がある。
4　在籍専従の期間の上限は、「登録」職員団体、労働組合ともに「通算して」5年以内であるが、「登録」職員団体の場合は人事委員会規則で、「労働組合の場合は労働協約で定める場合、それぞれ通算して7年以内」とされている。
5　正解。

第4章　財務

【№.556】　正解　5
5　正解。
　　地方公共団体は、福祉及び教育といった行政サービスの提供や道路・公園等の「A.公共財」の供給という形で「B.公共経済」活動を行い、そのために、必要な人員や物資の調達等の「C.私経済」活動を行っている。これらの経済活動の財源の大部分は、住民の負担による租税で賄われ、福祉の増進や国民経済の実態に影響を及ぼすことから、地方公共団体の財政運営及び財務会計処理に関する基本的事項は、「D.自治法」の「E.財務」に規定されている。この「E.財務」のうち、経理手続のことを「F.会計」という。

【№.557】　正解　3
1　議会は、財務に関する議決事件の議決権を有するほか、予算等の執行が適切かについて、書類等を検査する検査権を有するが、「実地検査を行う権限は有しない」。
2　議会は、財務に関する「団体意思の決定」と財務監視の機能の両方の権能を有し、予算の議決結果を「3日以内」に長に送付する。予算と条例は、議決後3日以内に長に送付することとなっている。
3　正解。

4　会計管理者は、会計機関を担当し、予算執行機関から分離されているが、会計管理者は、「長の命令がなければ、公金を支出することができない」。
5　監査委員は、財務会計のチェック機関であり、法定定数により識見を有する者と議員のうちから選任されるが、「条例で定数を増加できるのは、識見を有する者に限られている」。

【No.558】　正解　4
1　官庁会計は、地方公共団体における一般的な経理処理方法であるが、地方公営企業の財務会計は、「企業会計によって処理されている」。
2　企業会計とは、企業の経営状況を明らかにするため、現金収支のみならず、資産と負債、資本の増減も併せて「複式簿記」により経理される。
3　官庁会計は、基本的に「現金主義」を主体とし、現金収支の結果を明らかにしながら、これを議会に説明することによって、その責任を果たすことになる。
4　正解。
5　官庁会計では、「単年度収支のみでは財政状況を正確に把握できないため」、「固定資産」台帳の整備と複式簿記を前提とした公会計制度が導入されている。

【No.559】　正解　1
1　正解。
　　従来、自治体の公会計制度は、「A．単式簿記・B．現金主義会計」により、その処理が行われてきたが、近年、公営企業の財務諸表にならって、バランス・シートが導入されてきている。このバランス・シートは、複式簿記・「C．発生主義会計」に基づいて作成され、自治体の「D．資産・負債」などの状況を明らかにするものである。

【No.560】　正解　3
3　正解。
　　国は、平成18年度に『新地方公会計モデル』として、資産台帳に基づく「A．基準モデル」と決算統計に基づく『総務省方式改訂モデル』を示し、地方公会計制度の整備を進めてきた。だが、作成基準の統一性が課題となり、平成27年に、比較可能性を確保するため、「B．固定資産台帳」と「C．複式簿記」の導入を前提とした財務諸表の作成に関する統一的な基準を示した。
　　地方公共団体には、地方公会計の財務諸表を作成する「D．義務はない」。

【No.561】　正解　5
1　〔提出〕「監査委員に提出する」　監査委員に提出する
2　〔内容〕「事務全般にわたる」　「財務に限定される」

3 〔方法〕「有権者の1/50の連署」住民1人でも可能
4 〔期間〕「請求期限は特になし」「原則1年以内に請求」
5 〔効果〕 正解

【No. 562】 正解 2
1 予算とは、一定期間における収入と支出の見積り又は「計画」をいう。
2 正解。
3 予算は、住民サービスのために必要な人員や物件などのコストを見積る計画表であり、「行政施策の方向などを示した計画表でもある」。
4 予算のうち歳入予算は、収入の見積りと財源とを示すにとどまり、「歳入予算の枠を超えて収入することもできる」。
5 予算のうち歳出予算は、執行機関に対し「拘束力を持っている」。したがって、必要性があっても、手続を執らない限り、「歳出予算の枠を超えて支出することはできない」。

【No. 563】 正解 1
1 正解。
2 会計年度独立の原則とは、一会計年度における歳出は当該年度の歳入をもって充てなければならないとする原則であり、この原則により「収支のバランスを明らかにすることができる」。
3 予算公開の原則とは、財政における民主主義のためには、その内容が公開されなければならないとする原則であり、この原則に基づき「予算要領の公表と財政状況の公表は義務とされている」。
4 予算事前議決の原則とは、予算は、一会計年度ごとに作成し、年度の開始前に議会の議決を経なければならないとする原則である。「この原則の例外として」、議会が義務費を削減し再議においても改まらないときには、「当該義務費を執行できる原案執行権が認められている」。
5 単一予算主義の原則とは、原則として単一の見積表にあらゆる歳入歳出を包含し、かつ一年度に1回の調製を適当とする原則である。特別会計及び補正予算の措置は、「単一予算主義の原則の例外」である。

【No. 564】 正解 5
1 事故繰越しは、「会計年度独立の原則」の例外である。
2 定額資金運用基金は、「総計予算主義の原則」の例外である。
3 繰上充用は、「会計年度独立の原則」の例外である。
4 補正予算は、「単一予算主義の原則」の例外である。
5 正解。

《解答・解説編》

【No. 565】 正解　5

1　一般会計は、単一予算主義の原則に基づく会計であるが、行政事務の複雑肥大化に伴い特別会計が設けられ、「特別会計以外の予算を一般会計という」。
2　特別会計は、特定の歳入をもって特定の歳出に充てる場合のほか、「特定の事業を行う場合」に、一般の歳入歳出と区分して経理の明確化を図る場合に、法律又は「条例」に基づき設置される。
3　当初予算は、年度開始の前に年度予算として議会に提出し、議会の議決を経て成立した予算であり、当初予算は、「補正予算」に対比する会計用語である。なお暫定予算は、本予算に対比する会計用語である。
4　記述は「暫定予算」である。
5　正解。

【No. 566】 正解　3

1　特別会計は、単一予算主義の原則の「例外」として設置される。
2　記述は逆で、「特別会計以外の予算を一般会計という」。
3　正解。
4　特別会計は、「条例又は法律」に基づき設置され、「規則では設置できない」。
5　特別会計は、特定の歳入をもって特定の支出に充てる場合に「限らず」、「特定の事業を行う場合でも設置することができる」。

【No. 567】 正解　2

1　補正予算は、予算の「成立後」の事情に基づき調製される予算である。
2　正解。
3　補正予算は、予算を変更するなど「当初予算」に対比する会計用語である。
4　補正予算は、会計年度終了後には「調製できない」。
5　補正予算は、予算の増額又は「予算の減額」を目的とする。

【No. 568】 正解　4

1　暫定予算は、本予算に対比する会計用語であるが、「一会計年度を通じる予算として調製されるものではない」。
2　暫定予算は、年度開始前までに予算成立の見込みがない場合のほか、「新たに地方公共団体が設立された場合など」に調製される予算である。
3　暫定予算の執行は、「本予算に基づくものとみなされ」、残額があれば、それも「本予算に吸収される」。
4　正解。
5　暫定予算は、行政の停滞を避けるためのつなぎ予算であり、最低限度の「義務的経費に限って」計上される。「政策的な経費は計上されない」。

【No.569】 正解 1
1 正解。
　予算の内容は、①歳入歳出予算、②継続費、③繰越明許費、「④債務負担行為」、「⑤地方債」、「⑥一時借入金」及び⑦歳出予算の各項の経費の金額の流用の7つから成り立っている。

【No.570】 正解 3
1 継続費とは、事業の完了に「二会計年度以上」の期間を要する場合に、その総額「及び年割額」を定め、数年度にわたって支出する経費であるが、各年度の経費及びその財源は、当該年度の歳入歳出予算に計上する「必要がある」。
2 繰越明許費とは、歳出予算のうち、「その性質上」又は予算成立後の事由に基づき、年度内にその支出を終わらない見込みのある経費について、翌年度に繰り越して使用することができる経費である。
3 正解。
4 地方債とは、財源の不足を補い又は特定の費途にあてる目的で、地方公共団体が年度を超えて外部から借り入れる金銭であり、地方債を起こす際に予算に定める事項は、「起債の目的」、限度額、起債の方法、「利率」、「償還方法」の「5つ」である。
5 一時借入金とは、収入と支出とが時期的に均衡を失し、収入額が支出すべき金額に達しない場合に、銀行その他から借り入れる現金のことであり、「その会計年度の歳入をもって返還しなければならない」。

【No.571】 正解 5
5 BとDが妥当である。
　A 継続費は、事業の完了に、一会計年度だけでは目的を果たすことができず、「数年間」にわたって事業を施行する必要がある場合に組まれる予算である。
　C 継続費は、年割額の支出が支出予定額に達しない場合には、その経費を、継続年度終了まで、「逓次繰り越して使用することができる」。

【No.572】 正解 2
1 繰越明許費は、「翌年度に限り」繰り越して使用できる経費であり、事業などの都合があっても、「更に繰り越して使用することはできない」。
2 正解。
3 繰越明許費は、予算の繰越使用によって、事業が翌年度にまたがることを認めた経費であり、「年度内に支出負担行為が行われていない経費についても」、翌年度に繰り越して使用することができる。
4 繰越明許費は、あらかじめ事業が年度内に完結しないと想定される場合の

予算措置であり、すでに契約その他の行為により「債権債務が発生しているか否かを問わず」、翌年度に繰り越せる。
5 　繰越明許費は、支出負担行為後の避けがたい事故のために、翌年度に繰り越す事故繰越しとは、「異なる」。

【No. 573】　正解　4
1 　債務負担行為は、債務を負担する行為であり、歳出予算の金額、継続費の総額及び繰越明許費の金額の範囲内のもの「以外」を、予算に定めなければならない。
2 　債務負担行為は、継続費が年割額という形で施策の全体計画が明示されている点で、また繰越明許費が財源措置を既になされている点で「異なる」。
3 　債務負担行為に係る債権は、「債務負担の権限のみ」が付与されたものであり、予算で定めた案件は、「各年度の歳入歳出予算に計上しなければならない」。
4 　正解。
5 　電気料、ガス代、水道料、電気通信にかかる料金、不動産の借受料その他政令で定める契約については、自治法上の長期継続契約として、「債務負担行為として予算に定めておく必要はない」。

【No. 574】　正解　1
1 　正解。
　　長期継続契約とは、地方公共団体が債務負担行為として、予算に「A．計上せず」、翌年度以降にわたり、契約を締結することができる契約である。
　　この契約は、電気、ガス、水道料、電気通信の料金、不動産の借受料その他「B．政令」で定める契約に限り、認められている。
　　この契約は、毎年、契約の更新を繰り返す不合理をなくするために設けられた制度であり、議会の議決は「C．不要」である。長期継続契約を締結した場合には、予算の範囲内で、各年度の電気などの受給は「D．義務」である。

【No. 575】　正解　5
1 　地方債の目的は、「特定」の費途に充てることを目的として、当該団体が他の者から資金を、一会計年度を超えて借入れるものである。
2 　地方債の発行に当たっては、まず、予算に定める必要があり、予算では、「起債の目的」、限度額、起債の方法、「利率」、償還方法の「5つ」の事項を定めなければならない。
3 　地方債の根拠は、法律に定めがある場合に、予算の定めるところにより発行できるとされており、この法律とは、地財法5条のほか「災害対策基本法など」に定めるものに限られている。
4 　地方債の協議は、地方債の発行又は「その方法を変更する場合」に必要な

行為であり、特別区の場合は、事前に都知事と協議する必要がある。
5　正解。

【No. 576】　正解　3
3　妥当でない。
　　協議制度で、協議の同意を得ないで地方債を発行する場合には、公的資金ではなく、民間資金を活用することとなるが、この場合、当該地方公共団体の議会に対して、「あらかじめ報告しなければならない」。だが、「議決を経る必要はない」。

【No. 577】　正解　4
1　一時借入金は、地方公共団体の借入金であり、一時的な資金不足を補う手段であるが、「借入期間が翌年度にまたがる例外的な措置は認められず」、当該年度内に返還しなければならない。
2　一時借入金は、総計予算主義の原則の「例外であり」、当該年度の「予算には歳入として計上されない」。
3　一時借入金を借入れる権限を有する者は、「当該地方公共団体の長」であって、「会計管理者ではない」。
4　正解。
5　一時借入金は、「予算」の定めるところにより、資金調達の手段として借入れる現金であり、「歳入歳出外現金」（当該団体に属しない現金）として保管される。

【No. 578】　正解　1
1　正解。
2　歳出予算は、議決科目として款と項とに分類される。各款の間又は各項の間は施策の「目的別」の計画であり、予算に定めた場合には、各項の間で流用できる。
3　歳出予算は、議決科目として款と項とに分類されるが、予算に流用できる旨の定めをしておけば、「各項の間」において相互に流用することができる。「各款の間の流用を予算に定めることはできない」。
4　歳出予算は、議決科目である款と項の金額変更には、原則として補正措置が必要であるが、「予算に定めた場合に限り、各項の間の流用が認められる」。
5　歳出予算は、議決科目として款と項とに分類される。項に計上された金額で軽微なものや定型的なものは、「予算に定めれば」、長が必要に応じて流用できる。

【No. 579】　正解　2

《解答・解説編》

1　予算編成は、法令等に基づき編成され、編成された予算案は、長の行政運営の考え方を財政面から示すものであり、行政執行を「統制するものでもある」。
2　正解。
3　予算編成方針とは、長が、施策を実現するために、予算編成の基本を定めるものであり、「組織内部の意思統一を図るものでもある」。
4　予算編成方針では、翌年度の課題、及び財政の見通しを受けた施策の方向性が示され、また予算要求のフレームが「事前に示されることもある」。
5　予算の見積りでは、歳入財源の見積りであるが、歳入の見積りでは、歳出需要を捕捉する「必要があり」、歳出では、財源を最少に抑え、事業の優先順位づけも必要である。

【No. 580】　正解　5
5　正解。
　　予算科目については、歳入予算はその「A．性質別」に、歳出予算はその「B．目的別」に、それぞれ「C．款項」に区分しなければならない。また「D．款項」は議決科目といわれ、「E．目節」は執行科目といわれる。
　　なお、歳出予算の「F．節」の区分は、自治規則の別記のとおりに定めなければならず、各自治体が独自に変更することはできない。

【No. 581】　正解　4
1　長は、予算編成を終えると、議会の議決を経るため、予算案とともに「予算に関する説明書を添えて」、議会に提出しなければならない。
2　予算案の提出権は長に専属している。「例外はない」。議会費の部分についても「長に」予算案の提出権がある。
3　長には予算調製権があるが、「教育委員会」に関する予算事務の部分については、予算議案の作成前に「教育委員会」の意見を聴かなければならない。行政委員会のうち教育委員会だけが特別扱いとなっている。
4　正解。
5　長には、議会の予算議決の対抗手段として、再議と原案執行権が認められており、また「特別の事情のある場合には」、議会の議決を経ないで予算を執行する、「専決処分も認められている」。

【No. 582】　正解　5
1　長は、議長から予算議決書の送付を受けたときには、自治令151条に基づき、予算の成立と配当について、「会計管理者」へ、直ちに通知しなければならない。
2　予算の執行では、目的を達成するための「必要最小限度を超えて」支出することができず、また収入は、的確かつ厳正に確保しなければならない。

3　予算の執行権は、長に専属し、「行政委員会には予算の執行権がない」。行政委員会は、長からの委任を受けて、はじめて予算を執行することができる。なお「長」は、政令で定める処理基準に従って、予算の執行手続を定めなければならない。
4　長は、予算成立後に、予算執行方針のほか、予算配当方針などを各部課長に通知し、通知を受けた「各部課長が予算執行計画を作成して、長に提出することとなる」。
5　正解。

【No. 583】　正解　3
1　予算の流用とは、各科目の金額を融通し合うことであり、自治法は、原則として「款項」の流用を禁止している。「目節は、自治法上、流用を禁止していない」。
2　予算の流用とは、ある経費を他に充てることである。歳出予算の「項間、目間及び節間」において、既定の予算金額の一部の移動を行うことである。「款間においては流用ができない」。
3　正解。
4　予算の流用は、議決科目である款項については、原則として認められないが、ただし、「項」については「予算に定めれば、流用が可能となる」。執行科目である目節も、原則として流用できないが、「長の判断で行い得る場合もある」。
5　予算の目節の流用については、法律上の制限はないが、各特別区の予算事務規則では、「原則として流用を禁止している」。特に交際費や旅費は流用禁止科目としている。

【No. 584】　正解　2
1　予備費は、予算外の支出又は予算超過の支出に充てるために、一般会計には必ず計上しなければならないが、「特別会計の計上は任意である」。
2　正解。
3　予備費は、予算に計上されている経費の金額が不足する場合のほか、「予算に計上されていない経費にも、充てることができる」。
4　予備費を予算外の支出として使用する場合には、議会が予算原案から削除したものなど、いわゆる、「議会の否決した経費には充てることができない」。
5　予備費は、予備費の充当による予算執行後、当該充当額に残額が生じても、「これを予備費に繰り戻すことはできない」。

【No. 585】　正解　1
1　正解。
2　歳出予算の科目新設は、「款項は予算の補正の必要があり、長限りでは新設

《解答・解説編》

できないが、目節は長限りで新設できる」。
3 歳入予算の科目新設は、長限りで、「款項目節のいずれも可能である」。
4 歳入予算の科目新設は、収入の根拠が法令又は契約などに基づくときであっても、「新設できる」。
5 歳入予算の科目新設は、収入の見積りにすぎない歳入予算の性格から、「款項目節のいずれも可能である」。

【No.586】 正解 2
2 正解 bのみが妥当である。
 a 決算統計では、総務省で定める「普通会計」によって調製することとなっている。
 c 普通会計の対象となる特別会計とは、「国民健康保険事業会計、介護保険事業会計など9つの会計を除く会計」となっており、ここでは用地特別会計が普通会計の対象となる。
 d 決算は、「予算ではなく」、「歳入歳出予算」に対して調製され、証書類その他政令で定める書類（①歳入歳出決算事項別明細書、②実質収支に関する調書、③財産に関する調書）と併せて、会計管理者から長に提出される。予算の内容には、歳入歳出予算のほか、継続費など7つがある。
 e 決算を議会の認定に付するときに提出する義務を有するものは、決算、監査委員の意見書、問題記述の①歳入歳出決算事項別明細書、②実質収支に関する調書、③財産に関する調書の3つの証書類のほか、「長が調製する④主要な施策の成果を説明する書類、及び⑤定額運用基金の運用状況を示す書類」とされている。

【No.587】 正解 4
1 地方公共団体における決算とは、一会計年度の「歳入歳出予算」の執行の結果の実績を表示するために調製される計算書である。
2 決算の調製者は会計管理者であり、「出納の閉鎖後」3か月以内に、決算書のほか、詳細な説明書類及び証書類も併せて長に提出しなければならない。
3 監査委員は、「長」から付された決算を、決算の合法性や的確性などの観点から審査し、「必ず意見を付して」、長に報告する義務がある。
4 正解。
5 議会が決算を認定したときは、「知事及び区市町村長」は、決算の要領を住民に公表しなければならないが、「当該決算を総務大臣又は知事に報告する義務は廃止されている」。

【No.588】 正解 5
1 決算の認定に当たっては、長は監査委員の審査に付した決算を、監査委員

の意見を付けて、次の「通常予算」を審議する議会までに付議しなければならない。
2　議会の決算の認定は、予算が議会の議決を要するのとは「異なり」、決算の効力の発生要件では「なく」、予算執行の結果の総合的な確認行為である。
3　決算の認定は、実績の確認のみならず「財務上の責任を明らかにすることにあり」、議会が決算を認定しない場合には、行政執行責任者である「長が政治的な責任を問われることとなる」。
4　決算の認定は、予算執行の適否を明らかにするものであるが、議会の認定が得られない場合でも、「決算の効力に影響を及ぼすものではない」。
5　正解。

【No.589】　正解　3
1　出納整理期間とは、会計年度の経過後に、当該年度に属する予算執行の結果による、「現金」の収支の整理を行う期間をいう。
2　出納整理期間とは、現金収支の整理を行う期間であり、会計年度終了後から出納閉鎖期日である「4月1日から5月31日までの2か月間」をいう。
3　正解。
4　出納整理期間中に、新たな収入及び支出の原因となる行為、すなわち、歳入調定及び支出負担行為を行うことは「できない」。
5　出納整理期間内に収入支出の処理が終わらなかったときには、「過年度収入、過年度支出として」、新年度の歳入歳出として「整理できる」。

【No.590】　正解　2
1　財政の健全化法は、「国が関与して地方公共団体を動かすのではなく」、地方公共団体に「自主的な改善努力を促す仕組みの法律」として、位置づけられている。
2　正解。
3　財政の健全化法における健全化の判断比率とは、実質赤字比率、連結実質赤字比率、実質公債費比率及び「将来負担比率」の4つの財政指標を指す。
4　財政の健全化の判断比率の状況については、毎年度、前年度の決算に基づき、「当該地方公共団体の長」が作成する。
5　財政の健全化法に基づき、長は、当該地方公共団体の健全化判断比率、及びその算定の基礎事項を記載した書類を「監査委員の審査に付し」、その意見を付けて議会に報告し、かつ公表する義務がある。

【No.591】　正解　3
1　金銭会計とは、現金の収納、現金の支払及び現金の保管並びに附帯する事務をいい、この現金には、歳入歳出予算に基づく歳計現金のみならず、「歳入

歳出外現金も含まれる」。
2　会計事務は、命令を行う機関と出納する機関とに分離されており、前者は「長」の権限であり、後者は「会計管理者」の権限である。
3　正解。
4　出納機関を担う会計管理者は、長によって、「長の補助機関」に属する職員のうちから任命される一般職の者である。
5　出納機関の会計事務を処理するため、規則で会計管理室を設置し、かつ、その出納員その他会計職員を任命できるのは「長」である。

【No. 592】　正解　1
1　正解。
2　会計管理者の事務を処理させるために必要な組織を設けることができるのは、長の権限であるが、長は、「規則」に基づいて、会計組織を設けることができる。
3　出納業務を担う出納員その他の会計職員は、会計管理者の事務を補助する職員であり、これらの職員の任命は「長」が行う。
4　記述は「会計職員でなく」、「出納員」である。
5　出納員その他の会計職員は、会計管理者の事務を補助するために置かれるが、ただし、「町村では出納員を置かないこともできる」。（職員ハンドブックP330 市と町村の主な制度上の差異を参照）

【No. 593】　正解　5
1　指定金融機関は、公金の管理を金融機関に取り扱わせるために設置され、この設置は「議会の議決を経て指定される」。
2　指定金融機関は、公金の収納又は支払事務について、「当該地方公共団体に対し」責任を負うものとされている。
3　指定金融機関における公金の収納は、納入通知書又は納付書等に基づき行われ、支払事務は「会計管理者の振り出した小切手又は支払通知書に基づいて行われる」。指定金融機関を置いた場合の「現金による支払いは例外である」。
4　指定金融機関に対する監査は、公金の収納又は支払いに対して監査委員が自ら客観的に行う監査であり、「必要に応じて又は長の要求があるとき」に行うこととされている。
5　正解。

【No. 594】　正解　4
1　歳入を収入するときは、出納機関たる会計管理者が、原則として現金で収納し、「地方公共団体」の名義の預金口座に入金することを原則としている。
2　現金納付に対する特例として、口座振替による納付や収入証紙による納付

のほか、小切手などの「証券による納付も認められている」。
3　納入通知書によりがたい歳入、例えば、公園や動物園などの入場料などについては「口頭、掲示、その他の方法によって納入の通知をすることができる」。
4　正解。
5　歳入を収入するときは、原則として納入義務者に対し納入の通知をしなければならないが、「国庫補助金などは、その性質上、納入の通知を必要としない」。

【No.595】　正解　1
1　正解。
2　調定とは、地方公共団体の歳入を収入するときに、「長」がその歳入を調査して収入金額を決定する行為をいう。調定額は会計管理者に通知しなければならない。
3　調定とは、その発生した権利内容を調査することであり、具体的には、所属年度、歳入科目、納入金額、納入義務者などを決定する「内部的」な意思決定である。
4　調定とは、歳入を収入するときにその発生した権利内容を確認し、納入義務者などを決定する行為であるが、この調定の行為には、「納入義務者に対する通知行為は含まれない」。調定は通知行為の前段の行為である。
5　調定とは、歳入を収入するときに行わなければならない行為であるが、当該会計年度の経過後においては、「現年度分として調定を行うことはできない」。このような場合には、過年度収入として調定することになる。

【No.596】　正解　5
1　督促は、公法関係と私法関係で異なり、さらに公法関係は個別法に規定がある場合と規定がない場合で異なり、「地方税など個別法に特別の定めがある場合は地方税法など」の手続により、「個別法に規定がないときには」自治法の手続による。
2　督促は、納期限までに納入がない場合に行われ、公法関係は地方税法、自治法等が適用される。これに対し私法関係の督促は民法などの私法が適用されるが、私法関係の収入であっても公金であるから、全て私法に任せておくことができないため、「自治令に督促の規定がある」。なお、私法関係の収入には、民事上の訴訟手続などにより収入の確保が図られる。
3　督促は、地方税に定めがある場合は地方税法が適用され、公法関係でも、地方税法などの個別法に定めがない収入は「自治法」の手続による。
4　督促をした場合には、「公法関係に基づく収入に限り」、督促手数料及び延滞金を徴収することができる。「私法関係に基づく収入には、督促手数料及び延滞金を徴収することができない」。

《解答・解説編》

5　正解。

【No. 597】　正解　2
1　時効は、ある事実状態が一定期間継続した場合に、この状態が真実の権利関係に「合致するか否かを問わず」、その事実を尊重して権利を発生させ又は消滅させる制度である。
2　正解。
3　地方公共団体を当事者とする公法上の金銭債権については、時効の放棄は許されないが、5年間の期間が経過すれば、逆に時効の援用なしに絶対的に「消滅する」。すなわち、5年後に相手方が金銭債務を支払うといっても受け取れない。
4　地方公共団体が行う納入通知及び督促は、時効更新の効力を有するため、納入義務者が納入を履行するまで何回でも督促を行うことができるが、時効更新の効力を有するのは「最初の1回限り」である。
5　不納欠損とは、「すでに調定された」歳入に対して、法令又は条例の定めによって徴収し得なくなった債権額を整理する、決算上の処分である。

【No. 598】　正解　4
4　正解。BとDが妥当である。
　A　公金は、法律又は政令に特別の定めがある場合を除き、原則として私人に徴収及び収納、支出を取り扱わせてはならないが、収入の確保及び「住民の利便の増進に寄与すると認められる場合」に限り、私人に公金取扱いを委託することができる。
　C　私人の公金取扱いは、「法律又はこれに基づく政令」に特別の定めがある場合を除くほか、徴収及び収納、支出を、私人に委任し又は取り扱わせてはならない。「条例は認められていない」。

【No. 599】　正解　3
1　支出の流れは、長の「支出負担行為」に始まり、長から会計管理者への「支出命令」の後、会計管理者の審査を経て、会計管理者の支払いにより完結する。
2　支出の手続は、「命令機関」における支出事務を経て、会計管理者に対し「支出命令書」が送付され、会計管理者の審査結果に基づき債権者に支払われる。
3　正解。
4　支出の原則には、法令又は予算に違反せず、債務金額が確定し、債権者でなければ支払えないとする原則があるが、「この原則の特例として、資金前渡などがある」。
5　支出の委託は、収入の委託の場合と「同様に」委託が可能であり、私人に必要な資金を「交付して」支出の事務を「委託することができる」。

《解答・解説編》

【№600】 正解 2
1 支出負担行為とは、地方公共団体の支出の原因となる契約その他の行為をいい、支払の義務を負う「最初の段階」に当たる行為である。
2 正解。
3 支出負担行為は、支出の原因となる契約などを行う際の行為であるが、定型的に支出する給与の支出の場合にも、「その手続を省略することはできない」。
4 支出負担行為として整理する時期は、「経費ごとに異なるため」、財務規程等で定められており、例えば、工事請負費は工事の履行のあった日の年度とされている。
5 支出負担行為は、「法令や予算」に基づき行われる行為であり、「法令や予算に違反して行ってはならない」。

【№601】 正解 5
1 支出命令は長の権限である。出納の責任者である会計管理者は、命令機関である長の「支出命令がなければ」、金銭債務を負うときでも、「公金を支出することができない」。
2 支出命令書を発行できるのは「長」であり、この支出命令書は、支出負担行為が完了し、債務が弁済期に達して、初めて発行することができる。
3 支出命令は、すでに支出負担行為が行われたものであれば、「出納整理期間中においても支出命令を発することができる」。
4 支出命令審査権は、会計管理者の権限であり、支出負担行為が法令又は予算に違反していないか否か、及び「その債務が確定しているかなどを審査できる権限である」。
5 正解。

【№602】 正解 1
1 正解。
2 歳計現金は、地方公共団体の「歳入歳出」に属する現金、すなわち、歳入として収入し、又は「歳出として支出することに係る現金も含まれる」。
3 歳計現金の保管権者は「会計管理者」であり、保管方法として指定金融機関その他の金融機関への預金その他の最も確実な方法によらなければならない。
4 歳計現金とは、一会計年度における一切の収入又は支出に係る現金の意味であるが、基金に属する現金は「歳計現金には含まれない」。
5 歳計現金は、政令に基づき、最も確実、かつ有利な方法により保管しなければならない現金であるが、「株などの金融商品による資金運用も認められて

いる」。

【No. 603】　正解　3
1　歳入歳出外現金は、地方公共団体の「所有に属さない現金」である。
2　歳入歳出外現金は、「法令に根拠がある場合に限り」出納保管ができる。
3　正解。
4　歳入歳出外現金は、「歳計現金の出納保管の例により」出納保管される。
5　歳入歳出外現金は、歳計現金と「異なり」、出納整理期間は「なく」、受払日をもって年度区分される。

【No. 604】　正解　2
1　有価証券の一般定義では、有価証券は、株券、債券、「小切手」など財産権を表す証券であって、その財産権の移転や行使を証券で行うものである。ただし、自治法上では、小切手など現金に代えて納付されるものは、有価証券としての管理に含めないとしている。
2　正解。
3　有価証券は、権利が券面に化体されているものであるが、現金と「同様」な方法により、厳正に管理されている。
4　有価証券の出納・保管は、「現金に準じて」行われ、「会計管理者」が、その任に当たるとされている。
5　有価証券の一つである保管有価証券には、契約保証金などとして納付される有価証券があるが、「法令に根拠が有る場合に限り」、出納保管できる。

【No. 605】　正解　4
1　物品の出納と保管は、「会計管理者」の権限に属する事項である。しかし、使用中の物品については、「長」の権限に属する事項である。
2　物品は、自治法上の財産の一区分であり、現金がその財産的な形態を変えた動産であり、最も効率的に、公金と「同様に」厳正に管理されている。
3　物品の区分である年度区分では、「受払日」をもって年度区分され、目的区分では、歳出予算の目的別分類である「款」で区分される。
4　正解。
5　物品の出納には、現金や有価証券の出納手続が「準用され」、会計管理者や物品出納員は、「長の通知がなければ」、受入又は払出ができない。

【No. 606】　正解　5
5　正解。ＣとＤが妥当である。
　Ａ　例月出納検査は、会計管理者が行う現金の出納に関して、監査委員が、毎月例日を定めて行う検査である。「物品の出納は含まれない」。

B　例月出納検査は、会計管理者が行う「現金の出納」（物品の出納は含まれない）について、監査委員が、毎月例日を定めて「行わなければならない義務検査である」。

【№607】　正解　4
1　契約とは、相対する2人以上の者が同一の「法律効果」を発生させることを目的として、合意することにより成立する「法律行為」である。
2　契約は、公法上の契約と私法上の契約とに区分され、地方公共団体が結ぶ契約にも、公法上の契約と私法上の契約の「両方がある」。
3　契約には、債権の発生を目的とする債権契約などを含める場合があるが、予算執行の契約は「金銭債権を発生させる契約である」。
4　正解。
5　自治法上の契約は、公共の福祉を達成する手段として行われ、公正を第一義とし、機会均等性や経済性の確保から、「契約方法を規定するなどの、一定の制限が課せられている」。

【№608】　正解　1
1　正解。AとBが妥当である。
　C　機会均等の原則とは、契約に参加する機会は、公平に開かれていなければならないとする原則であり、地方公共団体の契約の方法は、「一般競争入札」によることが原則となっている。
　D　利益確保の原則とは、契約を締結する場合には、地方公共団体の利益の確保に努めるとする原則であり、「収入の契約は最高の価格」で、支出の契約は最低の価格で契約することを原則としている。

【№609】　正解　3
1　一般競争入札とは、不特定多数の者のうち、最も有利な価格で申し込みをした者と契約を締結する方法であり、「政令の制限を受けない」。「一般競争入札以外の契約」は、政令（自治令）で定める場合に限り行うことができる。
2　指名競争入札は、資力や信用等について適当と認める「特定多数」の者を競わせて、最も有利な価格で申し込みをした者と契約を締結する方法である。
3　正解。
4　随意契約とは、競争入札によらず、適当と認める者を選定して契約を締結する方法であるが、「政令に根拠がある」場合に随意契約にできる。
5　せり売りは、買受者が口頭で価格の競争を行う方法であり、せり売りは、「動産」の売払いで、契約の性質が、せり売りに適する場合に行うことができる。

【№610】　正解　2

《解答・解説編》

1　一般競争入札とは、必要な資格、入札の場所や日時、その他入札について必要な事項を公告し、「不特定多数」の者のうちから、最も有利な価格で申し込みをした者と契約を締結する方法である。
2　正解。
3　一般競争入札には、機会均等の原則に則り、透明性、競争性、公正性、経済性を最も確保できる長所を有するが、一方、契約担当者の「事務上の負担が大きく、経費の増大をきたすこと」、及び不良者や不適格業者が混入する可能性を排除できない短所がある。
4　一般競争入札では、資力及び必要な技術能力等のない者が落札するなど確実な履行の確保に支障が生ずるおそれがあるため、契約の種類及び金額に応じて「経営の規模及び状況を要件とする資格を定めることもできる」。
5　一般競争入札における落札者の決定は、当該地方公共団体にとって最も有利な条件を提示した者を契約の相手方とするのが原則であるが、一般競争入札の落札者の決定には、低入札価格調査制度などの「例外措置が認められている」。

【No.611】　正解　1
1　正解。
2　制限付一般競争入札制度は、一般競争入札の一つであり、「例外ではない」。特に必要があるときに、必要な資格を定めて資格のない者を排除できる契約である。
3　記述は「低入札価格調査制度」である。
4　記述は「最低制限価格制度」である。
5　総合評価競争入札制度は、「公共工事以外の契約でも採用できる」。この制度は、価格以外の評価に加え、価格と技術の両面から優れた入札者を、落札者とする制度である。

【No.612】　正解　1
1　正解。AとBが妥当である。
　C　低入札価格調査制度は、地方公共団体の支出の原因となる「契約一般ではなく」、「工事又は製造などの請負契約に限り」適用される。
　D　低入札価格調査制度は、全ての請負契約に適用される制度である。工事又は請負その他の請負に認められ、その他の請負には、プログラムの構築、清掃業務、建築などの設計業務も「適用対象とされている」。

【No.613】　正解　5
1　最低制限価格制度は、契約の内容に適合した履行を確保するための制度であり、「競争入札（一般競争入札又は指名競争入札）の締結に採用される」。

2　最低制限価格制度は、あくまで履行を確保する制度であって、「特に必要があると認めるときに限って」採用することができる。
3　最低制限価格制度は、「あらかじめ最低制限価格を設ける必要がある」。
4　最低制限価格制度は、地方公共団体の工事又は製造「その他の請負」の契約を締結する場合に、設けることができる。
5　正解。

【No. 614】　正解　4
1　総合評価競争入札は、公共工事と製造の請負の契約を締結する場合に「限られず」、「その他の請負契約にも認められる」制度である。
2　総合評価競争入札は、当該地方公共団体に有利な契約の締結を可能にする制度であり、実力ある業者の競争が促進され、入札談合は「起きにくい」。
3　総合評価競争入札は、価格その他の条件が、当該地方公共団体にとって最も有利なものをもって申込みをした者を落札者とする制度であるが、制度が恣意的に運営されることを避けるため、長は、総合評価競争入札に対する「基準を定める」こととされている。
4　正解。
5　総合評価競争入札は、「一般競争入札」の例外の一つであり、「最低制限価格制度」の例外の一つでもある。

【No. 615】　正解　5
1　指名競争入札は、資力や信用などについて適当と認める「特定多数の者」を競わせ、最も有利な価格で申し込みをした者と契約を締結する方法である。
2　指名競争入札は、契約の性質又は目的が、一般競争入札に適しない場合などにおいて、「自治令に該当する場合に」採用できる。「長の裁量判断によらない」。
3　指名競争入札は、一般競争入札に比べ、不信用不誠実な業者を排除でき、契約手続が「簡便」で、契約担当者の事務上の負担及び経費の軽減を図ることができる長所もあるが、参加者が固定しやすく、談合が容易であるなどの短所もある。
4　指名競争入札は、最も有利な価格を提示する者と契約する方法であるが、あらかじめ契約の種類及び金額に応じて、経営の規模及び状況を要件とする「資格を定めなければならない」。
5　正解。

【No. 616】　正解　4
1　随意契約は、「競争入札によらず」、発注者が、任意に適当と認める相手方を選定して、その者と契約を締結する契約方式である。

《解答・解説編》

2 　随意契約は、一般競争入札及び指名競争入札に比較して手続が簡略であり、かつ「経費の面でも負担が少なくて済む」という、特徴を持つ契約方式である。
3 　随意契約によることができる場合は、自治令に列挙されている。発注者に相手方の選択権があるものの、自治令の列挙は「制限列挙である」。
4 　正解。
5 　随意契約は、契約の原則の例外であるが、「予定価格を定めなければならず」、その予定価格は、「競争入札の場合に準じて定めて置かなければならない」。

【No.617】　正解　3
1 　せり売りは、自治体の場合、「買受者」が、口頭（挙動）をもって価格の競争を行う契約方法である。
2 　せり売りは、「動産」の売払いで、当該契約の性質がせり売りに適している契約について認められる。
3 　正解。
4 　せり売りには、競売といわれ、せり下げ競争とせり上げ競争との2種類があるが、自治体のせり売りは「せり上げ」競争の方法が採られている。
5 　せり売りも、自治体の契約の一つであり、「政令で定める場合に限り」導入することができる。

【No.618】　正解　1
1 　正解。
2 　長の権限に属する契約締結権の一部は、その補助職員である職員に委任して処理させることができるし、また「行政委員会又はその職員に委任することもできる」。
3 　契約の締結は、通常、執行機関限りで行えるが、「条例」で指定する重要な契約については、個々の契約ごとに議会の議決が必要である。
4 　契約で、議会の議決を必要とする「条例で定める」工事又は請負の契約は、政令に定める基準に従う必要があり、特別区では、予定価格「1億5千万円以上」の契約とされている。
5 　契約の履行のための契約保証金は、契約の完全な履行及び債務不履行による損害を補てんする納付金であり、相手方が不履行のときは「当該地方公共団体に帰属する」。

【No.619】　正解　2
2 　正解。
　　自治法では、財産を、その管理の態様に従って、「A．公有財産」、物品、「BとCには債権又は基金」の4つに区分している。「現金は財産に含まない」。
　　Aの公有財産は、「D．の行政財産」と普通財産とに分類され、「D．の行政

《解答・解説編》

財産」はさらに、公用財産と公共用財産とに分類される。

【No.620】 正解　5
1　自治法は、財産をその管理の態様などに従って、大きく公有財産、物品、債権及び「基金」の4つに区分し、かつ、それぞれの範囲を明確にしている。「現金は自治法上の財産から除外されている」。
2　自治法上の財産に公有財産があり、公有財産は、さらに行政財産と普通財産に区分されるが、両者の関係では、「行政財産」以外の公有財産が「普通財産」である。
3　公有財産は、同じ財産である物品などと区分関係を明らかにし、公有財産である「行政財産」は、さらに公用財産と公共用財産とに区分している。
4　地方公共団体の長は、公有財産に関する総合調整権を有しているが、財産の増減と現状を記録し、決算のための財産の記録管理権は「会計管理者」に専属する。ただし、使用中の財産等は長も記録管理を行える。
5　正解。

【No.621】 正解　2
1　財産管理の原則に基づき、財産を交換し、出資の目的とし、又は支払い手段として使用する行為は「原則として禁止」であるが、「条例又は議会の議決があれば、その禁止を解除できる」。
2　正解。
3　財産管理の原則に基づき、財産を貸付けるときには条件付きの原則が適用され、「適正な価格であれば、すなわち、無償若しくは時価よりも低廉な価格でなければ」、「条例又は議会の議決によらずとも、財産を貸付けることができる」。
4　財産管理の原則に基づき、条例又は議会の議決があれば、財産を交換し、出資の目的とすることができる。ただし、「行政財産については、条例又は議会の議決の有無にかかわらず、原則として財産を交換し、出資の目的とすることなどができないとする例外規定がある」。
5　普通財産の土地は、議会の議決があれば信託することができるが、普通財産の国債などの有価証券については、「議会の議決によらず」、自治法に基づき金融機関に信託することができる。

【No.622】 正解　1
1　正解。AとBが妥当でない。
　　Aの不動産及びその従物は、公有財産の範囲であるが、動産の場合は全てではなく、「動産のうち、船舶、浮標、浮き桟橋、浮きドック及び航空機並びにこれらの従物に限られている」。

Bの基金に属する財産は、「公有財産ではなく、基金として取り扱われる」。

【No.623】 正解　4
4　正解。
　公有財産は、「行政財産と普通財産」とに分類され、さらに、「行政財産」は、「公用財産と公共用財産」とに分類される。
　公用財産は、役所が仕事（事務）を行うために使用する財産であり、例えば、「庁舎、地域事務所、出張所、議会の議事堂、研修所、研究所、試験場、実習船など」がある。
　公共用財産は、住民の利用のために提供される財産であり、例えば、「公園、道路、病院、学校、体育館、文化センター、図書館など」がある。

【No.624】 正解　3
1　行政財産は、行政目的の達成のために使用される財産であるため、この目的を阻害する行為、すなわち、これに違反する行為は「無効」となる。
2　行政財産は、その用途や目的を妨げない範囲内であれば、行政財産の「土地」に限り、これを貸付け又は私権を設定することができる。
3　正解。
4　行政財産はPFI事業者にも貸付けができる。行政財産の貸付け中に、公用又は公共用に使用する必要が生じた場合は解除できるが、「損失補償の対象となる場合もある」。
5　行政財産の使用許可は、行政処分であるが、民法や借地借家法などの私法の規定は「適用されず」、また、「使用料を徴収するには条例が必要である」。

【No.625】 正解　5
1　普通財産は、地方公共団体の公有財産のうち、地方公共団体において、公用又は公共用に供し又は供することを決定した財産は「行政財産」であり、「普通財産は、この行政財産以外の一切の公有財産をいう」。
2　普通財産は、「行政執行の物的手段として、その目的のために利用されるべき財産（行政財産）ではない」。なお、普通財産は行政財産以外の一切の公有財産をいう。
3　普通財産は、これを貸付け、交換し、売却し、譲与し、出資の目的物とし、又は私権を設定することができるが、「これらの行為のうちには、条例又は議会の議決が必要な場合がある」。
4　普通財産は、その貸付期間中に、国、地方公共団体「その他公共団体において」、公用又は公共用に（すなわち行政財産として）使用する必要が生じた場合には、貸付契約を解除できるが、「損失補償が生ずる場合もある」。
5　正解。

【No.626】 正解 2
2 正解。
　物品とは、地方公共団体の所有に属する動産で現金、公有財産、「A．基金」以外のもの、及び地方公共団体が使用のために保管する動産をいう。
　物品の管理のうち、出納・保管については「B．会計管理者」の権限であり、『使用中の物品』の使用・管理・保管については「C．長」の権限である。
　物品は、売却を目的として取得したもの及び「D．不用品」に組替えられたもの以外は、売り払うことができない。

【No.627】 正解 4
1　債権とは、一般に債権者が債務者に対して一定の行為を請求する権利であるが、自治法上の債権は、「金銭の給付を目的とするものに限られている」。
2　自治法上の債権管理の対象とする債権は、債務者の債務不履行状態にある債権のみならず、「貸付金などの債務の弁済期が到来していない債権も対象となる」。
3　自治法上の債権は、公法上の債権と私法上の債権とに区分され、公法上の債権は、「個別法に規定がある場合、例えば、地方税は地方税法、国民健康保険料は国民健康保険法によって管理され、個別法に規定がない場合には自治法（第231条の3）の督促や滞納処分などの手続規定によって管理される」。
4　正解。
5　私法上の債権は、物件の売払いなどは、民法などの民事手続等の適用を受けて管理されるが、私法上の債権も自治法上の債権であるため、「自治令171条〜171条の7の規定でも管理される」。

【No.628】 正解 1
1　正解。
　なお基金には、災害救助基金のように法律に義務付けられているものもある。
2　基金で、財産を取得又は積立のために設置した積立基金は、その特定の目的のために設置されることから、「その目的以外に処分することはできない」。
3　基金は、条例で定める特定の目的に応じ、及び「確実」かつ「効率的」な運用が求められている。
4　基金のうち運用基金に限り、「地方公共団体の長は」、毎年度その運用状況を示す書類を作成し、監査委員の監査に付し、決算書と併せて議会に提出する義務がある。
5　基金から生じた運用益については、「総計予算主義の原則に基づき」、歳入歳出予算に「計上して」から、「処理しなければならない」。

《解答・解説編》

【No.629】 正解　1
1　正解。
2　自治法に基づき、資金前渡を受けた職員が「故意又は過失により」、現金を亡失したときには、生じた賠償責任を負わなければならない。現金のみ故意又は過失で足りる。
3　自治法に基づき、会計管理者の事務を補助する職員が「故意又は重大な過失により」、有価証券を亡失したときには、生じた賠償責任を負わなければならない。
4　自治法に基づき、予算事務の補助職員が「故意又は重大な過失により」、法令に違反する手続により損害を与えたときのみならず、「怠る行為のときも、賠償責任を負わなければならない」。
5　遅延防止法に基づき、会計事務を処理する職員が支払を遅延させたときに、「故意又は過失があり」、雇用上の任命権者がそれを認定したときには、懲戒処分の責任を負わなければならない。

第5章　文書

【No.630】 正解　3
1　文書とは、文字などで人の思想（意思）を表したものであり、文書の概念は、「統一されておらず」、具体例について文書であるかを判定することは、「極めて困難」である。
2　文書とは、口頭に対する書面という意味で理解されているが、「広義の文書」には、人の意識を記載した物体をいうとされ、形象によって人の意識を記載した図面なども含まれる。
3　正解。
　　我々が文書と称する場合は、「狭義の文書」を指すのが一般的である。
4　判例が示す文書の概念の代表的なものとして、明治時代の大審院判決があるが、この判例によれば、図面は文書から「除かれ」、「狭義の文書」の概念となる。音声テープ、ビデオテープ、電磁的記録もここでの文書に当たらない。
5　文書には、複数の定義があり、刑法における文書の概念として大審院判決があるが、この判例は、刑法の文書偽造罪となる文書の概念を「定義づけたものである」。

【No.631】 正解　5
5　正解。BとDが妥当である。
　　A　文書の要件の一つに、文字又はこれに代わるべき符号を使って記載されていることがあるが、「この符号には、点字や速記も含まれる」。

《解答・解説編》

C 文書の要件の一つに、具体的な思想が記載されていることがあり、小説や詩歌などで、「単に抽象的な思考や感情を記載したものに過ぎないものは、文書として取り扱われない」。

【No.632】 正解 2
2 「描写性」は積極的に評価できない。文書は、口頭による伝達のように感情や態度などを自由に表現できないこともあるし、また仕事の文書では、情緒的な内容のものも必要としない。
　文書の特性として積極的に評価できるものとしては、一般的に「伝達性」「客観性」「保存性」「確実性」がある。

【No.633】 正解 4
4 妥当でない。
　文書は、作成時間、労力及び物資を「必要とする」。

【No.634】 正解 3
1 公文書とは、官公庁又は公務員がその職務上作成する文書をいい、公文書と私文書の関係においては、「私文書とは公文書以外の文書をいう」。
2 公文書であっても、官公庁が一般の私人と同様な立場で行為をする場合に、相手方に発する文書、例えば、工事請負契約書などは「私法上の文書」となる。
3 正解。
4 公文書は、全て文書偽造や変造などの罪の客体となるのに対し、「私文書は、権利、義務又は事実の証明に関する文書と医師が官公庁に提出すべき診断書、検案書又は死亡診断書に限り、同罪の対象となる」。
5 公文書は、公務員が作成した文書であるが、「公務員が公務に関係なく作成した、例えば、退職届などは私文書となる」。

【No.635】 正解 1
1 正解。AとBが妥当である。
C 官公庁が、相手方に発する文書であっても、売買契約書は、「私法上の文書」である。
D 官公庁が、一般私人と同様の立場で作成する文書、例えば、賃貸契約書のような内容とするものは「私法上の文書」である。

【No.636】 正解 5
1 公用文書とは、官公庁において「使用の目的で保管する文書」であり、保存期間を経過した文書も「公用文書として取り扱われる」。
2 公用文書は、官公庁において職務上使用するために作成された文書であり、

《解答・解説編》

作成の方法に軽微な誤りがあるものも、「公用文書として取り扱われる」。
3　公用文書や権利義務に関する他人の私用文書を破棄した場合には、刑法の文書等毀棄罪（刑法）で「処罰されることもある」。
4　私用文書は、官公庁において私人の使用に供するために作成された文書である。官公庁が私人に交付した許可書などは、公文書であるが「私用文書として取り扱われる」。
5　正解。

【№.637】　正解　4
4　正解。
　文書には、同一の内容を表示する文書相互の関係による分類があり、原本とは、一定の内容を表示するために確定したものとして最初に作成した文書をいう。この原本の全部を写した文書を「A．謄本」といい、原本の一部を写した文書を「B．抄本」という。原本の全部を写した文書である点では、「A．謄本」と同様であるが、法令に基づき権限のある官公庁又は公務員が特に作成した文書を「C．正本」という。また、「C．正本」に対するもので、ある文書の本来の目的以外に予備又は事務整理などのために作成される文書を「D．副本」という。

【№.638】　正解　2
1　原本とは、一定の内容を表示するために確定したものとして、最初に作成した文書をいい、原本の全部を写した文書を「謄本」という。
2　正解。
3　抄本とは、原本の「一部」を写した文書のことをいい、その例として、戸籍抄本、訴訟記録の抄本などがある。
4　正本とは、「謄本」の一種であるが、法令に基づいて、権限のある官公庁又は公務員が正本として作成した原本の写しであり、原本と同一の効力を有する。
5　副本とは、正本に対するものであり、ある文書の本来の目的以外に、予備又は事務整理のために作成される文書をいう。謄本のように、まず「原本があってそれに基づいて作成されるというのではなく」、初めから正本と同一内容のもとして作成される。

【№.639】　正解　1
1　正解。
2　文書主義の原則とは、組織の活動が文書を通じて行われることをいい、事案の意思決定は、書面の起案文に決定権者が押印する方式のほか、「署名」又は「区が指定する文書管理システムに決定権者が電磁的に意思決定を表示し

記録する方式（電子決裁）もある」。
3　文書事務の二側面とは、文書の流れの管理と文書の内容の管理の２つの側面をいい、「後者（文書の内容）」は、文書の審議、協議、審査などの機能を通じて管理される。
4　文書事務の管理規程とは、文書の一定の処理基準を定めるものであり、公正、的確、迅速性の確保、事務処理の経過の記録を定めるほか、「保存年限も定められる」。
5　文書事務の管理組織とは、文書事務を機能的、統一的に行うための組織であり、組織の各部門に文書取扱主任が置かれ、庶務担当の「係長」が充てられる。

【No.640】　正解　5
5　正解。
　集中管理方式の特徴は「ＣとＤとＥ」である。ＡとＢは「分散的集中管理方式」の特徴である。

【No.641】　正解　4
1　法令適合の原則とは、文書事務は法令等に基づいて行わなければならないとする原則であり、公文書の証拠能力は「民間の一般的な文書より高い」。
2　責任処理の原則とは、文書処理の権限と責任は一体とする原則であり、職員は、課長の命令を受けて文書を処理するが、「文書処理の責任は、組織の最小単位である課長にあり、原則として職員は負わない」。
3　即日処理の原則とは、到達文書はその日のうちに処理するとする原則であり、課長からの発議について指示があった文書の処理も「同様」である。
4　正解。
5　情勢適応の原則とは、提出された文書は、状況に応じて適切に処理されなければならないとする原則であるが、「必ず受理するとは限らず」、文書の発信や提出者に返却しなければならないこともある。

【No.642】　正解　2
1　公文書は、証拠能力の優位性が認められることから、公文書の場合は、正確性も重要であるが、迅速な処理に心がけ、「処理期限までに済ませれば良いという姿勢は好ましくない」。
2　正解。
3　公文書の処理状況は、常に明らかにしておく必要があり、担当職員が不在であっても、「他の職員にも分かるようにしておく必要がある」。
4　公文書は、「公開が原則であり」、公文書の内容には個人のプライバシー等に係るものも多くあり、この保護には十分な配慮が必要である。

《解答・解説編》

5 公文書の内容に関係する部課は、常に十分な連携を図り、最終的には、「区としての一体的な処理をしなければならない」。

【No.643】 正解　1
1 正解。
2 民法では、意思表示の効力の発生時期について到達主義の原則を採用し、行政庁も到達主義を原則とする。例え「収受印を押印しなくても、文書が到達した時点で」意思表示の効力が発生する。
3 行政手続法では、申請が事務所に到達したときには、遅滞なく申請の審査を開始することを義務づけているが、ただし、形式要件に適合しない申請は、「補正を求めるか又は申請を拒否しなければならない」としている。
4 文書の発送は、相手方に到達させるべき文書を郵送、使送に「限られず」、「電子メール、信書便による送付及び交換便による発送も、認められている」。
5 発送された文書は、原則として、受取人がその内容を了知し得るような客観的状態になったとき、すなわち、相手方に到達したときに効力が発生する。「相手方が受領を拒否したり又は不在である場合には、効力を生じさせない」。

【No.644】 正解　5
5 正解。
　公文書作成上の基準として、主なる3つを挙げれば、「正確」であること、「平易」であること、「簡潔」であることが挙げられる。

【No.645】 正解　2
2 正解。
　公文書の作成には、「A．区」が定めた基準が優先的に適用され、「A．区」の基準に定められていない事項については、「B．国」が定めた基準が適用される。なお、区の基準は、ほぼ「C．国」の基準に準じて定められていることから、実際は「C．国」の基準とほとんど同じである。また、一般的な基準と特別な基準がある場合は、「D．特別な基準」が優先して適用される。

【No.646】 正解　1
1 正解。
2 公文は、『～されたい』などの「文語体」の表現を避け、『～してください』などの、易しい自然な「口語体」の表現を用いる。
3 文章は、なるべく短く区切って、接続詞や接続助詞などを用いて、文章を長くすることを避け、一文が「50字以下」になるように心がける。
4 公文は、曖昧となる表現を避けるために、中止法（述語となっている動詞などの連用形を用いて文をいったん中止し、次に続ける述べ方）を用いると

意味が曖昧となる場合には、「中止法を避ける」。
5　公文の構成と表現については、一読して分かりやすい文章とするため、「必要に応じて」箇条書きの方法を「取り入れる」。

【No. 647】　正解　4
1　公文の用語は、法令や公用文に特有の用語は適切に使用し、「必要に応じて言い換える」。
2　公文の用語は、外来語の場合には、日本語として定着しているものはそのまま使い、定着途上のものは「使い方を工夫する」。
3　公文の用語は、専門用語の説明に当たっては、段階を踏んで説明し、意味がよく知られていない語は「内容を明確にする」。
4　正解。
5　公文の用語は、公文の目的や媒体に応じた言葉を使用し、敬語など、相手や場面に応じた気遣いの表現を「適切に使う」。

【No. 648】　正解　3
1　公文の漢字は、常用漢字表の定めるところによる。これに対する「例外がある」。人名、地名などの固有名詞その他特別の理由があるときは、この限りでない。
2　公文の仮名は、原則として「平仮名」とする。外国の国名などは片仮名書きとするが、かるた、たばこなどは平仮名で書いてもよい。
3　正解。
4　公文の数字は、横書きの場合は、原則として「アラビア数字」を用い、数字の桁の区切り方は3桁区切りとする。
5　公文の符号は、文書を読みやすくするために用いることができるが、符号は、句点「。」、読点「、」に「限られず」、なかてん「・」、コンマ「,」などを「用いることもできる」。

【No. 649】　正解　4
4　正解。BとCが妥当である。
　A　数字には、漢数字、アラビア数字、ローマ数字があるが、「ローマ数字」は原則として使用しない。
　D　数字の縦書きの場合は、原則として漢数字を用いる。条例や規則など条文形式のもので、条の項を表す場合には「アラビア数字」を用いる。

【No. 650】　正解　5
1　文の最初の行及び新たに起こした文の行の初めの1字分は、空白とする。ただし、「表彰文については空白としない」。

《解答・解説編》

《憲法・解説編》

2 み出し番号付与の順に、議決又は承認したかどうか、1字分を空けるところでよい。例えば、「第1 え審議終了」とする。

3 完結した文末のように、「なお」、「また」、「あって」を使って文を確実に説明するときは、前則として、「行を変える」。

4 句読点又はその他の符号は、原則1字分のスペースを使える。ただし、句り符号及びその句点の直後の位置にくるときは、「その行の末尾に続けて」区切り符号を付ける。

5 正解。

[No.651]　正解　4

1 ２次審議程度は、２次審の統一的な審議ルール、審事資料の保存、及び「約り出し運用又は、行政機関の提出する審の審議の情報、国会と２次審懐などにある由のルール定者を定めるルールである。

2 ２次審議程度は、次知の、行政機関大臣とその行政機関の長その他議案が議決するものの、従知の、代統を発展し、議決資料として重要なとなるアイテムのどのを検案される。「そこで検討する」、代組みを構築している。また行政文書ファイルなどの保管に関しては、内閣総理大臣にその事項同意を提とする。

4 正解。

5 ２次審議程度は、運用政治には国家の独立立行政法人など対象として制定であるが、従34条では、地方公共団体のその審議運送に関する「努力義務」規定を定めている。

《挑战一号》

No.001……1
No.002……3
No.003……5
No.004……2
No.005……4
No.006……5
No.007……2
No.008……1
No.009……3
No.010……3
No.011……5
No.012……2
No.013……4
No.014……1
No.015……2
No.016……3
No.017……1
No.018……5
No.019……4
No.020……3
No.021……5
No.022……3
No.023……1
No.024……5
No.025……2
No.026……4
No.027……1
No.028……5
No.029……4
No.030……2
No.031……4
No.032……1
No.033……3
No.034……5
No.035……4
No.036……3
No.037……1
No.038……2
No.039……5
No.040……3
No.041……1
No.042……4
No.043……2

No.044……1
No.045……3
No.046……5
No.047……4
No.048……4
No.049……5
No.050……1
No.051……3
No.052……2
No.053……4
No.054……1
No.055……5
No.056……4
No.057……3
No.058……1
No.059……5
No.060……5
No.061……1
No.062……5
No.063……5
No.064……1
No.065……3
No.066……2
No.067……4
No.068……5
No.069……2
No.070……1
No.071……3
No.072……4
No.073……1
No.074……1
No.075……2
No.076……5
No.077……1
No.078……3
No.079……2
No.080……5
No.081……4
No.082……3
No.083……3
No.084……5
No.085……2
No.086……5

No.087……1
No.088……4
No.089……1
No.090……3
No.091……2
No.092……4
No.093……5
No.094……2
No.095……3
No.096……5
No.097……1
No.098……3
No.099……4
No.100……1
No.101……2
No.102……5
No.103……3
No.104……2
No.105……2
No.106……4
No.107……3
No.108……5
No.109……2
No.110……1
No.111……5
No.112……4
No.113……1
No.114……5
No.115……3
No.116……2
No.117……4
No.118……5
No.119……2
No.120……3
No.121……1
No.122……2
No.123……3
No.124……1
No.125……5
No.126……4
No.127……1
No.128……2
No.129……4

No.130……3
No.131……5
No.132……1
No.133……5
No.134……4
No.135……2
No.136……1
No.137……3
No.138……5
No.139……4
No.140……3
No.141……2
No.142……3
No.143……1
No.144……5
No.145……1
No.146……4
No.147……4
No.148……5
No.149……2
No.150……3
No.151……2
No.152……1
No.153……4
No.154……5
No.155……5
No.156……2
No.157……3
No.158……1
No.159……4
No.160……5
No.161……5
No.162……4
No.163……3
No.164……1
No.165……2
No.166……5
No.167……3
No.168……4
No.169……2
No.170……5
No.171……1
No.172……4

《桃源一脉》

No.173……3　No.219……3　No.265……1　No.311……2
No.174……4　No.220……4　No.266……4　No.312……1
No.175……5　No.221……5　No.267……5　No.313……3
No.176……1　No.222……1　No.268……3　No.314……2
No.177……2　No.223……2　No.269……2　No.315……5
No.178……3　No.224……4　No.270……1　No.316……2
No.179……1　No.225……3　No.271……4　No.317……3
No.180……4　No.226……1　No.272……5　No.318……4
No.181……5　No.227……5　No.273……4　No.319……4
No.182……2　No.228……1　No.274……3　No.320……1
No.183……1　No.229……3　No.275……2　No.321……3
No.184……3　No.230……4　No.276……1　No.322……2
No.185……5　No.231……4　No.277……3　No.323……5
No.186……1　No.232……5　No.278……5　No.324……4
No.187……4　No.233……4　No.279……5　No.325……1
No.188……3　No.234……2　No.280……3　No.326……5
No.189……5　No.235……1　No.281……1　No.327……2
No.190……5　No.236……3　No.282……2　No.328……4
No.191……3　No.237……5　No.283……5　No.329……3
No.192……1　No.238……5　No.284……4　No.330……5
No.193……4　No.239……2　No.285……3　No.331……1
No.194……2　No.240……4　No.286……5　No.332……2
No.195……3　No.241……3　No.287……2　No.333……3
No.196……1　No.242……5　No.288……1　No.334……4
No.197……5　No.243……1　No.289……4　No.335……5
No.198……2　No.244……5　No.290……3　No.336……2
No.199……3　No.245……4　No.291……1　No.337……1
No.200……4　No.246……3　No.292……5　No.338……3
No.201……1　No.247……4　No.293……2　No.339……4
No.202……5　No.248……2　No.294……3　No.340……1
No.203……2　No.249……1　No.295……5　No.341……5
No.204……1　No.250……3　No.296……4　No.342……5
No.205……4　No.251……1　No.297……2　No.343……2
No.206……5　No.252……5　No.298……1　No.344……3
No.207……3　No.253……4　No.299……3　No.345……1
No.208……2　No.254……5　No.300……5　No.346……4
No.209……1　No.255……4　No.301……4　No.347……5
No.210……4　No.256……1　No.302……1　No.348……3
No.211……5　No.257……5　No.303……4　No.349……4
No.212……4　No.258……2　No.304……3　No.350……2
No.213……5　No.259……3　No.305……5　No.351……1
No.214……1　No.260……4　No.306……4　No.352……3
No.215……3　No.261……3　No.307……3　No.353……5
No.216……2　No.262……1　No.308……1　No.354……4
No.217……4　No.263……5　No.309……4　No.355……2
No.218……5　No.264……2　No.310……3　No.356……1

No.357……5	No.403……3	No.449……1	No.495……5
No.358……3	No.404……4	No.450……5	No.496……4
No.359……4	No.405……5	No.451……4	No.497……2
No.360……1	No.406……1	No.452……3	No.498……1
No.361……4	No.407……5	No.453……5	No.499……3
No.362……2	No.408……4	No.454……1	No.500……1
No.363……5	No.409……3	No.455……1	No.501……4
No.364……3	No.410……1	No.456……2	No.502……5
No.365……1	No.411……2	No.457……3	No.503……2
No.366……3	No.412……3	No.458……2	No.504……3
No.367……4	No.413……5	No.459……5	No.505……1
No.368……2	No.414……1	No.460……1	No.506……4
No.369……5	No.415……2	No.461……5	No.507……5
No.370……3	No.416……4	No.462……3	No.508……5
No.371……1	No.417……3	No.463……4	No.509……1
No.372……4	No.418……1	No.464……4	No.510……3
No.373……2	No.419……5	No.465……4	No.511……3
No.374……5	No.420……2	No.466……2	No.512……2
No.375……1	No.421……4	No.467……5	No.513……1
No.376……3	No.422……1	No.468……1	No.514……5
No.377……5	No.423……5	No.469……3	No.515……4
No.378……4	No.424……5	No.470……5	No.516……1
No.379……2	No.425……2	No.471……4	No.517……4
No.380……1	No.426……4	No.472……2	No.518……1
No.381……5	No.427……2	No.473……4	No.519……2
No.382……1	No.428……3	No.474……1	No.520……3
No.383……4	No.429……5	No.475……3	No.521……5
No.384……5	No.430……1	No.476……5	No.522……1
No.385……2	No.431……5	No.477……3	No.523……2
No.386……2	No.432……4	No.478……2	No.524……3
No.387……5	No.433……1	No.479……4	No.525……4
No.388……5	No.434……3	No.480……1	No.526……5
No.389……5	No.435……4	No.481……3	No.527……4
No.390……3	No.436……4	No.482……1	No.528……3
No.391……4	No.437……3	No.483……5	No.529……3
No.392……1	No.438……5	No.484……2	No.530……1
No.393……2	No.439……1	No.485……1	No.531……5
No.394……1	No.440……2	No.486……3	No.532……2
No.395……5	No.441……4	No.487……2	No.533……4
No.396……3	No.442……3	No.488……4	No.534……5
No.397……4	No.443……1	No.489……5	No.535……3
No.398……1	No.444……5	No.490……4	No.536……4
No.399……2	No.445……3	No.491……5	No.537……1
No.400……5	No.446……4	No.492……1	No.538……1
No.401……3	No.447……2	No.493……2	No.539……2
No.402……4	No.448……5	No.494……3	No.540……5

No.541……3	No.587……4	No.633……4
No.542……4	No.588……5	No.634……3
No.543……1	No.589……3	No.635……1
No.544……5	No.590……2	No.636……5
No.545……2	No.591……3	No.637……4
No.546……4	No.592……1	No.638……2
No.547……3	No.593……5	No.639……1
No.548……1	No.594……4	No.640……5
No.549……3	No.595……1	No.641……4
No.550……4	No.596……5	No.642……2
No.551……5	No.597……2	No.643……1
No.552……1	No.598……4	No.644……5
No.553……2	No.599……3	No.645……2
No.554……3	No.600……2	No.646……1
No.555……5	No.601……5	No.647……4
No.556……5	No.602……1	No.648……3
No.557……3	No.603……3	No.649……4
No.558……4	No.604……2	No.650……5
No.559……1	No.605……4	No.651……4
No.560……3	No.606……5	
No.561……5	No.607……4	
No.562……2	No.608……1	
No.563……1	No.609……3	
No.564……5	No.610……2	
No.565……5	No.611……1	
No.566……3	No.612……1	
No.567……2	No.613……5	
No.568……4	No.614……4	
No.569……1	No.615……5	
No.570……3	No.616……4	
No.571……5	No.617……3	
No.572……2	No.618……1	
No.573……4	No.619……2	
No.574……1	No.620……5	
No.575……5	No.621……2	
No.576……3	No.622……1	
No.577……4	No.623……4	
No.578……1	No.624……3	
No.579……2	No.625……5	
No.580……5	No.626……2	
No.581……4	No.627……4	
No.582……5	No.628……1	
No.583……3	No.629……1	
No.584……2	No.630……3	
No.585……1	No.631……5	
No.586……2	No.632……2	

特別区主任昇任試験
擁護ハンドブック［2025年版］ 完全対応問題集

2025年4月24日 初版発行

著者　昇任試験アドバイザーズ
発行人　武内英晴
発行所　公人の友社
〒112-0002　東京都文京区小石川5-26-8
TEL 03-3811-5701
FAX 03-3811-5795
Eメール　info@koujinnotomo.com
ホームページ　http://koujinnotomo.com/

ISBN978-4-87555-925-2